KB199930

국민통합과 젊은 세대를 위한

경이로운
대한민국
탄생사

국민통합과 젊은 세대를 위한

경이로운 대한민국 탄생사

얼역사연구소
최창묵 지음

경인문화사

이광택 국민대학교 명예교수
한국 ILO협회 회장, 국제노동사회법학회ISLSSL, 제네바집행위원

'얼'역사연구소 소장 최창묵 박사가 『한민족과 고조선 한韓』에 이어 두
번째의 역작으로 『경이로운 대한민국탄생사』를 내어놓았다. 이 책은 최 박
사가 한국 근현대사에서 대한민국이 탄생하기까지 땀 흘려 헌신했던 사람
들의 노력을 객관적으로 평가하여, 정인보 선생이 주창한 신민족주의 역사
관을 지향하는 관점에서 새롭게 쓰고자 노력한 대하 역사서로 볼 수 있다.

이 대작은 광복 80주년과 얼학회 창립 40주년을 기념하여 출간되는 것
으로 조선 후기 백성들이 변화의 주체가 되는 경작 토지의 규모를 확대하
여 농업 생산을 도모하던 광작(廣作)의 유행과 신분상승운동에서 출발한
다. 이어서 천주교와 동학농민운동의 확산, 독립협회와 만민공동회, 3·1
독립만세와 실력양성운동, 항일투쟁과 광복운동, 해방 후 반탁을 통해 우
익 민족주의자들에 의해 대한민국이 건국되고 고난 속에 산업화와 민주화
를 이루어 가는 역사로 정리하였다. 그러면서도 근대화 과정에서 새롭게
등장한 민중들의 활동을 주목하였는데, 한말 임노동자 노동계급의 등장과
일제강점기 노동자의 노조와 농민의 소작쟁의, 해방 이후 전평과 전농의
좌익전위 활동과 전태일의 노동개선을 위한 분신사건 등 노동계층의 역사
도 비중있게 서술하였다.

최 박사는 조선 근대화의 계기를 1876년 체결한 대일 불평등조약인 조
일수호조규(朝日修好條規, 강화도조약)에서 찾기보다는 제2차 아편 전쟁(1856
년-1860년)으로 청나라가 혼란에 빠지자, 러시아 제국이 남진하여 1860년
에 체결한 베이징 조약으로 연해주를 차지하였는데, 그 이전에 이미 월경

하여 정착하고 있던 조선인들이 러시아와 왕래를 개시한 것을 그 시발점으로 보았다. 즉 조선의 근대화는 "외세에 의해서 타율적으로 이루어진 것이 아니고, 조선 내부에서 필요에 따라 내재적으로 이루어진 것으로" 평가하였다.

저자는 제1장에서 19세기 후반 서세동점(西勢東漸)의 거센 풍랑을 맞은 쇠퇴기에 접어든 동아 3국의 대응을 분석하였다. 중국은 아편전쟁에서 영국에게 패배하고, 태평천국의 난의 여파로 외적/내적으로 군벌과 내전 상태에 치닫게 되고 중체서용(中體西用)의 구호로 근대화시켜 열강에 속하고자 하였으나 1894년 청일전쟁의 패배로 실패한 것으로 보았다.

일본의 메이지 유신(明治維新)은 막부의 개항에 반대하여 "왕을 높이고, 오랑캐를 배척한다는" 존왕양이(尊王攘夷)를 위해 외세에 맞서고 왕정을 복구하자는 보수적인 정치운동으로 시작되었다. 결과는 도쿠가와 막부를 무너뜨리고 왕정을 복구하였지만, 서양세력의 무력을 실감한 메이지 세력들이 양이를 포기하고 막부의 개방정책을 계승했던 것이다. 결과적으로 양무운동과 메이지유신은 목표는 같았지만 전자는 군사력 강화를 통해 청의 구체제를 지키려 했고, 후자는 구체제의 개혁을 통해 일본의 근대화와 부국강병을 이루려 한 것으로 그 방법은 정반대였는데 후자가 성공한 과정을 상세히 분석하였다.

1876년 일본 제국과 체결한 강화도조약이 조선이 외국과 맺은 최초의 근대적 조약이었으나, 이는 조선이 당시 쇄국과 척화의 영향으로 국제법(만국공법)에 밝지 못했던 데다 군사적 협박까지 받아 일본이 깔아 놓은 독소 조항을 걸러내지 못했고, 결국 개항과 동시에 치외법권과 해안 측량권 등을 일방적으로 허용한 불평등 조약으로 일본이 대륙으로 진출하려는 제국주의 야욕을 본격화하는 계기로 보았다.

최 박사는 1894년 동학농민혁명의 횃불이 타오른 곳으로 얼학회의 활동

중심지인 정읍 출신이다. 그는 제7장에서 1946년 6월 3일에 있었던 이승만의 '정읍발언'이 등장한 배경과 그 영향을 상세히 분석하였다. 1946년 3월 20일에 제1차 미소공동위원회가 개최되었으나 서로 입장 차이를 좁히지 못한 채 결렬되었고, 그 와중에 북쪽에서는 1946년 2월에 이미 북조선임시인민위원회가 수립되어 3월에 토지개혁을 하고 기간산업을 국유화하는 등 공산체제를 굳히고 있었다. 이런 상황에서 이승만은 1946년 4월부터 6월까지 삼남 지방을 순회(일명 남선순행)하기 시작했는데, 6월 3일 전북 정읍에서 "남방만이라도 임시정부 혹은 위원회 같은 것을 조직하여 38 이북에서 소련이 철퇴하도록 세계 공론에 호소하여야 될 것이다."라는 내용의 연설을 하였다.

이승만의 이러한 '남한 단독정부' 주장은 당시에 민중들에게 별 호응을 얻지 못했으나 1947년 3월 트루먼 독트린이 발표되면서 미국의 대외 정책이 이승만의 노선과 같아졌다. 결국 한국 문제는 UN으로 이관되어 UN한국 임시위원단이 서울에 입국했으나 북쪽에서는 이들의 이북 방문을 거부했다. 그 결과 UN은 남한 지역만을 대상으로 총선거를 실시하기로 하였고 1948년 5월 10일에 총선거를 실시하여 대한민국 정부가 수립되었다.

저자는 제8장에서 대한민국의 산업화와 민주화의 대장정을 다루었다. 민주화로 여야 정권교체가 정착되는 과정을 살펴 노무현, 이명박, 박근혜 정부까지 평가를 시도하였다. 이후 전개되는 문재인, 윤석열 정부를 포함한 현대사는 다음 과제로 남겨져 새롭게 기대된다.

대한민국의 근현대사가 새롭게 조명되는 가장 큰 이유는 1960년대만 해도 세계 최빈국이었던 나라가 지도자와 국민의 헌신으로 10대 경제대국에 속하게 되고 국민의 인권이 존중받는 민주화를 성공시킨 기적의 역사를 이해하기 위해서일 것이다. 이 기적의 역사를 이해하기 위해서는 최창묵 박사의 『경이로운 대한민국 탄생사』가 필독의 역작이 될 것이다.

박명수 서울신대 명예교수
전 한국 정치외교사학회장, 한국 교회사학회장

오늘날 대한민국의 가장 큰 혼란은 대한민국의 탄생에 대한 의견의 불일치이다. 한쪽에서는 대한민국은 미국의 힘에 의해 친일파가 세운 나라이기 때문에 태어나지 말아야하는 나라라고 주장하고, 다른 한쪽에서는 대한민국은 자유세계의 도움과 민족의 염원이 어우러져 만들어졌기 때문에 자랑스러운 나라라고 강조한다. 최창묵 박사는 중도의 입장에서 후자를 지지하고 있다.

사실 해방 당시 우리 민족 앞에는 두 가지 선택이 놓여 져 있었다. 하나는 공산주의의 주장을 따라서 인민공화국을 세우려는 세력과 민족주의의 주장을 따라서 민주공화국을 세우려는 세력이 있었다. 북한은 전자를 택했고, 남한은 후자를 택했다. 당시에는 어느 선택이 옳았는지 판단하기 어려웠다. 그러나 지금은 분명하다. 전자를 택한 북한은 세계 최빈국으로 가장 어두운 나라가 되었고, 후자를 택한 남한은 세계의 당당한 선진국으로 세계가 부러워하는 나라가되었다. 최 박사는 이런 대한민국의 탄생을 "경이로운 것"이라고 생각하며, 그 탄생의 진실을 밝히려고 노력한다.

최창묵 박사는 이 책에서 1860년대부터 최근에 이르기까지 한국 근현대사 전체를 개관하면서 대한민국의 기원과 탄생과 발전을 설명하고 있다. 그는 대한민국은 조선과 구별되는 새로운 사상으로 시작된 나라이며, 그 중심에는 서구 문명을 수용하여 새로운 근대국가를 건설하려는 세력들이 있다. 이들의 중심에는 갑오개혁과 그 이후에 등장하는 독립협회, 그리고 이것을 계승한 3.1독립만세운동이 있다. 오늘의 대한민국은 바로 이것을 계승하여 만들어진 나라이다. 이 점에 있어서 필자는 많은 사람들과 함께 저자와 같은 입장을 갖고 있다.

하지만 최 박사는 이 책에서 새로운 각도에서 대한민국의 탄생을 설명한다. 그것은 대한민국의 탄생을 자신이 태어나고, 자라고, 성장해온 전라도 정읍을 중심으로 해석한다는 점이다. 정읍은 19세기 말 동학혁명이 일어난 지역이며, 20세기 중엽에는 한민당의 뿌리가 되는 지역이다. 최 박사는 이 두 운동이 오늘의 대한민국을 만드는데 중요한 기여를 했다고 본다.

최창묵 박사는 대한민국의 기원을 1860년대 시작된 동학에서 찾는다. 1860년 중국에서 일어난 제2차 아편전쟁은 중화질서의 붕괴를 알리는 사건이며, 그 영향을 받아서 새로운 종교운동이 일어났는데 그것은 동학이다. 동학이 중화질서를 부정하고 새로운 서구질서를 수용했는가, 아니면 서구질서를 부정하고 동양질서를 옹호했는가하는 문제는 복잡한 문제이다. 하지만 저자는 동학의 평등사상이야말로 새로운 시대의 기원이며, 이것은 대한민국의 기원이 된다는 것이다.

지금까지 많은 학자들은 동학을 서구제국주의에 대해 반대하는 반제, 반봉건 농민계급운동으로 한반도에서 공산주의 혁명의 기원이 된다고 주장한다. 이런 해석은 동학을 반 대한민국 세력으로 해석하게 한다. 저자는 이런 해석에 반대한다. 앞으로 여기에 대한 더 많은 연구가 이루어져야 한다고 생각한다.

최 박사는 대한민국의 탄생과정에서 1945년 해방과 더불어 출발한 한민당의 역할을 재평가해야 한다고 주장한다. 한민당의 두 주역인 송진우(전남 담양)와 김성수(전북 고창)는 다 같이 전북 정읍에서 멀지 않은 지역에서 자라났다. 이들은 개항이후 근대문물을 배운 인물로서 일제 시기 국내 민족운동의 중심인물이다. 이들이 바로 해외에서 들어온 이승만과 임시정부를 봉대해서 만든 나라가 바로 오늘의 대한민국이다. 하지만 김구는 한민당의 두 지도자(송진우, 장덕수)를 제거해서 한민당의 존재를 흔들었고, 이승만은 대한민국의 탄생과정에서 김성수를 배제했다. 최 박사는 그럼에도 한민당은 이승만을 도와서 대한민국을 세웠고, 이런 한민당이 대한민국 건국과정에 미친 영향을 과소평가해서는 안 된다고 주장한다.

지금까지 많은 학자들은 한민당을 친일파 지주집단이라고 매도한데 비하여, 최 박사는 한민당은 근대문물을 수용하여 대한민국을 만들 수 있는 근대 시민세력으로 이해하고 있다. 우리는 이런 그의 주장에 대해서 귀를 기울일 필요가 있다.

필자는 최창묵 박사와 함께 대한민국의 탄생을 경이롭다고 생각한다. 수많은 혼돈과 고난이 있었지만 그래도 이런 과정을 극복하고 세계가 부러워하는 나라가 되었다. 세계는 우리에게 묻고 있다. 어떻게 한민족이 그런 국가를 만들 수 있었냐고 말이다. 여기에 대해서 한국의 역사가들은 대답을 해야 한다. 최 박사는 이런 질문에 대해서 대답하려고 이 책을 저술했다.

대한민국을 사랑하고, 대한민국을 위해서 일하기를 원하는 애국자와 공직자들에게 이 책의 일독(一讀)을 권한다. 특히 앞으로 대한민국의 미래를 책임질 젊은이들은 이 책을 읽고 대한민국이 어떻게 태어났는지를 분명하게 알기를 원한다. 대한민국을 아는 만큼 대한민국을 이해할 수 있고, 사랑할 수 있다. 이런 점에서 젊은이들에게 이 책의 필독(必讀)을 권한다.

백승종 전 서강대 교수
독일 튀빙겐대, 보훔대 및 베를린자유대 교수, 한국 출판문화상 수상

이 책의 저자 최창묵 선생은 특이한 이력의 소유자이다. 1954년 전북 정읍에서 빈농의 아들로 태어난 그는 초등학교를 졸업한 후 독학으로 행정고시에 도전하다가, 4급을 공채로 고향에서 20년간 공직생활을 하고 명예퇴직을 하였다.

공직에 있으면서 고향의 발전에 헌신하여 여러 단체를 조직하고 회장 또는 주요 임원을 지냈는데, 지금 소개하려는 책의 저술과 직접 관계되는 단체로는 '얼학회'와 동학농민혁명 100주년 기념사업회가 있다. 특히 '얼학회'는 1985년에 창립되어 2025년에는 창립 40주년을 맞이하게 되는데, 전라북도 정읍의 법조인, 의료인, 언론인 및 공직자가 주축이 되어 한국의 역사와 문화를 연찬(硏鑽)해 왔다. 저자는 현재 '얼학회'와 밀접한 관계가 있는 '얼' 역사연구소 소장이기도 하다.

선생은 퇴직 후 뜻한바 있어 정읍시장 출마 등 잠시 정치활동을 하다가, 역사연구를 전문적으로 하기 위해서 원광대학교 대학원 사학과에 진학해 2009년에는 동학농민혁명에 관한 연구로 문학박사 학위를 취득하였다. 그런 다음 10여 년 동안 원광대학교 역사교육과와 호원대학교에서 외래교수로 연구와 강의에 전념하였다.

저자의 학문적 열정은 2021년에 간행된 《한민족과 고조선 한(韓)》이라는 책자에 잘 나타나 있다. 저자는 고대 인류의 장대한 이동경로를 조사하고, 그 과정에서 한민족이 언제 어떻게 구성되었는지를 살폈다. 저자는 한반도에서 발견된 고대의 유적과 유물을 분석한 결과, 고조선과 자웅을 겨

룰만한 존재가 한반도에 엄연히 실존한 사실을 증명하고 이를 선한(先韓)으로 인식하였다. 이로써 고대사에 관심이 있는 시민들에게 흥미로운 지식을 선사하였다고 평가할만하다.

첫 번째 책이 나온지 4년 만에《경이로운 대한민국 탄생사》(본서의 약칭)가 모습을 드러냈다. 저자는 평소부터 해원상생(解冤相生)을 간절히 소망하고 있어, 그의 독자적인 시각이 이 책에도 뚜렷이 드러나 있다. 분단국가의 지식인으로서 저자는, 한국 사회가 오랫동안 시달려온 내부의 다양한 분열과 갈등을 넘어 평화통일에 이르기를 간절히 염원한다.

이 책을 쓰기 위해 저자는 기왕에 간행된 수백 종의 전문 서적을 섭렵하였다. 이를 토대로 1860년대부터 오늘에 이르기까지 한국 근현대사의 주요 사건과 인물을 빠짐없이 다루고 있다. 평이하고도 명료한 필치로 지난 160년의 역사를 정리하였다는 점에서 노작(勞作)이라 하겠다.

이 책을 서술한 저자의 시각은 매우 독특해, 좌우를 통섭하고자 노력하였다. 알다시피 한국 근현대사를 바라보는 좌파와 우파의 견해 차이는 유난히 큰 편이다. 그래서 역사책을 많이 읽을수록 일반시민들은 더욱더 큰 혼란에 빠지기 일쑤이다. 특히 대한민국의 탄생에 관하여는 좌우파의 주장이 극단적으로 대립하고 있는 실정이다. 하지만 저자는 회통(會通)의 입장에서 좌우를 망라한 나머지 한국의 근현대사를 일컬어 산업화와 민주화를 달성한 경이로운 역사라고 규정한다.

이 책에는 저자 나름의 특색 있는 서술이 곳곳에서 목격된다. 6가지만 간단히 언급하면 다음과 같다. 첫째, 저자는 18세기 후반에 정조가 안이한 선택을 함으로써 순조 이후 세도정치가 시작되었다고 시술하였다. 둘째, 저자는 일제강점기의 역사를 다각도로 조명하는 가운데 '잊혀진 인물 김성수'를 재조명하였는데, 이 역시 참신한 부분이다. 셋째, 해방 후 남북한에 정부가 수립되는 과정을 기술하면서 저자는 이승만의 "6.3 정읍 발언"에 비중을 두고 남한만의 단독정부 수립 과정을 그렸다. 넷째, 전반적으로 보아 저자는 한민당과 이승만의 정치적 결단에 관하여 우호적인 평가를 내렸다는 점도 눈여겨 볼만하다. 다섯째, 저자는 박정희가 일관되게 경제계획을 추진해 한국의 산업화에 성공한 점을 특기하였다. 그리고 끝으로, 시민과 학생들의 끈질긴 노력으로 1980년대 말에 드디어 민주화가 이루어져 여야 간의 정권교체가 제도적으로 정착되었다는 점을 강조하고 있다.

복잡다단한 한국 현대사를 요령 있게 기술하기는 대단히 어려운 일이다. 저자 최창묵 선생은 독학으로 공부하고, 20년 동안이나 공직에 종사하였다. 그런 다음에 다시 학문에 정진하여 박사학위를 얻고, 또 뜻있는 인사들과 함께 틈틈이 우리 역사와 문화를 연구하기 위에서 간단히 언급한 바와 같이 두 권의 묵직한 저술을 세상에 내놓았다. 예나 지금이나 세상은 혼란스럽고 한치 앞을 내다보기 어렵지만, 선생과 같이 상생(相生)의 꿈을 가지고 역사에서 뚜렷한 방향을 찾아 나선 분이 있다는 사실이 실로 경이로운 일이다. 아마도 어둠을 헤치고 자신의 삶을 스스로 경이롭게 만든 분이라서, 그 붓끝에서 "경이로운 대한민국 탄생사"도 이렇게 꽃피어난 것이 아닐까 한다.

광복 80주년을 맞이하여 내는 《경이로운 대한민국탄생사》는 저자가 두 번째로 출간하는 책이다. 맨 처음 2021년 출간했던 졸저 인류의 장대한 여정 속에 탄생한 《한민족과 고조선 한韓》이라는 책이 네이버에서 베스트셀러로 선정되고, YES24에서 4주 연속 판매순위에 오르게 되었던 것은 전적으로 독자 여러분들께서 도와주신 은혜와 덕택이었음으로 먼저 머리 숙여 감사인사를 드립니다.

한반도에서 탄소중립을 지키며 인공지능 시대를 살아가야하는 오늘날 회고해 보면 우리 민족은 서세동점 하던 조선 말 전근대 봉건왕조에서 일제식민지를 거치며 민족의 광복활동과 미국의 전승에 의해 해방되었다. 해방정국에서 미·소와 좌우익과 남북 간의 갈등 속에 만난을 극복하고 대한민국을 건국하여, 산업화와 민주화에 성공한 자랑스러운 역사를 우리 국민들은 이루어냈다. 세계인들로부터 찬사를 받는 식민지와 전쟁을 극복하여 멋진 나라를 만들었지만, 오늘날 진보와 보수, 지역과 세대의 갈등이 점점 더 심화되고 있어 국민통합과 젊은 세대를 위해서 《경이로운 대한민국탄생사》를 쓰게 된 것이다.

저자가 태어나서 주로 활동해 온 정읍은 공교롭게도 1894년 동학농민혁명의 횃불이 타오른 한국 민족주의와 민주주의의 출발지이며 성지로 평가받고 있는 곳이다. 이런 역사의 땅에서 1985년 전두환 군부독재 시절 민족의 역사와 민주주의에 관심이 많은 법조인·의료인·농업인·공직자 등이 모여 얼학회를 창립 활동한지 40년을 맞이하고 있다. 얼학회는 매월 정기적으로 모여 우리 역사를 공부하고 토론하여 왔는데, 관심 있는 책 《통곡하는 민족혼》의 안원전 선생과 《대한민국 史》의 한홍구 선생 등은 직접 모시고 강의와 토론의 시간을 가진바 있다. 때때로 학회지를 발간하고 격년제로 갖는 학술발표회와 해외 역사탐방을 실천해 왔다. 중요탐방지로는 민족의 시원인 바이칼호에서 요서 홍산·고구려·발해·일본·티벳·터키 등과 하얼빈 역두에서 뤼순 감옥까지 안중근의사의 의거현장을 답사하는 등 다양한 활동을 전개하며 오늘날까지 그 명맥을 이어오고 있다. 금년은 광복 80주년과 얼학회 창립 40주년을 기념하는 뜻깊은 해이기에 학술발표회를 갖게 되었다. 저자는 학술발표회 주제로 오늘날 한국 사회에서 좌파와 우파 간에 가장 첨예하게 대립하고 있는 대한민국 탄생에 관한 문제를 다루어 보기로 하였다. 이 주제에서 누가 옳은지 시시비비를 가리기 보다는 진보와 보수세력이 벌였던 역사 논쟁 속에 당대의 흐름과 진실을 찾아 국민적 통합의 교훈을 얻고자하는 마음에서 선정하게 된 것이다. 그래서 나라를 사랑하고 계시는 많은 분들과 공직자와 젊은 세대들에게 대한민국이라는 나라를 바르게 이해하는데 조금이라도 도움이 되기를 바라는 마음에서 쓰고자 한 것이다.

독자 여러분들께서도 잘 아시는 바대로 역사라는 기록은 시대와 시간이라는 씨줄과 사람들의 역사적 사건들이 날줄이 되어 역사가에 의해 쓰여져 온 것이다. 이러한 기록물들이 후세로 내려오고 다양한 해석을 통해서 우리들에게 전달된다. 사람들은 전해진 역사 속에서 지혜를 찾아내어 미래로 향해가는 나침반으로 활용해 가고자 하는 것이다. 그런 의미에서 보면 한국 근현대사는 세계사적으로도 그 유례가 드믄 가혹한 식민지와 전쟁을 거치면서 산업화와 민주화를 달성한 경이로운 역사를 이루어 냈다. 그래서 한국 근현대사는 오늘을 사는 우리 모두에게 반면교사로 삼아야 할 지침서와 나침반이 되고 있는 것이다. 특별히 우리 젊은 세대들에게는 우리 역사가 미래를 개척해 가는 상상의 나래가 되기를 바란다.

그런데 오늘날 한국 근현대사를 바라보는 시각이 보수와 진보 간에 간극이 크고 첨예하게 갈등하여 많은 국민들의 우려를 자아내고 있다. 보수우파는 대한민국은 좌익과 소련의 공산세력을 극복하고 어렵게 민주국가를 세워, 개인의 자유와 자본주의 경제를 지켜내어 오늘날의 번영을 이끌었다고 주장하고 있다. 그러나 진보좌파는 근대 여명기부터 이어진 민족 자주적 근대화가 실패하였고, 친일·친미파가 권력에 욕심을 내어 남한만의 분단정부를 세웠다고 부정적으로 평가하고 있다. 이러한 진보좌파의 주장이 독재시대를 극복하면서 역사학계와 언론계에 부각되고 많은 사람들의 주목과 지지를 받고 있는 것이 현실이다. 그렇다고 부정적 역사관의 결말인 우리 모두의 나라 대한민국이 태어나지 말았어야할 나라가 되고, 북한에 정통성이 있다는 식의 역사관은 현실과 진실을 도외시한 편파적이고 지나친 관점으로 보인다.

이 책에서는 한국 근현대사 역사의 현장에서 대한민국이 탄생하기까지 진보냐 보수냐를 떠나 민족의 미래를 위해 땀 흘려 노력하고 헌신했던 사람들의 사연을 중심으로 가급적 공정하고 객관적으로 살펴보고자 한다. 다시 말하면 일제강점기 정인보 선생이 민족사학을 계승하면서도 엄밀한 사료적 추적에 의한 사실인식과 민족사적 의미의 부각을 의도하는 '신민족주의 역사'를 주장하였는데, 이를 지향하는 관점에서 중도 통합적인 역사를 쓰고자 하는 것이다. 이 말은 새가 하늘을 높이 날기 위해서는 우익과 좌익의 날개가 제 역할을 하고 머리가 바른 방향으로 이끌어야 하는 것처럼, 역사도 발전하기 위해서는 진보, 보수, 중도가 서로 이해의 폭을 넓혀야 함을 인정해야 한다는 뜻이다. 그러므로 역사가나 역사 선생이라면 한편에 치우쳐서 편벽되게 역사를 기술하거나 해석하고 가르치는 것은 삼가 조심해야 한다는 것을 말하고자 하는 것이다.

《경이로운 대한민국탄생사》의 무대가 되는 우리 근현대사는 서양사와 다르게 역사발전에 애매한 점이 많아 보는 이의 관점에 따라 다양한 견해가 등장하고 있다. 대표적으로 근대의 출발점을 대원군의 집권, 강화도조약, 동학농민혁명이나 대한제국 시기부터라는 역사학자들의 주장이 있다. 이 책에서 근대와 대한민국의 시작점은 조선에서 광작이 확대되어 부농이 등장하고, 근현대의 개념인 인간존중과 평등사상이 주창되는 시기부터로 보고자 한다. 조선 후기가 되면 이앙법이 성행하면서 부농이 늘어 여러가지 방법으로 신분을 상승하는 사람이 많아지게 된다. 천주교와 동학이 확산되면서 사람의 존중과 평등 개념이 등장하여 왕조시대를 넘어 대한민국 기원의 맹아가 시작되었다고 보는 것이다. 그래서 씨줄은 구체적으로 베이징 점령소식과 러시아가 조선에 국경을 맞대고, 천주교와 동학을 통해 민중이 역사의 주체로 등장하는 1860년부터 시작되었다고 보고자 하는 것이다.

날줄로는 정조 이후 수많은 역사적 사건들 중 대한민국 탄생에 영향을 끼친 국내외의 큰 흐름을 중심으로 살펴보면서 근현대사의 거대한 변화에 새롭게 등장한 민중들의 주체적인 활동과 투쟁사도 챙겨 담도록 하였다. 구체적인 줄거리로 제1부에서는 조선후기 민중들의 사회변혁 활동, 서세동점과 동아시아 3국의 대응, 개화사상과 조선의 개항, 동학과 동학농민혁명, 독립협회와 애국 자강운동, 일제의 침략과 의병활동, 일제의 무단통치와 3·1독립만세운동, 실력양성운동과 사회주의 등장 및 민중활동, 일제의 침략전쟁과 국내외의 광복운동 등이다. 제2부에서는 태평양전쟁에서 미국이 승전하는 국제정세 속에서 해방과 건국을 위한 좌우익의 첨예한 대립, 미·소군의 군정실시, 조선공산당과 한국민주당의 경쟁과 이승만·김구의 활동, 소련과 김일성에 의한 북한의 일관된 공산화 추진과정, 미소공위 결렬과 남북한 정부수립, 건국정부 출범 후 한국 전쟁과 산업화와 독재를 넘어 민주정권 수립 등 경이로운 대한민국 탄생을 위해 헌신한 사람들의 역할과 사건을 정리해 보고자 하는 것이다. 이 책은 기존의 역사서에 비해 민중들에게 큰 영향을 끼친 동학과 천도교, 독립협회 활동, 기독교와 증산·보천교 활동, 3·1 독립만세운동, 민족주의자들의 실력양성운동, 김성수와 한민당의 건국운동 등을 좀 더 부각시켜 서술하였다.

끝으로 졸저가 출판되기까지 많은 도움을 주신 얼학회 송기영 고문 변호사님과 김규완 선생님, 이도형 회장님을 비롯한 회원 여러분들께 고마움을 표합니다. 출판에 힘써주신 경인문화사 한정희 대표님과 양은경·한주연님에게도 감사를 드립니다. 바쁘신 중에도 졸저에 추천사를 써주신 한국 노동학계의 대부이시며 전태일기념사업회 이사장 등 시민사회활동을 왕성하게 해오시면서 진보의 길을 걸어오신 이광택 명예교수님과, 한국교회사학회와 한국정치외교사학회 회장을 역임하시면서 우남네트워크 공동대표로 보수의 길을 걸어오신 박명수 명예교수님께 감사를 드립니다. 아울러 역사쓰기와 평론 활동을 왕성하게 해오시면서 본서를 서평해주신 백승종 전 서강대 교수님께도 감사를 드립니다. 지극히 부족한 저자와 삶의 현장에서 인연을 맺어주신 수많은 소중한 분들과 김현숙님을 비롯한 네 자녀와 가족여러분에게도 고마운 마음을 드립니다.

이 책은 경이로운 대한민국이 탄생되기까지 이름도 없이 빛도 없이 땀 흘려 헌신하시고 희생하신 수많은 민초님들께 헌정 드리고자 합니다. 여러 가지로 부족하고 보잘 것 없는 사람에게 이 책을 쓸 수 있는 힘과 지혜를 주신 창조주 하느님께 영광 드립니다. 고맙습니다!

광복 80년 국민 통합과,
광복 100년 평화통일의 문이 열리기를 소망하면서
이천이십오년 춘삼월 최창묵

목차

추천사 4

서평 10

책을 내면서 13

제1부　　　　　　　　　　　**조선의 근대와 일제강점과 광복운동**

1장　　**조선 후기 나라 안과 밖이 변하다**　　　　　　　　**25**

　　　　1. 조선 후기 내적 변화와 서세동점　　　　　　　　　　26

　　　　2. 서양세력의 침투와 조선의 대응　　　　　　　　　　43

　　　　3. 민족종교 동학이 창도되고 널리 퍼지다　　　　　　　55

　　　　4. 동아 3국의 대응과 조선의 문호개방　　　　　　　　64

　　　　5. 임오군란을 넘어 서구열강에 문호를 열다　　　　　　75

　　　　6.근대국가를 꿈꾼 갑신정변과 열강의 세력경쟁　　　　86

2장　　**평등을 향한 동학농민혁명과 조선의 대변혁**　　　　**99**

　　　　1. 동학농민혁명 평등세상을 꿈꾸다　　　　　　　　　100

　　　　2. 청일전쟁과 갑오경장　　　　　　　　　　　　　　110

　　　　3. 을미사변과 아관파천　　　　　　　　　　　　　　117

　　　　4. 위기 속에 등장한 독립협회와 대한제국　　　　　　124

　　　　5. 한말 역사 전면에 등장한 민중 활동　　　　　　　　138

3장　　**일제의 침략과 나라 지키기운동**　　　　　　　　　**149**

　　　　1. 일제의 국권침탈과 의병운동　　　　　　　　　　　150

　　　　2. 민족주의자들의 애국 자강운동　　　　　　　　　　167

　　　　3. 백성을 위로 격려한 종교 활동　　　　　　　　　　179

4장   일제의 무단통치와 3·1독립만세운동   193

1. 일제의 억압과 침탈에 대항하는 독립운동   194

2. 대한민국의 출발점, 이백만명이 참여한 3·1독립만세운동   208

3. 대한민국 임시정부의 수립과 활동   221

4. 문화통치의 표방과 산업침탈   227

5. 민족운동의 새 양상   233

※ 도움 글 잊혀진 인물 김성수   235

5장   다양한 독립투쟁과 민족말살정책   253

1. 사회주의 등장과 민중 활동의 세력화   254

2. 국내협동전선과 해외 독립투쟁   264

3. 일제의 민족말살 정책과 다양한 항일   275

4. 1930년대 이후 해외 광복 항일투쟁   287

제2부   해방과 경이로운 대한민국의 탄생

6장   해방과 좌우익의 투쟁   307

1. 세계정세와 한국 해방   308

2. 38선의 분단과 미·소군 진주   324

3. 해방 직후 남한 정치세력들의 동향   338

4. 미군정의 여당 한민당과 이승만·김구의 환국   353

5. 모스크바 삼상회담과 반탁운동   363

7장	미소공위 결렬과 남북한 정부수립	377
	1. 1차 미소공위의 결렬과 남북한 정치상황	378
	2. 남한 정당들의 활동과 좌우합작 추진	387
	3. 6·3정읍발언과 남한단정 추진	395
	4. 좌익의 단정반대 투쟁과 남북연석회의	408
	5. 남과 북에 단독정부가 수립되다	418

8장	대한민국 산업화와 민주화의 새 역사를 이루다	433
	1. 이승만의 1공화국과 한국 전쟁	434
	2. 전쟁 폐허 속에 산업화의 기반을 만들다	445
	3. 국부를 자임한 이승만과 4·19민주혁명	456
	4. 5·16군사정변과 박정희의 산업화와 유신독재	469
	5. 전두환의 군사정변과 5·18광주민주항쟁	484
	6. 노태우 직선 대통령과 김영삼 문민정부	494
	7. 김대중 최초로 여야 정권교체를 이루다	501
	8. 민주화로 여야 정권교체가 정착되다	507

맺는 말 517

찾아보기 520

사진출처 527

제1부
조선의 근대와
일제강점 및 광복운동

1장   조선 후기 나라 안과 밖이 변하다

2장   평등을 향한 동학농민혁명과 조선의 대변혁

3장   일제의 침략과 나라 지키기운동

4장   일제의 무단통치와 3·1독립만세운동

5장   다양한 독립투쟁과 민족말살정책

1장
조선 후기 나라 안과 밖이 변하다

조선은 내적 변화와 서세동점하는 열강들의 침투에 위기의식을 느끼게 되고, 천주교와 동학이 확산되어 민중들의 저항이 시작된다. 고종시대 흥선 대원군의 실각과 민왕후 세력에 의한 문호개방으로 세력 간에 갈등이 높아지고, 임오군란은 청의 개입으로 연결된다. 근대국가를 추구하는 갑신정변은 3일 천하로 끝나고 열강들의 세력경쟁이 본격화되었다.

1. 조선 후기 내부 변화와 서세동점
2. 서양세력의 침투와 조선의 대응
3. 민족종교 동학이 창도되고 널리 퍼지다
4. 동아 3국의 대응과 조선의 문호개방
5. 임오군란을 넘어 서구열강에 문호를 열다
6. 근대국가를 꿈꾼 갑신정변과 열강의 세력경쟁

1.
조선 후기 내적 변화와 서세동점

조선의 근대는 1860년대부터 내재적으로

독자들이 이해하는 근대는 유럽에서 시작된 르네상스 이후 인본주의와 산업혁명으로 등장한 자본주의, 종교에서 벗어난 유산계급들이 정치를 주도하면서 왕정체제를 뒤엎고 시민국가가 등장하는 시대로 이해하고 있다. 그래서 근대는 인간의 자유와 평등이 구가되고 시장 경제가 자리 잡아가는 세상이라고 말한다. 자유가 정치적으로 구현되면 민주주의를 실현하는 것이고, 경제에 구현되면 자유로운 경제행위를 추구하는 자본주의가 되는 것이다.

한국사에서는 다수가 근대의 시점을 1876년 일본에 의해 문호가 개방된 강화도조약 때부터라고 말하고 있다. 그러나 사실 조선은 이미 중국이라는 문호를 통해서 한역 과학서적과 천주교와 기이한 서양문물이 사행사들을 통해 들어오고, 동래와 의주를 통해서 밀무역으로 서양 상품이 들어오고 있었다. 1860년에는 러시아가 연해주를 획득하므로 월경하여 정착하고 있던 조선인들을 통해서 러시아와 왕래가 시작되고 있었다. 그리고 서양의 유산계급과 유사한 광작지주와 상공인들이 등장하여 양반 신분제도를 무너뜨리고 있었다. 그러므로 이 책에서 조선의 근대와 대한민국의 형성은 외세에 의해서 타율적으로 이루어진 것이 아니고, 우리 내부에서 필요에 따라 내재적으로 이루어져 간 것으로 보고자 하는 것이다.

조선의 근대는 견고하게 이어져오던 양반·상민의 신분제도가 무너져가고 다수 민중들이 계급모순을 인식하여 사람은 모두가 평등하다는 생각을 갖게 되는 때부터 시작되었다고 보는 것이다. 따라서 이러한 계급모순을 인식하고 인간은 평등하다는 생각의 전환을 촉발한 서양의 학문과 천주교의 전래 그리고 동학의 등장에서부터 성립되어 졌다고 보게 되는 것이다. 그러한 평등의식이 형성될 수 있는 바탕에는 양란 이후 실학의 등장, 천주교의 자생, 광작의 확대와 상공업의 발달, 서민문화의 등장 등 학문·종교·경제·사회의 여러 부분에서 복합적으로 작용하였다. 그러한 인식과 여건의 변화가 새로운 시대인 인본주의 근대와 대한민국의 맹아로 전환되어가는 촉매제 역할을 하게 되었기에 그 내용을 좀 더 살펴보고자 한다.

백성들이 이끈 농업·수공업·상업의 혁신들

1392년 이성계가 세우고 정도전이 설계한 성리학적 반상제도의 나라 조선의 변화는 먹을 것 문제와 결부된 농업에서부터 시작하여 상공업 분야로 파급되었다. 조선 후기 삼남 지방에서는 가뭄 피해로 나라가 억제한 이앙법이 확산되고 있었다. 모를 키워 내다 심는 이앙법으로 노동력은 반으로 줄고 소출은 배가 늘어 이모작과 농업을 경영하는 광작이 유행해 졌다. 밭작물로는 면화·담배·인삼·고추 등 상업 작물을 재배하여 농민들 중 부농층이 증가하기 시작한 것이다. 지주전호제 하에서 농지 임차에 대한 지대가 생산량을 나누는 방식에서 도조법으로 전환이 일어나고 도지권을 인정받게 되었다.

따라서 타조법과는 달리 지주와 작인의 관계가 계약적 요소를 띠게 되어 소작인의 자율적 생산이 가능해졌다. 광작을 할 수 있게 된 지주와 능력 있는 소작인들은 임노동자를 고용하여 큰 농사를 짓게 되었다. 임노동자가 출현된 것은 신분이나 권력이 없어도 돈만 있으면 노동력을 동원 할 수 있다는 의미의 큰 변화이다. 그리고 조선의 토지소유에 일물일권적 배타적 성격과 경작권의 존재는 당시 서구나 일본에도 없는 근대적이고 자본주의적 성격을 띠고 있었다. 이러한 토지 관련권리는 서구나 일본에서도 근대로 발전한 이후에 나타난 것들이다.

수공업 분야에서는 관영수공업자들이 생산된 물건을 내다팔고 나라에 포를 바치는 납포장이 증가하였다. 선대제가 등장하여 상업자본이 수공업자를 통제하여 이윤을 늘리는 생산이 일어났다. 광업에서는 개인투자를 허용하여 은점·금점이 성행하고 덕대가 물주의 자본으로 채굴·제련 노동자를 고용하여 생산하는 자본주의적 생산 양식이 등장하게 된 것이다. 상업에서는 대동법에 따른 공인의 활동과 농업 생산량이 크게 늘어난 덕에 장시가 확대되고 난전이 성행하였다. 포구의 경강상인을 비롯 송상·만상·내상 등 사상이 크게 성장하였다. 일부 상인들은 물건을 사 모아 성수기에 비싸게 파는 도고로 성장하여 매점매석으로 이윤을 극대화하였다. 상평통보라는 돈의 유통이 활발해져 상품 유통경제가 발달하고 상업자본이 축적되었다.

이처럼 농업에서 이앙법으로 광작과 도조법이, 수공업에서 납포장과 선대제가, 광업에서 금점과 덕대가 등장하게 되었다. 상업에서 5일장이 확산되고 사상과 도고의 성장으로 상업자본이 성장하였다. 백성들의 생활경제가 농업·수공업·광업·상업에서 이윤을 좇아 생산방식이 바뀌는 자본주의의 싹이 터가고 있었던 것이다

백성들이 펼친 신분·교육·문화의 변화와 실학의 등장

이처럼 신흥부자들이 늘어감에 따라 양란 이후 무너져가던 양반 상민의 신분제가 유명무실하게 되었다. 향촌사회를 장악했던 양반들은 붕당간의 정쟁으로 일당이 득세하여 권반·향반·잔반으로 분화되어 갔다. 중인층인 서얼은 신분 상승운동을 전개하였고, 역관들은 청나라를 통해 서양문물을 접하므로 개명해가고 있었다. 상민으로 양반들에게 무시당해오던 부농·상

인·독립수공업자 등이 지주와 자본가로 성장하였다. 부유한 상민들은 쌀과 돈으로 공명첩과 향임을 구매하거나 족보 매입과 위조 등을 통해 신향으로 성장 향촌의 주도권에 도전하는 새로운 풍조도 나타났다. 양반에게 지배되어 반상제도가 엄격했던 향촌사회 질서가 무너져가게 되었다.

순조 이후에는 세도정치의 횡포로 양반 지배층이 더욱 분화되면서 잔반과 농민층의 각성이 일어나게 되었다. 당시 사회는 백성들의 부가 늘어나므로 교육에 대한 욕구가 높아졌다. 그래서 마을마다 잔반으로 전락한 양반을 선생으로 모시는 서당교육이 확산되어 백성들의 의식수준이 높아져 갔다. 서민문화에 한글소설이 등장하고 사설시조·판소리·풍속화·산대놀이 등 서민을 상대로하는 문화 활동이 활발해졌다. 특히 장시의 성행을 위해 광대패를 유치하므로 공연문화가 자리잡아가고, 백성들이 장마당을 통해 여론을 전파하기 시작하였다. 이런 분위기 속에서 이씨왕조에 반감을 갖고 체제변화를 고대하는 식자층에게는 정감록과 미륵신앙 등이 널리 유포되었다. 세상이 말세라 변란이 일어나고 왕조가 교체된다는 비기도참의 예언 사상이 널리 퍼지게 되었던 것이다.

운현궁, 대원군이 초청한 판소리꾼과 남사당패 등이 수시로 공연한 장소

재야에서는 양반 중심의 사회체제가 지닌 모순을 비판하고 부국안민을 위한 국가사회 운영방안을 제시하는 실학이 등장하였다. 실학은 17세기 이후 이수광, 유형원, 박세당 등으로부터 시작되었다. 실학자 중 유형원, 이익, 정약용 등은 중농학파의 입장에서 토지제도 개혁을 통한 농민생활 안정을 주장하였다. 유수원, 박지원, 홍대용, 박제가 등 노론 계통은 중상학파의 입장에서 상공업의 진흥과 기술혁신을 위해 청나라의 문물 수용을 주장하였다. 실학자들의 토지제도의 개혁, 외국무역의 확대, 전근대적 신분질서의 폐기 주장은 모두 강렬한 근대지향성을 내포하고 있었다.

재야의 학자들이 주장한 실학사상의 영향은 찻잔 속의 태풍에 불과했지만 초기 개화사상 형성에 영향을 주었고, 구한말 광무개혁에 원용되었다. 이것은 실학사상 안에 근대지향적인 개혁적 성격이 내재되어 있음을 보여주는 것이다. 이처럼 조선사회가 근대를 향해 다양하게 변모해 가고 있는데 정치는 거꾸로 일당 독주를 넘어서 벌열가문의 세도정치로 퇴보의 길을 걷고 있었다.

정조의 안이한 선택이 세도정치를 부르다

18세기 영조와 정조대에는 노론의 우세 속에서 소론과 남인을 등용시키는 탕평책으로 어느 정도 정치적 안정을 기할 수 있었다. 특히 사도세자의 아들로 어렵게 왕위에 올랐던 정조는 규장각을 설립하여 박제가, 유득공 등 서얼 검서관을 임명하고 남인영수 체재공을 우의정으로 임명 학문 발전과 탕평에 힘썼다. 그러나 정조가 말년에 위정학으로 노론에 기울고, 그의 유명에 따라 11세에 즉위한 순조를 보필하게 되는 김조순이 딸을 왕비로 들이고 30년간 순조를 보좌하여 사실상 정권을 장악하게 되었다. 김조순의 안동 김씨 일족이 비변사 등 조정의 중요 요직을 장악하는 본격적인 세도정치가 등장한 것이다. 이후 헌종대에는 풍양 조씨가 일시 정권을 잡았다가, 철종대에는 안동 김씨가 다시 정권을 독점하였다. 세도정치로 양반관료제 사회의 기본이 되는 과거제도가 변질되어 형식에 그치고 매관매직이 성행하게 되었다. 당시 지방 수령들은 안동 김씨나 풍양 조씨의 도움을 받아 지방에 부임하는 대가로 수천 냥에서 수만 냥의 뇌물을 상납하게 되었다. 그들은 현직에 부임하면 상납한 돈을 벌충하기 위해 지방민들에게 갖가지 명목의 세금을 거두어 부를 늘려 나갔던 것이다.

당시 조선 백성들은 오늘날 보다 무겁게 나라가 매기는 세금 납부에 힘들어 했다. 지방관들은 세금을 더 걷기 위해 마른 수건을 짜듯 백성들을 철저히 쥐어짰다. 백성들이 부담하는 세금은 부당하게도 힘없는 농민들에게 전가되는 현실로, 수취제도의 문란은 19세기 조선사회를 동요케 하는 근본 원인을 제공하였다. 토지세 성격의 전정은 남징·과징 등으로 작인 농민들에게 부담시켜 호구지책 마련이 어려웠다. 병역의무를 대신하는 군포는 빼주는 양반 숫자가 늘어나 부족분을 족징·인징 등으로 힘없는 농민들에게 떠넘겼다. 환정제도는 춘궁기에 미곡을 대여해주고 추수기에 환수하는 백성을 위한 진휼책이나, 환곡의 이자 수입이 지방관청의 고리대로 변형되어 농민들의 허리를 쥐어짜는 결과를 가져왔다.

순조 이후 세도정치의 탐학에 백성들이 일어서다

1800년 정조의 아들 순조가 즉위한 이후 철종대까지 60년간의 세도정치는 정치 기강과 삼정의 문란으로 백성들의 생활은 더욱 궁핍해졌다. 이에 따라 무지렁이 농민들도 자신의 생존을 위해 수탈에 대한 투쟁을 벌이기 시작하였고 이 투쟁은 전국적으로 번졌다. 순조 즉위년에 경상도 인동에서 60여 명의 농민들이 관아를 습격하였다. 1804년 황해도 안악 사건,

1807년 경상도 사천 사건, 1811년에는 평안도에서 서북차별과 농민수탈에 반대한 홍경래의 난이 일어나 정주성 일대를 장악하기도 하였다. 1841년에는 경주의 농민 수백 명이 한양까지 올라와 환곡의 부정을 고발하는 복합 상소를 하기도 했다. 철종 때인 1862년의 임술민란은 단성 지역에서 시작하여 진주를 거쳐 삼남 지방의 37개 지역으로 확산되어 갔다.

민란의 전개 양상은 보통 지역 단위의 향회에서 처음에는 문서로 수차례 관청에 호소를 하게 된다. 호소가 무시되면 탐관오리를 비방하는 벽보가 등장하고 세금을 거부하는 항조 투쟁에 이어 몽둥이와 죽창으로 무장하고 실력 행사에 들어가는 방식이다. 전라도 함평에서는 구체적인 개혁 요구를 하였고, 충청도 은진에서는 전라도 여산부를 공격하는 등 지역의 경계를 넘어서기도 하였다. 그런데 당시 지배세력은 민란의 원인이 지방관의 탐욕으로 인한 삼정의 문란에 있다하여 삼정이정청을 설치하고 삼정문란을 바로잡기 위해 노력하였다. 그러나 해결책은 눈 가리고 아웅하는 임시적 방편에 불과하여 실효를 거두지 못했다. 이러한 벌열가문의 세도정치가 심화되어 정치가 파탄되어가는 것은 조선왕조가 무너져 가고 있음을 여실히 보여주는 것이다.

19세기에는 종교·신앙 면에서도 새로운 기풍이 팽배하고 있었다. 조선에서 자생적으로 싹튼 천주교는 1801년 신유사옥 이후 조정의 가혹한 탄압에도 교세가 확장되고 신자의 수가 크게 늘어갔다. 또 경주 사람 최제우가 창도한 동학이 경상도 일대에서 백성들에게 널리 퍼져가고 있었다. 이와 같이 조선에서 다양한 새로운 풍조는 교조적인 유교사회와 반상제도를 붕괴시키는 촉매제 역할을 하게 되었다. 종래의 신분제사회를 넘어 인간은 평등하고 귀천이 없다는 근대적 사회로 변모해 가는 동력을 제공하였던 것이다.

서구세력이 동아시아로 밀려오다

동아시아의 전통적 질서는 천자를 자처한 중국 황제가 주변국 수장을 국왕으로 임명하는 형식을 취했다. 주변국 왕들은 중국 황제에게 사신을 보내 공물을 바치는 책봉·조공 관계가 지역 질서로 자리잡아 왔던 것이다. 한반도에서는 신라가 당의 힘을 빌려 백제와 고구려를 멸망시키면서 조공이 본격화되었다. 그래서 19세기 이전 동아시아는 대체적으로 중화질서를 중심으로 화이론적 세계관에 의한 폐쇄적인 사회라고 평가할 수 있다. 동북아의 요충지에 위치한 조선 역시 평화를 유지하는데 가장 효율적인 중국을 중심으로 한 사대교린 속에서 쇄국정책을 유지해왔다.

반면 유럽은 15세기 후반부터 대항해시대를 맞이하여 신항로의 개척과 지리상의 발견에 따른 세계 진출로 여러 나라가 큰 기회를 갖게 되었다. 서양세력은 무역과 시장 개척을 위해 인도와 동남아시아를 거쳐 마침내 동아시아로 향하게 된다. 선두주자인 포르투갈은 마카오에 근거지를 두고 중국과 일본의 무역을 주도하였다. 오늘날 스페인으로 불리는 에스파냐도 마닐라에서 교역하면서 점차 왜구의 중계 무역로를 장악하기 시작했다. 그들은 차나 도자기와 비단 등 동아시아산 귀중품을 사기 위해 엄청난 양의 아메리카 은을 가지고 들어와 교역하였다. 해양 강국 네덜란드는 동인도회사를 앞세워 일본의 나가사키에 상관을 열고 무역을 독점하는 등 동아시아 무역에서 두각을 나타내었다.

이후 유럽 상인들은 동방무역에서 식민지 획득 경쟁과 더불어 카톨릭 포교에도 앞장서게 되었다. 항해시대를 열었던 포르투갈이나 스페인의 항해가들은 독실한 신자들로서 야만인에게 선교하겠다는 높은 사명감을 갖고 위험한 항해에 나섰던 것이다. 그런 전통으로 마카오에는 예수회를 중심으로하는 카톨릭 포교의 전진기지가 세워졌다.

중국과 일본 사이에 자리한 한반도는 주로 만주 쪽 유목 민족이나 중국 한족과 깊은 역사적 관계를 유지해왔다. 바다 건너 일본과는 왜구의 노략질 이나 임진왜란 등 간헐적인 부딪침만 있었다. 그러나 19세기 동북아시아가 급변하는 해양시대에 접어들면서 중국은 아편전쟁으로 정치적 위기를 맞이 하였다. 반면 일본은 개방의 위기 속에서도 재빠르게 변신에 집중하여 근대 국가로 성장해 갔고, 조선은 국제 정치적 격랑에 휩쓸려 가는 처지가 되었다.

> '이 지점에서 우리는 19세기 한반도 주변에서 벌어졌던 열강들의 세력 경쟁을 정확히 파악하여 반면교사로 삼아야 한다. 왜냐하면 2세기 전 상황이 오늘날에 와서도 반복되어 우리들에게 미국이냐 중국이냐의 선택을 요구당하고, 러시아와 일본의 눈치를 보는 처지가 되어 가고 있기 때문이다.'

이러한 와중에 1860년 베이징조약으로 시베리아 연해주 지역에 러시아 라는 영토욕에 넘치는 붉은 곰이 출현하여 동북아시아를 긴장하게 하였 다. 러시아는 17세기 표트르 대제 때부터 나라 밖으로 나가기 위해 해양진 출을 꿈꾸어 왔으나, 영국을 위시한 서구열강의 방해로 좌절 당해왔다. 이 제 그 꿈을 동쪽에서 실현시킬 기회를 마련한 것이고, 조선은 제정러시아 와 국경을 마주하게 되는 엄중한 상황에 처하게 된 것이다. 17세기 중엽 러 시아는 이미 헤이룽강 지역에까지 진출하여 네르친스크와 알바진 등지에 성채를 구축하였다. 그리고 청과 통상을 목적으로 여러 차례 베이징에 사 절을 보냈으나 거절당하였다.

이후 청과 러시아는 여러 번의 충돌이 있은 후 1689년 러시아가 알바진 을 포기하고, 청도 네르친스크 일대를 포기하는 국경조약을 맺었다. 1727 년 교역과 관련된 여러 분쟁을 해결하기 위해 캬흐타조약을 맺었는데 이때 확정된 국경이 현재 러시아와 몽골의 국경이 되었다. 러시아는 중앙아시아에서도 우즈베크계의 부하라, 히바, 코칸트한국을 지배했다. 타슈켄트에 두고 있던 투르키스탄 총독부를 통해 러시아인의 식민을 추진하였고 동서 투르키스탄으로 침투하고자 했다. 불청객 러시아의 아시아 진출은 동북아 국가들에게 영토 위기를 환기시키는 계기가 되었다. 이때부터 만주 문제라는 초점이 생겼고, 영국이 러시아의 남진에 대항하는 국제정치 구도가 점차 형성되어 갔다.

'1860년 러시아가 연해주로 진출한 남진정책은 뜻밖에도 조선에게는 큰 불행을 가져오는 씨앗이 된다. 중국은 러시아에게 영토의 침범을 당했고, 일본 메이지유신의 주도자들은 러시아가 조선을 강점하면 일본을 겨누는 비수가 되니 일본을 지키기 위해 조선을 선점해야 한다는 빌미로 삼게 되었다. 1920년대에는 러시아 사회주의 사상이 한국에 전파되어 민족주의가 좌우로 분열되는 갈등의 씨앗이 되었다. 태평양전쟁 직후에는 38선 이북의 점령군이 되어 북한 공산정권 탄생에 결정적인 역할을 하였다. 이후 한국 전쟁을 배후에서 주도하였고 오늘날에는 우크라이나 전쟁과 관련하여 북한과 밀착하며 한국에 어려움을 주고 있는 실정이다.'

도전적인 영국, 중국의 문을 열다

증기기관 발명으로 방적기가 개량된 기계화 공장에서 면직물의 대량생산과 정치적 발전으로 영국은 처음으로 산업화에 성공한 나라가 되었다. 동인도회사를 앞세운 영국은 18세기 중엽 인도를 둘러싼 프랑스와의 경쟁에서 우위를 점하게 되었다. 영국은 인도에 대한 식민통치권을 확보하고 인도를 동방무역의 전진기지로 삼았다. 이 시기 해금정책의 청나라에서는 광저우의 상인조합인 공행이 관세를 부과하고 외국 상인의 무역과 왕래를 통제하고 있었다. 중국과 무역확대에 제약을 받은 영국은 여러 번 사절을 파견하였으나 거절당하자 큰 불만을 갖게 되었다. 이러한 상황에서 영국 국내의 차세가 인하되어 중국 차가 대중화되기 시작했다. 당시 청과 영국의 무역은 차와 모직물이 중심이었다. 중국 차 수입은 급증하는 반면 영국산 모직물 수출은 저조하여 심각한 은 부족에 직면하게 되었다. 고심 끝에 영국의 동인도회사는 은의 유출을 벌충하기 위해 부도덕하게 인도산 아편을 청에 밀수출하기 시작했다.

아편 밀수출은 갈수록 늘어 1820년대에는 역으로 청의 은이 영국으로 유출되기 시작했다. 이에 위기를 느낀 청은 여러 차례 아편 금지령을 내렸으나 효과가 없었다. 1830년대 후반 청의 아편 중독자 수는 200만여 명으로 추산되는데 관리와 병사들까지 중독되어 국가적인 문제가 되었다. 위기를 느낀 청은 영국의 아편 밀매에 단호하게 대처하기에 이르렀다. 1839년 강경론자인 임칙서가 흠차대신으로 광저우에 파견되어 영국 상인들의 아편무역을 엄중하게 단속하기 시작했다. 때마침 영국인 선원이 중국인을 살해한 사건을 계기로 마카오를 봉쇄하고 아편 2만여 상자를 몰수하여 불태우기에 이르렀다.

난징조약

이러한 사정을 배경으로 영국은 1840년 청과 전쟁을 개시하게 되었다. 이 전쟁은 산업화에 성공한 서구열강이 중화질서 속에 안주하고 있던 동아시아에 본격적으로 진출하는 출발점이 되었다. 외륜 강철군함 네메시스호 등 16척의 증기군함에 대포 등 최신 군비를 갖춘 영국군은 양쯔강 하류지역의 도시들을 점령해 갔다. 급기야는 난징까지 이르게 되자 결국 청이 굴복하여 1842년 난징조약이 체결되었다. 서구열강의 힘에 의해서 체결된 불평등한 난징조약은 어떤 내용을 담았을까?

"홍콩을 영국에 할양한다. 광저우·샤먼·푸저우·닝보·상하이 등 5항구를 개항한다. 영국에 은화 2,100만 냥을 배상한다. 공행과 같은 독점 상인을 폐지한다."라는 일방적인 내용의 조약이었다.

이어서 청은 1844년에는 미국과 왕샤조약, 프랑스와 황푸조약을 맺어 영사 재판권과 최혜국 조항 등을 인정하였는데 이는 서양세력이 청에게 일방적으로 강요한 불평등 조약이었다. 이들 조약으로 중국과 서방국가 사이에는 조공제도를 대체하여 '만국공법'이라는 국제법에 따른 조약제도가 도입되었다. 이것은 청의 무력 열세와 외교 관행에 대한 무지를 기초로 이루어진 것이다. 그러나 조약 체결 이후에도 면직물을 대량으로 청에 수출하려는 영국의 의도는 성공하지 못하였다.

이러한 상황 속에서 2차 아편전쟁은 1856년 영국 상선 애로우호의 승무원들이 해적 혐의로 청관원에 체포되고 영국 국기가 바다에 버려지는 사건에서 비롯되었다. 이를 빌미로 영국은 광서에서 프랑스 선교사 피살 사건을 따지던 프랑스를 끌어들여 1858년 공동 출병을 하게 되었다. 영·프 연합국은 광저우를 점령한 다음 북상하여 톈진에서 조약 개정을 요구하기에 이르렀다. 위기에 몰린 청은 영국·프랑스와 톈진조약을 체결했고 이어서 미국과 러시아와도 동일한 조약을 맺었다. 그러나 영·프 연합군이 물러가자 복잡한 청 내부에서 톈진조약 폐기론이 세력을 얻게 되었다. 이에 영·

프 연합군 2만여 명이 1860년 베이징의 황궁까지 점령하게 되자 러시아의 중재로 베이징조약을 체결하기에 이르렀다. 이때 러시아도 조약을 맺게 해준 중재의 대가로 우수리강 동쪽을 러시아 영토로 인정받아 연해주로 진출하는 전기를 마련하였다. 이후 러시아의 연해주 진출은 동북아 정세에 거대한 영향을 미치게 된다.

태평양에 진출한 미국 일본의 문을 열다

중국이 아편전쟁 이후 서구열강에게 문호를 개방당하고 있을 때 일본 도쿠가와 막부는 해금정책 속에서도 나가사키에 문호를 열어두고 있었다. 일본의 치열했던 전국시대를 제패한 도쿠가와 막부(1603~1868)는 해금정책을 원칙으로 하되, 개신교국인 네덜란드 동인도회사에게 1641년 허용한 나가사키 무역만은 유지하고 있었다. 데지마에 설치된 네덜란드 상관은 상인들이 거주하며 무역을 하면서, 일본에 서양의 문물과 정보를 제공해주는 통로가 되었다. 도쿠가와 막부는 200여 년간을 네덜란드 상관이 제공하는 〈네덜란드 풍물서〉를 통해 유럽 소식과 미국 독립 등의 최신 정보를 파악할 수 있는 창구로 활용하였다.

19세기에 들어서서는 인도에서 중국으로 시장을 확대하고 있던 영국 선박들이 일본 근해에 자주 나타나기 시작했다. 1808년 영국 군함 한 척이 네덜란드 상선을 포획하기 위해 나가사키항에 침입하여 물과 식량을 얻은 후 철수하는 페이튼호 사건이 있었다. 이후에도 영국 군함이 여러 차례 우라가항에 내항하여 막부에게 무역을 요구했다. 이러한 영국의 도발에 막부는 1825년 해안에 접근하는 외국 선박은 무조건 격퇴하라는 명령을 전국에 내렸다. 이후 동아시아 이권 쟁탈전에 새롭게 등장하기 시작한 나라가 미국이었다. 미국은 1776년 영국 식민지에서 독립한 이후 영토를 계속 확장해왔다. 1848년 멕시코와 벌인 전쟁에서 승리하여 텍사스와 캘리포니아 등을 할양받아 명실공히 태평양 연안 국가가 되었다.

당시는 태평양을 횡단하는 항해가 불가능했기 때문에 중국을 가기 위해서는 캐나다로 북상하여 알래스카를 거쳐 캄차카반도로 내려오는 항로를 취해야만 했다. 미국의 중국 무역량은 해마다 늘어 1830년대에는 영국 다음을 차지할 정도로 그 비중이 매년 커가고 있었다. 따라서 중국 시장에 도달하는 태평양 항로의 안전을 위해서 일본의 항구를 이용하는 것이 미국으로서는 중요한 외교 현안이 되었다. 그래서 1850년대에 들어 미국은 서방 어느 나라보다도 일본을 개방시키는데 적극적인 역할을 하게 되었다.

그런데 일본에 진출하려고 노력해온 제정러시아가 아편전쟁을 계기로 동아시아에 발판을 마련하려는 영국과 태평양에 진출하려는 미국의 팽창 의도를 간파하게 되었다. 이에 따라 1842년 니콜라이1세는 아무르강 유역과 사할린 지역의 러시아 국력을 평가하기 위한 특별위원회를 설치하여 대비하게 된다. 일본 도쿠가와 막부의 해금정책은 아편전쟁을 계기로 그 내용을 일부 변경하게 되었다. 아편전쟁이 청의 일방적 패배로 끝났다는 정보를 네덜란드 상관을 통해 들은 것이다. 막부는 외국과의 무력분쟁을 피하기 위해 연료·물·식량 등 원하는 물품을 외선에 제공하고 퇴거시키라는 신수급여명령을 각 번에 지시하였다.

일본의 개항에 미국과 러시아가 경쟁하다

이러한 시기에 일본을 개항시키기 위해 미국과 러시아가 서로 경쟁을 벌이게 된다. 미국이 일본을 개항시키려고 페리 제독을 단장으로 사절단을 파견한다는 사실을 알게 된 러시아도 서둘러 1853년 푸챠딘 중장을 전권 공사로 임명 일본에 파견케 되었다. 1853년 7월 페리가 일본 개항의 임무를 띠고 군함 4척을 이끌고 드디어 우라가항 앞 바다에 정박하고 함포외교를 개시했다. 페리는 도쿠가와 막부에게 전하는 미국 대통령의 서신을 현지 관헌에게 전달하고 통상관계 수립을 위한 교섭을 요구했다. 그러나 도쿠가와 막부가 즉각 응할 수 없음을 고려하여 다음 해에 다시 올 것을 통보하고 오키나와로 향했다. 그러자 8월에는 러시아 군함 5척이 통상을 위해 나가사키항에 들어왔다. 페리가 일본을 무력으로 위협한 반면, 푸챠딘은 통상조약만 체결해주면 러시아가 미국의 침공을 막아주겠다고 외교적인 노력을 기울였다. 푸챠딘 역시 페리처럼 회신을 받으러 이듬해 봄에 오겠다하고 상하이로 떠나갔다.

미국과 러시아의 개항 요구에 당황한 도쿠가와 막부는 전국 다이묘들에게 개항 요구에 대한 의견과 대책을 물었다. 대부분의 다이묘들은 조종의 법인 해금정책은 절대로 변경할 수 없음을 강조하면서도 무력충돌은 피해야 한다고 주장하였다. 미국의 페리는 약속한대로 1854년 2월 8척의 함대를 이끌고 요코하마항에 들어와 흑선으로 강력한 무력을 시위하며 교섭을 촉구했다. 이미 네덜란드 상관을 통해 서양의 우월한 군사력을 정확히 파악하고 있던 도쿠가와 막부는 마침내 3월 31일 '미일화친조약'을 조인하

페리 제독 일본 요코하마 상륙 기록화

기에 이르렀다. 그 내용은 시모다와 하코다테를 개방하여 미국 선박의 기항을 허용하고 연료와 식량을 보급하며 영사의 주재를 허용하는 내용이었다. 무역통상까지 요구하는 미국에게 막부는 영리하게도 러시아의 통상요구를 핑계로 과도한 요구를 무마시켜 나갔다. 이때 미국은 노예 문제로 남북의 갈등이 캔자스-네브래스카법 제정으로 심화되어 일본 개입에 집중할 수 없는 여건 아래 있었다. 이로써 220여 년간 견지해오던 도쿠가와 막부의 해금정책이 종지부를 찍게 되었다.

이어서 일본은 영국과 조약을 맺었고, 러시아의 푸챠딘과는 1855년 2월 러일화친조약을 맺게 되었는데 사할린을 공유하는 내용이 포함되었다. 통상을 집요하게 요구하는 미국에게 시간을 끌던 막부는 애로우호사건 후 영·프군이 일본 원정길에 오른다는 소문을 듣고 위기감에 1858년 7월 미일수호통상조약을 체결했다. 이 조약에서는 미국에게 4개 항구를 추가 개방하고 영사재판권, 거류지 설치, 최혜국 조항 등이 규정되었다. 도쿠가와 막부는 이어서 네덜란드·러시아·영국·프랑스와도 동일한 내용의 조약을 맺었다. 이 통상조약은 서구열강에게 유리한 불평등 조약이었지만 같은 해 청이 체결한 톈진조약과 비교하면 일본은 선방한 것으로 보인다.

개항 후 일본 국내에서는 서양과의 통상에 반대하는 존왕양이운동이 아이러니하게도 역외 수출로 경제력이 월등한 조슈번과 사쓰마번에서 활발히 일어났다. 1863년 3월에는 배외 분위기에 편승하여 일본 국황의 양이 칙명이 발표되었다. 이러한 분위기 속에서 조슈번이 바칸 해협을 지나던 미국 상선을 포격하는 사건이 발생했다. 이에 미국·영국·프랑스·네덜란드 연합 함대의 맹렬한 공격으로 조슈번 포대를 박살내어 항복을 받아 내었다. 양이를 내걸고 폼을 잡던 대부분의 다이묘들은 이 교전을 통해 서양의 압도적인 무력을 실감하게 되었다.

결코 서양과 맞서는 것은 무모한 것임을 깨닫고 새로운 방향으로 전환하는 계기로 삼았던 것이다. 그것은 서양을 직접 배우기 위해 유력한 번들이 유럽에 유학생을 파견하는 것이었다. 이해 6월 도쿠가와 막부의 쇄국령을 어기고 영주의 명령을 받은 조슈번의 유망한 무사 5인이 요코하마항을 떠나 런던으로 출발하였다. 막부의 영향력이 여전함에도 독자적으로 조슈번이 파견한 사람들은 일본 근대 정치·외교의 설계자인 이토 히로부미와 이노우에 가오루가 있었고, 철도 왕 이노우에 마사루 등이 있었다.

2.
서양세력의 침투와 조선의 대응

조선의 인식과 서구열강의 접근

격동의 19세기 아편전쟁의 패배로 강제로 문을 연 중국에 이어 일본과 류큐도 문을 열었고, 1862년에는 베트남이 프랑스에 의해 문을 열고 있었다. 조선은 어떤 처지였기에 열강들의 교섭을 거부하고 홀로 문을 닫고 있었을까?

조선 연안에 배 규모가 크고 모양이 이상한 이양선이 본격적으로 나타나기 시작한 것은 1830년대부터이다. 서양은 조선 개항의 필요성을 중·일에 비해 크게 느끼지 않았다. 그것은 조선의 지정학적 위치나 경제적 여건이 별 볼일 없다는 뜻이다. 당시 영국은 중국, 프랑스는 인도차이나, 러시아는 중앙아시아 지역에 주력하고 있었다. 미국만이 태평양을 거쳐 상하이

프랑스 베트남 박닌 점령

로 항해하는데 도움이 되기 때문에 조선에 관심을 두는 정도였다. 당시 조선도 중국을 중심으로하는 책봉·조공관계를 맺고 평화를 유지하고 있었기 때문에 서양에 대한 관심이 작을 수밖에 없었다. 자급자족적 경제와 왕과 양반들의 신선놀음에 부족할 것이 별로 없었다. 그리고 중국에 파견된 연행사들은 정보력이 약해 서구열강의 침략상황을 제대로 파악하지 못해 서양에 대한 위기의식에 한계가 있었다. 성리학과 소중화에 찌들은 조선의 지배층들은 이양선의 내항이 조선에 사교인 천주교를 전파하기 위한 것으로 간주하고 거부하였다.

그러나 1860년 영국과 프랑스 연합군이 베이징을 점령하고 청 함풍제가 열하로 피신하는 사태에 이르러서야 위기의식을 피부로 느끼게 되었던 것이다. 원명원 분탕질을 목격한 정사 신석우의 보고에 철종과 대신들은 긴장하였고, 일부 벼슬아치들과 한양 백성들은 소문을 듣고 피난길에 나서는 소동이 벌어졌다. 함풍제 위문차 청 사절로 다녀온 박규수는 "약소국을 병탄하는 불의의 세력이 난무하고 천하가 위난하다고" 강한 위기감을 토로했다. 천하의 중심으로 알았던 중국이 영국과 프랑스라는 변방의 세력에게 묵사발이 되었다는 현실에 조선 지배층들이 위기감을 갖기 시작한 것이다. 이때부터 조선은 숭명배청을 벗어나 청에 우호적인 입장을 취하면서 서구를 배척하게 되었다.

서구열강 가운데 조선에 처음으로 통상을 요구한 나라는 영국이었다. 1832년 동인도회사의 무장상선 로드 암허스트호가 황해도 몽금포 앞바다에 나타나 통상을 요청했다. 이어 1845년에는 군함을 파견하여 제주도와 서남해안을 측량하고 통상을 요구했다. 영국의 통상 요구에 조선은 먼 거리에 있어 교역이 어렵고, 청나라의 허락 없이 교역을 할 수 없다고 거부하였다. 프랑스는 1846년에 군함 3척을 충청도 외연도에 정박하고 조선이 프랑스 선교사와 신도를 처형한 것에 대한 항의 서한을 전달하였다. 이듬

해 그 해답을 받으러 온 군함 2척이 고군산 열도에서 좌초되었다. 이때에
도 조선은 책봉·조공관계를 근거 삼아 청을 통해 프랑스에 거부 답신을 보
냈다.

　러시아는 1860년 청으로부터 조선인이 상당수 거주하던 연해주를 할양
받아 두만강을 사이에 두고 조선과 국경을 접하게 되었다. 연해주는 겨울
철 추위로 배가 다닐 수 없기에 태평양 진출에 필요한 부동항을 한반도 주
변에 확보하는 것이 과제가 되었다. 이미 러시아는 1854년 일본에 쿠릴열
도와 남부 사할린과의 교환을 제안했으나 거부당하였다. 이에 러시아는
쓰시마를 점령하여 남쪽 교두보를 확보하려고 무리하게 시도했으나, 영국
의 개입으로 6개월 만에 철수하는 이력이 있었다. 이후 러시아는 한반도에
서 부동항을 찾기 위해 군함을 보내 동해안 일대를 측량하였고 1864년 겨
울에는 조선에 통상교섭을 요구하였다. 그러나 조선은 회답서조차 보내
지 않고 쇄국정책을 유지하였다.

흥선 대원군의 정치개혁과 쇄국정책

　이러한 민감한 정세 속에서 강화도령 철종이 후사 없이 갑작스럽게 승
하하자, 신정왕후 조대비의 지목으로 고종이 1863년 12월 12세의 나이로
26대 왕위에 올랐다. 안동 김씨에게 수모을 겪은 조대비의 배려로 왕을 대
신하여 그의 생부가 섭정을 하게 되는데, 그가 바로 흥선 대원군 이하응이
었다. 흥선 대원군은 섭정 초기 조대비의 여망에 따르면서 나라 안팎의 정
세를 이용하여, 안동 김씨 세도정치를 누르고 왕권을 강화하기 위해 과감
한 개혁정치를 펼쳤다. 그는 무명잡세의 혁파, 비변사 해체, 삼군부 부활,
호포제 실시, 서원 철폐, 경복궁 중건 등의 업적을 쌓았다. 호포제나 600여

개의 서원 철폐 실시로 백성들의 환호를 받았지만, 대외정책에 있어서는 권력기반이 취약하여 기득권 세력인 양반 유생들의 지지를 받아야 했다. 그래서 대원군은 서양 선박을 경계하고 통상을 거부하는 쇄국양이정책을 위해 강화도 등 이양선의 출몰이 잦은 해안 포대를 강화하였다.

대원군은 위기극복을 위해 재야에서 인재를 찾아 등용하였는데 동부승지에 추천된 이항로와 그의 제자들이 대표적이다. 이항로는 말하기를 "오늘날 서양 오랑캐가 가져온 피해가 홍수나 맹수의 해보다 심할 지경입니다. 전하께서 부지런히 힘쓰고 경계하시어 안으로 관리들이 사학의 무리들을 잡아 베게하시고, 밖으로는 군사들이 바다를 건너오는 적을 물리치게 하소서. 사람 노릇을 하느냐 짐승처럼 사느냐, 살아남느냐 망하느냐가 잠깐사이에 결정되오니"라며 금수같은 서양의 침략을 막아 문명을 지켜야 한다고 주장하였다. 이것은 조선조 500년 통치 이념인 유교 성리학 사회의 배타성과 독존성의 자연스러운 논리였다.

이즈음 조선에서 활동하고 있던 프랑스 선교사 다블뤼가 본국에 보낸 서신에 쓰기를 "힘이 유일한 법률이고 범죄를 부끄러워하지 않고 이해관계에

흥선 대원군

따라서만 행동하며 조국에 대한 사랑조차 알지 못하는 이 야만적인 나라에서 무슨 일이 일어나고 있는지를 가지고 판단하라. 조선인들은 반야만 상태에 있기 때문에 성격이 매우 까다롭다. 이 나라에는 교육이란 것이 전혀 없다"라며 이항로의 주장과는 정반대로 서양은 문명이고 조선은 야만이라는 주장을 펴고 있었다.

대원군이 병인년 천주교를 가혹하게 탄압한 배경에는 이항로의 주장처럼 당

시 조선에 압박을 가하고 있던 서양세력과 연결되어 조선에 해를 끼치게 될 우려를 갖고 있기 때문이었다. 천주교는 18세기 청 사행을 통해 전래된 이후 곧 사교로 지목되었다. 그러나 천주교는 1801년 신유사옥과 1839년 기해사옥과 같은 대박해를 받으면서도 자생적으로 꾸준히 교세를 확장해갔다. 고종 초에는 2만여 명의 교도와 베르뇌 주교 등 12명의 프랑스 선교사들이 활동하는 수준까지 부흥하였다. 이러한 상황에서 대원군은 집권 초 전 승지이며 천주교도인 남종삼의 건의에 따라 프랑스세력을 이용하여 러시아의 남진을 막아보고자 하였다. 그러나 베르뇌 주교는 종교가 정치 외교 문제에 개입하는 것을 부정적으로 보아 성사되지 않았다.

이때 중국이 서양에 대해 강경하게 대응한다는 소식에 천주교도 접촉과정에서 입장이 난처해진 대원군은 천주교도에 대한 대대적인 탄압을 시작하게 되었다. 병인사옥으로 불리는 박해로 8,000여 명의 교도가 희생되는 대참극이 벌어진 것이다. 천주교도를 죽일 때마다 "배교하겠는가 라고 물으면 아니다"라 하고 어린아이들도 부모 따라 천당에 오르기를 원해 순교했다고 한다. 특히 12명의 프랑스 선교사 중 9명이 처형되었는데, 화를 면한 리델 신부는 충청도 용당포에서 배를 타고 중국 텐진으로 어렵게 피신하였다. 그는 프랑스 아시아함대 사령관 로즈에게 천주교도 탄압 실상을 알리고 보복 원정을 요구하였다.

조선 프랑스와 미국을 물리치고 신바람이 나다

조선에서 프랑스 신부와 천주교도가 큰 탄압을 받았다는 보고를 받은 프랑스 정부는 로즈 제독에게 강화도 인근에서 천주교도에 대한 박해를 멈추게 할 수 있는 수준의 군사 행동을 명령했다. 이에 로즈는 1866년 10월

7척의 군함에 일본 요코하마 주둔 수병 6백명까지 승선시켜 막강한 전력을 확보하였다. 10월 14일 프랑스군은 강화도 갑곶진에 상륙한 뒤 이틀 만에 강화부를 무혈점령했다. 로즈 제독은 프랑스 선교사 학살에 대한 보복 원정임을 밝히고 선교사 살해 책임자 3명을 색출하여 처형할 것과 정부 대표를 파견하여 조약을 체결할 것을 요구했다.

조선은 흥선 대원군의 강경대응책에 따라 천총에 양헌수를 임명하여 2,000명의 군사를 이끌고 출정케 하였다. 그리하여 양군 사이에는 문수산성 전투와 정족산성 전투가 연이어 벌어졌다. 프랑스군은 야포와 자동소총을 사용하고 있어 화력면에서 조선군보다 훨씬 우세하였다. 그러나 양헌수가 미리 군사들을 매복시켜 구사한 정족산성 전투에서 승리를 거두었다. 정족산성 전투에서 참패한 로즈는 보복원정이라는 목적은 달성된 것으로 보고, 강화 행궁의 외규장각 도서 등 약탈한 전리품을 챙겨 철수하였다.

이에 앞선 7월에는 미국 상선 제너럴셔먼호가 대동강을 거슬러 평양 만경대까지 올라와 통상을 요구했다. 이에 평안도 관찰사 박규수는 중군 등을 파견하여 항해를 제지시키던 중 군교 이현익이 선박에 구금당하는 일이 벌어졌다. 사태가 악화되자 평양 군사들은 나룻배에 화약을 장착하여 배를 전소시켜 버렸고, 승선원들은 평양 군민들에 의해 모두 살해되었다. 사건 발생 후 미국은 행방이 묘연한 배를 찾기 위해 1867년과 다음해까지 증기선을 파견하여 박규수와 서한을 교환하는 일이 있었다. 1868년에는 독일 상인 오페르트 일당이 충청도 덕산에 있는 대원군 부친 남연군의 묘를 도굴하려는 사건이 일어나 양이에 대한 경계심이 극도로 고조되었다. 미국 그랜트 대통령 정부는 제너럴셔먼호가 평양 군민에 의해 소각된 것으로 판단하고 이 기회에 조선을 개항시켜 통상하고자 원정함대를 파견하게 되었다. 당시 미국은 1865년 치열했던 남북전쟁을 마감하고 1869년 동서 대륙 간 철도를 완성시켰다. 동부의 공산품을 캘리포니아를 거쳐 태평양 너머로 운송할 수 있게 되면서 본격적인 동아시아 진출에 나서게 된 것이다.

　미국 아시아 함대의 로저스 제독은 일본 나가사키항에서 호위함 3척, 포함 2척에 1,200여 명의 병력을 이끌고 4월 8일 제물포 부근 앞 바다에 정박하게 되었다. 이에 깜짝 놀란 조선은 어재연을 진무중군으로 현지에 급파하였다. 양군 사이의 1차 전투는 미 함대가 손돌목을 지나서 조선 경내로 침범하려 하자 공성진, 덕진진, 초지진 포대에서 일제히 발포하여 이들을 퇴각시켰다. 이후 미군 상륙부대가 초지진과 덕진진 포대를 점령하고 광성진으로 북상했다. 조선군은 진무중군사 어재연의 지휘하에 용감하게 싸웠으나 무기의 열세로 많은 사상자를 내는 큰 피해를 입었다. 로저스는 피해를 입은 조선이 곧 협상에 응해 오리라고 기대하였지만, 조선의 저항에 쉽게 개항시킬 수 없는 것으로 판단하고 함대를 철수하여 중국으로 되돌아갔다.

　조선은 병인년 프랑스와 신미년 미국을 물리쳐 흥선 대원군을 비롯한 조야는 환희에 넘쳐 쇄국양이정책을 계속 고수하게 되었다. 대원군은 "서양 오랑캐가 침입했는데 싸우지 않으면 화친하는 것이요, 화친을 주장하는 것은 나라를 팔아먹는 것이다."라는 척화비를 전국 곳곳에 세우며 신바람을 냈다. 당시 조선 지배층은 서양세력의 군사침략이 뜻하는 세계정세 변화의 흐름을 제대로 이해하지 못하였다. 우물 안의 개구리처럼 오히려 쇄국정책과 왕권강화라는 복고적인 체제회복에 노력을 기울여 안타깝게도 변화와 발전의 기회를 놓치고 말았다.

서학의 전래와 천주교의 탄압

　정조 말 1797년 동래 앞바다에 영국의 탐사선 프로비던스호가 정박하였다. 범선의 길이가 33m나 되는 큰 배에 올랐던 조선 사람은 말하기를 "이와 같은 배 한 척만 있으면 조선의 전선 100척은 쉽게 무찌를 수 있다." 이 철없는 천주교 신자는 적을 찬양하고 유언비어를 날포했다고 체포되어 투옥되었다. 이 무렵 조선의 서남쪽에서는 영국 등 유럽 여러 나라가, 북쪽에서는 러시아가 세력을 확장해 왔지만 조선에까지는 미치지 못하였다.

그럼에도 당시 서양의 문물이나 서학이 조선으로 들어올 수 있는 통로가 베이징이었고, 중국에 유포된 천주교와 선교사들이 가져온 유럽의 문물이 조선 사신들에 의해 국내에 유입되었다. 이처럼 중국을 통하여 전래된 것은 세계지도와 자명종 등 서양의 문물과 천주교 서적 등 한문 번역본이다. 그래서 사행사들에 의하여 들어온 서양의 문물과 학술서적들이 조선 선비들에게 전파되었다. 이와 같은 견문과 서양지식의 확대는 일부 유학자들의 관념이나 의식을 전환하는 촉매제로 성리학적인 인식을 벗어나 실증적인 관찰에 관심을 갖게 만들었다. 그러나 그것은 조선의 전통적인 가치관과 규범의 울타리를 벗어나는 계기는 되었지만, 이는 일부 학자들이 학문적인 호기심을 보인 정도였다.

천주교는 16세기 말엽 중국에 전래 된 이래 우여곡절 끝에 1601년 마테오 리치가 명 만력제로부터 천주교의 포교와 성당 건립의 허가를 받기에 성공하였다. 이후 유럽 선교사들은 천문·역법에서부터 철학·심리학에 이르기까지 여러 분야에 관한 한역 과학서를 간행·유포시켰다. 더불어 포교를 위해 천주교 해설서인 《천주실의》도 간행·보급하였다. 조선에서 해마다 베이징에 파견되는 사신들을 통해 전래된 《천주실의》는 새로운 종교사상으로서 유학자들의 관심을 끌었다. 이 책은 다른 서양의 학술서적과 더불어 서학이라고 일컬어지게 되었다.

양란 이후 양반체제가 무너져가고 유교적 규범에서 벗어나려는 사회풍조가 현저해진 18세기 후반에 천주교는 여러 계층 사람들에게 새로운 신앙의 문을 열어 주는 계기가 되었다. 영조 말년에 들어서서 천주교 신앙은 황해도와 강원도 지방으로 전파되어 갔으나 나라에서는 특별히 경계하지 않았다. 정조대에 들어서자 천주교 신앙은 자발적 지도자 이벽을 비롯한 한양의 일부 남인 학자들 사이에 전파되어 본격적인 신앙운동으로 발전해 갔다. 1783년 서장관인 부친을 따라 베이징에 갔던 이승훈이 베이징 남당을 방문하여 신부 그라몽에게 세례를 받았다. 그는 《천주실의》 등 여러 권의 교서와 십자가·성패 등을 받아온 이후 천주교를 연구·토론하는 공동체의 중심적인 역할을 하게 되었다. 이들은 신분의 벽을 뛰어넘어 양반과 중인 등 수십여 명이 날을 정하여 한자리에 모여서 천주에게 예배를 드리게 된 것이다. 이들은 이벽·이승훈을 위시하여 정약전 형제, 권철신 형제 등 남인 계통의 선비들이며 당대의 석학이었던 정약용과 이가환도 끼여 있었다. 천주교는 외국 신부들이 감히 발도 못 붙였던 조선에서 자발적으로 자리 잡았고 재야의 남인 학자들이 중심이 되어 성장해갔다. 이어서 그들에 의해 신분적으로 차별 당하던 중인·상민 계급과 부녀자 사이에까지 널리 전파되었던 것이다. 이 흐름은 조선에 큰 변혁 시작점의 하나가 되었다.

정조 천주교 탄압을 시작하다

천주교는 조선의 양반과 남성 중심의 가부장제적인 사회질서와 충효의 유교적 윤리도덕에 정면으로 배치되었다. 그것은 천주교의 교리가 '사람은 신 앞에 평등하다'는 등 유교의 우주관과 사회관에 정면으로 부딪혀 조선의 현실을 부정하는 사상으로 받아들여졌기 때문이다. 그리하여 1785년 노론의 압박을 받아오던 정조는 천주교를 사교로 규정하고 엄격한 금령을 내렸다. 그리고 베이징에 들어가는 사행사들에게 중국 사람들과 사적인 교류나 성당의 방문을 금하였으나 천주교는 더욱 전파되었다. 이러한 가운데 1791년 전라도 진산에서 천주교를 신앙으로 믿게 된 정약용의 외사촌 윤지충이 모친상을 당하였다. 그는 유교적인 제례를 무시하고 신주를 불사른 후 천주교 의식을 거행하여 사건이 되는 일을 벌였다. 이에 정조는 동조한 그의 외사촌 권상연과 더불어 사형에 처하도록 하였다. 그들은 전주 남문 밖 오늘날 한옥 마을이 있는 전동성당 부근에서 참수 당하였는데 이들은 조선 최초의 순교자가 되었다.

정조는 더 나아가 홍문관에 소장하고 있던 한역 서양서적을 소각하고 베이징으로부터 서적 반입을 금하는 등 천주교와 서학의 전파를 적극 억제하였다. 정조가 조선을 통치하던 시기에 베이징의 유리창 상점가에서는 다양한 한역 서적과 서구 문물을 구입할 수 있었다. 일본의 막부가 있는 에도에는 수백여 개의 서점에서 직수입한 네델란드 의학서·지리서 등의 서양서적과 중국에서 수입한 신간서적들이 판매되고 있었다. 이를 바탕으로 난학과 국학이 발달하고 있었다. 프랑스에서는 자유, 평등, 박애를 부르짖는 민중혁명이 일어나 국민공회의 왼쪽에 자코뱅당의 좌파가 출현하고, 미국에서는 대통령제가 만들어져가고 있었다.

후대에 계몽 군주라고 불리는 정조의 대응은 불행하게도 서학과 새로운 흐름을 배척하고 천주교도를 죽이는 나쁜 선례를 만들었다. 천주교도의 핵심을 이루고 있던 개혁적인 남인세력은 결과적으로 정조의 수구보수적인 정책으로 몰락의 길을 걷게 된다. 서양세력이 밀려오는 정조의 시대에는 성리학의 문제점을 극복하기 위해 다양한 학문을 받아들이고 개선해 가야할 개혁의 시기였다. 그러나 정조는 정반대로 문체반정이라는 명분으로 정통 성리학을 더욱 강화하여 노론이 득세하고, 아버지 사도세자의 숭모사업에 집착하므로 개혁과는

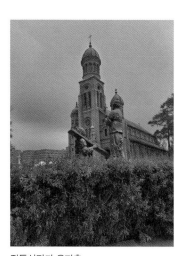

전동성당과 윤지충

거리가 멀어 지게 되었다. 더 나아가 김조순을 편애하여 이름과 풍고라는 호까지 하사하며 중용한 것이 세도정치가 본격적으로 전개되는 빌미를 주게 되었던 것이다. 고종대에 들어서서 반동 수구책을 쓸 때마다 정조를 모범으로 내세우면서 왕권 강화를 시도했던 것이다.

'이 지점에서 정조가 사도세자 묘를 화산으로 옮기고 숭모사업으로 추진했던 화성 축조보다, 시급했던 경복궁 중건사업을 먼저 추진했더라면 왕조의 위엄을 되찾고 대원군 시기에 막대한 국고를 낭비하여 민심이 이반되는 상황은 막았을 것이다. 베이징과 에도가 서양서적과 문물을 새로운 조류로 받아들이는 시기에, 정조의 서학과 천주교에 대한 탄압책과 문체반정은 조선이 스스로 변해 자강할 수 있는 기회의 싹을 자르는 대단히 아쉬운 결과를 가져오게 된 것이다. 특히 윤지충의 처형은 이후 나쁜 선례가 되었다.'

천주교도에 대한 탄압이 본격화 되다

그러나 일단 유포된 천주교는 평민들과 양반가의 여인들에게 교세를 확산시켜 나갔다. 1794년에는 중국인 신부 주문모가 입국하여 한양 북촌 최인길의 집에서 최초의 성사를 집전하였다. 주문모 신부 등이 활동함에 따라 4,000여 명이었던 신도수가 수년 후에는 1만여 명으로 증가하게 되었다. 1801년 순조 즉위 다음해 정순왕후와 노론벽파는 천주교도에 대한 일대 탄압을 가하게 되었다. 천주교를 이끌던 이승훈을 비롯한 이가환·정약종 등 남인 재사들과 자수한 주문모 신부 등 300여 명의 신도가 죽음을 당하였다. 그리고 정약전·정약용 등 많은 사람들이 유배를 당하는 신유사옥이 일어난 것이다. 그러나 일단 전파된 천주교 신앙은 꺼지지 않고 요원의 불길처럼 타올랐다. 명분만 앞세운 유교 정치의 파탄은 그 질곡에서 벗어나려는 지식층과 백성들로 하여금 새로운 믿음에서 그들의 정신적인 위안처를 찾고자 했던 것이다. 이러한 조선 천주교도들의 죽음을 무릅쓴 자발적 신앙운동은 1831년 3월 베이징 교구에서 분리되어 조선 독립교구로 우뚝 서게 만들었다.

프랑스에서는 종교개혁 이후 천주교의 부흥을 위해 1651년 파리 외방전도회가 창설된 뒤 외국에 대한 선교 사업을 적극적으로 추진하였다. 파리 외방전도회에서 파견한 모방신부가 1836년 1월 압록강을 넘어 서울에 잠입한 이후 여러 명의 프랑스인 신부들이 조선에서 선교활동에 종사하게 되었다. 1839년 봄에 조선 조정은 다시금 천주교도에 대하여 탄압을 감행하였다. 이때 체포되어 희생된 천주교도가 80여 명이고, 프랑스인 신부 세 사람도 한강변 모래사장에서 처형되었다. 당시 순교한 교도 중에는 50여 명의 부녀자가 포함되어 있었다. 이는 남존여비의 차별적 봉건사회에서 벗어나려는 여성들에게 천주교는 새로운 희망으로 떠올랐음을 상징적으로 보여주는 사건이었다.

1863년경에는 조선에 프랑스인 선교사가 12명에 이르고 천주교도의 수는 해마다 늘어 1865년에는 23,000여 명으로 증가해 갔다. 이제 천주교는 여러 계층에 널리 유포되었을 뿐만 아니라 궁내의 여인들과 왕실에까지 퍼져 들어갔던 것이다. 사람은 하느님 앞에 평등하고 죽으면 천당에 들어가 영생할 수 있다는 천주교의 새로운 신앙관이 전파되고, 이것은 조선인들의 기존 가치관에 커다란 영향을 끼치게 되었던 것이다. 이때 프랑스 신부들은 애용하는 커피를 홍콩에 있는 외방전도회에서 들여와 신도들에게도 제공되므로 조선에서 커피 문화가 처음으로 소개되었다고 볼 수 있다.

3.
민족종교 동학이 창도되고 널리 퍼지다

새 세상을 꿈꾼 동학 등장

19세기 서양세력의 동아시아 진출에 따른 문호개방은 봉건왕조 수준에 머물던 여러 나라들에게 정치·사회적으로 커다란 충격을 주게 되었다. 중국은 1842년 아편전쟁으로 영국에, 일본은 1854년 함포의 위협으로 미국에 강제로 문호를 개방 당한바 있다. 이후 중국과 일본은 1860년대 양무운동과 메이지유신의 새로운 국면을 맞이하고 있었다.

그러나 은둔의 나라 조선은 왕실 외척에 의한 세도정치로 국왕 중심의 정치 질서가 무너져가고 있었다. 완고한 유교 성리학적 질서는 정치나 사회를 바로 세우는데 아무런 역할을 할 수가 없었고 종교도 극심한 침체에 빠져 있었다. 다수의 부녀자들이 믿는 불교는 국가의 억불책으로 교세가 크게 위축되어 명복과 치병의 개인구제 종교로서 그 명맥을 유지하고 있었다. 승려의 지위는 낮아져 천시 되었으며 무당과 더불어 한양 성내에 출입하는 것이 금지되고 있었다. 도교는 쇠퇴하여 민간신앙으로 미신화 되어갔으며 노장사상은 일부 유학자들에게 현실도피의 명분을 제공해주고 있었다. 대다수 백성들은 무속을 중심으로하는 고래의 샤머니즘에 빠져 있었으며 그 뿌리에는 귀신신앙이 자리 잡고 있었다.

또 다른 한편에서는 18세기경에 나타난 《정감록》과 같은 예언사상이 널리 유포되어 정진인의 출현을 대망하며 신앙화 되어가고 있었다. 그것은 이씨 왕조의 쇠퇴와 정씨의 왕조 개창을 예언하면서 전란 시 피난처 10승지 등을 밝히고 있었다. 이외에 개인의 길흉화복을 예언하는 비기가 유언비어처럼 민간에 전파되어 민심을 크게 흔들어 놓았다. 비기에 의한 예언 사상은 현실 부정적인 성격을 띠게 되고, 정치·사회적 불만은 이러한 비기를 통해 민란에 이용되기도 하였다. 결국 19세기 조선의 정치사회와 사상계의 혼란은 백성들에게 정신적인 위로와 지주가 될 수 있는 새로운 이념과 종교가 절실하게 요청되고 있었다.

오랜 세월동안 성리학적 질서 속에 길들여진 대다수의 민초들에게는 서학과 천주교의 침투는 상당한 충격이었다. 이러한 정치와 사상계의 혼란 속에서 지배층의 유교사상을 극복하고, 서양의 천주교에 맞서고자 유·불·선 3교를 융합한 새로운 민족종교 동학이 등장하게 되었다. 조선 역사상 가장 새롭고 주체적인 종교 이념이 출현한 것이다. 동학은 경주 지방의 몰락 양반 최제우가 1860년 창도하였다.

최제우 새로운 도를 깨우치다

최제우는 1824년 신라 대학자 최치원을 시조로하는 경주 최씨 양반 가문의 늦둥이 서자로 태어났다. 그는 6세에 모친을 여의고 11세에 부친에 의해 장가를 들었다. 이 시기에 사서삼경과 성리학을 아버지 최옥으로부터 체계적으로 배운 것으로 보인다. 최옥은 영남 지방에서 학문과 문장이 뛰어난 선비로《근암집》이라는 문집을 남긴 학자이다. 그러나 17세 때에 부친이 죽어 의지할 곳이 없는 어려운 처지가 되었다. 최제우는 부친의 3년 상을 치르고 새로운 진로를 찾고자 20세 때 전국 유랑의 길에 나서게 되었다. 처음에는 장사를 접고 무과 응시를 위해 활쏘기와 말 타기를 익혔으나 곧 포기하였다. 이후 의술과 침 등 한의학을 배우기도 하고, 점술에 접하고 도교 공부를 위해 유명한 도사를 찾아다니기도 했다. 아울러 팔도의 유명한 사찰과 암자를 돌면서 고승에게 불교의 도를 배워 보기도 하였다. 그는 서학에 오묘한 진리가 있다는 말을 듣고 서학을 접촉하여 서학쟁이들이 천주에게 기도를 하고 천주로부터 문제를 해결하려는 자세를 보고 큰 자극을 받은 것 같다.

그는 전국 유랑을 마치면서 기존의 전통사상과 종교에 더 이상 희망이 없다고 판단하였다. 결국 나라와 백성을 구제할 수 있는 새로운 도를 자신이 창도할 수밖에 없음을 깨닫게 되었다. 최제우는 1859년 10월 고향인 경주로 되돌아온 후 부친이 책을 읽던 구미산 용담정에 거처를 마련하였다. 그는 용담정에서 세상을 구원할 새로운 도를 깨우치겠다는 굳은 결심을 하고, 이름도 제선에서 어리석은 백성을 구제한다는 제우로 개명하고 호를 수운이라고 정하였다.

그는 이곳에서 제단을 차려놓고 정성껏 기도하면서 도를 깨우치기 위해 필요한 명상과 정신 통일에 더욱 집중하였다. 최제우는 득도를 위한 처절한 노력으로 몸이 극도로 쇠약해진 상태에서 드디어 1860년 4월 5일 득도에 성공하게 되었다. 이날 "정성껏 치성을 드리고 정신 집중을 하는 중에 정신이 혼미해져 무아지경에 빠지면서 공중에서 천지가 진동할 만큼 큰소리로 외치는 소리가 들려왔다. 그가 벌떡 일어나 누구냐고 물으니 두려워하지 말고 겁내지 말라 세상 사람들이 나를 하느님이라고 부른다. 너를 택하여 천도라는 나의 도를 사람들에게 가르치도록 하겠다."라는 말씀이 들려왔다는 것이다. 최제우가 도를 구하기 위해 세상에 나선지 17년 만에 마침내 새로운 천도인 동학을 득도하는데 성공하게 되었던 것이다.

동학이란 무엇인가?

최제우는 득도한 새로운 사상과 종교의 명칭을 동학이라 이름하여 서학에 대한 대항 의식에서 나온 것임을 강조하였다. 동학의 명칭은 지구가 동양과 서양으로 구분되어 있어 동양의 천도학이라는 뜻과, 이곳 동국에서 도를 받아서 도를 펴니 동학이라고 이름 지었다는 것이다. 동학은 기존의 한국 전통 종교인 유교·불교·도교의 원리들을 포용하여 새로운 도와 종교 사상을 창도한 것이다. 그의 설명에 의하면 "우리의 도는 원래 유도 아니며 불도 아니며 선도 아니로되 유·불·선은 천도의 한 부분이니라. 유의 윤리와 불의 각성과 선의 양기는 사람 성의 자연한 품부이며 천도의 고유한 부분이니 우리 도는 그 무극대원을 잡은 것이다."라고 설명하고 있다.

최제우는 동양의 학 뿐만 아니라 더 나아가서 서학의 일부 요소를 동학에 포용하였다. 그는 서학에서 교리의 핵심인 '천주'의 용어를 가져다가 이를 변형시켜 사용하였다. 동학의 가장 중요한 주문인 '시천주조화정 영세불망만사지'에서 주는 존대하여 칭하는 것으로서 부모와 같이 공경하여 섬긴다는 단순한 존칭이라고 설명하며 천주가 하느님의 번역어일 뿐이라고

최제우

말하였다. 그러나 그는 천주라는 서학의 핵심 용어를 동학의 주문에 사용해 버림으로써 서학에 빠져있는 백성들을 동학에 끌어오려고 배려하고 있음을 알 수 있다. 최제우는 귀신을 인정하고 부적과 주문을 이용한 치병술과 상부상조의 정신을 강조하여 교도들이 공동체적으로 결속토록 하였다. 결국 동학은 유·불·선과 민중신앙을 합일하여 창제된 새로운 도로써 서학마저도 극복한 최고최선의 종교임을 천명한 것이다. 최제우는 동학을 창도한 후 1년 동안 동학의 이론 정립에

매진하며 여러 주문과 〈용담가〉·〈교훈가〉·〈검결〉 등을 지었다. 그리고 도를 닦는 순서와 방법을 정하는 등 종교로서 동학의 체계를 세우는 데 집중하였다.

최제우가 창도한 동학은 서세동점의 시기에 조선의 민족적 위기를 타개하고 외세에 대항할 수 있는 보국안민의 방책을 제시하고자 했다. 동학은 서학을 융성하는 운으로 보았고 서세의 팽창을 두려움과 경계의 대상으로 객관적으로 평가하였다. 서세와 서학의 막강함을 극복하고 대항하기 위해서는 새로운 가치관과 종교가 필요함을 인식한 것이다. 조선에 새로운 세상을 만들기 위해 동학이 제시한 몇 가지 실천이념을 살펴보자.

첫째로, 새 세상을 향한 평등주의로 동학의 시천주사상은 서양의 신 앞에 인간은 평등하다는 개념보다도 더 깊은 개념으로 해석되고 있다. 사람들은 누구나 자기 마음 안에 하느님을 모시고 있는데 이 하느님은 신분, 적서, 남녀노소, 빈부의 차별이 없는 모두 똑같은 하느님이다. 그러므로 인간은 모두 동일한 하느님을 각각 마음 안에 모시고 있기 때문에 본래 사람은 모두 존귀하고 평등하다는 것이다. 동학은 극심했던 남녀차별도 반대하고 남녀평등을 강력히 주창하였다. 여성도 남성과 똑같이 마음에 하느님을 모시고 있고 더 나아가서는 여성은 하느님을 낳는 존재로 존귀하기 이를 데 없다는 것이다. 그래서 최제우는 득도한 후 두 여종을 해방하여 한 여종은 며느리로, 한 여종은 수양딸을 삼아 본을 보였다.

당시 조선의 평민층과 천민들은 양반들에게 무지렁이 취급을 받아온 사람들로 동학의 평등주의를 반색하며 적극 호응하였다. 동학의 평등사상에 감복해서 입도하여 접주로도 활동했던 김구도《백범일지》에 "선비는 감동한 빛을 보이면서 자기는 동학 도인이라 선생의 훈계를 지켜 빈부귀천에 차별이 없고 누구나 평등으로 대접하는 것이니 미안해 할 것 없다고 말하고 내가 찾아온 뜻을 물으니 …… 상놈 된 한이 골수에 사무친 나로서는 동학의 평등주의가 더할 수 없이 고마웠고, 이때의 형편으로 말하면 양반으로 동학에 들어오는 이가 적고 나와 같은 상놈들이 모여 들었다." 이러한 감동에서 백범은 18세에 동학에 입도했고 최시형을 직접만나 접주에 임명되었다. 동학농민혁명 때에는 해주에서 접주로 이름을 날리며 수백여 명의 농민군을 이끌었다.

둘째, 외세를 극복하자는 민족주의로 동학은 서학을 조선 침략의 첨병으로 인식하고 이를 막고자 했다. 서양세력은 서학이라는 그들의 도에 의하여 도성덕립해서 무사불성하고 전쟁에서도 무인재전하는 막강하고 두려운 세력으로 보았다. 그러나 서학은 천국을 내세에 두고 개인 구원만 빌면서 서세 침략의 앞잡이 노릇을하는 크게 경계해야 할 종교라고 지적하고 있다.

동학의 청나라에 대한 인식은 과거 병자호란 때 당한 굴욕을 상기하면서 "한이(만주 오랑캐)에게 원수를 갚아 보세"라고 강렬한 반청의식을 노래하고 있다. 동학의 일본에 대한 인식은 과거의 침략에 대하여 개 같은 왜적 놈이라고 매도하며, 일본이 임진왜란 때 성공하지 못했다고 또다시 침략의 기회를 노리고 있는 경계해야 할 원수라고 강조하였다. 동학 등장 이후 일본의 경제적 침투가 강화되자 동학의 반일 감정이 백성들에게 크게 환영 받았다. 동학의 강렬한 민족주의 의식은 외세의 위기 속에서 두려움을 갖고 의지할 데 없는 민중들에게 큰 의지처가 되었다고 볼 수 있다.

셋째, 동학이 추구하는 후천개벽사상으로 최제우는 순환하는 인류 역사를 선천과 후천으로 나누어 설명하면서 이 두 관계는 모두 개벽에서 시작된다고 보았다. 여기서 개벽이란 세상의 낡은 질서를 전복하고 새로운 질서가 탄생한다는 의미로 새로운 세상의 시초를 뜻한다. 말세에 후천세계가 개벽할 시운에 도달하자 하느님께서 광제창생을 위해 애타게 수도하고 있던 최제우 자신을 선택하여 경신년 천도를 전수 포덕하게 함으로써 후천개벽이 시작되었다는 것이다. 동학이 말하는 후천개벽의 세계는 기존의

모든 도와 학과 혼돈의 말세가 종식되고 완전히 다른 새로운 세상을 연다
는 뜻으로 조선왕조체제를 마감하고 신분에 귀천이 없는 근대 평등세상을
만든다는 의미로 볼 수 있다.

조선 백성 속으로 퍼져나간 동학

최제우는 1860년 동학을 창도한 후 제자를 모으면서 동학의 종교적 체
계를 세우는데 심혈을 기울였다. 다음해 《포덕문》을 지은 뒤 본격적인 포
교를 시작하였다. 당시 양반상놈의 불평등 사회에서 사람은 똑같이 평등
하다는 외침은 민중들에게 복음과도 같았다. 동학을 포교하자 경주와 영
덕·영해·울산 등 인근 지역에서 새로운 도를 배우고자 반년 동안에 3천여
명의 사람들이 최제우의 제자가 되었다. 유교 성리학이 지배하던 시대에
수천여 명이 반년 만에 동학도가 되었다는 것은 대단히 충격적인 일이었
다. 그의 포덕이 경상도 일대에 큰 바람을 일으키자 그에 대한 비방과 중
상이 난무하였다. 시천주를 표방하는 최제우는 사실은 서학의 신봉자이며
동학은 서학이라고 양반들에게 핍박을 당하였다. 궁지에 몰린 최제우는
1862년 은밀히 전라도 남원으로 피신하였다. 남원 은적암에서 8개월 간
은거·수도하면서 전라도 지방에 동학을 포교하고 다시 경주로 돌아왔다.
이후 경상도 지역에 교도수가 급증하므로 11월에는 수제자 최경상(시형)의
제안에 따라 각지에 접을 설치하고 접주를 임명하여 조직을 체계화하였다.

1863년 7월 최제우는 경상(시형)을 '북접주인'으로 임명하고 동학교단의
일을 총괄하도록 하였다. 이어서 최제우는 자신이 체포될 것을 예견하고
최시형에게 종통을 인계해 주었다. 조선 조정은 경상도 일대에서 동학세
력이 급성장하여 혹세무민하고 있다는 보고를 받았다. 조정은 12월 선전

관과 포졸을 직접 경주에 보내어 최제우를 체포하였고, 다음해 봄에 대구 장대에서 처형하였다.

동학이 위기에 몰리자 2대 교주 최시형은 관헌을 피하여 태백산 깊은 산속으로 숨어들었다. 최 보따리로 불리는 그는 경상도 북부 평해·울진·영양·예천 등지 교도의 집을 잠행하면서 동학을 끈질기게 포교 해갔다. 어느 정도 동학의 교세가 형성되자 최시형은 1880년 경전간행소를 강원도 인제에 설립하여 《동경대전》을 간행하였다. 이듬해에는 충청도 단양에서 《용담유사》 8편을, 1883년에는 충청도 목천에서 《동경대전》 1천여 부를 간행하여 각지에 널리 공급하였다. 이것은 동학이 경상도·강원도·충청도·전라도 일대에 포교되어 민중들에게 새로운 복음으로 환영받고 날로 교세가 커가고 있음을 보여주는 것이다. 당시 집권자인 흥선 대원군의 천주교 박해, 이양선 격퇴, 쇄국정책의 강행, 서원 탄압 등의 사회적 분위기가 동학 포교 활동에 활로를 제공해 주고 있었다.

동학의 교세가 충청·전라도 일대에 기세 좋게 퍼져가던 1892년 충청관찰사 조병식은 동학금령을 발하여 동학도들을 색출 단속케 하였다. 이에 충청도 지도자 서인주와 서병학 등이 10월에 공주에서 취회를 열고 충청관찰사에게 동학 탄압을 금지해 줄 것을 요구하여 긍정적인 답을 얻어내었다. 이에 고무된 교단 지도부는 1892년 말 각지의 동학 접주들에게 통문을 보내 교도를 인솔하여 교통의 요지인 전라도 삼례역에 모이도록 하였다. 그리하여 충청·전라 양도에서 수천 명의 교도들이 삼례역에 집결하였다. 삼례집회에서 전라관찰사 이경직에게 소장을 제출하여 하급관속들의 교도탄압을 금할 것을 약속 받았다. 이리하여 전라도의 농민들이 지방관의 수탈을 벗어나기 위해 너도 나도 동학교단에 입교하기 시작했다.

동학지도부는 교조신원을 왕에게 호소하기 위해 1893년 2월 손병희 등 간부 40여 명이 광화문 앞에 엎드려 연 3일간 상소하였다. 당시 다수의 동학교도들이 비밀리 서울에 들어와 있었고, 동학교도들의 복합 상소는 조정과 서울 백성들에게 큰 충격을 주었다. 또 척왜양의 벽보가 프랑스 공사관 등 외국 공사관들과 교회당에 나붙어 외국인들을 크게 긴장시켰다. 놀란 고종은 각기 모두 집으로 돌아가서 안심하고 생업에 종사하면 소원대로 시행하겠다는 비답을 내렸다. 그러나 약속은 지켜지지 않았고, 복소를 주도한 지도자들을 체포하고 동학교도들을 엄중 단속하라는 명령만 내렸다.

　동학지도부는 교조신원을 위한 복합 상소가 조정의 기만으로 실패하자 3월에는 전국에 통문을 보내 동학교도들을 충청도 보은 장내로 집결토록 하였다. 이때 보은 장내에 몰려든 교도의 수는 2만 7천여 명으로 조선 천지가 놀랄 만큼 엄청난 사람들이 몰려들었다. 보은집회에서 주창된 내용은 교조신원이외에도 '척왜양창의'라는 구호가 등장하였다. 이제 동학의 운동 방향은 민중의 외세 배척의 여망에 따라 교조신원을 넘어 일본과 서양을 배척하자는 정치적 성격을 띤 민중운동으로 승화되고 있었던 것이다. 이에 조정은 위기감 속에 충청관찰사를 교체하고 어윤중을 양호선무사로 임명하여 급파하였다. 어윤중은 동학지도부에 교조신원과 지방관들의 동학도 탐학 금지를 약속하므로 보은집회는 자진 해산하기에 이르렀다. 동학교도들의 조직적인 취회와 복합 상소에 이은 보은집회는 동학금령을 유명무실한 것으로 만들었다. 동학은 이제 삼남 지방을 넘어 조선 8도 민중들의 구심점으로 성장해 간 것이다. 결과적으로 1893년 대규모 보은집회는 다음해 일어날 동학농민혁명의 전주곡이 되었고 조선의 자주적 근대화라는 횃불에 불을 붙였던 것으로 평가 할 수 있다.

4.
동아 3국의 대응과 조선의 문호개방

동아시아 3국의 다양한 대응

　서세동점의 거센 풍랑을 맞게 되는 19세기 후반 동아시아 3국은 공통적으로 쇠퇴기에 접어들었다. 조선은 성리학을 앞세운 500년 왕조가 양란 이후 쇄신 없는 평화 속에서 무능이 드러나고 있었다. 중국은 만주족의 강희·옹정·건륭제의 전성기를 지나 늙은 제국으로 전락하였다. 일본은 전국 시대를 제패한 도쿠가와 막부가 경제적으로 성장한 여러 번을 통제할 힘을 잃어가고 있었다.

　서구열강의 도전을 받게 된 동양 3국은 내부적인 개혁을 통해 부국강병을 이루어 이에 맞서고자 하였다. 청은 아편전쟁 등을 통해 군사력의 열세를 실감하고 서양의 발달된 군사 기술 도입에 중점을 두는 양무운동을 전개하였다. 증국번과 이홍장이 태평천국의 난을 진압하면서 주도한 양무운동은 군수공장을 건설하여 신식무기로 무장하는 상당한 성과를 거두었다.

관민합동 이와쿠라 사절단

그러나 양무운동은 중체서용이라는 구호에서 볼 수 있듯이 구체제를 유지하기 위한 보수적인 방책으로 결국 개혁에 실패하였다.

　일본의 메이지유신은 왕정복고를 위해 추진된 정변이었으나, 그 출발점과 도착점은 전혀 다른 결과를 가져왔다. 시작은 막부의 개항에 반대하여 존왕양이를 위해 외세에 맞서고 왕정을 복구하자는 보수적인 정치운동이었다. 결과는 도쿠가와 막부를 무너뜨리고 왕정을 복구하였지만, 서양세력의 무력을 실감한 메이지세력들이 양이를 포기하고 막부의 개방정책을 계승했던 것이다. 메이지 정부는 지혜롭게도 인내심을 가지고 판적봉환, 폐번치현, 지조개정 등을 통해 새로운 중앙집권체제를 수립하는데 성공하였다.

그리고 1871년부터 1873년까지 80여 명의 이와쿠라 사절단을 유럽 각국에 파견하여 서양의 문물제도를 시찰·연구하게 했다. 이어서 서양인 교사와 기술자들을 대거 초빙하여 근대적 공장·군사 시설과 학교 등을 세웠다. 글자 그대로 화혼양재라는 적극적인 서양문물 도입을 통해 근대적 개혁에 성공하게 된다. 결과적으로 양무운동과 메이지유신은 목표는 같았지만 그 방법은 정반대였다. 양무운동은 군사력 강화를 통해 구체제를 지키려 했고, 메이지유신은 구체제의 개혁을 통해 일본의 근대화와 부국강병을 이루려 했던 것이다.

그러면 은둔의 나라 조선의 근대화는 누구에 의해 추진되고 어떻게 전개되어 갔을까? 19세기의 조선은 서세동점에 따른 외세의 침투로 위기를 맞아 그 대응 방안을 모색해야만 했다. 고종이 왕위에 오른 후 초기에는 대원군의 강경한 쇄국정책이 먹히고 있었다. 이때, 정계 일각에서는 문호를 개방하여 서양문물을 받아들이고 통상을 해야 한다는 통상개화론이 대두되었다. 이러한 주장은 이미 북학파에서 청의 선진문화에 자극을 받은 박지원과 홍대용이 앞장섰다. 이어서 박제가는《북학의》에서 청의 발달된 문물을 받아들여 이용할 것과 동남아 또는 서양과도 통상을 해야 나라가 부강해진다고 주장하였다. 그밖에도 세계지도에 의한 화이지분의 부정, 학문·직업관에서의 봉건적 명분론 부정, 생산기술 도입으로 생산력 증진, 서양기술자 초빙 등을 주장하였다.

일찍이 이규경은 1832년 영국 상선이 통상을 요구해 오자 이를 허락할 것을 주장하였고, 최한기는《해국도지》·《영환지략》 등을 읽고《지구전요》를 저술하여 문호를 열고 기술도입이 필요하다고 주장하였다. 이러한 통상론은 박규수·오경석·유홍기 등에 의해 더욱 구체화되게 되었다. 부국강병의 방편으로 제시된 북학파의 통상개화론은 개화사상의 형성에 선도적인 역할을 했다는 점에서 한국사의 주체적인 역사발전에 동력을 제공한 것으로 볼 수 있다.

조선에 통상개화론 등장과 강화도조약

서구의 현실적인 힘의 우위를 인정하여 그 문물을 수용하려는 개화운동은 동도서기론과 문명개화론의 논리로 등장하여 차츰 그 수용의 폭과 깊이를 확장해갔다. 조선에서는 청을 통해 전래된 서양에 대한 새로운 지식의 영향을 받아 양무개화사상이 1860년대 이후 확산되어 갔다. 북학파의 사상적 영향 아래 서구문물 수용론과 해외통상 수교론이 정계의 거물 박규수와 역관 오경석, 의원 유홍기에 의해 주장되기에 이르렀다. 개화의 비조로 일컬을 수 있는 박규수는 북학파의 거두인 박지원의 손자로, 평안도 관찰사 시절 제너럴셔먼호의 통상요구를 거절하고 격침시킨 장본인이다.

그러나 박규수는 당시의 선각적 인물인 이규경, 최한기 등과 교류하면서 개화 필요성을 느끼고 강위, 오경석, 유홍기 등의 중인층과 교류하면서 사상을 심화시켜 갔다. 그러다가 양무운동이 한창이던 청에 사신으로 다니면서 견문을 넓히고 서양 문물에 대한 책을 읽어 통상개화론자로 입장을 바꾸었다. 그는 서양을 물리칠 지혜를 서양에서 빌리자며 서양과 국교를 맺어야하는 시급성에 대해 "동양의 도를 지키고 척사하는 것은 말이나 글로 이루어질 수 없다. 반드시 무기를 동원해야 하는데, 나 같은 서생이 어찌할 수 없어 한탄스럽다."라고 말하였다. 박규수는 1874년 우의정을 사임한 후 자신의 사랑방에 김옥균·박영호·서광범 등 양반층의 자제들을 모아놓고 본격적으로 국내외 정세를 논하면서 그들의 안목을 키워주었다.

오경석은 일찍이 조선에 개화가 필요함을 인식한 사람으로 박제가와 김정희의 학문적 영향을 받았다. 1846년 역관시험에 합격한 후 1853년 이래로 13차례에 걸쳐 베이징을 왕래하며 중국이 서양열강의 침략으로

박규수

무너져가는 것을 두 눈으로 목격하였다. 오경석은 조선이 위기를 극복하기 위해서 서양을 배워야 한다는 믿음을 갖고 서양문물을 소개한《해국도지》·《영환지략》·《박물신편》등 서적을 구입 주변에 전파하였다. 오경석은 1874년 베이징 주재 영국 영사 윌리엄 메이어스를 만나 조선의 문호개방을 위한 조선 진출이 가능한지 문의하기도 했다. 오경석과 교유하던 유홍기는 의업에 종사하면서도 서양문물에 관한 서적을 읽고 큰 충격을 받았다. 백의정승으로 불리어지는 유홍기는 오경석과 함께 지도하던 김옥균·홍영식·서광범 등 북촌 세도가의 자제들에게 서양지식을 전하며 갑신정변때까지 커다란 영향력을 끼치게 된다.

흥선 대원군의 하야와 민왕후 세력 등장

흥선 대원군은 사도세자의 증손뻘로 당파나 세족의 배경도 없이 파락호 행세를 하면서 1863년 운 좋게 둘째 아들 명복을 왕위에 올렸다. 왕의 생

부로 전제적인 개혁정치와 강경한 쇄국정책을 추진하는 과정에서 점차 그에 반대하는 세력이 형성되고 있었다. 집권 초기에는 개혁정치의 성과도 있었지만, 양반세력의 근거지인 서원의 철폐와 호포제 같은 조세정책으로 양반유생들의 반발을 불러왔다. 경복궁 중건에 따른 세금징수와 악화 발행, 농민에 대한 강제 노역과 천주교 탄압에 따른 처참한 살육 등은 백성들로부터도 원성을 듣게 되었던 것이다. 이때, 왕실에서는 고종의 비 민왕후를 중심으로하는 또 하나의 새로운 외척세력이 태동하고 있었다.

사실 대원군은 자신이 척족 안동 김씨의 폐해를 체험했기 때문에 외척세도의 폐단을 방지하고자 했다. 그래서 며느리로 믿을 수 있는 자기 처족인 죽은 민치록의 외동딸을 왕비로 선택하였다. 민씨는 8세에 부를 여의고 어렵게 자랐기 때문에 왕비가 되더라도 그녀를 둘러싼 외척의 전횡이나 세도가 없을 것으로 판단하였다. 그러나 민왕후는 대원군이 궁녀 이씨의 아들을 세자로 책봉하려고 하고, 자신이 낳은 아들이 대원군의 산삼 때문에 죽었다고 여겨 반감을 품고 반대원군 세력을 규합하게 되었다. 세월이 흘러 1873년 고종 10년, 22세로 성인이 된 국왕의 친정과 대원군의 실정을 공격하는 유생 최익현의 상소를 계기로 대원군은 탄핵당하기에 이르렀다. 집권 10년 만에 흥선 대원군이 물러나고 고종의 친정체제가 수립되었다. 하지만 정치권력은 왕비의 집안사람인 민승호·민겸호·민태호 등 여흥 민씨 일문의 차지가 되었다. 이러한 대원군의 퇴진과 민씨척족의 집권은 은둔의 나라 조선의 대내외 정책에 커다란 변화를 가져오게 된다.

싸움꾼 일본의 운양호 도발과 강화도조약

정세에 민감한 일본은 대원군의 실각과 정권교체의 사실을 접하고 조선에 개항을 강요하는 정책을 추진하기에 이르렀다. 1868년 막부체제를 무너뜨리고 왕정복고에 성공한 신정부는 안으로는 개화사상에 입각한 부국강병을 도모하고, 밖으로는 남아도는 무사들을 무마하기 위해 대외진출을 강구하고 있었다. 일본 정부는 쓰시마 도주를 통해서 왕정복고 사실을 서계를 통해 동래부에 전달코자 하였다. 동래부는 중국 황제만이 사용할 수 있는 황과 칙이라는 어구가 서계에 들어있어 격식이 어긋난다는 이유로 접수를 거부했다. 그러자 메이지유신의 주역들은 조선이 일본 국서를 접수하지 않는 등 일본을 모욕했다며 정한론을 강력하게 제기했다.

그러나 아직은 내치가 더 중요하며 조선을 침략할 단계가 아니라는 오쿠보 등의 온건실속파의 반대로 정한론은 일단 수그러들었다. 당시 일본의 국수주의 사상가들은 대외침략을 공공연히 부르짖고 있었다. 메이지유신 주역들의 스승 요시다 쇼인은 류큐·조선·대만·필리핀을 점령하자는 개국진척론을 주창하여 대동아공영론을 제시하였다. 메이지유신 성공 후 사족(사무라이)들의 불만을 외부로 돌리기 위해 조선과 대만을 공격하자는 당시 주장은 일본에서 큰 호응을 받고 있었다.

당시 프랑스와 미국이 조선의 무력 개항에 실패하고 자국의 사정으로 조선에 관심을 기울이지 못하고 있을 때, 일본은 조선을 선점할 기회를 마련코자 하였다. 일본 정부는 측량을 빙자하여 군함을 조선 근해에 파견함으로써 조선에 대하여 위협적이고 공세적인 시위를 획책하였다. 그들은 미국에게서 배운 함포 무력외교를 조선에서 써먹고자 한 것이다.

1875년 일본은 의도적으로 운양호 사건을 획책하였다. 운양호가 영종도

요시다 쇼인의 송하촌숙 내부

근해에 이르러 식수의 보급을 구실삼아 20여 명이 작은 배로 강화도 남단인 초지진 앞을 무단으로 거슬러 왔다. 이에 초지진의 조선 수비병들이 발포하였고, 일본 함선은 초지진 포대와 영종도를 향하여 포격을 가한 사건이 벌어졌다. 이 사건 후 일본은 먼저 조·청 종속관계에 따라 먼저 청에 모리 공사를 북경에 파견 총서의 공친왕과 담판하게 하였다. 공친왕은 "속방인 조선을 침점하지 않는 한 일본과 조선과의 우호관계는 청이 인정하고 간섭하지 않는다"고 답하였다. 이에 자신감을 얻은 일본은 침략적 의도가 없는 일본 군함에 대한 조선의 불법 발포라고 적반하장 격으로 주장하게 되었다. 일본 정부는 1876년 1월에 8척의 군함과 600여 명의 병력을 부산항에 보내 운양호 포격에 대한 책임 추궁과 회담에 응하지 않으면 서울로 쳐들어간다고 위협하였다. 2월에는 구로다 기요가타 전권대사 인솔 하에 군함 3척, 운송선 4척에다가 병력 800여 명을 태우고 강화도의 갑곶에 상륙하여 조선 정부에 위협적으로 협상을 요구해 왔다.

조선 강화도조약을 체결하다

조선 정부는 급박하게 조정회의를 거듭하였으나 찬반으로 의견이 분분하였다. 통상론자인 박규수의 국제정세 견해에 따라 수호통상관계를 맺어야 한다는 주장에 민씨척족세력의 동조로 교섭에 응하기로 하였다. 정부는 1876년 2월 전권대신 신헌을 강화도에 파견하여 조선·일본 양국 간에 수호조약을 맺게 되었으니 이것이 바로 강화도조약(조일수호조규)이다.

강화도조약은 미국 등 열강이 동양 여러 나라에 강요한 수호통상조약의 내용을 모방한 것으로 그것은 모두 12개조로 되어 있다. 강화도조약 첫 번째 항에 "조선이 자주국으로서 일본과 평등한 권리를 보유한다"로 규정하여 청 속방 관계를 단절시킴으로, 그들의 조선 침략에 대한 청의 간섭을 배제할 수 있는 여건을 만들었다. 그 외에 사절의 교환과 상주제로 할 것과

조약체결 후 20개월 이내에
부산과 그 밖에 2개의 항구를
개항하도록 하였다. 또, 일본
은 개항장에서 조차지를 설
정할 수 있으며 개항장 거주
일본인은 일본 법으로 재판
할 것을 규정하였다. 무역에

윤양호 그림

있어서는 관리의 간섭 배제 등 조선에 일방적으로 불리한 불평등 조약이
었다.

　이 조약의 이행에 있어서 가장 먼저 문제가 된 것은 부산항 이외의 두 곳
을 개항하는 일이었다. 부산항은 종래 동래의 왜관 무역과 다를 바 없는 개
항장으로 간주되어 무역항으로 정해졌으나, 다른 2개의 항구 선정이 일본
의 임의에 맡겨졌다. 일본은 항구를 선정하는데 그들의 군사·정치·경제적
입장을 반영하여 원산과 인천의 개항을 집요하게 요구하여 1880년에 원산
항을, 1883년에는 인천항을 개항시켰다. 1876년 8월에는 조선과 일본 간
에 수호조규의 부록이 일본의 독촉으로 마련되었다. 그 내용은 일본 외교
관의 국내 여행의 자유, 일본 거류민의 개항장 유보 지역의 선정, 일본 화
폐의 유통 용인과 수년간 대일 수출입품에 대해서 과세하지 않는다는 조
건을 수락하여 일본인 상권의 침투를 돕는 결과가 초래되었다.

　일본의 강화도조약 체결은 조선에 대한 정치·군사·경제적인 침략을 위
한 목적에서 조선의 문호를 개방 시켰던 것이다. 일본의 이러한 일방적인
의도에도 불구하고 강화도조약은 조선이 국제적인 무대에 등장하고 자본
주의에 편입되는 계기가 되었다는 역사적 의미도 갖고 있다. 이를 계기로
미국과 영국을 비롯한 서양 여러 나라와 통상을 시작하고 세계를 향해 문
호를 개방하게 되었다. 이에 따라 조선의 서양 근대문명의 수입은 거부할

수 없는 시대의 흐름이 되었으며, 동시에 일본·영국·러시아를 위시한 열강의 침략을 수반하는 위험한 상황이 된 것이다.

은둔의 나라 조선 개화에 적극 나서다

조선 정부는 강화도조약이 체결된 1876년 수신사로 예조참의 김기수를 임명하고, 일행 75명을 일본에 파견하여 일본의 물정을 상세히 파악하여 오도록 했다. 부산을 출발 도쿄에 도착하여 메이지 일황과 이토 히로부미 등 일본의 주요 인사를 만나고 일본의 각종 시설을 시찰하였다. 기차의 위력에 놀랐던 김기수는 일본이 무기·철도·선박의 건조 면에서 서양의 기술을 도입하여 발전된 모습을 견문한 기록 《일동기유》를 고종에게 올렸다. 일본은 1879년에 하나부사를 공사로 조선에 파견하였고, 조선 정부는 서대문 밖에 있는 청수관을 임시 공사관으로 삼아 그를 머물게 하였다.

1880년 두 번째 수신사로 김굉집(뒤에 홍집으로 개명)을 파견하였다. 그는 통상장정 협의와 서울에 인접한 인천 개항에 반대하는 정부의 입장을 반영토록 했으나 일본 측의 노련한 계략으로 성과를 얻지 못했다. 일본 외무경 이노우에 카오루는 김굉집에게 세계정세에 따라 조선이 앞으로 열강에게 개방될 수밖에 없다는 점과 개항 및 관세 문제에 대한 일본 입장을 반영하였다. 김굉집은 귀국할 때에 청국 참찬관 황준헌으로부터 《조선책략》과 《이언》을 얻어 가지고 돌아왔다. 황준헌이 지은 《조선책략》은 조선이 부강하려면 서양의 제도와 기술을 배워야 한다는 것과, 러시아의 남하를 막기 위해 친중국·결일본·연미방하는 외교정책을 취해야 한다는 내용을 담고 있다. 이 당시 러시아의 남진은 중국과 일본의 최고의 근심거리로 등장하였음을 반영하는 내용의 책이다. 《이언》은 청의 정관응이 지은 것인데 국가가 부강하려면 기술만 중시해서는 안 되고 기술 뒤에 있는 정치제도 등도 받아들여야 한다는 주장이 들어있다. 고종은 이 책들에 깊은 관심을 가지고 여러 대신들에게 검토케 하였다. 이와 같이 조선은 일본에 파견한 수신사를 통해서 일본의 발전상과 세계정세에 대한 정보를 얻을 수 있게 되었다.

고종 18년(1881년)에는 외국의 새로운 문물을 수용하기 위해 유림의 반발을 피해서 비밀리 일본에 대규모 조사시찰단을 파견하였다. 조사시찰단은 박정양·어윤중·홍영식·유길준 등 12명의 조사와 개화승 이동인 등의 수행원을 합쳐 68명으로 구성되었다. 이들은 4월 말에 도쿄에 도착해서 7월 말에 고베를 떠날 때까지 일본 각지를 다니면서 정부기관과 산업·교육·군사·세관 등의 근대시설을 관심 있게 시찰하였다. 귀국 후 고종에게 현지시찰 보고서를 제출하여 정부의 개화정책 추진에 뒷받침이 되었다. 한편 청의 권고에 따라 9월에는 김윤식을 영선사로 삼아 양반출신의 학도와 장인 38명을 청의 천진기기국에 파견하여 신식무기의 제조법과 군사 관계의 기초과학을 배우게 하였다. 그러나 근대 기술에 대한 기본지식이 부족하여 중도 탈락자가 많았고, 정부의 재정지원 부족과 임오군란 등으로 1년 여만에 철수하게 되었다. 그러나 이들은 기기와 서적을 구입해오고 또 천진의 기술자를 데리고 와서 서울 삼청동에 기기창을 설치하는 일부의 성과는 있었다.

이렇게 얻은 신지식을 토대로 조선정부는 보다 적극적인 개화 정책을 추진하기 위해 행정기구의 개편을 단행 통리기무아문을 설치하였다. 그곳에 사대·교린·군무·변정·통상 등의 12사를 두어 각기 해당 사무를 관장토록 하였다. 이러한 새로운 행정기구는 신문물의 수용과 새 정세에 대처하여 부국강병을 이루려는 의도에서 나온 것이다. 행정개혁에 있어서 고종이 가장 관심을 기울인 것은 군제 개편이었다. 과거의 구식군대인 5군영 대신

무위영과 장어영 등 2영으로 개편하고 그 장을 대장이라 하여 국왕의 신임자를 임명하였다. 그리고 새로이 일본인 교관을 초빙하여 별기군을 조직하였는데 신식 군사훈련을 실시하였다. 이 교련병대는 양반 자제로 편성된 100명의 사관생도와 일반 군졸을 포함한 인원은 400명으로 특별한 후대를 받았다. 고종은 정조가 장용영을 설치하여 왕권을 강화 했던 것처럼 친위부대 육성에 집착하였다.

5.
임오군란을 넘어 서구열강에 문호를 열다

위정척사론과 임오군란

　문호개방과 개화의 흐름에 전면으로 반대하고 나선 것은 조선의 기득권 세력인 사대부와 유림들이었고 그들은 위정척사 사상을 앞세웠다. 이 사상은 호란 이후 숭명반청 사상을 계승한 것으로 바른 것을 지키고 옳지 못한 것을 물리치기 위해 성리학에 근본을 두고 그 밖에 다른 이질적 문화를 배척하자는 이론이다. 그 당시 풍문에 청 백성들은 아편에 중독되어 건강과 재산을 잃고, 일본 사람들은 머리를 자르고 서양인처럼 양복을 입는다는 우려가 파다했다. 그래서 서양과 일본의 새로운 문화를 받아들이면 삼강오륜이 무너지게 된다고 부정적이었다. 병인양요 당시 이항로는 화의를 하면 사람이 짐승과 같은 상태로 빠지게 될 것이라며 척화주전론을 내세웠다. 그는 외세를 배격하는 동시에 내수의 보완을 강조하고 지방에서는 의병을 조직 외적과 싸울 것을 주장하여 훗날 의병운동이 일어나는데 명분을 제공하였다. 이때 호남의 기정진도 개방에 반대하는 척화주전론을 내세워 대원군의 쇄국정책을 옹호하는 이론적 뒷받침이 되었다.

　일본과 통상이 성사될 무렵 최익현은 일본은 서양과 다름이 없으므로 경제적인 침략과 천주교의 만연을 초래할 것을 들어 개항에 반대하는 〈오불가소〉를 올렸다. 그는 일본의 대량 공업생산품의 유입과 조선 미곡의 유출은 조선의 경제를 파탄으로 몰아넣을 것이라는 경제 현실적인 문제점을 지적하였다. 그러나 대원군세력을 견제해야하는 고종과 민씨척족은 일본과 교류를 계속 추진하였고 이에 대응하는 위정척사운동의 방법도 다르게 전개하였다.

고종은《조선책략》을 여러 대신들에게 읽게 하였고, 책을 읽은 대신들은 정세의 변천에 따른 외교정책의 전환을 불가피한 것으로 여기게 되었다. 그래서 책을 필사 전국의 유생들에게도 배포하여 전통적인 척사론에서 벗어나 개화의 필요성을 인식시키고자 하였다. 그러나 유생들은 이에 더욱 반발하여 반대하는 상소를 각지에서 올리게 되었다. 각 도의 유생들은 연명하여 올린 상소에서 문호개방 정책은 실현성이 희박한 추상론에 불과하고, 부국강병책 역시 서양 학술에 의존해서만 가능한 것은 아니라고 주장하였다. 그리고 그것은 천주교를 조선에 유포시키려는 간계에 불과한 것으로 치부하였다. 이황의 후손으로 명망이 높은 경상도 유생 이만손을 소두로 한 〈영남만인소〉는 미국과의 조약체결과《조선책략》을 비판할 뿐만 아니라 책을 들여온 김굉집을 처벌할 것을 강력히 요구하였다. 정부는 유생들의 척사상소를 단호하게 억압하고 주동자인 이만손을 강진에 유배시키고, 격렬한 상소를 올린 강원도 유생 홍재학은 능지처참하였다.

이 시기의 위정척사운동은 외세의 침입을 경계하던 종래의 모습에서 벗어나 이제는 정부의 개화정책을 반대하는 정치적 움직임으로 확대된 것이다. 이들 유생들의 수교통상반대론은 시대의 추세를 거스르는 보수적이고 완고한 주장이기는 하나, 그것은 국가의 권익과 국운에 대한 위기의식이 고조되어 있었던 때문으로 볼 수 있다. 그러나 위정척사론이 조선의 주체적인 근대화 방법론을 제시한 것이 아니라 조선왕조의 전통적인 정치체제와 사회·경제 질서를 그대로 지키려는 수구 보수적인 성격으로 시대의 조류에 역행하는 무리한 주장이었다고 할 수 있다.

구식군대가 임오군란을 일으키다

전국 유생들과 백성들의 대외수교 반대 여론의 비등과 구식군대의 누적된 불만은 수구파로 실각하여 은인자중하던 대원군으로 하여금 재기의 희망을 갖게 하였다. 이러한 정세를 이용하여 대원군은 1881년 9월에 서장자 이재선을 국왕으로 추대하고 고종과 민씨척족을 배제하려 하였다. 그러나 사전밀고로 거사는 실패하였고 가담자 30여 명이 처형되고 이재선은 유배 뒤 사사되었다.

수구와 개화의 두 세력은 대원군과 민왕후의 대립과 얽혀서 정계에 큰 혼란을 빚어내게 되었다. 당시 서울에는 농촌 경제의 피폐에 따른 농민들의 유입으로 하층민이 늘어나고 있었다. 일반 백성들은 일본과 가까워지는 것을 우려하고, 개화를 구실로 세금을 더 거두어가므로 반정부적 분위기가 고조되었다. 앞서 개화정책의 일환으로 창설된 별기군이 고종의 특별한 후대를 받는 반면 구식군대에 대한 차별대우는 날로 심해지고 있었다. 더구나 일본 수교 이후 대량의 미곡이 일본으로 유출됨으로써 국내의 쌀값이 폭등하여 도시 빈민층의 타격이 심하였다. 차별받던 구식군인들에게는 지급할 녹봉미가 13개월치나 밀려 불만이 팽배하였다.

1882년 가을 때마침 호남 지방에서 세미가 서울에 도착하여 우선적으로 무위영 군졸에 대한 일부 급료를 지불하기로 하였다. 그러나 선혜청의 고리들은 벼에다 모래와 겨를 섞어서 군졸들에게 지급하였다. 이에 격분한 옛 훈련도감 출신 무위영 군졸들이 뭉쳐 고리를 공격하기 시작했다. 선혜청당상 겸 병조판서인 민겸호는 군졸들의 주동자를 체포하여 극형에 처하고자 하였다. 이에 격분한 군졸들은 민겸호의 집을 습격하고 파괴한 뒤, 은거 중인 대원군에게 달려가서 자신들의 진퇴를 물었다.

대원군은 겉으로는 군졸들을 달래어 놓고서, 뒤로는 주동자들을 비밀리 만났고 심복 허욱으로 하여금 군졸들을 지휘하게 하였다. 군졸들은 무기고에서 병기를 탈취하여 포도청을 습격하고 갇혀있던 동료들을 구해낸 후 의금부와 경기 감영을 습격하였다. 다른 일부는 서울 왕십리 지역의 하층민들과 합세하여 일본 공사관을 불태우고 별기군의 일본인 교관을 살해하였다. 일본 공사 하나부사는 혼비백산하여 겨우 탈출하고, 인천에서 영국 선박에 구조되어 나가사키로 피신하였다. 다음날 군졸들은 창덕궁 안으로 몰려가 왕이 있는 중희당을 포위하고 궁내로 들어오던 민겸호와 경기감사 김보현을 타살하였다. 민왕후는 변복한 채 간신히 궁궐 밖으로 탈출하여 장호원으로 피신하고 충주목사의 보호를 받는 사태가 벌어졌는데 이를 임오군란이라고 한다.

궁지에 몰린 고종은 이 사태를 수습하기 위해서는 군졸들의 배후에서 책동하고 있는 대원군에게 전권을 위임할 수밖에 없었다. 민씨 일파에 의해 실각되었던 대원군이 다시 정권을 잡게 된 것이다. 9년 만에 정권을 재장악한 대원군은 개화정책으로 설치되었던 통리기무아문 등 신제도를 즉각 철폐하고 구제도를 복구하였다. 그리고 신설되었던 2군영과 별기군을 폐하고 3군부를 설치하였다. 민씨 정권하에 유배된 자를 해배하고 쫓겨났던 자신의 심복들을 불러들여 재등용하였다. 대원군은 재집권으로 자신의 힘을 과시하였으나 그것은 잠시뿐이었고 조선의 미래에 큰 해가 되는 처신이 되었다.

일본과 청이 세력경쟁에 나서다

일본과 청국은 임오군란이 초래한 조선의 국내정세에 민감하게 반응하고 서로 앞 다투어 이 사건에 개입하였다. 군란의 보고를 받은 일본 정부는 하나부사 공사에게 즉각 조선에 귀임토록 하면서 일본군 1,500명을 지원조선 정부에 군란의 책임을 추궁케 하였다. 일본은 군란에 의한 일본 측 피해에 대한 보상과 거류민 보호를 위한 병력의 주둔 그리고 주동자의 처형 등을 요구하였다. 일본은 상황에 따라 거제도나 울릉도의 할양요구까지도 계획하고, 후쿠오카에는 혼성여단을 편성 출동태세를 갖추었다. 그런데 일본의 의도와는 달리 조선에서 종주국의 위치가 흔들리던 청이 군란을 세력 만회의 기회로 여기고 적극적인 대응에 나섰다.

청은 영선사 김윤식과 회견한 후 정여창·마건충 휘하의 군함 3척과 회군 통령 오장경의 3천여 명의 병력을 출동시켜 남양만을 거쳐 서울로 진입하였다. 이때 조선을 좌지우지 하게 되는 원세개가 23세의 청년무관으로 조선에 오게 되었다. 청은 종주국으로서 속방을 보호한다는 명분으로 일본에게 빼앗겼던 조선에 대한 우월한 지위를 회복하려고 했던 것이다. 청군을 이끌고 서울에 입경한 마건충은 답례차 군영으로 찾아온 대원군을 무도하게도 군란의 책임자라 하여 톈진의 보정부로 압송하고 임오군란의 주모자들을 색출하여 처형했다. 와신상담했던 대원군은 허무하게도 정권에서 다시 축출되고 말았다. 서울의 상황이 급변하자 민씨척족들은 김윤식과 어윤중을 통해 청과 연결하였고, 청은 민왕후와 제휴하여 민씨 일파의 정권을 세우게 되었다. 그리고 오장경이 이끄는 청군은 서울 용산에 주둔하며 내정 간섭을 하게 되었다.

대원군이 전격적으로 청국에 납치된 후 일본의 기세는 수그러지지 않을 수 없었다. 일본은 조선과 군란처리를 둘러싼 교섭을 벌이던 중 청의 군사력에 압도당하고 군란의 책임자가 제거되었기 때문에 더 이상 강경한 요구를 할 수 없었다. 그래서 일본은 조선과 제물포조약을 체결하여 군란 관계자를 처벌하고, 50만원의 배상금과 일본 공사관에 경비병을 주둔시킨다는 수준의 내용에 동의할 수밖에 없었다. 제물포조약은 체결되었지만 조선에서 세력을 더욱 강화하려는 일본의 의도는 실패하였고, 청은 종주국으로서의 조선에 대한 권한을 더욱 확대하였다. 임오군란을 거치면서 조선의 군사와 재정적 기능은 사실상 유명무실하게 되었다. 처우에 불만을 품은 군대가 궁궐에 침입하여 왕비를 시해하려고 광분했던 병사들에게 왕궁 방위를 맡기는 꼴이 되었다. 국고는 1개월 비축분도 없는 상황에서 일본에 배상금 50만원과 조난자 위로금으로 거금을 지불해야하는 어려운 처지가 되었다.

새로이 정권을 잡은 민씨 일파는 청에 더욱 의지하는 사대당으로 변해갈 수밖에 없었다. 이홍장의 주선에 따라 마건상과 독일인 묄렌도르프를 외교고문으로 맞이하였다. 어떻든 고종은 대원군의 그림자를 지우기 위해 척화비 제거와 근대화 정책 추진을 공식화했다. 조선 정부는 근대화 정책을 추진하기 위해 의정부 격의 통리교섭통상사무아문과 통리군국사무아문의 양자를 설치하였다. 전자에서는 외교와 통상관계를 취급하고 후자에서는 군국의 기무와 내정의 일체를 관장하게 하였다. 군사제도로는 친군영을 세우고 그 밑에 좌·우·전·후의 4영을 두었으며, 그 지휘권은 원세개가 장악하여 청국식으로 훈련하였다.

임오군란 이후 청나라의 강경파 청류당은 조선이 일본에 먹히면 만주가

이홍장

위험하기 때문에, 일본의 세력기반을 제거하고 감국대신을 파견할 것을 적극 주장하였다. 이에 따라 청의 간섭이 강화되었으며 경제적 진출이 본격화되기 시작하였다. 청은 조선과 상민수륙무역장정을 체결하여 청국인은 종주국민으로서 조선 안에서의 거주·영업·여행의 자유를 획득하였다. 이에 청의 경제적 침투는 일취월장하여 일본 수준을 능가하였고, 청 상인의 급격한 증가는 조선

상인들에게 커다란 타격이 되어 국민들의 반청 감정을 크게 자극시키게 되었다.

'이 대목에서 임오군란에 청나라의 과도하고 무지한 개입은 이후 갑신정변과 동학혁명에 이어 청일전쟁으로 이어지는 시작점이 되었다. 당시에는 청의 의도대로 대원군을 압송하는 등 임오군란을 평정하여 속방체제를 강화하고 조선을 좌지우지 할 수 있었다. 힘에서 밀린 일본은 절치부심 군비를 증강하면서 호시탐탐 기회를 노리게 되었다. 고종의 무능과 지방관의 탐학으로 1894년에 동학농민혁명이 일어나자 또다시 청군의 개입에, 기회를 노리던 일본은 대병력을 조선에 급파하여 청일전쟁을 일으켰다. 종이호랑이가 된 동양의 대국 청은 소국 일본에게 완패하여 개망신을 당하게 되고 청은 멸망의 길에 들어서게 된다. 싸움꾼 일본은 전쟁 승리의 과실에 맛을 느끼고 일본 열도는 환희에 젖으며 조선 강점과 중국을 침략하는 제국주의의 길에 본격적으로 나서게 된 것이다. 청의 체면을 세우기 위해 시작한 무모한 조선 개입이 조선과 청 멸망의 시작점이 되었던 것이다'

구미 여러 나라 수교와 중립화론

미국과의 수호통상

울며 겨자 먹는 식으로 문호를 개방당한 조선은 임오군란 이후 종래의 서양 배척정책을 그대로 추진할 수는 없었다. 그것은 일본에게 문호를 개방했다는 소식을 접한 서양의 여러 나라가 적극적으로 접근하여 왔기 때문이다. 국내에서도 세계정세에 대한 안목이 넓어져 가고 있고, 청 이홍장의 일본 견제를 위한 적극적 권유도 있어 서양과 문호개방이 필요함을 인식하게 되었다.

청의 이홍장은 일본이 류큐를 강제로 복속시키고 조선의 원산을 개항시키자 일본을 경계하여 조미수교 중재를 자청하고 나섰다. 이홍장은 천진에 체류 중이던 영선사 김윤식과 회견하여 조선의 외교 문제를 협의하였다. 이때 김윤식은 관세자주를 위해 관세율 10%의 조약 초안을 제시하고 조약체결 교섭에 참여코자 했으나 이홍장에게 거부당하였다. 이홍장은 조선 정부에 대하여 미국과의 수교를 종용하는 한편, 수교 임무를 받은 슈펠트 및 주청 미국 공사와 협상하였다.

1882년 5월 제물포에 도착한 슈펠트는 조선 전권대관 신헌과 협상을 시작하였다. 이홍장과 슈펠트 사이에 이미 합의된 초안에 미곡수출금지 조항을 부가하는 약간의 수정을 가한 끝에 조미수호통상조약이 체결되었다. 전문 14개조로 이루어진 한미수호통상조약에도 치외법권, 조차지설정의 허가, 최혜국 조관 등이 규정되었다. 그리고 생활필수품과 사치품 수입에 대한 1할과 3할의 세율, 수출품에 대한 5푼의 세율 제한이 규정되었다. 특히 제3국이 어느 한쪽 나라를 불공스럽게 대하고 업신여기면 반드시 서로 돕고 잘 조처한다는 1관에 실린 거중 조정의 조목은, 조선이 미국에 크게 기대를 갖게 한 대목이었다. 이때 역관 이응준은 슈펠트의 권유에 따라 청의 속국을 상징하는 청룡기 대신 태극기를 제작 사용하였다. 이후 청의 부정적인 반응에도 수신사로 일본에 가게 된 박영효가 이응준의 태극기를 보완하여 외교 행사장에서 사용하므로 우리나라의 국기가 되었다.

유럽 여러 나라와 수호통상

조선에서 경제적 이득과 러시아에 대한 견제를 추구해 왔던 영국은 미국이 조선과 통상조약을 맺었다는 소식을 듣고 조선과의 조약을 서둘렀다.

주일 영국 공사 해리 파크스는 이를 추진하기 위하여 아시아함대 사령관 윌리스를 제물포에 파견하였다. 윌리스는 청의 마건충을 통하여 조선 정부에 영국과의 수호통상을 제의하였고, 조선 정부도 미국과의 전례에 따르기로 하여 양국 사이의 교섭은 신속히 추진되었다. 그리하여 1882년 6월에 조영수호통상조약이 체결되었으나, 3할이라는 높은 수입세율과 아편수입 금제의 조관 때문에 영국 정부는 비준하지 않았다. 이후 주일 영국 공사는 일본에 온 수신사 박영효와 김옥균을 만나 새로운 조약체결을 희망하였고, 박영효는 서구열강을 끌어들여 조선의 자주를 확보하려는 의도에서 호감을 표시했다. 조·영간의 조정된 조약은 1883년 11월에 서울에서 정식 조인되고 그 다음해에 비준서가 교환되었다. 조정된 내용은 3할 세율이 5푼~1할로 떨어졌고 영국의 면제품이 7푼 5리의 저율로 크게 낮아지게 되었다.

독일의 주청공사 브란트는 비스마르크 수상에게 러시아를 아시아에 진출시키고 그 배후에서 독일의 이익을 추구하자고 건의했던 외교관이다. 독일 정부는 브란트를 전권대신으로 임명 조선과의 통상조약을 추진토록 하였고, 브란트는 이홍장에게 수교알선을 요청하여 1882년 6월 30일 제물포에서 조독통상조약이 체결되었다.

러시아는 연해주를 확보하면서 조선과 직접 국경을 접하게 되어 조선·중국·일본에 위협적인 존재가 되었다. 조선과 국경 지역에서는 서로 간에 월경 이주하는 자가 늘어 갔는데, 실상은 조선인이 러시아 영내에 이주하는 경우가 훨씬 많았다. 러시아 정부는 조선이 미국 등 여러 나라에 문호를 개방하는 것을 보고 이홍장에게 교섭을 알선 부탁했지만 거절당하였다. 1882년 박영효와 김옥균은 일본 주재 러시아 공사 로젠을 만나게 되었다. 그들은 조선이 자주독립국으로서 청의 중재 없이 조약을 체결하고 싶다고 제의하였다. 그러자 러시아는 1884년 6월에 북경 주재 러시아 공사관의

묄렌도르프

서기관 베베르를 서울에 파견하였다. 그리고 조선의 외교고문 묄렌도르프의 중간 알선으로 조러통상조약을 체결하게 되었다.

이후 이탈리아와 통상조약을 체결하였고, 1886년에는 천주교 선교문제로 갈등을 빚어왔던 프랑스와 늦게나마 통상조약을 체결하였다. 이로써 조선은 미국 및 유럽 여러 나라에 불평등 조약을 통해 문호를 개방하게 되었던 것이다. 중간 알선에 나섰던 청국은 일본의 독점적 세력을 견제하면서도 자신의 세력을 더욱 강화시키려는 소기의 목적을 달성하였다.

이때 조선은 문호개방 이후 위협적인 청·일의 조선 진출을 크게 경계하게 되었다. 당시 이홍장의 추천으로 조선 정부의 외교를 자문하고 있던 묄렌도르프는 조선이 독립을 지키기 위해서는 유럽의 벨기에와 같이 영세중립국이 되어야 한다고 판단했다. 그러기 위해서는 러시아가 주도하고 청·일이 보장하는 국제조약을 체결하는 것이 바람직하다고 보았다. 조선은 중립상태에서 모든 국가에 동등하게 대하고 열강의 외교사절이 조선에 계속 체류하게 되면 청·일이 충돌하더라도 안전할 것으로 판단했다. 묄렌도르프는 외무독판에게 조선의 중립화를 적극 권고하였다. 그러나 묄렌도르프가 조·러 밀약설에 연루된 일로 물러나게 되므로 중립화안은 무산되었다.

그후 중립화 안은 독일 부영사 부들러에 의해서 재론되었다. 부들러는 1885년 3월 외무독판에게 1871년 보불전쟁 당시의 중립국 스위스의 예를 들며 조선의 영세중립 선언을 권고했다. 그는 스위스의 경우 강대국들이 조약을 체결하여 영토를 보전해주고 있으니 조선도 청·일·러 사이의 조약 체결로 영토를 보존토록 해야 한다. 그러니 조선은 청·일이 개전하더라도

청을 지원해서는 안되고 만국공법에 의거 국외중립을 지켜야 한다고 권고했다. 두 독일인의 중립론은 청의 내정간섭 하에서 정책으로 채택되지는 않았지만 이후 조선 정부가 추진하는 중립 정책의 틀을 형성하는데 중요한 참고가 되었다. 그러나 실질적인 중립화가 이루어지기 위해서는 어느 정도의 군사력, 합리적 행정체계, 왕과 지배층의 단합된 지도력 등이 있어야 성사될 수 있는 것이다.

비슷한 시기 보빙사의 일원으로 미국을 방문한 뒤 그대로 현지에서 학업을 했던 유길준이 갑신정변 여파로 유럽을 거쳐 귀국하게 되었다. 1885년 인천에 도착한 유길준은 체포되어 7년간 연금생활을 하면서《서유견문》을 저술하게 되었다. 유길준은 이 책에서 조선의 주권수호를 위해서는 조선을 영세중립국으로 만들어야 하는데, 청이 주도하고 열강이 공동 보장하는 형식으로 조선을 중립화할 것을 제시하였다. 그러나 유길준의 중립화안도 탁상공론에 머무르고 말았다.

6.
근대국가를 꿈꾼 갑신정변과 열강의 세력경쟁

개화당의 형성과 활동

청나라의 지나친 내정간섭과 청병·청상의 횡포로 말미암아 조선 백성들의 반청 감정이 높아가고 있었다. 당시 정계의 중진들인 김홍집·어윤중·김윤식 등은 민영익·민승호·조영하 등 척족세력과 가깝게 교류하였다. 이들은 청국에 의존하고 있었지만 개화에는 찬성하여 조선의 점진적인 혁신을 도모하였다. 이와는 반대로 일본을 견학하고 메이지유신의 발전을 목도한 젊은 관료 김옥균·박영효·홍영식·서광범 등을 중심으로 급진적인 개화정책을 주장하는 일파가 생겨났다. 이들은 당시 개화사상의 대표적 전파자인 박규수와 유홍기 등의 영향을 받았고 승려 이동인, 중인 변수, 무인 유상오, 상인 이창규 등과 접촉하며 개혁의 방안을 모색하였다.

김옥균

이들은 일본의 근대 개혁을 모범으로 정치를 쇄신하고 청의 간섭을 배격하여 근대 자주 국가를 만들고자 하였다. 그래서 심화되어가는 청의 내정간섭과 청에 의존하는 민씨 사대정책에 크게 반발하였다. 변해가는 세상에 마음이 급한 이들은 해결책으로 일본의 도움을 받는 특단의 대책을 강구해 가게 된다. 이들은 당시 민왕후를 중심으로 한 보수적인 집권세력에 대항하여 점차 하나의 정치세력으로 성장하여 개화당 혹은 독립당이라고 불리었다.

개화당의 중심 김옥균은 '1851년 충남 공주에서 태어나 5세 때 안동김씨 실세인 당숙 김병기의 양자가 되었다. 세도가에서 자란 김옥균은 1872년 알성시 문과에 장원급제한 후 사헌부·홍문관 등의 청직을 거치며 두각을 나타냈다. 그런 중에 박규수 문하에 출입하며 유홍기·오경석 등과 교유하고, 개화를 이끌어갈 청년세력을 규합하여 탑골승방과 봉원사 등에서 독회를 하며 세력을 키워갔던 인물이다.' 이들의 활동이 보다 적극적으로 변화되기는 임오군란 뒤처리를 위해 박영효가 1882년 수신사로 일본에 갔을 때부터였다. 이때 고종은 청나라와 김윤식·김홍집·어윤중 등 친청파 관료들의 횡포를 견제하기 위해 박영효를 발탁하고 개화파 실세인 김옥균과 서광범 등이 동행토록 하였다. 그들은 일본의 정객들과 면담하며 그들의 동아시아 구상을 파악하고 조선의 변혁 모델로 근대화에 성공한 일본을 꼽게 되었다.

이들은 수신사의 임무를 수행하면서 고종의 신임을 받아 그 세력이 커지게 되어 여러 개화정책을 건의하고 추진하게 되었다. 그들은 고종에게《한성순보》를 간행토록 건의하고, 신식 군사·학술 등을 습득하기 위해 일본에 유학생을 파견토록 하였다. 김옥균은 파견되는 유학생들에게 '일본이 아시아의 영국이 된다면 우리들은 조선을 아시아의 프랑스로 만들어야 한다고' 분발을 강조했다고 한다. 그리고 우편사업을 위한 우정국, 신화폐의 주조를 위한 전환국, 병기제조를 위한 기기국 등을 설치토록 하였다. 이들은 대외적으로 국가의 독립을 유지하기 위해서는 외교활동이 중요함을 인식하고 열강의 외교사절들과 빈번히 접촉하여 국제정세를 파악하였다. 그러나 개화당의 성급한 의욕에도 불구하고 만족할 만큼 성과를 낼 수는 없었다. 그것은 민씨 일파의 미움과 견제를 받아 요직에 임명될 수 없었기 때문이었다.

이와 같이 개화당의 활약은 보수 집권세력의 견제로 갈등이 커져갔는데 이는 마침내 당시의 국가 재정문제를 둘러싸고 표출되었다. 재정적으로 곤궁했던 정부는 묄렌도르프의 건의로 당오전을 발행하려 하였다. 그러자 김옥균은 당오전과 같은 악화의 주조가 국민경제를 어렵게 할 것이라고 하면서 대신 일본으로부터의 차관을 들여오자고 주장하였다. 결국 고종은 두 가지 정책을 병행키로 하고 300만원의 차관을 도입하기 위해 김옥균을 일본에 파견하였다. 그러나 일본 내의 사정과 민씨세력의 방해로 차관 도입은 실패하였고 이로 인해 개화세력의 입장은 매우 난처해지게 되었다.

차관도입의 실패로 정치적 위기에 빠진 개화당은 비상수단을 동원하여 보수정권을 무너뜨리고 청의 내정간섭을 종식시키고자 하였다. 그들은 이를 위해 일본의 도움을 받고자 하였는데, 이는 당시 조선에서의 열세를 만회하려는 일본의 의도와 일치하는 것이었다. 결국 민씨세력에 의한 악화의 남발은 조선의 경제 상태를 더욱 악화시키는 결과를 가져왔다. 청에 의존하려는 민씨 중심의 일파와 개화당 사이의 대립은 재정문제를 둘러싸고 더욱 격화되어 갔던 것이다.

개화당 갑신정변으로 3일 천하를 이루다

이때 일본은 조선의 집권세력 간의 정치적 대립을 은밀히 방조하고 부추겼다. 조선의 정치적 변혁을 교사하여 성취시키므로 일본세력 침투의 교두보를 마련코자 하였다. 당시 일본 메이지시대 선구적 개화론자로서 조선에 일본세력의 침투를 적극 선동하고 영향을 끼친 사람으로 후쿠자와 유키치가 있었다. 그가 김옥균과 박영효를 후원하며 개화의 필요성이나 정치적 혁신을 적극 조언한 것은 일본의 영향력을 용이하게 파급시키려는 저의에서였다.

1884년 6월 베트남 문제로 청·프 전쟁의 조짐에 따라 청의 오장경이 서울 주둔 병력의 절반을 빼 나가자, 이를 청의 간섭을 배격할 기회로 생각하게 되었다. 틈을 노리던 김옥균·박영효·홍영식 등 개화당 인사들은 정변을 일으킬 비상계획 모의를 서두르게 되었다. 이러한 과정에서 일본에서 군사교육을 받고 귀국한 서재필 등과 윤웅렬이 양성한 군인들을 행동대로 포섭하는데 성공하였다.

후쿠자와 유키치

한편 일본도 태도를 바꾸어 일본 공사 다케소에는 김옥균 등에게 정변이 발생할 경우 서울에 주둔하고 있는 일본군을 동원하여 지원 하겠다고 약속하였다. 이로써 개화당은 비상계획을 구체적으로 세우게 되었다. 그러나 일본 공사의 지원 약속은 받았지만 1,500명이나 주둔하고 있는 청군을 두고, 150명의 일본군을 믿고 정변을 추진한 것은 애초부터 큰 오산이었다.

개화당은 10월 17일 홍영식이 총판으로 있는 우정국의 개국 축하연을 이용 정변을 일으키기로 모의하였다. 그들은 김옥균의 계획대로 일본에서 돌아온 사관학교 생도들을 행동대로 동원하고, 전·후영 군졸들의 내응을 얻어 고종을 그들의 편에 모시도록 하였다. 그리고 일본군으로 하여금 고종을 호위케 한 뒤 신정부를 수립코자 하였다. 우정국의 개국 축하연의 주빈은 외국사신 등이었으나 배빈으로 군사의 실권자인 4영사를 초청하였다. 그리고 안국동 별궁에 방화한 뒤 영사들을 처치하고 궁궐로 들어갈 예정이었다. 비록 연회에서의 거사는 계획대로 이루어지지 못하였으나, 김옥균 등은 궁궐로 들어가서 청군이 변을 일으켰다고 고종에게 거짓으로 고하고 일본군의 호위를 청하였다. 그리고는 공격에 대한 방어에 적합한 경우궁으로 왕과 왕비를 모시고 난 후 왕명으로 궁에 들어오는 한규직과 민태호 등 수구파 대신들과 각 군영의 영사들을 살해하였다. 이리하여 정권을 장악한 개화당은 10월 18일 개화당 요인과 국왕 종친으로 신정부를 구성하고 이를 각국의 외교관들에게 통고하였다. 그리고 민왕후의 강력한 요청으로 돌아온 창덕궁에서 10월 19일 혁신정강을 반포했다. 원래 80여 조항이지만 김옥균의 수기인 《갑신일록》에는 14개 항이 기록되어 있다.

1. 흥선 대원군을 즉시 환국하도록 할 것.
2. 문벌을 폐지하여 인민평등의 권을 세우고, 사람으로 써 관을 택하게 하고 관으로써 사람을 택하게 하지 말 것.
3. 전국의 지조의 법을 개혁하여 관리의 농간을 막고 백성의 괴로움을 펴게 하며 겸하여 국용을 유족하게 할 것.
4. 내시부를 혁파하고, 그 중에서 뛰어난 재능이 있는 자는 등용할 것.
5. 간악하고 탐욕하여 나라를 병들게 함이 현저한 자는 벌하도록 할 것.
6. 각도의 환상미를 영구히 면제할 것.
7. 규장각을 혁파할 것.
8. 급히 순사를 두어 절도를 막을 것.
9. 혜상공국을 혁파할 것.
10. 유배·금고된 사람은 헤아려서 방출할 것.
11. 4영을 합하여 1영으로 하고, 영중에서 선발하여 급히 근위대를 설치할 것.
12. 무릇 국내 재정은 모두 호조에서 관할케 하고, 그 밖에 모든 재정관계 관부는 혁파할 것
13. 대신과 참찬은 매일 합문 안의 의정소에서 회의하여 의논 결정해서 정령을 포행 할 것.

14. 정부 육조 이외의 무릇 불필요한 관청은 모두 혁파하고, 대신과 참
    찬으로 하여금 작의 하여 아뢰도록 할 것.

개화당이 추진코자 한 혁신정강의 요지는 대원군의 청 압송에 대한 항
의 표시이고, 문벌의 폐지로 국민의 신분상 평등을 이룩하자는 것이다. 지
조법을 합리적으로 개혁하여 국가의 수입을 증대시키며 국가의 재정을 호
조로 일원화하려한 것이다. 내시부를 혁파하고 고관회의로 국정을 운영케
한 것은 국왕의 전제적인 권한을 폐지하고 내각회의의 권한을 확대하려는
것이다. 이것은 개화당 정부가 근대적인 국민국가를 수립하려는 강력한
의지를 나타낸 것이다.

그러나 이러한 개혁이 공포도 되기 전에 청군의 출동으로 개화당의 정
변은 실패하였다. 원세개의 적극적인 주장에 따라 오조유의 청군 1,500명
이 두 부대로 나누어 고종이 환궁한 창덕궁으로 공격해오자, 개화당과 국
왕을 호위하던 일본군은 수적 열세로 곧 패퇴하고 말았다. 김옥균·박영효·
서광범·서재필 등 중심인물들은 다케소에 일본 공사를 따라 인천을 거쳐
일본으로 망명하였다. 개화당에 의한 혁신 정권은 글자 그대로 3일 천하로
끝나고 말았다. 이로 말미암아 정정은 다시 이전으로 돌아갔으며 정변 중
에 내렸던 모든 왕명은 철회되었다.

일·청·러의 세력 경쟁이 본격화되다

갑신정변 이후 조선을 둘러싼 열강의 대립은 더욱 복잡하게 전개되었
다. 조선 정부는 일본의 부당한 군사적인 내정간섭을 비난하고 그 책임
을 묻고자 했다. 일본은 다케소에 공사의 행동이 잘못되었음을 일부 시인

하여 외무경 이노우에가 대표로 조선에 와서 무마책을 위주로하는 해결을 꾀하였다. 그 결과 한성조약을 체결하여 일본에 피살자의 보상과 공사관 건축비의 배상을 지급하기로 하였다. 일본은 이 정변을 계기로 청의 조선에 대한 지배권을 약화시키고자 청·일 양군의 조선으로부터 공동철병을 희망하였다. 이리하여 일본의 이토 히로부미는 1885년 텐진을 방문하고 이홍장과 회담하여 텐진조약을 체결했다. 조약의 내용은 체결 후 4개월을 기한으로 청·일 양군이 조선에서 철퇴할 것과, 향후 파병할 일이 있으면 사전에 서로 통고한다는 것이다.

한편 청의 원세개는 주차조선총리교섭통상사의란 직책으로 서울에 계속 머물면서 그 위세를 더하였고 조선 정부의 자주권은 크게 위협을 당하였다. 그런데 청에게는 새로운 적대세력이 나타났으니 그것은 러시아였다. 1884년 조선과 통상조약 체결의 주역으로 서울에 온 러시아 공사 베베르는 능란한 외교수완을 발휘하였다. 당시 반청의 경향을 보이던 조선 정부에 접근 궁중에 친러세력을 심는데 성공하였다. 그는 묄렌도르프의 협조를 받아 고종을 움직여 러시아세력이 조선에서 큰 힘을 쓸 수 있는 내용의 조·러 밀약을 추진하였다. 묄렌도르프는 청·일의 강력한 세력을 제어하기 위해서는 제3세력을 끌어들일 필요가 있기에 러시아세력과 손잡을 수 있도록 알선한 것이다.

러시아세력의 남하에 대해 가장 민감하게 위협을 느끼던 청국은 조선이 친러 경향을 띄자 크게 경계하게 되었다. 청의 이홍장은 청국으로 납치해갔던 대원군을 1885년 8월 조선으로 송환하여 고종을 중심으로하는 친러시아 세력을 견제케 하였다. 그리고 묄렌도르프를 파직·소환하는 대신에 새로 미국

원세개

인 데니를 외교고문으로, 메릴을 해관의 책임자로 조선에 부임토록 하였다. 청 주차관으로 승차 서울에 머물면서 권세를 부리던 원세개는 조·러 밀약설이 또다시 떠돌자 이를 구실로 고종을 폐하여 국면을 타개하려고까지 하는 만용을 부렸다.

조선 정부가 1887년 6월에 해외에 공사를 파견키로 하여 민영준을 주일 공사로, 박정양을 주미공사로, 조신희를 영국·프랑스 등 5국공사로 파견하였다. 원세개는 조선의 재정곤란을 구실로 파견 공사를 철수·환국시킬 것을 조선에 집요하게 요구하였다. 원세개의 무식하고 방자한 태도에 구미 여러 나라의 공사들도 항의하는 한편, 청국 정부에 청국 공사의 교체를 권고하기도 하였다. 그러나 이홍장은 끝내 원세개를 옹호하였고, 그 후로도 원세개의 방자한 태도는 계속되어 청일전쟁을 유발시키는 한 요인이 되었다.

1888년에 조선은 러시아와 육로통상조약을 맺음으로 조·러 양국인의 자유로운 국경무역이 이루어지게 되었다. 이에 의하여 경흥이 러시아와의 무역에 개방되고 여기에 러시아인의 조차지가 허용되었다. 러시아는 더 나아가서 원산과 부산 절영도에 저탄소를 설치하려고 하였으나 청의 간섭으로 그 목적을 이루지 못하였다.

이러한 러시아세력의 침투에 대하여 촉각을 곤두세우고 있던 나라는 청 이외에 영국이 있었다. 크림 반도 등 세계 각지에서 러시아와 대립하고 있던 영국은 러시아의 조선침투를 견제하고자 했다. 영국은 청의 양해 하에 1885년 동양함대를 보내 거문도를 불법으로 점령하고 포대를 쌓아 요새화하였다. 거문도는 대한해협의 문호에 해당하는 곳으로 영국의 행동은 러시아를 견제하려는 명백한 의도에서 나온 것이다. 결국 이 문제는 청이 개입하여 러시아가 조선의 영토를 점령하지 않는다는 약속을 받아냄으로써 2년 만에 해결되었고 영국군은 철수하였다. 이렇게 청·일·러·영 등 여러 나라의 야욕 속에 둘러싸인 조선은 국제적인 위협 속에 묻혀 있는 처지가 되었다. 이와 같이 열강의 경쟁이 조선을 둘러싸고 치열해지자 독일 영사 부들러는 조선을 스위스와 같은 영세중립국으로 만들어야 한다는 의견을 조선정부에 제시하는 상황까지 이르렀던 것이다.

일·청 상인들의 조선시장 침투경쟁

일본은 조선과 첫 번째로 수호통상조약을 맺고 지리적으로 가까워 구미 제국들보다 경제세력을 우선적으로 진출시킬 수 있었다. 갑신정변의 실패로 조선에서 정치적 체면을 구긴 일본은 이제 경제적인 침투에 더욱 집중하게 되었다. 일본은 먼저 조선 연해에서의 어로 활동을 통하여 무역 외적인 많은 수익을 올렸다. 일본 어민들은 1883년에 체결된 어로협정에 따라 조선의 전라·경상·강원·함경도의 연해와 제주도까지 출어를 확대해 갔다. 이에 조선 연해의 어민들 피해는 막대한 것이었다. 1891년에는 제주도에서 일본 어민의 출어금지를 요구하는 민란이 일어나기도 하였다.

부산·원산·인천 등 개항장에는 일본인의 거류 상인이 증가하고 조차지가 설정되어 상업·무역 활동의 근거지가 되었다. 일본인들은 개항장을 중심으로 일본 함선의 엄호를 받으며 주변 지역을 횡행하며 밀무역에 종사하였다. 이들은 대부분 쓰시마 섬과 큐슈 지방 출신으로 몰락 상인과 불평무사들이 많았다. 조선으로부터 유출되는 물산은 쌀·콩과 인삼·쇠가죽 등이었고 관세가 면제된 금도 상당량 유출되었다. 특히 조선 쌀은 일본인의 기호에 맞고 값도 저렴했으며 콩은 값싸고 품질도 좋아 일본에서 인기가 높았다. 조선으로 유입되는 산물은 영국 공장에서 대량생산된 옥양목으로 조선의 무명보다 품질과 가격이 우세하였고, 그 외에 가성비가 높은 염료와 석유, 성냥과 궐련, 비누와 화장품 등 공산품이었다.

이와 같이 조선은 점차 일본의 식량 공급지와 상품 시장으로 변해갔다. 특히 일본 상인들은 개항장의 일본 제일은행 지점에서 금융지원을 받을 수 있는 유리한 처지였다. 그들은 농촌에 들어가 입도선매의 방식으로 고리대의 수익을 올리고 대량의 쌀을 일본으로 반출시키고 있었다. 이 때문에 조선의 쌀값은 폭등하였고 여기에 흉작까지 겹쳐 미곡 수출은 커다란 사회문제로 비화되었다. 이에 조선 정부는 수차례 방곡령을 내렸으나 일본은 '한일통상장정'을 내세워 항의해오고, 심지어 일본 상인에게 배상금을 지불하는 경우도 있었다. 이와 같이 일본인의 조선에 대한 침투는 광범위하게 확대되어 조선의 어·농·상민을 압박하여 그들의 반발과 저항을 유발시켰다.

　이 같은 일본의 조선시장 독점에 자극을 받은 청은 임오군란 이후 우세해진 군사력에 힘입어 조선과 '상민수륙무역장정'을 체결하여 무리한 경제 침투를 시작하였다. 청 상인들은 서울·경기를 시작으로 황해·평안·충청도 등 전국 지방으로 활동범위를 넓혀갔다. 이들은 일본 상인에 비해 월등한 금융지원으로 영업 규모가 크고 원세개의 지원에 힘입어 급성장하였다. 왕서방으로 불리는 청상들은 주로 주단·석유·면화·약재 등을 가져와 팔고 인삼·황두·우피·사금 등을 사갔다. 청 상인들의 횡포가 심해지자 서울에 산거한 청 상점들이 습격·약탈당하는 사태가 빈발하였다. 그래서 원세개는 남대문과 수표교를 중심으로 중국인들을 집결·거주케 하였다. 당시 서울에는 동순태 등 청인의 대상점이 여러 곳에 자리 잡아 크게 번성하였다. 1892년에는 대일·대청 무역 총액의 비율이 대등해질 정도로 청의 경제 진출은 확장되었다. 이로써 일본의 조선 경제 진출이 위협을 받게 되자 일본은 조선에서 청의 세력을 몰아낼 기회를 엿보고 본격적으로 대비하기 시작하였다.

강만길,《20세기 우리 역사》, 창비, 2012.

강재언,《조선의 개화사상》, 동경:암파서점, 1980.

경상대사회과학연구원,《제국주의와 한국 사회》, 한울, 2004.

고정휴,《태평양의 발견 대한민국의 탄생》, 국학자료원, 2021.

김상기 외,《한국 근대사 강의》, 한울, 2014.

김양식,《근대한국의 사회변동과 농민전쟁》, 신서원, 1996.

김용구,《임오군란과 갑신정변》, 원, 2004.

김육훈,《살아있는 한국 근현대사 교과서》, 휴머니스트, 2021.

김인기·조왕호,《한국 근현대사》, 두리미디어, 2007.

김종성,《패권쟁탈의 한국사》, 을유문화사, 2016.

김종학 외,《다시 국가를 묻는다》, 푸른역사, 2018.

남경태,《종횡무진 한국사》, 휴머니스트, 2020.

류대영,《한국 근현대사와 기독교》, 푸른역사, 2009.

문소영,《조선의 못난 개항》, 위즈덤하우스, 2013.

박경민,《한일 근대인물 기행》, 밥북, 2022.

박은숙,《갑신정변 연구》, 역사비평사, 2005.

박지원/리상호,《열하일기》, 보리, 2021.

박찬승 외,《한국 근현대사를 읽는다》, 경인문화사, 2022.

백승종,《동학에서 미래를 배운다》, 들녘, 2019.

백영서 외,《동아시아 근대이행의 세갈래》, 창비, 2009.

변태섭,《한국사 통론》, 삼영사, 2004.

삼국공동역사편찬위원회,《한중일이 함께 쓴 동아시아 근현대사1》, 휴머니스트, 2022.

손형부,《박규수의 개화사상 연구》, 역사비평사, 2005.

송건호,《한국 민족주의의 탐구》, 한길사, 1984.

심용환,《단박에 한국사》, 위즈덤하우스, 2016.

안승일,《김옥균과 젊은 그들의 모험》, 연암서가, 2012.

역사학연구소,《한국 근현대사》, 서해문집, 2020.

오영섭,《화서학파의 사상과 민족운동》, 국학자료원, 1999.

오정윤,《오정윤 한국 통사3》, 창해, 2021.

와다하루키 외/한철호 외,《동아시아 근현대통사》, 책과함께, 2017.

유명렬,《한국 근대사의 탐구》, 경인문화사, 2006.

유완상 외,《한국사의 이해》, 삼광출판사, 2003.

이광린,《개화당의 연구》, 일조각, 1971.

이광린,《한국 개화사 연구》, 일조각, 1969.

이기백,《한국사 신론》, 일조각, 2003.

이덕일,《이덕일의 한국 통사》, 다산초당, 2022.

이윤섭,《다시쓰는 한국 근대사》, 평단문화사, 2009.

임지현,《민족주의는 반역이다》, 소나무, 2000.

전국역사교사모임,《살아있는 한국 근현대사 교과서》, 휴머니스트, 2021.

차기벽·박충석,《일본 현대사의 구조》, 한길사, 1987.

최문형,《한국을 둘러싼 제국주의 열강의 각축》, 지식산업사, 2002.

최진우,《독한국사Ⅱ》, 배움, 2010.

페어뱅크 외/김한규 외,《동양문화사(하)》, 을유문화사, 2007.

하원호,《한국 근대경제사 연구》, 신서원, 1998.

한국 근현대사학회,《한국 근대사 강의》, 한울, 2007.

한국 사특강편찬위원회,《한국사 특강》, 서울대출판부, 2009.

한영우,《다시 찾는 우리 역사》,경세원, 2004.

한영우정년기념논총,《한국사 인물열전3》, 돌베개, 2003.

한우근,《한국 통사》, 을서문화사, 2003.

한철희,《시민의 한국사2》, 돌베개, 2022.

현광호,《세계화시대의 한국 근대사》, 선인, 2010.

2장
평등을 향한 동학농민혁명과 조선의 대변혁

천주교와 동학의 평등의식 확산으로 가렴주구에 농민계급이 주체가 되는 반 봉건·반외세 활동이 일어난다. 고종의 청군 파병요청으로 청일전쟁이 벌어지 고 갑오경장이 전개된다. 을미사변과 아관파천의 혼란 속에 독립협회와 만민 공동회가 등장하고, 대한제국의 수탈에 저항하는 민중들이 역사의 전면에 나 서게 되었다.

1. 동학농민혁명 평등세상을 꿈꾸다
2. 청일전쟁과 갑오경장
3. 을미사변과 아관파천
4. 위기 속에 등장한 독립협회와 대한제국
5. 한말 역사전면에 등장한 민중 활동

1.
동학농민혁명 평등세상을 꿈꾸다

순조 이후 세도정치로 인한 매관매직과 지방관의 탐학으로 조세수탈이 기승을 부리고 있었다. 개항 이후에는 미곡수출 등 불평등 무역구조로 인한 일본의 경제 침탈이 가속화되어 농민 경제가 파탄지경에 이르게 되었다. 가중된 농민의 불만과 분노는 조대비의 먼 친척 고부군수 조병갑의 학정으로 동학농민봉기가 일어났다. 이 봉기는 조선왕조에 항거하는 반봉건으로 시작하여 일제의 침략에 대항하는 항일투쟁 반외세로 이어지게 된다.

동학농민혁명은 1894년 1월 10일 전라도 고부에서 봉기한 후 전주화약을 거쳐 집강소 단계까지의 1차와, 6월 21일 일본군의 경복궁 점거를 계기로 항일투쟁에 나서는 9월 12일부터 2차 동학농민혁명으로 구분해볼 수 있다. 일본군을 몰아내기 위해서 일어난 2차 동학농민혁명은 전라도·충청도·경상도·경기도·강원도·황해도·평안도 등 339포에 연인원 3백만여 명이 참여하였다. 조선천지를 진동시킨 이때의 희생자는 대략 20만여 명으로 추산되고 있다. 이는 조선 8도 대부분의 지역에서 거대한 민중이 참여했던 아래로부터 위로의 혁명이었다. 처음으로 민중들이 역사 변혁의 주역으로 등장한 한국 민주주의와 민족주의의 출발점이라고 볼 수 있다.

반봉건 1차 동학농민의 항쟁

1894년 정월 전라도 고부에서 군수 조병갑의 탐학에 분노한 전봉준·김도삼·정익서 등의 주도로 사발통문 등에 의해 예동 마을에 모인 천여 명의 동학농민들이 고부관아를 점령하였다. 군수 조병갑은 재빨리 전주 감영으로 도망쳐버려 동학농민군들은 횡포한 아전들을 끌어내어 징치하였다. 억울하게 갇힌 농민들을 풀어주고 무기고를 부수어 무장하였다. 그리고 창고를 열어 부당하게 수탈한 양곡을 농민들에게 돌려주고 원성을 샀던 만석보를 무너트렸다. 고부봉기 소식을 들은 정부는 조병갑을 파면하고 용인 현감 박원명을 고부 군수로, 장흥 부사 이용태를 안핵사로 임명하여 사태를 수습토록 하였다. 새로 부임한 박원명은 2월 2일 소를 잡아 잔치를 베풀며 농민들을 위로하여 농민봉기는 관망상태에 들어갔다. 얼마 후 안핵사 이용태가 역졸 800여 명을 이끌고 고부에 들어와 민란의 책임을 동학과 농민 탓으로 돌렸다. 역졸들은 고을을 돌아다니며 봉기에 참여한 농민뿐만 아니라 그 가족까지 처벌하고 부녀자를 겁탈하는 만행을 저질렀다.

고부 사태가 악화되자 전봉준 일행은 동학세력이 상당한 무장으로 이동하여 대접주 손화중과 대책을 협의하였다. 그 당시 무장에는 선운사 미륵불 비결 사건 이후 전라도 여러 지역에서 수천여 명의 동학농민들이 모여 들고 있었다. 전봉준과 손화중은 3월 20일 무장에서 기포하여 포고문을 발표하고, 고창과 흥덕을 거쳐 3월 23일 고부 관아를 재점령하였다. 25일에는 전략적 요충지인 백산에 8,000여 명이 모여 진을 치고 호남창의대장소를 설치하여 창의대장에 전봉준, 총령관에 손화중·김개남으로 조직 체계를 정비하였다. 백산대회에서

동학농민혁명 기록화

4대명의와 농민군 12개조 기율을 발표하여 동학농민군 행동지침을 마련하였다.

> 4대 명의는
> - 사람을 죽이지 말고 가축을 빼앗지 말라
> - 충효를 다해 세상을 구하고 백성을 평안하게 하라
> - 왜놈을 몰아내고 나라의 정치를 바로 세운다.
> - 서울로 진격하여 척족과 권세가를 모두 멸하자

로 백성을 평안케 하기 위해 민씨척족과 권세가를 타도하겠다는 선언이었다. 이어서 전라도 각지에 악질 관리와 횡포한 양반부호를 타도할 것과 아전에게 궐기를 촉구하는 격문을 띄웠다. 대오를 정비한 동학농민군은 3월 26일 백산을 떠나 태인을 거쳐 4월 1일 금구 원평에 진을 쳤다. 이곳에서 전라 감영군이 금구로 온다는 소문을 접하고 태인으로 옮긴 후 부안을 지나 고부로 향하였다. 고부 사시봉에 야숙한 동학농민군은 4월 7일 황토현에 주둔하고 있는 2,000여 명의 전라 감영군과 보부상대를 새벽에 기습 공격하여 대승을 거두었다.

대규모로 난이 확산되고 있다는 보고를 받은 정부는 4월 2일 장위영 정령관 홍계훈을 양호초토사로 임명하여 동학농민군을 토벌토록 하였다. 홍계훈은 4일 장위영 병정 800여 명을 전함에 태우고 군산항으로 출발하여 4월 7일 전주에 입성하였다. 황토현 전투에서 승리한 동학농민군은 경군을 남쪽으로 유인하기 위해 기수를 서남해안으로 돌려 정읍·홍덕·고창·무장·영광·함평 등을 차례로 점령하였다. 4월 23일에는 장성 황룡촌에서 홍계훈이 이끄는 경군과 싸워 장태전술로 크게 이겼다. 사기가 오른 동학농민군은 여세를 몰아 신속히 진군하여 정읍과 금구를 거쳐 4월 28일 전라도

의 수부 전주성을 무혈점령하였다. 동학농민군이 조선왕조의 발상지인 전주성을 점령하자 투쟁의 불길은 전라도를 넘어 충청도·경상도·경기도·강원도 지역으로 번져갔다.

전주화약으로 농민계급이 폐정개혁에 나서다

전주성이 함락되어 위기에 몰린 고종과 민씨 정권은 김학진을 전라감사로 임명하여 동학농민군을 회유하는 한편, 청에 군대파병을 요청하였다. 5월 5일부터 청군 2,800여 명이 아산만에 상륙하자, 조선 진출의 기회를 엿보던 일본군도 5월 6일부터 8,000여 명의 대병력을 인천을 통해 순차적으로 들여왔다. 조선에서 청군과 일본군의 충돌이 우려되는 가운데 전주성을 사이에 두고 동학농민군과 경군 간에 격렬한 전투가 벌어졌다. 청·일 간에 충돌이 일어날지도 모르는 급박한 상황에서 정부는 동학농민군을 계속 압박할 수 없었고, 동학농민군도 계속 항전에 부담감을 느끼고 있었다. 5월 6일 홍계훈은 화의를 논하면서 자진해산을 요구했고, 양호순변사 이원희도 양국의 출병으로 나라가 위험하다고 농민군을 설득했다. 전봉준은 5월 8일 자신들이 요구한 폐정개혁안을 정부에 보고하여 시행할 것과, 동학농민군의 신변을 보장할 것을 조건으로 자진 해산하는 사실상의 전주화약이 이루어졌다.

질서 있게 전주성에서 철수한 동학농민군은 각 지역으로 돌아가 무장을 풀지 않고 세력을 유지하면서 이후의 사태를 주시하게 되었다. 그러다가 5월 하순에는 동학농민군이 전라도 53개 고을의 통치에 직접 나서면서 대도소·도소 등의 민정자치기구가 등장하였다. 전라감사 김학진이 내어준 선화당에 대도소를 차린 전봉준은 각 지역의 집강소를 돌아다니면서 폐정개혁 추진을 독려했다. 손화중은 광주·장성의 전라우도를, 김개남은 남원에서 전라좌도의 개혁을 추진했다. 집강소의 역할은 질서를 지키고 농민

원평 집강소

들의 억울한 일 해소와 공전과 공곡을 관리하는 역할로, 사실상 농민계급이 지방의 치안과 재정을 장악하고 자치 행정을 구현한 것이다.

그런데 6월 21일 새벽 일본군 2개 대대가 경복궁을 점령하고, 이어서 23일에는 아산만 풍도 해전을 시작으로 청일전쟁이 일어났다. 평양 전투에서 승리한 일본은 조선에 대한 내정간섭을 강화하고 동학농민군 진압을 서두르게 되었다. 전라도 각지에서 할거하며 지역별로 활동하던 동학농민군 지도부는 정국변화를 주시하면서 무장을 강화하는 등 일본군과의 일전을 준비하였다. 흥선 대원군은 전봉준에게 밀사를 보내 동학농민군의 봉기를 촉구했다. 그러나 전봉준은 추수 후 재봉기 뜻을 밝히고 폐정개혁에 힘쓰면서, 일본군의 동향 및 개화파 정권의 움직임을 지켜보고 있었다. 이 기간 중 동학농민군들은 다양한 폐정개혁을 펼쳤는데 오지영이《동학사》에 정리한 12개조의 내용은 다음과 같다.

'동학농민군의 폐정개혁'

1. 도인과 정부사이에 묵은 감정을 씻어버리고 서정에 협력한다.
2. 탐관오리의 죄목은 조사하여 엄징한다.
3. 횡포한 부호배를 엄징한다.
4. 불량한 유림과 양반들은 징벌한다.
5. 노비문서는 소각한다.
6. 칠반천인의 대우는 개선하고 백정머리에 씌운 평량갓을 벗게 한다.
7. 청춘과부의 개가는 허락한다.

8. 무명잡세는 모두 폐지한다.

9. 관리채용은 지벌을 타파하고 인재를 등용한다.

10. 왜와 내통하는 자는 엄징한다.

11. 공사채를 막론하고 기왕의 것은 모두 무효로 한다.

12. 토지는 평균으로 분작하게 한다.

반외세 2차 동학농민의 전국적 궐기

일본군은 경복궁 강점에 이어 8월 17일 평양 전투에서 청군을 물리친 이후 조선 정부에 대한 내정 간섭을 더욱 강화하였다. 갑오개화정권은 동학농민군 회유정책을 바꾸어 9월에 일본군에게 동학농민군 토벌을 요청하였다. 이에 자극을 받은 전봉준은 삼례에 대도소를 설치하고 9월 12일부터 재봉기를 준비하면서 각 지역에 통문을 돌리게 되었다. 농번기가 지난 10월 초 '축멸왜적'의 기치를 내세우고 수만여 명의 동학농민군이 북상하기 시작했다. 2차 봉기에는 1차 때 움직이지 않았던 북접이 옥천 청산에서 최시형이 내린 총기포령에 따라, 충청도·강원도·경기도·경상도 북부도 봉기하여 10월 14일 경 논산의 전봉준 군과 합류하였다. 전봉준은 논산에서 10여 일 머물면서 십여만 명의 세력을 확보한 후 반외세의 기치를 내걸고 서울로 진격을 시작하였다. 서울 진격의 길목인 공주를 점령하기 위해 전봉준 본대는 효포, 손병희의 북접 농민군은 이인, 옥천·영동의 농민군은 공주 동남쪽의 대교에서 포위 공격할 계획을 세웠다. 23일 이인전투와 24일 효포전투를 시작으로 공주전투는 20여 일간 대접전으로 이어졌다. 일진일퇴를 거듭한 동학농민군은 11월 8일 관군과 일본군 19대대 부대원 등 1,000여 명이 배치된 우금치·웅치·효포로 이어지는 방어선으로 진격하였다. 11일까지 벌어진 우금치 대전투에서 막대한 희생을 치르면서도 화승총과 죽창으로 선전 분투한 동학농민군은 무기의 절대적 열세를 극복하지 못하고 패배하였다. 이어지는 논산 황화대 전투나 11월 25일 원평 구미란 전투가 계속 이어졌지만 전세를 뒤집기에는 역부족이었다. 태인 전투를 고비로 지도자들은 뿔뿔이 흩어져 재기를 다짐하였다. 이들 중 일부는 전남 장흥 주변과 석대들에서 12월 이후까지 일본군 및 관군과 전투를 벌여 수천 명이 희생당한 것으로 알려져 있다. 청주 전투에서 패한 김개남은 12월 1일 태인에서 체포된 뒤 전주에서 처형당했다. 전봉준은 순창 피노리에서 손화중은 다음해 1월에 흥덕에서 체포된 후 1895년 3월 30일 서울 의금부에서 처형되고 말았다.

2차 봉기는 1차와 다르게 전라도를 넘어서 전국적인 봉기로 확산된 특징을 가지고 있다. 경상도 북서부 지방은 양반 출신들이 접주 또는 접사라는 동학교단의 직책을 가지고 참여하였다. 경상도 남부의 고성·진주·곤양과 하동 지역도 치열한 항쟁 지역으로 알려져 있다. 충청도 지역은 동학이 번성한 지역으로 여러 권역이 있다. 목천·천안권, 예산·홍성·서산·당진·태안권, 충주·단양·제천권, 부여·한산·서천권, 청주·옥천·보은·영동·논산권 등이 있다. 1차 봉기 때부터 활동한 지역은 회덕·진잠과 당시 전라도 지역인

전봉준 압송사진

금산·진산 등이 있다. 경기도 지방은 수원·광주·용인·안성·양평권과, 이천·여주·장호원권 등에서 격렬한 항쟁이 일어났다. 강원도 지방은 1870년대부터 양주·인제·정선·영월·양양 등지를 중심으로 동학이 널리 포교된 지역이다. 2차 봉기 후 동학농민군의 강릉부 점령과 홍천군 서석면 풍암리 자작고개의 혈전이 대표적이다. 황해도와 평안도 지방에는 교조 최제우 활동 당시 이 지방으로 유배된 동학 교인들이 동학을 전파하여 상당한 세력이 있었다. 황해도 소년 접주로서 이름을 날렸던 김구의 이야기는 《백범일지》를 통해 널리 알려져 있다.

2차 봉기가 일어난 지역별 상황은 전라도 227포, 충청도 65포, 경상도 6포, 경기도 13포, 강원도 6포, 황해도 20포, 평안도 2포 등 339포에 연인원 3백만여 명의 거대한 민중이 참여한 경천동지할 대사건으로 볼 수 있다. 황해도 지방 진압에 나섰던 일본군 소위 스즈끼는 "지금 이곳에 와서 견문하고 놀랐다. 황해도 지방의 3분의 2는 모두 동도로 채워져 있다."라고 보고하여 실제상황은 역사가 기록하고 있는 것보다 훨씬 더 심각했고 광범위했던 것으로 볼 수 있다.

동학농민혁명은 무엇을 남겼나?

조선역사 1대 사건으로 근대 평등사회의 문을 활짝 연 동학농민혁명은 과연 무엇을 남겼을까? 역사의 주체로 등장한 동학농민군은 활동 당시 격문·상소문·행동강령·폐정개혁안 등을 통해 조선 봉건사회를 개혁하기 위해 정치·사회·경제적으로 많은 요구조건을 제시하였다. 그리고 동학농민군이 집강소 시기 각 지역에서 보여준 실제 행동을 통한 요구와 지향은 훨씬 다양하였다. 그들은 혁명적 행동을 통해서 봉건적 사고에 찌들은 조선

민중들에게 백성이 하늘이고 사람은 평등해야 한다는 신분해방 의식을 폭넓게 일깨워 주었다. 구한말 역사가인 박은식은 그의 글에 "무릇 동학당은 본디 정치사상이나 혁명성질을 포함하고 있었으나, 대부분이 비천하고 무뢰하고 우둔하고 무식한 무리에서 나온 까닭에 난폭하기가 이와 같다. 그러나 엄격하고 각박했던 종래의 계급이 이로 말미암아 무너졌으니 개혁의 선구라 할 만하다 …… 바로 서울에 들어와 개혁에 착수했다면 외인들의 간섭이 미치지 못할 것이니, 서구 혁명의 핏빛을 다시 아시아 동쪽 반도에서 볼 수 있었을 것이다."고 높게 평가하였다.

박은식과 같은 평가와 인식이 조선 민중사회에 광범위하게 퍼져 근대 시민사회를 촉발시키고 의병항쟁, 3·1독립만세운동, 항일무장투쟁의 동력이 되었던 것이다. 해방 이후에는 국민이 주인이 되는 민주공화국 대한민국으로 출범할 수 있는 개념적 기반이 된 것이다. 당시 조정과 유림은 동비라 부르며 탄압했지만, 오늘날 최제우의 시천주 평등주의는 자생적 근대개념으로, 동학농민의 봉기는 반봉건·반외세 민중혁명으로 평가받고 있다. 그 당시 주창된 수많은 내용 중에 조선민중의 삶을 변화시킨 정치·사회·경제 개혁의 주장은 대략 다음과 같다.

정치 면에서 폐정개혁에 언급된 도인과 정부사이에 감정을 씻어 버리고 서정에 협력하자는 것은 민씨척족 정치를 타파하고 백성과 협력하는 개방된 정부 운영을 추구한 것이다. 전봉준이 공초에서 답하기를 "혁명이 성공하면 비상개혁추진기구를 설치 운영하고자" 했는데 이는 특정세력은 배재하고 여러 세력을 대표하는 협의적 공화군주정을 희구했던 것으로 볼 수 있다.

사회 면에서 조선 사회의 서얼, 농민, 상공인, 천민 등의 계층들은 반상 체제하에 양반들에 의해 굴욕과 복종을 강요 당해왔다. 동학농민군들은 횡포한 양반과 유림을 곳곳에서 적대시하고 징치하였다. 청춘과부의 개가를 허용하자는 것은 억눌려오고 무시당해온 여성의 인권을 존중하자는 여성 해방의 첫걸음이라고 할 수 있다. 노비문서는 소각하고 칠반천인의 대우는 개선하며 평량갓을 탈거하자는 주장은 실질적인 노비해방과 천민의 신분개선을 하자는 내용이다. 이것은 수백 년 간 지속해온 반상신분제도를 타파하고 근대 시민평등사회의 길은 여는데 실질적인 역할을 수행한 것으로 볼 수 있다.

경제 면에서 양반 지주들에게 집중된 토지를 평균으로 분작하게 하자는 주장은 오늘날에도 이루기 어려운 경자유전의 원칙으로 혁신적인 경제 평등의 방책이라고 할 수 있다. 삼정을 개혁하고 무명잡세를 혁파하며 공사채 등 백성들에게 부담을 주는 것을 폐지하자는 주장은 농민의 경제적 부담을 해소하고 공정과세를 요구하는 것이었다.

전봉준의 유시 〈운명〉

때가오니 천지가
모두 힘을 합하였건만
운이 다하니
영웅도 스스로 꾀할 길이 없구나
백성을 사랑하고
바른 의리를 밝혔으나
나라를 위한 오직 한마음
그 누가 알리

영풍문고 앞 전봉준 좌상

2.
청일전쟁과 갑오경장

일본이 청군을 몰아내고 위해위를 점령하다

동학농민군의 항쟁을 자체적으로 진압할 수 없었던 고종과 민씨세력은 임오군란 때의 경험에 따라 청 이홍장에게 구원병을 요청하였다. 당시 정권의 실세였던 민영준은 '미친 벌 떼와 궁한 개같이 몰려드는' 농민군을 진압하기 위해서는 청의 힘을 빌려야 한다고 강력하게 주장했다. 청은 당연한 듯이 섭지초에게 3척의 군함과 2,800명의 병력을 주어 5월 5일부터 아산만에 상륙시켰다. 갑신정변에서 체면을 구겼던 일본은 조선에서 세력 확장의 기회를 노리고 있었기에 조선의 정세에 대비하고 있었다. 청군 출동 소식을 접하자마자 텐진조약에 근거하여 거류민 보호라는 명목으로 5월 6일부터 8,000여 명의 대군을 인천항을 통해 신속히 상륙시켰다.

청·일 양국군이 조선에 상륙을 완료하던 때는 동학농민군이 전주화약을 통해 철수하는 시기로 청·일의 출동은 무의미하게 되었다. 따라서 조선 외무독판의 요청에 따라 청은 일본에게 공동 철병을 제안하였다. 그러나 일본은 이 기회에 조선에서 청의 세력을 몰아내고 정치·경제적으로 우위를 점하고자 청의 제안을 거절하였다. 그리고는 조선의 정치가 혁신되지 않으면 내란이 재발되므로 이를 방지하기 위해 공동으로 내정개혁 할 것을 제의하였다. 그러나 이것은 조선에서 철병을 회피하는 구실에 불과하였고 기실은 트집을 잡아 전쟁을 일으키는데 목적이 있었다. 청은 일본의 제안이 외국에 대한 내정간섭이라고 거절하여 협상은 결렬되었고 청·일의 충돌이 벌어지게 되었다.

6월 23일 풍도에서 일본 군함의 기습공격으로 시작된 청일전쟁은 8월 16일 평양에 집결한 청군을 대파하여 청군을 조선에서 몰아내었다. 일본은 해상을 통해 청국 본토를 공격하여 요동반도 남단의 뤼순과 산둥반도 북안의 위해위를 함락시키고 대만을 점령하였다. 청의 이홍장이 자랑하는 북양함대가 힘없이 무너지자 청은 일본에 강화를 요청하였고, 1895년 4월 청·일 양국 간에 시모노세키조약을 맺음으로 청일전쟁은 막을 내렸다. 이 전쟁은 대국이 소국에게 패배한 것으로 중국에서 열강들의 조차지 획득과 영토의 분할이 본격화되는 계기가 되었다. 청일간의 조약 1조에 조선을 완전한 자주독립국가로 인정한다고 한 것은 일본이 강화도조약에서부터 요구한 청의 조선에 대한 종주권을 부정하기 위한 것임에 지나지 않는다. 또 청이 요동반도와 대만을 일본에 할양 한다는 내용이 들어있음은 일본이 만주까지 영토 침략의 야심을 갖고 있음을 만천하에 드러낸 것이었다. 기세가 등등해진 일본은 청일전쟁의 승리를 통해 조선을 완전히 장악한 것으로 믿게 되었다.

청군 포로를 감시하는 조선군

민중의 흐름에 갑오경장이 일어나다

'갑오세 가보세, 을미적 을미적, 병신 되면 못 가보리'

이 노래는 갑오년인 1894년에 전봉준이 동학농민혁명을 일으켰으나, 전주화약으로 미적거리다가 을미사변과 병신년의 아관파천으로 이어져버려 민중들의 안타까움을 토로한 노래이다. 이 시기에 조선에서 근대를 지향하는 갑오개혁과 을미개혁이 일어났다.

조선이 문호를 개방한 이후 서양의 근대문화를 받아들이는데 가장 긴요했던 것은 군사적인 기술과 경제체제의 채용을 통한 부국강병책이었다. 그러나 조선이 근대적 경제체제를 갖추기 위해서는 그 선행 조건으로 정치적 변혁이 요구되었다. 이와 같은 정치적 변혁의 요구는 세력이 커진 개화파가 근대국가로의 발전을 위한 정치개혁을 주장하게 되었다. 정치적 변혁요구는 결국 개화파에 의해 1884년의 갑신정변으로 나타났다. 갑신정변이 실패한 이후 조선에서의 10년간은 청·일 양국의 정치적 간여와 음모, 경제적 침투로 말미암아 조선의 자주가 크게 위협을 받았던 시기였다.

김홍집

그리하여 외세에 주체적으로 대응하지 못하고 애꿎은 백성들만 쥐어짜는 민씨척족과 지배층에 반발하여 농민대중이 아래로부터 위로의 개혁을 주창하면서 일어선 것이 1894년의 동학농민혁명이었다. 그러나 그것은 종국적으로 일본의 무력에 의해 실패하고 말았다. 거대한 민중의 투쟁으로 전근대적인 봉건사회를 혁파해야하는 개혁의 필요성이 고조되었는데 이것이 갑오경장의 시대적 배경이 된 것이다.

청과의 전쟁을 서두르던 일본은 조선의 내정에 일본 군대의 힘을 빌려 단독으로 간섭하려고 들었다. 그것은 일본이 미리부터 계획했던 음모이며 조선침략의 효과적인 루트를 마련하기 위한 정략이었다. 일본은 미리 마련한 개혁안을 조선 정부에 제기하고 이를 위한 협상을 강요하였다. 1894년 6월 노인정회담에서 일본 측이 제출한 내정개혁안에 대해 조선 정부는, 스스로 내정개혁을 위해 설치한 교정청에서 개혁을 추진하고 있음을 들어 이를 거절하고 먼저 일본군의 철수를 요구하였다. 이에 일본은 군대를 출동시켜 경복궁을 점령한 가운데 민씨세력을 몰아내고 대원군을 입궐시켜 집정토록 하였다. 그리고 김홍집을 수반으로 하여 중립계와 친일계로 신정부를 구성 개혁을 착수하게 되었다.

갑오개혁은 당시 일본이 청과 치열한 전쟁 중에 있었으므로 개혁에 관여할 여유가 없었다. 따라서 신정부가 개화파의 일원인 유길준의 개혁안을 중심으로 거의 독자적으로 추진했다고 볼 수 있다. 신정부는 군국기무처라는 입법권을 가진 초정부적 기관을 설치하여 개혁에 관한 정무를 심의 시행케 하였다. 그것은 김홍집을 총재관으로 박정양·김윤식·안경수·유길준 등 17명의 위원을 중심으로 이곳에서 모든 개혁안을 의결 처리하였다. 이때 군국기무처는 고종이나 대원군의 간섭을 거의 받지 않고, 기득권세력의 방해 없이 과감하게 개혁을 추진할 수 있었다. 6월 25일 설치된 군국기무처는 약 반년동안 존속하면서 210여 건의 광범위한 조선의 개혁안을 의결하였다. 그러나 이 개혁은 일본군에 의하여 국토가 유린·점거된 가운데 내정을 개혁해야 한다는 현실 때문에 자주개혁에는 한계가 있었다고 볼 수 있다. 그렇지만 많은 역사책들에 쓰여 있는 바와 같이 일본의 강요에 의해서 갑오개혁이 이루어졌다는 결론은 사실과 다르다고 하겠다.

근대국가를 지향한 갑오개혁

갑오개혁은 정치 면에서는 청과의 종주관계를 청산하고 개국연호를 사용하여 자주권을 회복하는 모양새를 갖추었다. 정부 조직을 궁내부와 의정부로 나누어 왕실관계 기구를 궁내부라 하여 국가의 정무에서 제외시키고 의정부에서 국무를 담당케 하였다. 이 의정부는 총리대신을 수반으로 하고 내무·외무·군무·법무·학무 등 8아문을 두고 각 아문에는 대신·협판·참의·주사 등의 관직을 두었다. 관리를 임용하는데 있어서 관직의 등용문인 과거제도를 폐지하고 하급관리 채용을 위해서 보통시험제와 특별시험제를 두도록 하였다. 관리채용에 반상이나 문무의 구별 없이 인재를 등용토록 한 것은 신분제사회의 혁신적인 변화이다.

경제 면에서의 중요한 개혁은 국가재정을 일원화하는 것을 들 수 있다. 갑신정변 당시 재정을 호조에서 총괄토록 했던 예에 따라 회계·출납·조세·국채·화폐·은행 등에 관한 일체의 재정사무와 왕실관계의 경비까지도 탁지아문에서 총괄하도록 하였다. 이와 동시에 관행되어 오던 일체의 현물징세법이 폐기되고 모든 부세를 화폐로 내도록 통일되었다. 이 금납제의 실시는 현물경제에서 화폐경제로의 전환을 의미하는 것이기는 하나, 그 재원이나 징세법에 대한 사전준비 없이 추진되어 많은 무리가 있었다. 8월에는 신식화폐장정을 정하여 은 본위 화폐제가 채용되고 여러 종의 동화로써 보조화폐로 삼게 하였다. 그리하여 신·구 화폐를 같이 통용케 하고, 당분간 일본 화폐를 혼용할 수도 있게 했다.

갑오개혁에서 가장 큰 변화는 사회체제의 개혁이었다. 여기서는 봉건적인 신분제, 가족제도, 관료의 사회적 특권, 관료의 복제 등에 관한 광범위한 문제가 다루어졌다. 동학농민군들이 요구했던 양반이 지배하는 사회체제의 신분제를 타파하여 종래의 신분에 구애받지 않고 인재를 등용하게 하였다. 또 백정·광대 등 천민신분의 폐지와 함께 공사노비의 제도를 혁파하고 인신매매를 금지하였다. 상업을 천시하는 직업관을 버리고 고관을 지낸 자라도 상업에 종사할 수 있는 자유가 인정되었다. 가족제도를 개혁하여 남자 20세, 여자 16세 미만의 조혼을 금지하고 동학농민군들이 요구했던 과부의 재가를 허용하였다. 범죄에 대한 형벌이 가족원은 물론 친족에까지 미치게 되어 있던 연좌법의 악습도 폐지되었다.

이러한 갑오개혁은 천주교와 동학의 확산과 개항 이후 전개된 개화운동의 일환으로 갑신정변에서 제기되고, 동학농민혁명에서 주창되었던 근대적 개념의 많은 요구가 이때부터 제도화 되었던 것이다. 1차 갑오개혁은 조선의 정치·경제·사회 등 여러 분야에 걸친 근대적 개혁이었지만 일본의 강요로 시작되었다는 형식상에 문제가 있었다. 그래서 갑오개혁은 일본의 침략적 성격과 결부되어 백성들로부터 큰 호응을 얻지 못하고 반발을 사게 되었다.

일본은 평양 전투에서 일본군이 승리해 가자 주한일본 공사로 정계의 거물인 이노우에 가오루를 부임시켰다. 이노우에 공사는 대원군을 정계에서 은퇴시키고, 일본에 망명해 있던 박영효·서광범 등을 불러들여 10월에 김홍집·박영효의 연립정부를 구성케 하였다. 이때 개화 각료들의 자율적인 군국기무처는 폐지되고 의정부는 내각으로 개칭되었다. 2차 내각에 의해 고종은 1894년 12월 13일에 대원군·왕세자와 문무백관을 거느리고 종묘에 나아가 개혁정치의 추진을 서약하고 정치의 기본 강령이라고 할 수 있는 홍범14조를 반포하였다. 홍범의 주요내용은 청국에 대한 사대 단절, 국왕 친정과 왕실사무와 국정사무 분리, 법정세율에 의한 징세와 탁지아문의 일원적인 제정 관장, 민법·형법의 제정 및 문벌의 타파와 인재등용 등이다.

이에 따라 2차 개혁은 일본의 간섭이 강화되고 급진개화파가 참여한 가운데 강행되었다. 이노우에 공사가 추천한 일본인 고문들이 각 기관에 초빙되어 개혁은 일본의 의도대로 추진하게 되었다. 이때 추진된 개혁은 종래의 8아문을 외부·내부·탁지부 등 7부로 개편하였다. 지방의 행정체제는 종래의 8도를 23부로 개편하고 각 부 아래에는 군을 두었으며, 지방관에게는 단순한 행정관으로서 그 권한을 축소하였다. 사법권은 행정에서 분리독립시켜 재판에 관한 것은 재판소에서만 다루도록 하였다. 지방재판소와 개항장재판소를 1심으로 고등재판소와 순회재판소가 2심을 맡도록 하였다. 교육제도에서는 신교육을 실시하기 위해 한성사범학교와 외국어학교를 설립하고 서울에 소학교를 설립토록 하였다.

3.
을미사변과 아관파천

친러파의 대두와 일제의 민왕후시해

일본은 청일전쟁에서 승리한 후 1895년 4월에 청국의 이홍장을 시모노세키로 불러들여 조약을 체결하였다. 이때 일본의 분위기는 감상적인 호전주의와 비이성적인 열광주의가 넘쳐나 이홍장이 피습당하기도 하였다. 승전국 일본은 막대한 배상금과 대만을 비롯 요동반도의 할양을 약속 받아 이를 점탈하게 되었다. 섬나라 일본이 거대한 중화제국을 무너뜨리고 동양에서 최초로 새로운 식민지를 확보한 제국주의 국가로 등장하게 된 것이다. 시모노세키조약 내용이 밝혀지자 당시 청에 진출하고 있던 서구 열강들이 반발하고 나섰다. 특히 남진정책의 일환으로 만주에 큰 관심을 갖고 요동반도에 진출하려던 러시아의 충격이 가장 컸다. 러시아는 프랑스·독일과 함께 일본의 요동반도 점유가 극동 평화에 해롭다는 구실을 붙여 그의 반환을 요구하였다. 프랑스는 전통적인 러시아와의 유대관계 차원에서, 독일은 가장 뒤졌던 동양 진출의 계기를 만들려는 의도에서 러시아와 같이 일본에 항의하는데 연합하게 되었다.

이때 일본은 청과의 전쟁에서 많은 국력을 소모하였기에 3국 간섭을 거부할 수가 없었다. 하는 수 없이 요동반도의 영유권을 포기하고 그 대가로 청으로부터 추가 배상금을 더 받기로 하였다. 이와 같이하여 요동반도의 남단에 전초 기지를 확보한 러시아는 한반도를 중간에 두고 일본과 날카로운 대립 형세를 이루게 되었다. 일본이 러시아·독일·프랑스 등 3국의 압력에 굴복하게 되자, 조선 정부는 친러적인 경향을 띠게 되었다. 러시아의 유능한 공사 베베르는 궁궐과 연통하고 민왕후도 베베르와 접촉하여 일본의 압력과 간섭에서 벗어나고자 하였다.

민왕후를 중심으로 친러적 경향이 농후하게 되자, 일본은 궁궐 호위병을 일본군 지휘 하의 훈련대 병정으로 교체코자 하였다. 그러나 이 계획은 러·미 공사의 항의와 고종의 거부로 무산되었다. 박영효가 궁궐 호위병 교체 기도에 관련하여 민왕후와 대립하자 고종은 그를 폐비음모를 획책했다는 구실로 파면시켰고, 박영효는 또다시 일본으로 도망하였다. 이후 친일적인 각료들은 정부에서 배제되고, 대신 정동구락부의 박정양·이완용·이범진 등을 기용하여 친러 정부가 수립되었다. 일본이 청일전쟁이란 비싼 대가를 치르면서 청나라 세력을 조선에서 축출하는데 성공하였으나, 이제 러시아라는 새로운 경쟁 상대가 등장하게 된 것이다.

조선 정부가 변천하는 정세 속에서 친러 노선으로 기울어지자 일본은 그들의 세력을 지키려는 야만적인 비상수단을 쓰게 되었다. 1895년 8월 이노우에 공사 후임으로 술수에 능하고 음흉한 예비역 육군중장 출신인 미우라 고로를 파견하였다. 을미사변은 미우라 공사의 주도 아래 공사관 요원들과 조선의 훈련대 일부에 의해서 주도면밀하게 공모되었다. 그들은 당시 찬밥신세인 대원군과 사전 접촉하고 그를 권좌에 다시 추대할 수 있게끔 만반의 준비를 갖추었다. 표면적으로는 훈련대 일부를 내세워 해산 불만에 따른 쿠테타로 가장하고, 일본 낭인들이 궁궐을 침입 민왕후를 시해한다는 각본을 마련하였다.

8월 20일 한밤중에 일본인 일당은 대원군을 호위하여 궁궐로 가던 중, 훈련대 일부와 일본 수비대가 합세하여 경복궁을 침범하였다. 건청궁까지 난입한 일본인 낭인들은 민왕후를 찾아내어 칼로 베고, 아직 절명하지 않은 몸에 석유를 뿌려 소사케 하는 극악무도한 만행을 저질렀다. 훈련대장 홍계훈은 광화문을 지키다 총격전에서 사망하고 궁내부 대신은 난당에게 맞아 죽었다. 일본은 고종을 강요하여 친러파를 배제하고 대원군을 받들어 친일파를 중심으로 하는 4차 김홍집 내각을 성립시켰다. 일본의 민왕후 시해사건은 온 국민을 크게 자극하였고 열강도 이를 크게 비난하였지만 조선에 대한 일본의 영향력은 회복되었다. 이와 같이 일본의 음모에 의해서 조선의 왕정과 국권은 일본 흉도들에게 유린된 속에 새로 개편된 김홍집 내각은 억지춘향격으로 개혁을 추진해 나가게 되었다.

을미개혁과 유생들의 을미의병

김홍집 내각은 일본의 국권 유린 하에 일본 공사와 고문관이 마련한 안대로 을미개혁을 계속 반포할 수밖에 없었다. 이 개혁의 내용은 실생활에 관련된 음력을 폐기하고 태양력의 채택과 종두법을 시행토록 하였다. 교육 분야에서는 소학교령을 제정·공포하여 서울 시내 여러 곳에 관립 소학교를 설치토록 하였다. 군제에서는 훈련대를 해산하고 훈련대와 시위대를 합쳐서 중앙에 친위대 2개 대대, 지방에는 평양과 전주에 진위대 각 1개 대대를 두도록 하였다. 그리고 一세一원의 연호를 사용하기로 하여 1896년 1월부터 건양이라는 새 연호를 쓰게 하였다. 새 정부는 단발령을 공포하고 뒤이어 망건 착용을 폐지한 후 양복 착용도 가능함을 고시하였다. 단발령은 조선의 오랜 관습을 무시하는 조처로서 국민적 공분을 사게 되었다. 결국 을미개혁은 갑오개혁의 연속이라고 할 수 있지만 일본의 요구에 의한 개혁이었기 때문에 국민들에게 순순히 받아들여질 수 없는 상황이 되었다.

더구나 국모 민왕후가 일본 낭인에 의해 참혹한 죽음을 당했다는 소문이 전국에 퍼지자 일본인에 대한 국민의 분노는 격화되었다. 일찍이 일본과의 수호통상을 반대하고 일본의 침략성을 경고했던 유학자 최익현은 "나의 목을 자를 수는 있으나, 나의 두발은 자를 수 없다"고 하면서 단발령을 강경하게 반대하였다. 전국 각처의 유학자들은 국모 모살에 대한 복수와 강제 단발에 대한 반대를 표방하며 무력 항쟁에 나서게 되었다. 그리하여 위정척사파 유생들이 주도하는 을미의병이 각지에서 일어나 경기·강원도에서 충청·경상·전라도와 황해·평안도까지 전국으로 확대되어 갔다.

정부는 전국적인 의병의 봉기를 진압하기 위해 친위대의 대부분을 지방으로 출동시켰다. 이들 의병장들은 위정척사론을 계승한 유학자들로서 9월에는 충청도에서 문석봉이, 단발령 공포 후에는 제천의 유인석, 춘천의 이소응, 이천·여주의 박준영, 홍주의 김복한, 장성 기우만, 문경 이강년 등이 일어났다. 의병들은 각처에서 급파된 시위대와 일본군에게 항전하였으나 점차 세력이 약화 되었고, 결국 고종이 해산을 권고하는 조칙을 내림으로써 1896년 후반에 대부분 해산되었다.

아관파천과 열강들의 이권쟁탈

러시아 공사관 터

민왕후시해와 을미개혁으로 국민들의 반일감정이 고조되고 각지에서 의병운동이 전개되자, 그 진압을 위해 일본군과 친위대가 지방에까지 파견되었다. 따라서 궁궐의 경비는 매우 허술한 상황에 놓이게 되었다. 이때 일본의 적극적인 조선 개입에 가장 민감한 나라는 러시아였다. 러시아는 남진에 필요한 시베리아 철도 완공을 위해 동북아의 안정이 요구되고 있었다. 러시아 공사로 부임하여 다년간 서울의 외교계를 주름잡던 베베르는 1896년 1월에 본국으로 소환되고, 대신 스페예르가 부임하였다. 스페예르는 러시아 공사관을 보호한다는 구실로 인천에 정박 중인 러시아 군함으로부터 수병 120명을 서울로 끌어들였다.

이때 교체된 베베르는 서울에 머물면서 막후에서 활동하고 있었다. 친러파 이범진 등은 베베르와 공모하여 국왕을 러시아 공사관으로 모셔 친일정권을 타도하고 일본의 마수에서 벗어나고자 하였다. 이 밀계에 따라 2월 11일 새벽에 고종과 왕세자는 궁궐에서 궁녀용 가마를 타고 탈출하여 정동에 있는 러시아 공사관으로 피신하는 아관파천을 단행하였다. 정세가 하루아침에 급변하자 내각총리 김홍집과 대신 정병하는 사태 파악에 나섰다가 광화문 앞에서 군중과 순검에게 타살되었다. 고종의 강청에 근대개혁의 책임자로 나섰던 조선의 총리 김홍집은 고종의 명으로 희생당하게 되자, '천명'이라 하며 의연하게 죽임을 당하였다고 한다. 대신 어윤중은 그의 고향 보은으로 도피 중 피살되었고, 유길준은 일본으로 망명하였다. 새로이 이범진·이완용 등의 친러 내각이 성립되었다.

러시아 공사관 안에서 러시아의 보호 아래 구성된 새 정부는 친러시아 일변도로 기울어질 수밖에 없었다. 수세에 몰린 일본은 러시아와 세력 균형을 위해 협상을 벌이게 되었다. 이때 다시 공사로 부임한 베베르와 일본 공사 고무라 사이에 4개조의 각서가 조인되었다. 이에 따라 일본은 부산·서울 사이에 일본의 전신선 보호와 개항장의 일본 거류민을 보호한다는 명분으로 군대를 계속 주둔시킬 수 있게 되었다. 러시아는 공사관과 영사관의 보호를 위하여 일본군 수준을 초과하지 않는 위병을 각지에 배치할 수 있게 하였다.

러시아는 일찍부터 일본의 대륙 진출을 막기 위해 조선과 청을 자기 세력권에 두려는 정책을 추진해왔다. 이것은 1896년 5월 러시아 황제 니콜라이2세의 대관식에 참석한 청·일본·조선 3국의 대표들과 각기 개별적인 비밀협약을 체결한 데에도 나타나 있다. 러시아는 청에 대해서 만주와 조선에 대한 일본 침략을 방위하기 위한 상호 군사원조를 약속하고, 시베리아 철도와 연결되는 동청철도 부설권을 청으로부터 획득하였다. 일본과는 일본이 조선에 있는 전신선을 계속 관리하는 대신, 러시아는 두만강 하류의 조러 국경 사이에 전신선 가설을 할 수 있도록 하였다. 그리고 양국의 군대가 서로 충돌하는 것을 방지하기 위해 양국군 사이에 완충지대를 설치할 것을 약속하였다.

한편 조선과는 러시아인 군사교관과 재정고문을 파견하고 조선 국왕의 안전에 대한 책임을 진다는 등 5개 조항에 대한 협약을 맺었다. 사실 고종은 러시아에 큰 기대를 걸고 민영환을 특사로 파견하여 차관 제공 등 여러 가지를 요청하였다. 그러나 러시아는 조선을 만주 방어를 위한 완충지대 정도로 여기고 소극적으로 대응하였다. 이리하여 조선 정부는 일본인을 대신하여 러시아인을 군사·재정 고문으로 삼게 되었는데, 특히 탁지부의 고문 알렉세예프는 조선의 재정을 좌지우지하였다.

고종의 무능과 열강들의 이권 쟁탈

고종의 아관파천과 러시아 공사관에서의 친러 정권의 성립은 러시아가 자국의 이익을 도모할 절호의 기회로 삼게 되었다. 러시아는 물론 구미제국들도 조선의 정치적 난국을 이용하여 조선에서 이권을 획득하기에 골몰하였다. 당시의 조선 정부는 일본의 압박을 벗어나기 위해서 서구열강의 환심을 사지 않을 수 없는 처지이기에 철도·광산·삼림에 대한 이권을 양여하기 시작했던 것이다. 러시아는 조선으로부터 함경도의 경원·종성의 광산채굴권과 두만강·압록강 유역 및 을릉도의 삼림채벌권을 획득하였다.

조선 정부는 의사 알렌의 중계로 미국인 모스에게 서울·인천 간의 철도부설권과 평안도 운산금광의 채굴권을 허여하였다. 이후 모스는 운산금광은 미국인 자본가에게 3만 불에, 경인 철도부설권은 일본인 사업가에게 200만 불에 넘겼다. 운산금광은 노다지 금광으로 유명한데 1915년까지 4,950만 원을 벌어들였다고 한다. 당시 조선 정부의 예산이 1년 600만 원임을 감안하면 엄청난 국부 유출이 되었다. 9월에는 프랑스 상사인 퓌브리유 회사에 서울·의주 간의 철도부설권을 양허하였다. 같은 달 영국 홈링거 회사가 인천에 지점을 설치하고 홍콩 상하이은행의 대리점 업무를 시작 금융자본의 침투를 꾀하였다. 이와 같이 열강들은 이권 침탈에 열을 올렸지만 꿩 잡는 나라는 일본이었다. 구미제국들은 조선에서 욕심만 앞섰지 투자 활동은 쉽게 진척되지 않은 반면에, 일본의 경제력 침투는 거의 압도적이었다. 이미 개항 직후부터 침투하기 시작한 일본의 은행지점 수는 서울과 개항장을 중심으로 20여 개에 이르렀다. 일본 제일은행 지점은 조선의 해관세 위탁 취급·조선의 국고관리·은행권 발행 등 실로 조선의 중앙은행의 역할을 담당하고 있었다.

일본은 조선에서 아관파천 사태를 경험하면서 러시아의 정치적·군사적 세력을 구축하지 않고서는 조선에서 야망을 채울 수 없음을 깊이 깨닫게 되었다. 일본은 이후에 매년 국가예산의 40~50%나 되는 거액의 군사비를 투입 군비 확장에 광분했던 것은 러시아와 일전을 대비하기 위한 장기적인 포석이었다. 그러나 당시 조선의 고종과 고위 대신들은 무능하고 부패하여 자신들의 안전과 권력의 유지에만 급급했을 뿐 국가는 존망의 위기에 직면하게 되었던 것이다.

4.
위기 속에 등장한 독립협회와 대한제국

독립협회 역사의 전면에 나서다

조선의 왕이 신변보장을 위해 러시아 공사관에 피신하는 위기 속에 등장한 독립협회는 《독립신문》과 민중집회를 배경으로 자주국권과 자유민권 운동을 전개하였다. 더 나아가 자강개혁을 위한 공화정치 도입을 추진하였다. 독립협회 창설자 서재필은 '1864년 전남 보성군 외가에서 태어나 서울에서 성장하였다. 개화파의 일원으로 참여한 갑신정변의 실패로 가족은 멸문지화의 비극을 당하였다. 구사일생하여 박영효와 일본을 거쳐 1885년 5월 미국 샌프란시스코에 도착하였다. 고학과 독지가의 후원으로 해리 힐먼 고등학교를 거쳐 컬럼비안 대학을 졸업하고 의사가 되었다. 그는 미국 고등학교에서부터 직접 배우고 체득한 자유민주주의 지식을 바탕으로 1895년 귀국하여 독립협회운동을 추진하게 되었다.' 이 운동은 개화파의 정신을 구현하고 한말의 애국계몽운동의 모범이 되었던 역할로 칠흑과 같이 어두운 조선에 한줄기 빛이 되어 주었다. 이전의 갑신정변과 갑오개혁이 민중 부재의 근대개혁의 시도였던 것과 달리 독립협회는 개혁과 국가의 독립에 민중 에너지의 동원을 염두에 두고 창립했던 것이다. 서재필은 《독립신문》과 독립협회·만민공동회 등 다양한 활동을 통해 조선민중

서재필

계몽에 힘쓰고 민중운동 요원 양성에 선구자적인 역할을 하여 한국의 볼테르로 불리기도 한다.

독립협회가 추구한 민족주의와 민주주의의 근대화 사상은 유기적인 사상체계로 한말 애국계몽운동으로 계승 발전되었다. 한말 애국계몽운동의 중심 역할을 한 5대 언론과 대한자강회와 신민회의 주도층이 대부분 독립협회와 만민공동회 출신들이었다. 1919년 3·1독립만세운동 이후 민주공화제를 슬로건으로 출현한 상해임정 등 여러 임시정부의 구성원들도 대부분 애국계몽운동자 출신이기에 그 뿌리가 독립협회와 만민공동회에서 시작되었다고 볼 수 있다.

당시 조선은 국가의 자주성을 회복하는 동시에 내정개혁을 통해 국민통합을 이룩해야 했다. 그러나 당시 무능한 국왕과 대신들은 외세에 의존하는 파당을 중심으로 행동하여 나라의 자주권이 심하게 흔들리고 있었다. 나라가 곤경에 처하자 의식 있는 사람들 사이에서 정부의 무능을 비판하고 국가의 자주를 위한 운동이 전개되었는데 이 운동에 앞장선 것이 서재필이 이끄는 독립협회였다.

민중계몽 독립신문이 창간되다

뜻하지 않은 고종의 아관파천으로 일본의 영향력이 약화되면서 박정양내각의 지원 속에 4월 7일 《독립신문》을 창간하게 되었다. 서재필은 갑신정변 당시 국민들의 지지 기반이 없어 실패한 경험을 교훈삼아 국민계몽에 필요한 신문발행에 정성을 들이게 되었다. 박정양 개화내각의 농상공부는 《독립신문》의 발행을 허가하여 관보와 같은 우편물로 값싸게 운송할 수 있게 해 주었다. 내부와 학부는 지방관들과 각급 학교에서 신문을 구독할 수 있게 하였다. 또 《독립신문》이 정부를 홍보하기 위해 설립된 만큼 각 관청에 대한 기자들의 자유로운 취재활동을 도와주고 《한성신보》 대신 구

독립신문

독토록 도와주었다. 이와 같이 서재 필은 창간 초기 정부의 전폭적인 지원 속에 신문 1부를 수백 명이 돌려 읽어, 수십만 명의 열독자를 통해 나라의 형편을 국민들에게 알릴 수 있었다.

당시 강원도 양구의 독자가 보낸 편지에 "시장 마당에서 큰 소리로 신문을 낭독하니 촌백성들이 듣고 찬탄하였다. 이들은 조선과 천하만국의 일이 눈앞에 벌어 있고, 학식과 법률을 배워 밝은 데로 향하는 것을 깨달을 수 있었다"고 말했다. 독립신문의 영향력은 막강하였기에 국가의 독립유지와 근대적 민권사상을 확산시키는데 민중 계몽지의 역할을 톡톡히 수행할 수 있었다.

《독립신문》이 제 궤도에 들어선 6월 초 서재필은 청 사신을 맞는 영은문이 있던 자리에 독립문을 세우고 독립관과 독립공원을 조성할 것을 주창하였다. 고종의 재가를 받은 서재필은 개화파 관료 및 정동구락부세력 등과 함께 7월 외부에서 독립협회 창립총회를 열고 독립협회 규칙을 제정하여 임원진을 선출하였다. 협회 가입은 누구나 보조금을 납부하면 가입할 수 있도록 문호를 개방했기 때문에 국민적인 단체로 성장할 수 있는 여건을 갖추었다.

독립협회 임원진은 고문 서재필, 회장 겸 회계장 안경수, 위원장 이완용과 위원에 김가진·권재형·이채연·이상재 등 8명을 선출했다. 대부분의 임원은 현직 관료이면서 서재필·이완용·이상재 등 정동구락부세력이 중심을 이루었다. 독립협회 임원들은 대부분 개화자강 추진 부서에서 근무하여 외국사정에 밝고 실무능력을 갖추고 있었다. 독립협회는 외부적으로는 관료층간에 친목을 도모하고 유익한 정보를 확산시킨다는 목적을 내세웠다. 그러나 실제로는 진보적인 관료들을 결집하여 근대적인 개혁을 추진하기 위한 정치단체의 성격을 가지고 있었던 것이다.

독립협회 활동과 만민공동회 개최

독립협회는 7월 창립하여 1898년 12월까지 2년 6개월 동안 개화기의 갑신정변과 갑오개혁의 근대국가 건설을 계승·발전시키고 애국계몽운동의 기초를 마련하는 역할을 하였다. 본격적으로 활동에 나선 독립협회는 백성들에게 독립문·독립회관·독립공원 건설에 동참할 것을 호소하고 보조금 모금활동을 펼쳐나갔다. 《독립신문》도 논설을 통해 독립협회의 창립목적을 널리 선전했으며, 기부자 명단을 신문에 게제 함으로써 모금활동을 촉진하였다. 초기에는 일반인의 참여가 저조했으나 왕태자가 1,000원의 거액을 하사한 것을 계기로 수구파 관료들, 학생과 교사, 일반인과 기생들까지도 모금에 동참하였다.

독립협회는 11월의 독립문 정초식에 수천 명을 참석시켜 성대히 거행하면서 조선의 자주독립을 대내외에 천명하였다. 또 정부와 국민이 화합하여 근대적 개혁을 추

독립문

독립관

진해 갈 수 있는 분위기 조성 기회로 적극 활용하였다.

1897년 7월 독립협회에 처음 참여한 윤치호가 독립협회 모임이 다양한 정파들이 뒤섞인 잡탕이라는 문제의식을 제기하였다. 그리고 서재필에게 협회의 운영 방향을 민중계몽 단체로 변모시킬 것을 제안하였다. 서재필은 이러한 문제를 해소하기 위해 매주 일요일 오후 독립관에서 토론회를 열기로 결정하였다. 독립협회는 8월 29일 독립관에서 '조선에 급선무는 인민의 교육'이라는 주제로 첫 번째 토론회를 개최하였다. 토론회는 1898년 12월 3일까지 총 34회가 개최되었다. 초기에는 신교육진흥·산업진흥·미신타파·민족문화·신문보급 등과 같은 계몽적 주제들이 다루어졌다.

1898년 2월부터는 열강의 이권획득반대·의회설립·민권신장·개혁내각 수립 등 정치사회적 현안문제들이 주류를 이루었다. 처음 토론회가 열릴 때부터 독립협회 회원뿐만 아니라 수백 명의 일반 방청인들이 참석하여 대성황을 이루었다. 토론회를 통해 회원들의 정치의식과 조직에 대한 귀속감을 갖게 되었고, 방청인을 포함한 민중을 계몽하고 정치의식을 고양시키는 효과를 거두었다. 그 결과 독립협회는 점차 임원이나 고위관료 중심의 운영에서 벗어나 교사·상인·하위관료들의 참여가 늘어나고, 민중의 입장을 대변하는 정치·사회단체로 성장할 수 있는 발판을 마련하였다.

독립협회 반러운동에 앞장서다

1897년 2월 20일 고종이 러시아 공사관에서 환궁한 이후에도 러시아가 조선의 내정에 개입하고자 하였다. 러시아
의 재상 비테가 공들여 추진한 만주 진출이
청과의 교섭에서 실패하였다. 이때 조선이
러시아의 간섭에서 벗어나려 하자 러시아의
한반도 정책이 소극에서 적극으로 전환되었
다. 공사 베베르를 강경파 스페에르로 교체
한 러시아는 자국 군사교관의 임용을 종용하
였다. 또 탁지부 고문 알렉세예프는 한러은
행을 창설하여 대한제국의 재정을 장악하고

윤치호

자 했다. 나아가 김홍륙·조병식 등 친러 인사들을 요직에 기용하여 정부를
통제하면서 절영도에 석탄고기지의 조차를 강력히 요구하였다.

이처럼 러시아 공사와 친러파 관료가 정국을 주도하는 상황에서 반러운
동은 힘없는 정부차원이 아니라 독립협회가 주도적으로 전개할 수밖에 없
었다. 1897년 하반기부터 러시아와 대립각을 세워가던 독립협회는 1898
년 정부가 절영도조차를 승인하려 하자, 반러운동을 공세적으로 전개하였
다. 독립협회는 토론회에서 국가의 독립 문제를 상정하여 러시아의 국권
침탈을 비판하고 2월 21일 자주독립과 내정개혁을 요구하는 구국운동 상
소문을 고종에게 올렸다.

독립협회는 의정부 논의를 거치지 않은 채 결정된 절영도 석탄고기지조
차의 철폐, 한러은행의 폐쇄와 이권양도에 관련된 고위 대신 처벌 등을 정
부 측에 요구하였다. 이어 3월 10일에는 종로에서 최초의 근대적 민중대
회로 평가되는 1차 만민공동회가 개최되어 2만여 명의 군중들이 모여들었
다. 당시 한양 인구가 17만여 명에 불과한데 비하면 엄청난 백성들이 참여
한 것이다. 시전상인 현덕호가 만민공동회의 회장으로 선출되었다. 만민
공동회 활동에는 서재필로부터 직접 평등과 자유민주주의 사상을 배운 배

재학당 학생을 비롯 경성외국어학교, 구세학당 학생 등이 적극 참여하여 조력자가 되었다. 이 공동회의에서 러시아의 내정간섭을 규탄하고 러시아의 군사교관과 재정고문 철수결의안이 채택되었다. 3월 12일에는 서울 남촌에 거주하는 평민들이 자발적으로 만민공동회를 개최하여 러시아를 비롯한 외국의 간섭을 배제할 것을 주장했다. 만민공동회의 뜨거운 열기 속에 《매일신문》·《제국신문》·《황성신문》 등이 창간되어 민중계몽에 합세하였다. 결국 러시아는 절영도조차 요구를 철회하고 재정고문 및 군사교관을 철수시켰으며 뒤이어 한러은행도 철폐하였다.

민권운동으로 해산되는 독립협회 무엇을 남겼나

독립협회의 민권보장운동은 황제의 특명으로 회원 4명을 투옥시키고 재판도 없이 10년 유배형에 처한 사건을 계기로 전개되었다. 독립협회는 총대위원을 파견하여 이들에 대한 불법 체포행위를 규탄하고 법무대신에게 강력하게 항의하여 무죄석방을 이끌어냈다.

이러한 사태에 고종과 정부 내 수구파들은 위기의식을 느끼고 독립협회를 견제하기 위해 배후의 조종자인 서재필을 중추원 고문직에서 해임시켜 추방하기로 결정하였다. 독립협회는 창설자인 서재필이 국민들의 개명·진보를 이끌어 왔으므로 절대 추방할 수 없다고 정부에 건의서를 보냈다. 그러나 러시아·일본 공사뿐만 아니라 미국 공사 알렌까지도 동조하는 상황이 벌어져 부득이 서재필은 미국으로 떠밀려가게 되었다. 서재필의 활동은 국내의 정치와 국제외교에까지 영향을 미치는 강력한 것이었다. 추방의 배후에는 독립협회의 국권 수호운동으로 자국의 이권 상실에 위협을 느낀 서울주재 외국공사들의 은밀한 협조 속에 추방 된 것이다.

독립협회의 의회 개설운동

독립협회는 박정양 개명내각의 출범에 따라 잡세혁파 및 중추원관제 개정을 통한 의회설립을 본격적으로 추진하기로 하였다. 그러나 박정양 내각과 독립협회 간의 중추원 개편을

대한문

통한 의회개설 협상이 추진되는데 부정적인 고종과 수구파들은, 보부상들의 단체인 황국협회 회원들을 동원 박정양의 사직 촉구 시위를 사주하였다. 그리고 조병식 등 수구파를 재기용하는 동시에 독립협회의 토론과 집회를 제한하는 조칙을 내리는 등 방해공작을 펼쳤다.

이에 독립협회는 철야시위로 맞서면서 10월 24일 스스로 마련한 중추원관제 개정안을 정부에 올렸다. 그리고 28일에는 독립협회 주도로 대신들과 민중 1만여 명 이 참가한 관민공동회를 개최하고, 29일 관민합동의 〈헌의6조〉를 채택하였다. 결국 고종은 관민공동회의 요구를 수용한 〈조칙5조〉와 함께 〈헌의6조〉를 반포하였고, 정부는 독립협회가 제안한 것과 유사한 중추원관제를 반포하였다. 11월 4일 박정양이 독립협회에 중추원의관의 반수인 25명을 선거하여 그 명단을 알려줄 것을 요청하자 독립협회는 이들을 투표로 선정하기로 하였다. 하지만 독립협회의 세력 확대를 우려한 조병식 등 수구파는 4일 밤 고종에게 독립협회가 박정양을 대통령, 윤치호를 부통령, 이상재를 내부대신으로 선거하여 왕정을 폐지하고 공화정으로 바꾸려 한다고 모함하기에 이르렀다.

이에 고종은 즉시 관민공동회를 불법 집회로 간주하고 독립협회를 해산시킴과 동시에 이상재·정교 등 17명을 체포·구금하였다. 아울러 고종은 〈헌의6조〉에 서명한 박정양을 파면시키는 동시에 수구파 내각을 내

세워 친정체제를 강화시켜 나갔다. 이때 피신한 윤치호는 양홍묵·이승만 등을 앞세워 대규모 시위를 벌였다. 이에 서울 시내 학생들과 시민 수천 명이 경무청 앞에서 만민공동회를 개최하고 17명의 구속인사 석방을 강력하게 요구하기 시작했다. 이렇게 시작된 독립협회와 만민공동회의 철야시위 투쟁은 11월 23일까지 만 19일 동안 이어져 구속된 17인의 석방과 독립협회의 복설을 쟁취하였다. 26일에는 〈헌의6조〉의 실시를 약속하는 고종의 칙유를 받아 냈으나, 고종은 11월 29일 중추원 의관 50명을 선정하면서 중추원을 황제와 정부의 자문기관으로 개편코자 하였다.

드디어 고종의 명에 따라 12월 15일 중추원이 개원되었다. 16일 열린 중추원 회의에서는 11명의 대신 후보를 선출하여 정부에 천거하기로 하고 박정양·윤치호·민영환·박영효 등 11명을 투표로 선출하였다. 이때 대역 죄인의 죄를 지고 일본으로 도피한 박영효가 선출되어 큰 논란을 불러 일으켰다. 최정덕·이승만 등 급진파는 그를 소환하여 재판한 후 죄가 없으면 임용할 것을 주장하였다. 그러나 이 사안은 고종뿐만 아니라 윤치호·이상재 등 독립협회 온건파와 일반 민중들의 반발을 불러온 문제가 많은 결정이었다.

이렇게 정국이 혼란을 거듭하는 중에 고종은 일본·러시아·영국·미국 등 열강의 묵인·동조 아래 독립협회와 만민공동회를 무력으로 탄압하기 시작했다. 12월 23일 마침내 고종은 급진파들의 박영효 소환운동을 빌미로 군대와 보부상을 동원하여 18일째 지속하고 있던 만민공동회를 강제 해산시켰다. 25일에는 독립협회와 만민공동회를 불법화하는 조칙을 발포하고, 독립협회와 만민공동회의 지도자들을 본격적으로 체포·구금하였다. 윤치호·이상재 등이 주도한 독립협회는 결국 해산되었고 박정양·민영환 등은 정부 대신직에서 축출 당하였다. 이와 동시에 그동안 왕성하게 활동해오던 독립협회 지회를 가혹하게 탄압하고 해산시키기에 이르렀다. 이로써 만민공동회와 독립협회는 마침내 해산되어 입헌군주제의 근대 국민국가를 건설하고자 했던 서재필·윤치호·이상재 등 독립협회의 정치적 개혁운동은 안타깝게도 좌절되고 말았다.

독립협회 활동이 남긴 성과

조선의 근대국가 건설을 추진했던 갑신정변이 실패하고 구사일생으로 미국에 건너가 민주주의를 체득한 서재필이 기획·지도하고 윤치호·이상재 등이 주도한 독립협회 활동은 무엇을 남겼는가?

첫째로 영은문 자리에 독립문을 건립하여 조선의 자주독립의지를 대내외에 천명하고 국민들에게 독립의식을 고취시킨 자주국권 사상을 들 수 있다. 외국의 정치적 간섭을 배제하고 이권의 양여를 반대하였으며 이미 침탈당한 이권도 되찾아 오는 운동을 전개하였다. 그리고 열강의 세력균형을 유지시켜 자주적인 중립외교를 펴는데 일조하였다.

둘째로 민주주의 사상을 바탕으로 국민의 생명과 재산권을 보호하기 위한 자유 민권신장을 도모하였다. 의회설립을 통해 황제권의 전횡을 제한하고, 국민의 정치참여를 확대시키기 위한 국민 참정권운동을 펼쳤다. 그리하여 연좌법·노륙법 등 종래의 악습과 신분제 및 남녀의 차별을 폐지하여 국민평등을 실현하고자 했다.

셋째로 국가의 자강개혁을 위해서 실천적인 방안을 제시하였다. 지역마다 학교를 세워 신교육운동을 전개토록 하고, 근대적 기술을 도입하여 산업을 진흥시킴으로 자본주의 체제 수립을 지향코자 했다. 토지개간·농업기술 개선을 통해 농업생산력을 증진하고, 자유상업과 무역확대로 상업을 부흥시키며, 광산개발과 철도부설로 산업개발의 기초를 마련해야 한다고 계몽하였다.

독립협회 활동은 민중을 계몽·자각시키는데 머물지 않고 민중을 지지

기반으로 사회 전반에 근대적 개혁운동을 벌여나갔다는 점에서 갑신정변과 갑오개혁의 한계를 극복했다고 볼 수 있다. 아울러《독립신문》과 만민공동회 등을 통한 민중의 정치의식 고양과 민주주의 훈련은 구한말 애국계몽운동과 자강운동을 펼칠 수 있는 기반이 되었다. 그리하여 일제강점기 실력양성운동과 해방 후 대한민국 건국의 단단한 토대를 제공한 것으로 평가한다.

해질녘 등장한 황제의 나라 대한제국

고종은 독립협회와 국민들의 환궁 요구에 따라 러시아 공사관에서 경운궁으로 돌아왔다. 고종이 환궁하자 조선 정부는 독립국가로서의 면모를 내외에 일신하기 위하여 국호를 대한제국, 연호를 광무로 하고 국왕의 칭호를 황제로 고쳐 1897년 10월 독립제국의 새 체제를 갖추었다. 고종이 새 제국의 이름을 조선이 아닌 대한으로 지은 것은 중화제국이 한 글자 나라

고종 황제

명을 짓는 것을 참고하여 지은 것이다. 그 취지는 "우리나라는 곧 삼한의 땅인데 국초에 천명을 받고 한나라로 통합되었다. 지금 국호를 대한이라고 정한다고 해서 안 될 것이 없다. 또한 매번 각 나라의 문자를 보면 조선이라 하지 않고 한이라고 하였다. 이는 아마 미리 징표를 보이고 오늘이 있기를 기다린 것이니 세상에 공표하지 않아도 세상이 모두 다 대한이라는 칭호를 알고 있을 것이다"라고《고종실록》에 언급하고 있다.

대한제국이 출범할 수 있었던 것은 자주독립의 근대국가를 이루려는 국민적 여망에 따른 것 이었지만, 조선을 둘러싼 러시아와 일본의 세력이 어느 정도 균형을 이루어 가능했다. 그리고 여러 열강이 특정국가의 독점을 바라지 않았던 국제정세에도 힘입은 바 있으나 그것은 해 떨어지는 석양과 다름없는 때늦은 시기였다. 어쨌든 러·프·일·영·미 등은 대한제국의 성립을 승인하였다. 그러나 청은 칭제건원을 스스로의 주제도 모르는 건방진 처신이라고 비난했으나, 1899년 한청통상조약을 체결하면서 부득이 승인하였다. 대한제국은 광무개혁의 방향을 '구본신참'으로 옛것을 본으로 삼고 신법을 참고한다는데 두었다. 이것은 앞서의 갑오·을미개혁의 과오를 반성하고 전통적인 제도를 바탕으로 하여 새로운 제도를 받아들인다는 견해에서 비롯된 것이다.

　구법을 본으로 하는 광무개혁은 복고주의적 성격으로 황제권의 강화에 치중한 것은 당시의 대신들이 수구적이었기 때문이다. 이러한 수구적이고 보수적인 세력 때문에 독립협회와 만민공동회의 근대적 개혁활동이 성공하지 못하고 실패로 끝났던 것이다. 1898년 말 만민공동회와 독립협회를 강제로 해산시킨 고종은 김병시, 이용익 등 수구파를 중심으로 정부를 구성하였다. 1899년 8월 17일 대한국 국제를 반포하여 황제 중심의 권력구조를 제도적으로 확립하였다. 대한국 국제는 대한제국의 황제가 무한 군권을 통수하는 자주독립국임을 밝히고 그 정치는 오백년을 이어온 만세불변의 전제정치라 하여 황제의 신성불가침을 명백히 하였다. 황제가 입법권·행정권·사법권과 선전·강화 및 계엄·해엄에 관한 일체의 권한을 가지고 있음을 규정하고 있다.

　이처럼 고종은 전제군주 체제를 제도적으로 확립하여 독립협회와 만민공동회의 민권운동으로 위기에 직면했던 전제왕권을 회복하여 자주독립을 확보하고자 했다. 그러나 고종시대의 문제점은 군주와 양반관료 간의 견제와 균형의 원리위에서 작동한 조선의 정치 시스템이 순조 이후 세도 정치를 통해서 붕괴되었기 때문이다. 고종 시대를 흐르는 정치적 갈등의 기조는 개화와 수구의 대결이 아닌 왕권복고를 둘러싼 권력투쟁 성격이었다.

어째든 광무개혁에서는 왕권강화와 독립국가의 기본 요건인 군사제도의 강화에도 힘을 기울였다. 서울의 경비와 황제의 호위를 담당하는 친위대·시위대·호위대를 개편 증원하였고 각 지방의 진위대도 증설하였다. 자주적인 외교활동을 위해, 청나라와 통상조약을 체결하여 종래의 속방체제에서 국제적으로 대등한 관계로 개선하였다. 영토관리 차원에서 간도에 이주한 동포를 보호하기 위해, 1885년 이중하 토문감계사가 백두산 정계비의 토문강이 송화강 상류로 간도가 우리 영토임을 주장한 것을 근거로 삼았다. 이에 따라 1900년 러시아가 간도를 점령하자 1902년 이범윤을 북변간도관리사로 파견하여 함경도의 행정 구역으로 관리하게 하였다. 을릉도에 일본인의 불법 침입과 벌채가 문제가 되자, 1900년 을릉도를 군으로 승격시키고 독도를 편입 관리케 하였다. 독도가 대한제국의 영토임을 지도에 표기하고 칙령 41호를 관보에 실어 대내외에 알렸다. 1905년 2월 일본이 독도를 일본의 시네마현에 편입시켰지만, 참정대신 박제순은 독도가 대한제국의 영토임을 지령 3호(1906. 5. 20.)로 밝혀 놓았다.

민생안정과 국가재정의 확보를 위해 1899년부터 양전 사업을 진행하였으나 여러 사정으로 완료하지는 못하였다. 양전 사업으로 근대적인 토지소유권 제도라고 할 수 있는 지계를 1902년 강원도에서부터 발급하기 시작하였다. 정부는 서양 기술학의 수용을 위해 기예학교·상공학교·공무학교 등의 실업학교와 의학교·외국어학교 등을 설립하였다. 상공업의 진흥 정책을 추진하여 광업·농업·섬유·철도·금융 분야의 근대적 회사들을 설립시켰다. 이러한 정부의 정책이 민간에게도 확대되어 사립실업학교와 민간 생산 공장이 널리 세워졌다. 이 시기에 활동한 정치세력은 이완용·민종묵·

조병식 등의 친러파, 민영환·민상호·이채연 등의 친미파, 이지용·민영기·박제순 등의 친일파, 이용익·이근택·강석호 등 고종 측근파가 있었다. 광무개혁은 일·러 등 제국주의 열강의 침투 속에서 자주독립의 방책을 찾고 근대사회로의 발전을 주체적으로 실천하기 위한 능동적인 노력이라고 할 수 있다. 비록 성공하지는 못했지만 광무개혁은 조선이 자주적인 입장에서 근대적 개혁을 시도했다는 점에 그 역사적 의의를 들 수 있다.

5.
한말 역사 전면에 등장한 민중 활동

한말 민중의 경제상황

동학농민혁명 이후 근대적 민족의식과 계급의식에 눈뜨기 시작한 민중들은 다양한 형태로 그들의 삶을 억압하는 지배세력과 외세에 저항하였다. 농민항쟁이 구한말에도 꾸준히 이어지게 된 것은 국내외적으로 여러 가지 구조적인 경제 왜곡이 있었기 때문이다.

당시 제국주의 세력의 경제적 침투는 1894년 이후 더욱 심화 현실화되었다. 청일전쟁 뒤 일본은 산업화 과정에서 필요한 원료와 식량을 조선에서 값싸게 사가는 대신, 일본이 공급하는 공산품은 조선에 비싸게 파는 무역구조를 만들어 갔다. 수출품의 대다수인 쌀·콩 등 곡물류는 오사카·고베 등 공업도시로 들어가 일본 노동자들에게 값싸게 공급하여 저임금 체제를 유지시켰다. 생필품인 면직물·면사와 잡화 등 일본을 통한 수입품은 품질과 가격이 뛰어나 국산을 누르고 시장을 장악했다.

쌀을 수출하고 면직물을 수입하는 무역구조는 조선의 면직물 수공업자들을 몰락시켰다. 무명, 삼베, 모시 등을 짜서 시장에 내다 팔던 농민들은 이제 먹어야 할 식량을 팔아 수입산 면제품을 사서 입게 되었다. 경제논리로 굳어지는 미면교환체제는 조선 경제가 일본 자본주의에 종속되는 구조로 바뀌어 갔다. 다시 말하면 조선은 일본 공업의 원자재시장이자 도시노동자를 위한 식량공급지로, 일본이 공급하는 공산품의 판매시장으로 계열화된 것이다. 이것은 결과적으로 지주층과 매판세력의 성장을 돕고 농민층과 소상품생산자의 몰락을 초래하게 되었다.

고종이 주도한 광무개혁의 결과 지주나 부농의 수입은 한층 나아지고 양전과 지계사업으로 토지소유권을 문서적으로 보장받았다. 지주들은 쌀을 비싼 값에 일본에 수출하고, 정부는 백동화를 남발하여 인플레로 부족해진 쌀값이 계속 올랐다. 그러자 지주와 부농은 5할이 넘는 소작료로 받은 쌀을 비축해 두었다가 춘궁기에 내다 팔거나 일본에 수출하여 큰 이익을 남겼다. 이들은 농업경영으로 번 돈으로 토지를 헐값에 사거나 고율의 고리대로 부를 더욱 늘려갔다. 보부상이나 시전상인들도 상무사나 황국중앙총상회와 같은 단체를 만들어 정부의 비호를 받았다. 이들은 정부에 영업세를 내는 대가로 상행위에서 횡포를 부렸다. 개항장의 객주들은 일본 상인 밑으로 들어가거나 일본의 경제침투를 도와주기도 하였다.

이에 견주어 힘없는 빈농과 소상인들은 끝없이 몰락했다. 영세농민은 세금과 생필품 살 돈을 마련하기 위해 쌀을 시장에 내다 팔고 다음에 비싼 값으로 다시 사먹어야하는 형편이었다. 이들은 양식이 떨어지는 봄이 되면 지주나 상인의 고리대로 목숨을 연명해야 했다. 그러다 풍년이 들어도 일본 놈들이 쌀을 훑듯이 사가니 쌀값이 뛰어 살길이 막막하다는 농민들의 한숨소리가 줄을 이었다. 지주의 땅을 부칠 수 없게 된 농민들은 품을 파는 머슴이 되거나 도시나 개항장으로 나가 임금노동자가 되기 시작하였다.

일본 상인들은 일제의 비호를 받으며 개항장에 자리 잡고 내륙으로 침투해 들어오게 되었다. 일본 상인들과 경쟁하는 소상품 생산자인 가내 수공업자와 이들의 물건을 파는 행상이나, 농촌 소상인은 경쟁력을 상실하고 몰락의 길로 들어섰다. 이러한 어려운 현실을 극복해 가기 위해서 조선 민중들은 생존권을 확보해 갈 수 있는 다양한 투쟁을 전개해 가게 되었다.

늘어가는 부담에 저항하는 백성들

동학농민혁명 이후 1904년까지 농민들의 집단시위는 이전보다 많은 120여 건이나 발생하였다. 이것은 지주적 토지소유와 상품화폐 경제가 확대되어 농민층의 자립적 기반이 파괴되므로 농민 저항이 늘어난 것으로 볼 수 있다. 정부는 근대화 정책에 필요한 재원을 조세를 늘려 해결하고자 했다. 농민이 부담하는 지세가 갑오기 1결당 30냥이었는데, 1900년에는 50냥, 1902년에는 80냥으로 거의 3배가 늘어났다. 이 과정에서 지세 수취를 맡은 지방관과 아전 향임층은 자의적으로 농민들을 추가 수탈하였다. 지방관의 조세 수탈로 일어난 농민항쟁은 1896년 충청도 임천, 1899년 경기도 용인, 1903년 강원도 삼척과 경상도 함안 지역 등 여러 곳에서 일어났다.

대한제국 시기에는 황실 재정을 늘리기 위해 갖가지 방법을 동원하였다. 전국에 흩어진 역토·둔토·목장토와 같은 막대한 국·공유지를 궁내부 내장원에 편입시켰다. 내장원 관리 하에 편입된 토지는 전국 농지의 5%이상이었고 이를 경작하는 농민은 30만여 명에 이르렀다. 이들은 조상 대대로 경작해오던 토지를 내장원의 소속으로 완전히 빼앗기고 고율의 소작료를 내야하는 황실 소작인으로 전락할 처지에 놓이게 되었다. 그러자 이에 분개한 농민들은 소유권 변환운동을 벌이기도 하고, 경작을 거부하거나 소작료 납부를 거부하였다. 대표적으로 전북 김제를 비롯한 7개 군민들이 1903년 균전에서 전개된 소유권 반환투쟁과 항조운동을 들 수 있다. 그 밖에도 왕실은 상회사의 영업을 보장하고 그 대가로 영업세 등 여러 조세를 거두어들여 이를 관리하는 내장원 수입은 빠르게 늘어났다. 내장원 수입이 주로 농민과 중소 상공인의 호주머니에서 나왔기 때문에 이들의 불만은 날이 갈수록 높아졌다.

그 외에도 이미 혁파된 환곡을 다시 운영하다 농민들의 반발을 사거나, 여러 명목의 잡세를 신설하여 농민이나 상인·어민들에게 부과하자 이에 대한 저항으로 봉기하는 경우도 있었다. 1900년 함경도 북청에서는 지방 군을 정비하면서 그 비용을 농민들에게 전가하자 농민들이 집단으로 항의 하는 일도 있었다. 대한제국 시기 개혁사업을 추진한 주체는 여전히 봉건 적인 지방관과 아전·향임층이었다. 무능한 고종 정부는 이들을 통제할 힘 이 없어 이들에 의한 농민수탈은 끊임없이 지속되었다. 그래서 농민들의 항쟁은 봉건의식에서 벗어나지 못한 정부에 대한 저항이었다. 그리고 지 주적 방향의 개혁에 반대하고 농민적 토지 소유와 소상품 생산자의 자립 적 성장을 추구하는 저항운동이라고 볼 수 있다.

잔여 동학농민군과 영학당 활동

동학농민혁명이 좌절된 후 여러 지역에서 혁명에 참여했던 농민들은 생 존을 위해 일상으로 돌아가 양반과 지주층이 주도하는 지배구조에 종속되 었다. 그러나 상당수는 지리산 등 깊은 산중에서 의병활동에 참여하거나, 일부는 화적이나 외세와 결탁한 매판세력으로 변절하기도 했다. 일상으로 돌아간 동학혁명 참여자들은 여전히 반봉건·반외세 의식을 지닌 사회 변 혁세력으로 잠복해 있었다. 동학농민군 잔여세력들 중 독자적으로 동학조 직을 재건하여 활동한 세력도 많았다. 1896년 전라도 나주에서 봉기한 농 민항쟁에는 동학지도자 김순여 등 혁명 참여자들이 주도하였다. 충청도 음성에서는 괴산접주로 활동했던 이헌표가 피신해 와 동학활동을 하면서 신분해방에 앞장서기도 했다. 전주에서 이관동이 외국인 배척운동을 추진 하다가 발각되고, 황해도 접주 출신 임종현은 잔여세력을 보전하여 구월 산과 장수산에서 다시 봉기하기도 하였다.

전봉준 등 지도자들이 처형된 이후에도 남접의 중심 지역인 전라도 정읍·고창의 참여자들은 혁명이념을 구현하기 위해 조직 유지에 심혈을 기울였다. 정읍의 최익서와 고창의 홍계관 등은 1896년 8월 상주에 머물고 있던 최시형을 찾아가 설포를 청원하였다. 그러자 최시형은 "지금의 설포가 잿불을 다시 살리는 것과 다름이 없으니 한 갓 무익할 뿐"이라고 이를 거부하였다. 당시 호남 지방의 상황은 고종이 암행어사로 파견한 이승욱의 보고에, "읍폐민막이 더욱 심해져 이민이 고통을 받고 또 수령이 횡렴하고 전운하는데 무명가렴하여 시장이 피폐해졌다고 진단하였다. 그래서 동학 비도가 이때를 타고 궐기하면 전국에서 호응할 상황이다. 동요가 잠시 가라앉았지만 잔당이 상존하고, 이교가 병행하여 패류가 이에 가탁하여 민화가 또한 반드시 이어서 일어날 것으로" 호남 민심을 보고하고 있었다.

남접의 잔여세력들은 조직의 재건과 활동이 동학교단에 의해 거부되자 동학 이름으로 활동은 어려운 것으로 판단하였다. 그래서 실제는 동학과 다름없지만 대외적 명칭을 영학당이라는 이름으로 활동하게 된다. 영학이란 영국 성공회나 미국 남장로교에 의탁하여 활동한 것을 말한다. 영학당은 남접세력의 핵심조직인데 1898년 9월 고부 말목장터에 모인 수효는 5~6백 명 가량이고, 전주에서 온 영국인 목사의 설교가 있었다. 당시 영학당의 수계장은 정읍의 최익서인데, 이들은 고부·흥덕·고창·장성·무장·함평 등지에 조직망을 갖추고 미곡수출에 반대하는 등 현실 문제에 개입하였다.

1898년 흥덕에서는 이화삼이 민회를 열어 탐학한 흥덕군수를 쫓아냈다. 1899년 4월 영학당 봉기는 균전의 부당징수로 정읍 왕심에서 일어났다. 고부 관아에서 무기를 탈취하여 무장한 수백 명의 영학당원들은 4월 20일에 흥덕에서도 무기를 탈취하여 무장과 고창을 공격하였다. 고창을 공격한 영학당원은 패랭이를 쓰고 옷에는 도서를 찍었고 척양척왜, 보국안민을 쓴 깃발을 들은 모습이라고 한다. 그러나 영학당원은 수성군의 매복공격에 패하였고 수성군은 영학당원을 추격하여 고부에까지 이르러 이를 궤멸시켰다. 영학당 항쟁은 동학의 남접 세력들이 동학의 외피를 감추고 세력을 결성하여 재봉기하였던 것이다.

의적활동을 표방한 화적과 노동계급 등장

개항 이후 지방관의 탐학과 지주의 수탈로 농촌을 떠난 농민과, 외국상인의 시장 장악으로 몰락한 중·소상인과, 신분체제에 저항하다 도망친 천민 등이 늘어만 가고 있었다. 그들은 생계유지를 위해 할 수 있는 방법이 없었기에 부득이하게 도적질이나 무리를 지어 활동하는 화적떼에 가담하였다. 화적들은 자체무장을 하고 산악지대나 사찰 등을 근거지로 삼아 수십 명씩 떼를 지어 부호나 부패한 관리 등을 약탈하였다. 화적들은 두목을 중심으로 당을 결성하여 조직적으로 움직였는데 널리 알려진 것은 활빈당·명화당·협무당·녹림당 등이 있었다.

화적들은 반봉건·반외세 의식을 가지고 집단적으로 약탈행위를 일삼았다. 반봉건적 약탈행위로는 굴총을 들 수 있는데, 이름난 양반가나 부호의 조상 무덤을 파헤친 뒤 협박하여 거액의 돈을 탈취하였다. 반외세적 약탈행위로는 외국상인들의 물품과 돈을 빼앗거나, 협박하여 쫓아내므로 소상인들의 지지를 받기도 했다. 이러한 화적집단의 약탈행위는 겉으로는 범죄행위로 보이나 내적으로 첨예화된 사회 모순과 그에 따른 대립관계가 극한 상태로 분출된 것이다. 더 나아가서 그것은 생계수단인 토지·가내수공업·상행위에서 소외시킨 사회질서에 대한 저항이며 새로운 세상을 꿈꾸는 지향이 표출된 것이라고도 볼 수 있다.

노동계급의 등장과 저항

구한 말 일본에 대량의 쌀 수출에서 촉발된 토지에서 이탈되어 쏟아져 나와 형성된 임금 노동자층은 아직은 자본주의 생산양식에 익숙하지 않은 초기 노동자였다. 청일전쟁 이후 본격화된 열강의 이권침탈은 상업 외에 광산·산림과 같은 자원 분야나 해운·철도와 같은 교통 분야에 집중되었다. 따라서 초기 노동운동은 외국인이 기존의 이권을 침탈한 광산, 선하적량이 증가한 개항장 부두, 철도건설 현장에서 집중되었다. 광산 노동자의 저항은 기득권 약탈과 저임금 지급에서 나타났다. 그동안 잠채나 정부에 세금을 내고 광산을 채굴하던 기존 업자와 여기에 고용된 노동자의 생존 근거지를 강제로 빼앗았고, 새로 고용한 조선인 노동자를 저임금과 장시간 노동 등으로 혹사시켰다. 1896년 노다지 금광으로 알려진 운산금광을 차지한 미국인 자본가는 기존의 채굴업자와 노동자를 축출하고, 저임금과 열악한 노동조건으로 광부를 신규 채용하여 일을 시켰다. 이에 운산금광 노동자들은 항의통문을 돌리고 금광 채굴에 저항했으며 미국인의 생명을 위협하기도 했다. 독일인이 경영하던 강원도 당현금광에서는 1898년부터 2년 동안 독일인의 금광채굴에 반대하는 노동자들의 봉기가 연이어 일어났다. 일본인이 경영하는 직산금광에서는 노동자들이 지역주민과 연대하여 집단 저항하였다.

일본의 침략 교두보이자 경로 역할을하는 부두와 철도건설 현장에서도 노동자들의 생존권 투쟁이 많았다. 인천·목포 등 개항장 부두에서는 주로 일본인 자본가와 조선인 노동자 사이에 임노동관계가 형성되었다. 조선인 십장을 앞세운 일본 자본가는 저임금에 가혹한 작업량으로 노동자들을 혹사시켰다. 저임금과 가혹한 노동에 시달리던 목포 부두 노동자들은 1898년부터 임금인상 투쟁을 벌이기도 하고, 십장 반대운동을 전개하기도 하였다. 철도부설지 곳곳에서 저항은 일본이 본격적으로 경부선철도를 건설하는 1900년대에 일어났다. 일본은 철도건설 과정에서 임의대로 말뚝을 박아 토지를 빼앗고 인근 주민들을 강제로 동원하였다. 이에 따라 철도 부설지 곳곳에서 토지와 노동력 강제징발에 항의하는 시위가 이어졌다. 1904년 9월에는 시흥군에서 수천 명의 군중이 폭동을 일으켜 강제동원에 앞장선 친일 군수와 2명의 일본인을 죽였다. 이 무렵 황해도 곡산에서는 경의선 철도공사를 맡은 일본인 청부업자 8명이 주민들에 의해 살해되기도 하였다.

이처럼 광산·항구·철도건설 현장에서의 노동자들의 저항은 생존권 투쟁에서 시작되었다. 하지만 종국에 가서는 열강의 경제적 침탈과 이에 결탁한 매판세력에 대한 반제국주의 성격으로 변모하게 되는 것이다. 여러 형태로 전개된 대한제국 시기 민중운동은 이전보다 한 차원 높은 반봉건·반외세 성격을 심화시켜 나갔다. 동학농민군 잔여세력, 영세농민, 임금노동자, 영세상인들은 시대의 변화에 대응하는 새로운 조직을 결성하여 민중의 생존투쟁에 앞장선 것이다. 그리하여 평등세상을 꿈꾸면서 한말에는 계층투쟁의 성격을 띠었고 일제 침략기에는 항일투쟁의 첨병역할을 하게 된 것이다.

강재언,《조선의 개화사상》, 동경:암파서점, 1980.

고정휴,《태평양의 발견 대한민국의 탄생》, 국학자료원, 2021.

국사편찬위원회,《한국사39》, 탐구당, 2013.

김구/도진순,《백범일지》, 돌베개, 2005.

김도태,《서재필 자서전》, 을유문화사, 1985.

김상기 외,《한국 근대사 강의》, 한울, 2014.

김상기,《한말의병연구》, 일조각, 1997.

김양식,《근대 한국의 사회변동과 농민전쟁》, 신서원, 1996.

김용옥,《동경대전1》, 통나무, 2021.

김육훈,《살아있는 한국 근현대사 교과서》, 휴머니스트, 2021.

김인기·조왕호,《한국 근현대사》, 두리미디어, 2007.

김종학 외,《다시 국가를 묻는다》, 푸른역사, 2018.

남경태,《종횡무진 한국사》, 휴머니스트, 2020.

류대영,《한국 근현대사와 기독교》, 푸른역사, 2009.

문소영,《조선의 못난 개항》, 위즈덤하우스, 2013.

박경민,《한일 근대인물 기행》, 밥북, 2022.

박맹수,《개벽의 꿈, 동아시아를 꿈꾸다》, 모시는 사람들, 2012.

박은식,《한국 통사》, 아카넷, 2012.

박찬승 외,《한국 근현대사를 읽는다》, 경인문화사, 2022.

박찬승,《근대이행기 민중운동의 사회사》, 경인문화사, 2008.

배항섭,《조선후기 민중운동과 동학농민전쟁의 발발》, 경인문화사, 2002.

백영서 외,《동아시아 근대이행의 세갈래》, 창비, 2009.

변태섭,《한국사 통론》, 삼영사, 2004.

삼국공동역사편찬위원회,《한중일이 함께 쓴 동아시아 근현대사1》, 휴머니
　　스트, 2022.

신복룡,《동학사상과 갑오농민혁명》, 평민사, 1985.

신용하,《독립협회연구》, 일조각, 1976.

신용하,《동학농민혁명의 사회사》, 지식산업사, 2005.

심용환,《단박에 한국사》, 위즈덤하우스, 2016.

얼학회,《얼 제8집》, 원광인쇄소, 2014.

오정윤,《오정윤 한국 통사3》, 창해, 2021.

오지영,《동학사》, 대광문화사, 2002.

와다하루키 외/한철호 외,《동아시아 근현대통사》, 책과함께, 2017.

유영열,《한국 근대사의 탐구》, 경인문화사, 2006.

유완상 외,《한국사의 이해》, 2003, 삼광출판사.

이민원,《명성왕후 시해와 아관파천》, 국학자료원, 2002.

이윤섭,《다시 쓰는 한국 근대사》, 평단문화사, 2009.

이이화,《인물 한국사》, 김영사, 2011.

이주영,《이승만과 그의 시대》, 기파랑, 2011.

이태복,《도산 안창호 평전》, 동녘, 2006.

이태진 편,《일본의 대한제국 강점》, 까치, 1995.

이황직,《서재필 평전》, 신서원, 2020.

차기벽·박충석,《일본 현대사의 구조》, 한길사, 1987.

최문형,《러일전쟁과 일본의 한국 병합》, 지식산업사, 2004.

최진우,《독한국사Ⅱ》, 배움, 2010.

최현식,《갑오동학혁명사》, 신아출판사, 1994.

페어뱅크 외/김한규 외,《동양문화사(하)》, 을유문화사, 2007.

한국 근현대사학회,《한국 근현대사 강의》, 한울, 2013.

한국 근현대사학회,《한국 근대사강의》, 한울, 2007.

한영우,《다시 찾는 우리 역사》, 경세원, 2004.

한영우정년기념논총,《한국사 인물열전3》, 돌베개, 2003.

한우근,《한국 통사》, 을서문화사, 2003.

한철희,《시민의 한국사2》, 돌베개, 2022.

현광호,《대한제국과 러시아 그리고 일본》, 선인, 2007.

현광호,《세계화시대의 한국 근대사》, 선인, 2010.

3장
일제의 침략과 나라 지키기운동

러일전쟁에서 승리한 일제의 치밀한 침략에 대응하여 나라를 지키기 위한 의병들의 저항과, 만주·연해주·하와이 등 해외이주 항일운동이 시작된다. 독립협회에서 배출된 민족주의자들에 의한 다양한 애국 자강운동과 망국 백성들의 불안과 혼돈을 기독교, 천도교, 증산·보천교 등 여러 종교의 위로 격려활동이 있었다.

1. 일제의 국권침탈과 의병운동
2. 민족주의자들의 애국 자강운동
3. 백성을 위로 격려한 종교 활동

1.
일제의 국권침탈과 의병운동

일본 서구열강 러시아를 넘어트리다

청일전쟁에서 중국의 패배는 동아시아 국제정세를 크게 바꾸어 놓았다. 러시아는 삼국간섭 이후 청과 조선에서 본격적으로 영향력을 확대시키고 청으로부터 동청철도 부설권을 획득하였다. 이어서 랴오둥 반도의 뤼순과 다롄을 조차하는 성과를 거두었다. 그러나 조선으로부터 마산포를 조차 극동함대 기지를 만들려다 일본의 방해로 좌절된바 있다. 그런데 1900년 봄 청에서 외세의 침략에 대항하는 의화단 항쟁이 격렬하게 일어났다. 의화단을 진압하는 과정에서 청군과 러·일·영·미 등 8개국 연합군 사이에 전투가 벌어지고 연합군이 베이징을 점령하기에 이르렀다.

이때 러시아는 만주에 있는 자국의 철도를 보호한다는 구실로 10만 대군을 파견하였다. 러시아는 사태가 수습된 뒤에도 군대 철수를 거부하고 만주에 대한 점령의도를 드러냈다. 이와 같은 러시아의 영토 야욕에 대한 제국은 압록강과 두만강변에 2,000여 명의 병력을 증강하면서, 의화단과 같은 민란에 대비하여 동학여당과 활빈당 등에 대한 단속을 강화하였다. 큰 충격을 받은 일본은 러시아와 대립하고 있던 영국과 1902년 영일동맹을 맺고, 청에서 영국의 이권을 인정해 주는 대신 한국에서 일본의 권익을 인정받게 되었다. 일본은 영리하게도 러시아 견제를 위해서 영국뿐만 아니라 미국도 끌어들이게 된다.

'이 대목에서 불청객 영국은 청과 아편전쟁으로 불평등 조약을 맺고 중국에 불행을 안겨주었다. 이후 일본과 동맹을 맺어 일본의 러일전쟁을 적극 지원하였고 조선강점에 적극적인 후원자가 되었다. 19세기 불청객 영국의 동아시아 진출이 조선에 불행을 가져오는 단초가 되었는데, 최근에 또다시 영국이 미·일과 연대하여 중국 견제를 위해 동아시아에 진출하는 상황을 만들고 있다. 한국은 영국의 행보에 큰 경각심을 갖고 지켜보아야 할 것이다.'

그러자 러시아는 프랑스와 동맹을 맺고 남진정책을 계속하였다. 1903년에는 압록강 하류의 용암포에 들어와 토지를 매수하여 군사시설을 세우더니 마침내는 그 조차권을 한국 정부에 요구해 왔다. 이에 일본은 러시아에 만주에서의 군대 철수와 한국에서의 일본 권익 인정을 요구하였다. 러시아는 만주에서 철군을 거부하는 대신, 한국에서 일본의 정치·경제적 우월권을 인정해 주고 북위 39도 이북의 한반도를 러·일 간의 중립지대로 정하자고 제의하였다.

한국의 운명을 가른 러일전쟁과 한일협약

이때 일본은 이미 산업근대화의 성공을 통해 만주 대륙에서도 세력 확대를 획책하고 있었다. 청일전쟁으로 받은 배상금을 밑천삼아 군비를 확장하여 20만명의 육군과, 26만 톤의 막강한 최신 해군 함대를 보유하게 되었다. 일본의 야욕은 한국을 완전한 세력권에 넣고 만주로 나아가 그 세력을 확장시키는데 있었으므로 러시아의 제안을 거부하였다. 이러한 양국의 요구는 여러 차례의 협상에도 타협점을 찾을 수가 없었다. 그러다가 마침내 1904년 2월8일 일본의 도고가 이끄는 연합함대가 인천항과 뤼순항에 정박 중이던 러시아 군함을 기습·공격함으로 러일전쟁이 발발하였다.

한국은 러·일 간에 전운이 감돌자 청일전쟁 당시 국토의 전장화를 겪은 바 있어 각국에 국외중립을 선언하였다. 그러나 일본은 한국에 군대를 상륙시켜 서울과 전국의 군사적 요충지를 점령하고 일본에 협력할 것을 강요해왔다. 한국은 일본군의 위협 하에 1904년 2월 한일의정서에 조인을 해야만 했다. 그 내용은 제3국의 침해나 내란으로 한국 황제의 안녕과 영토보전에 위험이 있을 경우에는 일본 정부가 필요조치를 취할 수 있다는 것이다. 이를 위해서 군략상 필요한 지점을 수용할 수 있고, 한국 정부는 일본의 승인 없이는 제3국과 조약을 맺을 수 없다는 내용이다. 이는 일본이 한국에 대한 정치적·군사적 간섭을 합리화한 것이다. 일본군이 만주로 진격해서 전세가 유리하게 전개되자 그동안 한국과 러시아 사이에 체결되었던 일체의 조약과 협정은 폐기되었다. 일본은 한국에서 경부선·경의선

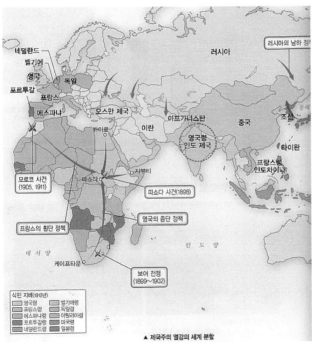

▲ 제국주의 열강의 세계 분할

제국주의 영국과 프랑스와 러시아가 주도한 세계 분할

철도부설권과 통신망부설권, 연안에서의 어업권 등을 획득하였다.

일본 정부는 8월에는 한국에 대한 내정간섭을 강화하기 위해 1차 한일 협약을 체결하였다. 그 내용은 한국 정부가 일본의 추천을 받은 일본인 재정고문과 외국인 외교고문을 채용한다는 것이다. 이에 따라서 일본 대장성 주세국장 메카다 다네타로가 재정고문으로, 미국인 스티븐스가 외교고문으로 초빙되었다. 그러나 실제로는 일본의 강요에 의해 궁내부·군부·경찰·학부에도 일본인 고문들이 초빙되어 이른바 고문정치가 시행되었다. 그리하여 한국 정부는 일본의 강요에 의해 외국에 파견했던 공사들을 소환할 수밖에 없었다.

고종과 정부는 독립협회운동으로 투옥되었다가 풀려나온 이승만을 미국에 보내, 일본의 침략에 대하여 시어도어 루스벨트 대통령에게 호소케 했으나 묵살되고 말았다. 1905년 7월 일본 도쿄에서는 시어도어 루스벨트의 팽창정책에 따라 가쓰라·태프트 밀약이 맺어져 미국의 필리핀 지배를, 일본의 한국 지배를 상호 인정하게 되었다. 8월에는 일본과 영국 사이에 2차 영일동맹을 맺어 한국에 있어서 정치·경제 등의 특권을 영국으로부터 인정받게 되었다. 이것은 한국의 의사와는 상관없는 힘의 논리로 강대국 간의 국제적 흥정에 불과한 것이지만 이것이 냉엄한 국제외교의 현실이었다.

'이 대목에서 미국이 한국 합방을 용인하는 가쓰라·태프트 밀약을 맺고 러일전쟁을 적극 후원한 것이 부메랑이 되어 일본에게 뒤통수를 맞게 된다. 정확하게 36년 뒤 하와이 진주만 피습과 필리핀에서 일본에게 쫓겨 가는 치욕을 당하게 된다. 태평양전쟁에서는 20만여 명의 미군 희생과 원자폭탄 투하라는 불명예를 통해 일본의 항복을 받아낸 뼈아픈 역사를 미국은 기억해야 할 것이다.'

일본은 영국과 미국의 후원속에 러시아의 발틱함대를 대한해협에서 격파 러일전쟁에서 승기를 잡았다. 만주 교역에 이해를 갖고 있는 미국의 시어도어 루스벨트 중재로 1905년 포츠머스조약을 체결하였다. 조약의 내용은 한국에서 일본의 우월권을 인정하고, 일본이 요동반도의 조차권과 남만주 철도부설권을 차지하며 사할린 남부를 일본에 양도 한다는 것이다. 이로써 한국은 사실상 국제적으로 일본의 식민지로 전락되고 말았다.

외교권을 박탈해간 을사늑약

이제 한반도에서 거칠 것이 없는 일본은 한국의 주권을 박탈할 용의주도한 구체적인 모략을 세웠다. 1905년 10월에 일본 정부 각의는 청국으로 하여금 일본의 만주경략 방침을 승인케 하였다. 그리고 한국을 보호국으로 삼기 위한 협약을 강요할 방침을 세우고 일본의 계획 수행자로 이토 히로부미를 파견하게 되었다. 일본은 친일파인 송병준·이용구 등을 앞세워 상당한 세력의 일진회를 만들었다. 일진회가 주동이 되어 한국에 대한 일본의 보호가 필요함을 주장케 하여, 보호조약이 마치 한국인의 의사에 의하여 맺은 것처럼 보이도록 했다. 11월 만반의 채비를 갖춘 이토 히로부미가 일본 군대를 동원하여 궁성을 포위하고 학부대신 이완용 등을 앞세워 황제를 위협 강제로 을사늑약을 체결하였다. 을사늑약의 주된 내용은 일본에 의하여 외교권을 박탈당

이완용

하고, 한국의 외교를 관장하기 위해 일본이 파견한 통감을 둔다는 것이다. 고종은 황제가 서명하지 않은 을사늑약이 무효임을《대한매일신보》에 친서를 보내 알렸고, 1906년 12월 영국《트리뷴지》에 보도되어 을사늑약의 불법성이 서양에 알려졌다.

> '이 지점에서 일본이 강제적으로 체결한 을사늑약과 경술병합은 법적으로 무효라고 볼 수 있다. 현재의 비엔나 조약법 51조와 52조는 국가 대표에 대한 강박이나 타국에 대한 위법한 무력행사 등을 통하여 체결된 조약은 무효임을 규정하고 있다. 당시의 전통 국제법은 국가 대표에 대한 강박의 경우 무효가 될 수 있다는 입장을 취하고 있다. 따라서 을사늑약은 정식 조약이 아니고 협약이어서 황제의 비준서가 없고, 조약문에서 조차 많은 하자와 결함을 가지고 있어 당초부터 성립되지 못한 것이다. 경술병합은 공포하는 순종의 조칙문에 '척'이라는 황제의 수결이 빠져있어 법적으로 성립이 인정되지 않는다는 것이다. 그러므로 조약과 법 따지기를 좋아하는 일제의 한국 병합은 강박에 의한 무효뿐만 아니라 조약의 절차가 형식상 성립하지 않았기에 법적으로 무효라고 판단할 수 있다.'

일본은 1906년 12월 이토 히로부미를 통감에 임명하고 다음 해 1월에는 서울의 일본 공사관을 통감부로 변경하였다. 일제통감으로 온 노회한 이토 히로부미는 조약의 내용을 넘어서서 한국의 모든 내정을 관장함으로써 한

서울에 온 이토 히로부미

국의 주권은 사실상 일본에게 빼앗긴 결과가 초래되었다.

일본은 한국민의 격렬한 저항을 막기 위해 일본 주한수비군사령관에게 병력사용 권한을 주고 한국 전역에 걸쳐서 일제의 헌병·경찰망을 펴갔다. 일본은 러일전쟁 직후인 1905년에 동해 울릉도의 속도인 독도를 자의로 일본의 시마네현에 편입시켰다. 1909년 9월에는 만주에서 일본의 철도 이권을 확보하기 위하여 그 교환 조건으로 간도를 청국에 일방적으로 양도하였다. 이러한 우세한 상황 속에서 일본은 한국의 토지를 점탈하기 위해 토지에 대한 사유권을 지계제에서 등기제로 법제화함으로써 일본인의 약탈적인 매점을 합법화하였다. 일본은 한국의 화폐제도를 일본의 그것과 동일하게 개편하는 동시에 교활한 정책적 조작에 의하여 한국인의 경제활동에 심대한 타격을 주었다.

고종의 저항과 순종의 즉위

일본의 강요에 의한 을사늑약 체결은 온 국민의 분노를 촉발하여 조약에 반대하고 일본을 배격하는 운동이 광범위하게 일어났다. 통감 이토는 1907년 5월에는 이완용을 수반으로 하는 친일내각을 성립시켰다. 때마침 6월에 네덜란드 헤이그에서 제 2회 만국평화회의가 열리게 되어, 고종은 일본의 불법침략과 을사늑약체결의 부당성을 열강에 호소하기 위해 이상설·이준·이위종 등 세 사람을 특사로 파견하였다. 헤이그에 도착한 이들은 회의참석을 위하여 노력했으나 일본·영

돈덕전은 순종이 즉위식 한 복원된 건물

국의 방해와 러시아의 비협조로 실패하였다. 이에 놀란 일본은 외무대신 하야시 다다스를 보내 헤이그 특사 파견을 문제 삼았고, 이토는 고종을 협박하여 퇴위를 강요하였다. 흥선 대원군에 의해 왕위에 올라 격동의 시대를 살아온 고종은 일본에 저항했으나, 정세가 부득이함을 느끼고 1907년 7월 양위의 조서를 내릴 수밖에 없었다. 이에 순종이 양위를 받아 황제로 즉위하고 연호를 융희로 고치게 되었다.

일본은 이에 만족하지 않고 고종의 양위 소식에 반발하는 항일세력을 무력으로 억누르면서 7월에 한일신협약의 체결을 강요하였다. 이 조약은 통감이 시정개선에 관하여 한국 정부를 지도하고 법령의 제정 및 중요한 행정상의 처분은 통감의 승인을 받도록 하였다. 그리고 고등 관리의 임면은 통감의 동의를 받고 통감이 추천하는 일본인을 한국 정부의 관리로 임명할 것 등을 규정한 것이다. 아울러 각 부의 차관에 일본인을 임명하여 소위 차관정치가 시작되었다. 일본은 7월 27일에는 언론탄압을 위한 신문지법을 공포하고, 7월 29일에는 집회결사를 금지하는 보안법을 발표했다. 노회한 이토는 협약각서의 방침대로 1907년 8월 1일 대한제국 군대의 해산을 강요하여 군사력을 없애 버렸다. 그 후 1909년 7월 기유각서를 교환함으로써 대한제국의 사법권마저 강탈해갔다.

한일병합으로 대한제국 국권을 상실하다

일본 정부는 1910년 6월 3일 각의에서 병합 후의 한국에 대한 시정방침을 결정하였다. 한국을 일황대권에 근거하여 식민지 통치를 위임받은 총독이 독자적으로 법률에 상당하는 명령을 내리는 것이 가능한 지역으로 만들었다. 5월 30일 조선통감에 조슈 군벌의 실세 육군대신 데라우치 마

데라우치 마사다케

사타케가 임명되었는데, 한일합병 조약문을 챙겨오기 위해 7월 23일에야 착임하였다. 그는 8월 16일 이완용과 조중응 등 친일파 대신을 통감관저로 비밀리에 불러 한국 병합조약은 합의적 조약이 됨을 밀의하였다. 8월 22일 형식적인 어전회의를 거쳐 이완용과 데라우치 사이에 한국 병합에 관한 조약이 공식적으로 조인되었다. 대한제국의 주권과 영토와 국민을 완전히 일본에 넘겨주는 대가로 얻은 것은 허망하게도 대한제국의 황실과 친일파들에게 주어진 작위와 은사금이 전부였다. 일본은 8월 29일 조선총독부 설치에 관한 칙령을 발표하고 9월 30일 총독부관제에 의해 조선총독부를 설치하였다.

일제의 치밀하고도 집요한 침략에 의해 한국은 세계적 식민화 물결의 끝자락에서 국권을 상실하게 되었다. 이제 한국인은 나라를 잃고 왜놈의 식민통치 속에서 갖은 고초를 당해야만 했다. 이러한 한국의 국권상실은 세계의 변화에 신속하게 대응하고 위정자들이 바르게 나라를 이끌어야 함에도 그러하지 못한 것이 큰 원인이 되었다. 결과적으로 정조 말년부터 잘못 들어선 흐름에 따라 망국의 길에 도달한 것이니 고종만 비판 받을 일은 아니라고 본다.

고종 당시 집권세력은 자중지란을 일으켜 개혁정치에 실패하였고, 외세에 의존하여 기득권 유지에만 심혈을 기울였다. 특히 개화파와 수구파간의 갈등과 알력을 하나로 타협하지 못하고 분열된 것이 큰 원인이 되었다. 더욱이 제국주의가 득세하고 팽창하는 시기에 열강들은 자국의 이권 확보 차원에서 일본의 한국 병합을 용인하였던 국제정세도 한국에게는 불리한 상황이 되었던 것이다.

나라 지키기운동과 해외 항일운동

강화도조약 이후 일본의 치밀한 조선침략에 대한 우리 민족의 저항은 형태를 달리하면서 꾸준히 전개되었다. 이는 외세에 대항하여 나라를 지키려는 자주의식과 애국정신의 표현이었다. 일본이 러일전쟁을 통해 한국 침략의 야망을 노골적으로 드러내면서부터 한민족의 항일투쟁도 본격화되었다. 일본이 러일전쟁 중인 1904년 6월 한국 영토의 25%에 해당하는 황무지의 개척권을 요구하자 국민들의 맹렬한 반대 여론이 일어났다. 이권의 양도를 저지하기 위해 송수만·심상진 등이 보국안민을 뜻하는 보안회를 서울 백목전에서 중민회의를 열어 발기하였다. 보안회는 적극적인 국민운동을 일으켜 일본의 황무지 개척권 요구를 철회시키고, 실업가와 관리로 조직된 농광회사에 그 권리를 일임시키는데 성공했다.

1905년 불법적인 을사늑약이 일제의 강요로 체결된 사실이 알려지자 조약에 반대하고 일제를 배격하는 국민운동이 전개되었다. 반대의 선봉에 서서 국민의 여론을 불러일으킨 것은 당시 언론들이었다. 황성신문 주필 장지연은 조약체결의 실상을 보도하면서 '시일야 방성대곡'이라는 논설을 실어서 국민의 항쟁을 호소하였다.《제국신문》과《대한매일신보》등이 을사조약의 무효를 주장하고 조약 폐기운동을 보도하여 항일운동을 촉구하였다. 조병세·민영환·최익현 등의 상소 항의가 연이었고 반대시위가 벌어지는 속에서 시전상인들은 철시로 호응하였다.

조야의 인사들은 연이어 조약을 파기할 것과 이완용과 이지용 등 을사오적의 처단을 주장하였다. 11월에는 시종무관장 민영환이 이천만 동포에게 고함이라는 유서를 남기고 자결하자 그 뒤를 이어 홍만식·조병세·이상철 등이 순국하였다. 1906년 2월에는 을사오적인 이근택이 피격되고 권중현은 저격당하였다. 7월에는 이완용과 박제순의 집이 분노한 민중들에 의해 불살라졌다. 고종은 미국에 머물고 있던 헐버트에게 비밀리에 서한을 보내어 을사조약이 무효임을 미국 대통령에게 호소케 하였으나 당시의 국제 정세 하에서는 별다른 효과가 없었다.

민족적 분노는 일제 침략의 협조자나 그 원흉에 대한 보복으로도 나타났다. 1908년에는 미국에 있던 전명운·장인환이 한국 외교고문이었던 스티븐스가 일본의 통감정치를 찬양한 것에 원한을 품고 샌프란시스코에서 그를 저격하여 살해하였다. 1909년에는 연해주 일대에서 의병운동을 전개하고 있던 안중근이, 한국 침략의 원흉인 이토를 10월 26일에 하얼빈 역두에서 저격하여 처단하였다. 12월에는 서울에서 이재명이 매국노 이완용을 습격하여 중상을 입혔다. 이와 같이 한민족의 항일운동은 다방면으로 끊임없이 전개되었으며 한걸음 더 나아가 국권을 회복하기 위한 민족운동으로 확대 발전해 갔다. 그것은 무력으로 일제에 항전한 항일의병운동과 개화사상에 뿌리를 두고 민족의 역량을 키워 국권을 회복하려는 애국계몽운동으로 이어갔다.

다양한 의병활동의 전개

일제의 집요한 침략에 대응하기 위해 일어난 항일운동 가운데 가장 적극적인 투쟁은 무기를 들고 봉기한 의병활동이었다. 항일의병은 민왕후시해와 단발령에 자극받아 전국적으로 일어난 을미의병이 있었다. 이때는 동학농민혁명에 참여했던 농민들도 가담하였는데 그 지휘는 지방의 명망 있는 유학자들이 맡았다. 이들은 일본군과 일본 거류민을 공격대상으로 삼거나, 단발을 강요하는 친일 수령들을 징치하였다. 그러나 을미의병은 고종의 아관파천으로 친일정부가 퇴진하고 고종의 해산종용 조칙이 내려지자 해산되었다.

두 번째로 을사늑약에 의해서 국가의 운명이 위태로워진 것을 본 유생들과 전 관리들은 지방 각처에서 의병을 일으켜 즉시독립을 위한 구국항쟁에 나서게 되었다. 1906년 병오년 의병의 중심은 민종식·최익현·신돌석 등의 다양한 의병부대였다. 전 참판 민종식은 스스로 의병대장이 되어 충남 정산에서 거병하였다. 그러자 홍주의 이세영·안병찬 등이 합세하여 500여 명의 의병과 75문의 구식대포로 홍주성을 근거로 격전을 벌였으나 패산하였다.

최익현

당시 유림의 태두였던 70세의 최익현은 제자 임병찬 등과 함께 태인 무성서원에서 창의하였다. 최익현은 정읍·곡성을 거치면서 세력을 키워 순창으로 진출하였으나 정부 진위대와의 전투에 임하자 왜적이 아닌 동족과 싸울 수 없다하고 자진 해산시키고 체포당하였다. 최익현은 그 후 일본군에 의해 대마도에 구금 되었는데 그곳에서 일본이 주는 음식을 거부하고 순국하였다. 한편 경상도에서는 영해의 신돌석, 영천의 정용기 등의 의병부대가 일어났다. 평민 의병장 신돌석은 경상·강원도의 접경에 있는 일월산을 거점으로 3,000여 명의 대규모 부대를 이끌고 일본군과 여러 차례 교전하였다.

군대 해산으로 정미의병이 일어나다

유생들이 주동이 되고 농민들이 호응하여 일어선 의병의 무력항쟁은 1907년의 고종황제 양위와 군대의 강제 해산을 계기로 더욱 치열하게 확대되어 갔다. 그 해 8월에 한국 군대가 일제에 의하여 강제로 해산 당하게 되자 대대장 박성환은 자결로써 항의하였다. 시위보병 2개 대대의 군사들은 서울 시내에서 일본군과 충돌하여 시가전을 벌이기도 하였다. 해산된

의병들의 모습

한국 군대는 각기 흩어져 지방으로 내려가 각지의 의병부대에 합류하였다. 그 뒤를 이어 원주·수원 진위대 병사들도 각지의 의병부대에 가담하였다. 이제 의병은 유생·농민·상인·광부·포수 외에 해산병과 그들의 무기를 얻어 전력이 크게 향상되었다. 의병의 대·소부대는 각기 산악지대를 근거로 하여 각처의 일본군 수비대를 습격하고 철도와 전신선을 파괴·절단하였다.

각지에서 의병부대와 일본군과의 교전이 계속되는 가운데 점차 의병부대 사이에 연통하게 되어 서울을 점령하려는 서울 진공작전이 추진되기에 이르렀다. 관동의병장 이인영이 각지 의병장들에게 격문을 보내어 8도의 의병이 서울로 진공할 것을 주장하고 경기도 양주에 집결하자고 제안하였다. 이리하여 전국 각처에서 1만여 명의 의병이 1907년 12월 양주에 은밀히 집결하였다. 창의군은 총대장에 이인영, 군사장 허위를 중심으로 각 지방의 창의대장을 정하고 24개진으로 편성하였다. 1908년 1월 서울로 진공을 시도했으나 허위 진 300여 명의 선발군이 일본군의 막강한 화력을 뚫지 못하였다. 때마침 총대장 이인영이 부친상으로 귀가해 버리자 창의군의 서울 진공작전은 실패하였고 창의군은 해산되었다. 의병부대들은 각기 독자적으로 게릴라전을 1909년까지 펴 나갔는데 황해도와 전라도 쪽이 활발했다. 일제가 추정한 의병의 수는 1908년에 69,832명으로 1,500회의 충돌이 있었다. 1909년에는 25,000명으로 줄어들었는데 상당수가 피살되거나 만주나 연해주 등지로 망명해간 것으로 볼 수 있다.

최후까지 싸운 호남의병과 남한 대토벌작전

의병부대 진압을 위해 일본군은 무차별 살상과 초토화 작전을 감행하였다. 일본군의 의병진압은 단순히 전투에만 그치는 것이 아니고, 의병의 근거지를 소탕하기 위해서 인접 지역의 양민을 학살하고 마을을 불태우는 만행을 저질렀다. 여러 지역 중 호남 지방의 의병전투가 가장 치열하였다. 이 지역 의병들이 일본 군경과 벌인 전투 횟수는 1908년 전체 전투의 25%, 1909년에는 전체 전투의 47.3%로 많은 전투가 벌어졌다. 1907년 9월 장성에서 기삼연, 고광순 등 유학자들이 의병을 일으켰고, 이듬해 전해산·심남일·안규홍 등 새로운 의병장과 의병부대가 그 뒤를 이었다. 이들 부대는 주민들의 도움을 받아 유격전을 벌여 일본군에게 큰 타격을 주었다. 호남의병이 장기적인 항전 체제를 갖추자, 일제는 1909년 9월부터 2개월간 해안과 육지에서 호남 지역을 완전히 봉쇄한 뒤 빗질을 하듯 남한 대토벌작전을 벌였다. 그 결과 호남 지역은 일본군의 살육·방화·약탈로 의병장 103명과 의병 4,138명이 체포·학살되는 남한 대토벌의 잔학상이 벌어졌던 것이다.

한국인의 해외 이주와 항일기지 조성

조선인의 국외 이주는 큰 흉년이나 전란이 일어나면 먹고살기 위해 남부여대하고 살길을 찾아 두만강을 넘어 가면서 시작되었다. 조선 말 일제의 침략이 본격화 되면서 만주와 연해주 지역에 다수가 이주하게 되었고 이 지역들이 정치적 망명자들의 국외 항일운동의 근거지가 되었다. 간도와 연해주는 지리적 위치가 조선 국경과 연접하여 1860년대 전후 함경도 변민이 국경을 넘어 황무지를 개간하고 정착하였다. 간도에서는 1903년에 이미 10만여 명의 월경자를 헤아렸고 한국인들의 촌락이 곳곳에 형성되었다. 연해주는 1902년 당시 3만여 명 이었는데, 러일전쟁 이후 농토를 잃은 농민들과 정치적 망명자의 이주가 급격히 늘어 1910년경에는 10만여 명이 넘는 한국인 세상이 되었다. 러일전쟁 후에는 이범진·이위종·이상화·안중근·전명운 등 적극적인 독립운동가들이 연해주로 망명하여 활동하였다. 1907년 일제가 간도에 임시 파출소를 설치하고 한국인 활동을 탄압하자 피신해 온 망명자들 중 일부가 러시아령 연해주로 넘어가기도 했다.

1910년 한국이 망하자 간도로 몰려가는 인파가 피난행렬과도 같았는데 신작로를 가득 메웠다고 한다. 간도 지방에서는 일찍부터 이주해간 동포 사회를 중심으로 교육운동과 군사훈련을 통하여 민족정신을 키워가고 있었다. 특히 1907년 이후 신민회가 추진한 해외독립운동기지 개척운동으로 이 지역에는 많은 교육기관·군사기관·산업시설이 자리 잡았다. 그 가운데 신민회간부 이석영·이회영·이시영 형제 및 이상용 등을 중심으로 개척한 유하현 삼원보에는 1911년 경학사라는 자치기관을 두고 신흥강습소에서는 독립운동의 인재를 양성하였다. 간도에서는 사립학교가 설립되어 용정촌의 서전의숙이 그 시작이 되었고, 1909년에는 명동의숙이 이를 계승하였다. 국권상실 이후에는 광성·신흥 등 북간도 일대에 130여 개의 사립학교가 세워져 항일 교육의 중심이 되었다.

연해주에도 농업 이민자뿐만 아니라 민족운동가들의 이주가 크게 늘었다. 이곳은 만주보다 일제의 영향력이 약한 지역이어서 민족운동을 추진하는데 용이하였다. 민족운동가들은 1909년경에 《해조신문》·《대동공보》

등의 신문을 간행하여 일제침략을 규탄하고 독립사상을 고취하였다.《대동공보》는 1910년 연해주 한인사회 거두 최재형에 의하여 복간 발행되어 동포사회 결속에 큰 역할을 하였다. 고구려의 책성이 있는 블라디보스토크에 신한촌 등 조선인 거주지를 중심으로 1905년에는 한민회가 구성되고 1907년에는 대한청년교육회, 1909년에는 공공회라는 단체가 조직되어 한인들을 상대로 적극적인 애국활동을 전개하였다.

태평양 넘어 미주 지역

미국 하와이 지역의 사탕수수밭에 노동자 취업을 위한 이민이 1903년 본격 시작된 이래 당년에 16차, 1904년에 33차, 1905년에는 16차 등을 통해 7,226명의 농업이민자가 하와이에 정착하게 되었다. 그들은 생활이 어려워 먹고 살기 위해 고국을 떠난 사람들이었다. 이들은 사탕수수 농장에서 하루 10시간씩 일하면서 고국에 봉급을 송금하거나, 민족운동을 후원하면서 하와이 현지사회에 빠르게 적응해 갔다. 이 시기에 윤병구·안창호·박용만 등이 도미하여 미국에서 항일운동의 주축이 되었다. 하와이에서는 1907년 신민회가 창설된 것을 비롯하여 많은 한국인 단체들이 생겨났고 이후에 한인협성회로 통합되었다.

미국 서부 지역에서는 1900년대부터 한국 상인이나 유학생들이 소규모 공동체를 형성하고 있었다. 1902년 안창호가 미국으로 건너가 샌프란시스코를 중심으로 친목회를 만들고, 1905년에는 대한인공립협회를 설립하여 계몽운동을 벌였다. 한국의 외교권이 일제에 의하여 박탈되자, 1906년 재미한인공동대회를 열고 일제의 국권침해를 규탄하였으며 1908년 국민회(후에 대한인국민회)를 발족시켰다. 이와 같이 조직된 국민회는 멕시코·블라디보스토크·상하이·하얼빈 등 해외 각지와 국내에까지 그 조직을 확대시켰다. 한편, 박용만은 1909년 6월 미국 네브래스카주 키니농장에 한인

소년병학교를 설립하여 무력 투쟁의 새로운 준비를 시도하였다.

한편 1905년 4월에는 일본 이민회사가 낸 멕시코 이민 농부 모집광고를 보고 지원한 1,000여 명이 인천항을 통해 이민에 나섰다. 이들은 멕시코의 여러 농장에 분산되어 일을 했지만 당초 약속과 달리 노예로 전락하여 강제노동 등 고초를 당하였다. 계약만료 후 1910년 멕시코 이민사회는 지방회를 발족하고 학교를 세우는 등 한인 공동체 유지에 노력하였다. 그 후 1917년에는 안창호가 멕시코에 들어와 국민회 지부를 조직하고 애국계몽운동을 벌여 교포들도 민족운동에 동참하였다. 1921년에는 멕시코 메리다 한인 290여 명이 쿠바로 옮겨가 쿠바의 한인사회를 형성하였다.

2.
민족주의자들의 애국자강운동

을사늑약으로 외교권을 박탈당하고 식민지 위기가 고조되는 가운데 민족주의자들이 앞장선 애국자강운동이 일어났다. 이 운동은 국민의 의식을 개발하여 애국심을 기르고 국가의 힘을 배양하여 나라를 지켜가자는 민족적인 구국운동이었다. 이때 일어난 애국자강운동은 개화파와 독립협회활동을 계승한 흐름으로 이후에 3·1독립만세운동과 실력양성운동으로 이어지고, 해방 후 민족주의자들에 의해서 민주공화국 대한민국을 탄생시킨 큰 흐름이 되었다.

민족의 위기에서 일어난 애국자강운동은 서구문물의 수용이 필요하다고 인식한 개신유학자들과 개화적인 지식인들에 의해서 주도되었다. 이때의 자강운동가들은 대체로 문명개화론과 사회진화론을 사고의 기반으로 삼았다. 이 운동을 주도한 민족주의자들은 나라가 위기에 처한 것은 국력이 약하고 진취성이 부족한 것으로 보았다. 따라서 외국의 지식을 받아들이고 교육과 산업의 발전을 도모하여 부국강병을 통해 국권을 회복하고자 하였다. 그리하여 한국 사회에서 언론과 교육을 비롯하여 사회·경제·국학 등 각 분야마다 활발한 자강혁신운동이 전개되었던 것이다.

독립협회를 계승한 언론과 정치단체의 활동

민중을 계몽시키는 근대적 신문의 발간은 1896년 서재필이 창간한《독립신문》이었다.《독립신문》은 주 3회로 시작하여 일간으로 변경 발행되고 국문과 영문판을 동시에 실어 일반국민들이 쉽게 볼 수 있게 하였다. 이 신문으로 큰 영향을 받은 독립협회 출신들이 한말의 5대 언론의 창간·편집을 주도하였다. 1898년에 남궁억 등 유학자들에 의하여 창간된《황성신문》은 국한문 혼용으로 중류 이상의 양반계층을 대상으로 발행되었다. 유학자 중심의 신문이다 보니 왕정의 보필을 내세운 보수적인 성격을 띠었다. 을사조약이 체결되자 장지연의 논설을 실어 일제의 침략과 정부의 무능 그리고 대신들의 매국행위를 규탄하였다.《제국신문》은 이종일 등 선각적인 유생들이 부녀자 등 중류 이하의 일반국민을 대상으로 발행한 순 한글신문이다. 국민들에게 민족적 자주의식을 심어줄 의도에서 간행된 이 신문은 민족 계몽지의 역할을 하였다.

1904년에는 영국인 베델이 양기탁과 더불어 국문과 영문의《대한매일신보》를 창간하였다. 1910년까지 발행된 신문으로 국민들의 문명개화를 위해 서양의 진보한 문물을 소개하였다. 일제의 침략에 대항하는 국민의 민족의식을 고취시키고 국채보상운동에도 앞장섰다. 당시 영일동맹 관계로 영국인이 발행하는 이 신문을 일제가 쉽게 간섭할 수 없어 강경한 항일논조를 펼 수 있었다. 오세창이 천도교의 지원을 받아 발행한《만세보》는 국한문이지만 루비활자를 사용하여 국문해독층을 독자로 확보하였다. 이 신문에서 국민들의 신지식 개발과 신문화보급에 노력하던 오세창은 일제의 침략 행위가 격심해지자《대한민보》를 창간하였다. 대한협회의 기관지 역할을 수행한《대한민보》는 국권회복을 위한 국민의 단결을 촉구하였다.

당시 신문들은 문명개화론과 사회진화론을 수용하면서 민족의 자주정신을 고취하고 신문화를 수용하여 국민을 계몽하는데 큰 기여를 하였다. 이때 신문에 자주 등장한 사회진화론은 청 양계초의《음빙실문집》에서 소개한 내용으로, 인간사회도 자연계와 마찬가지로 약육강식의 원리에 따른 적자생존을 통해 진화해간다는 것이다. 영국의 사회학자 스펜서가 제창한 이래 19세기 말에 세계 각지로 전파돼 세계적인 사조가 되었다. 민족이라는 용어는 일본에서 nation을 번역한 말로 중국에서는 량치차오가 수용해 사용하였다. 대한제국에서도 1906년경부터 민족이라는 용어를 사용했으며 대한민족, 조선족 등의 호칭으로 사용되었다. 항일 민족운동에 앞장선 신문 활동을 봉쇄하기 위해 일제는 1904년부터 사전 검열을 실시하였다. 이어서 1907년 광무신문지법을 제정하여 규제를 강화했다. 신문과 함께 발간된 잡지도 국민계몽과 민족정신의 배양에 앞장섰다. 이 시기에 발행된 잡지는 50여종을 상회하는 것으로 대부분 국한문을 해독하는 지식인이나 학생을 독자층으로 삼았다.

정치사회 단체의 활동

애국자강운동을 가장 조직적으로 전개해 나간 것은 정치사회 단체들이었다. 독립협회가 해산된 이후 대중을 기반으로 한 민간단체는 존립할 수 없었다. 그러다가 러일전쟁 기간 중 창립된 보안회는 연설회 등을 통하여 국민여론을 일으켜 조선의 황무지를 지켜냈다. 보안회의 출현은 침체된 민간단체의 설립을 촉진시켰다. 이후 협동회·공진회·진명회 등이 설립·폐지를 거듭하다가 독립협회에 참여했던 인사들과 개신유학자층이 결합하여 1905년 헌정연구회가 결성되었다. 이 단체는 입헌군주제에 대한 논의와 반일진회라는 정치적 목적으로 활동했다.

한편 일제는 보안회에 자극을 받아 친일단체 육성의 필요성을 깨닫고 친일세력과 독립협회 출신자를 매수하여 1904년 8월 일진회를 결성했다. 이 시기에 정부의 탄압을 받던 동학도 민간단체 격으로 진보회를 결성했는데 일진회와 통합되었다. 을사늑약이 체결되고 정치활동이 금지되자 헌정연구회는 1906년 4월 대한자강회를 조직했다. 대한자강회를 주도한 사람들은 독립협회 출신인 윤치호·윤효정·현채·장지연·지석영 등으로 지도부의 절반을 차지하였다. 이 단체는 교육과 실업 발전을 내세워 그 조직을 전국적으로 확대시키고《대한자강회월보》를 발행했다. 대한자강회는 국내외 33개의 지회와 1,500여 명의 회원을 확보하고 국권회복운동을 전개하다가 1907년 고종의 퇴위를 반대하여 일제에 의해 해산당했다.

대한협회는 1907년 해산된 대한자강회 회원들과 권동진, 오세창 등 천도교 일파가 연합 형태로 결성하였다. 이 단체는 국민들의 광범위한 지지를 받아 60여 개의 지회와 수만 명의 회원이 참여 왕성한 활동을 하였다. 당시 고창 후포의 대한협회 강연회에서 '주권재민'이라는 말을 처음들은 김성수는 인생의 중요한 이정표로 삼았다고 한다. 그러나 일제의 탄압으로 지도부가 통감부를 용인하자는 파와, 애국자강운동만을 계승하자는 파로 분열되어 소멸되었다.

통감부에 의한 정치활동의 감시와 억압이 날로 심해지자 새로운 돌파구로 1907년 4월 국권회복을 목적으로 한 비밀결사로 신민회가 결성되었다. 신민회는 조직의 귀재 안창호의 제안으로 양기탁·신채호·장도빈 등 대한매일신보 계열, 전덕기·이준·이동녕 등 상동교회 청년회세력, 이동휘·이갑·유동열 등 무관출신, 이승훈·안태극 등 서북 지방의 기독교신자·교사·학생 등이 참여하였다. 신민회는 위정척사파들의 의병투쟁이 자칫 외세의 개입과 침략을 불러올 수 있기 때문에 부국강병을 이루기 위해서는 '실력양성'이 우선이라고 내세웠다. 신민회는 국권회복을 위해 교육계몽·식산흥업·독립군기지 건설운동을 전개했다. 이에 따라 직접 평양에 대성학교와 자기회사를 세우고 정주에 오산학교를 세웠다. 그리고 평양과 대구에 태극서관을 세워 출판활동을 하고《대한매일신보》를 기관지로 활용하였다. 이와 함께 민족의 독립역량을 키워 주권을 회복하기 위하여 간도와 연해주 등지에 해외 독립운동기지를 설립하였다. 1910년 이동녕·이회영 등은 간도로 이주하여 신한민촌을 건설하고 신흥강습소를 설립하였다. 이상설·이 승희는 밀산부에 한흥동을 건설하였다. 그러나 일제가 1911년 테라우치 총독 암살음모를 조작하여 윤치호·이승훈 등 신민회 간부 105명을 구속 재 판에 회부하자 이 사건을 계기로 신민회 활동은 중단되고 말았다.

사람을 키우는 교육운동과 산업운동

문호개방 이후 일어난 근대 교육은 물밀듯이 들어오는 신문화를 수용하 고 외세의 침략에 나라를 지키려는 국민의 자주의식과 애국심을 고취하는 역할을 담당하였다. 더욱이 을사늑약으로 나라가 위기에 몰리자 나라의 힘을 키우고자하는 노력은 자연히 교육을 통한 인재육성에 대한 관심으로 나타났다. 최초의 근대적인 학교는 1883년에 원산상회소가 세운 원산학 사이다. 1886년에는 미국을 다녀온 민영익의 건의로 육영공원을 설립하 였다. 8년간이나 계속된 이 최초의 영어 학교는 양반 자제들의 큰 관심을 받지 못한 채 1894년에 폐쇄되고 말았으나, 이 학교에서 영어를 배운 이완 용은 출세가도를 달리기도 하였다. 1894년 갑오개혁에서 새로운 교육제 도가 만들어지면서 교육도 근대적 제도로 개편되었다.

갑오개혁 이전에 새로운 교 육을 시작했던 것은 미국 기독 교 선교회에서 설립했던 사립 학교에서였다. 1885년에 감리 교 선교사 아펜젤러에 의해 배 제학당이 설립되고, 다음해 장 로교 선교사 언더우드의 경신

배재학당

학교와 감리교 선교사 메리 스크랜턴의 이화학당이 설립되었다. 뒤이어서 정신여학교·숭실학교·배화여학교·호수돈여학교 등이 서울과 지방에 설립되었다. 그리하여 1904년에 이르기까지는 사립학교 교육은 이들 미국 기독교 선교회의 선교사업 차원의 육영사업에 의지하고 있었다. 이들 기독교 계통의 사립학교의 교육은 보수적인 유교 교육을 근대적인 교육으로 전환시키는데 핵심적인 역할을 하였다. 신분에 차별받지 않고 입학할 수 있었던 학생들은 기독교계 학교에서 자유·민주주의적인 교육을 받았다. 뿐만 아니라 배제학당 출신들과 같이 독립협회 등에 가입하여 자주·민권 등 근대화 운동에 앞장서기도 하였다.

당시 정부도 국가적으로 교육의 중요성을 강조하여 교육입국조서를 반포하였고, 1905년까지 소학교·중학교·사범학교·외국어학교 등 각급 관립학교를 서울에 설립하였다. 한국인의 교육열도 크게 고조되어 남녀 사립학교가 연이어 세워졌다. 1905년에는 보성학교·양정의숙·휘문의숙 등이, 1906년에는 진명·숙명여학교와 중동학교가 서울에 세워졌다. 지방에 세워진 사립학교는 1907년에 안창호에 의해 세워진 평양 대성학교와 이승훈이 세운 정주의 오산학교 등이 있다. 특히 신민회의 교육구국운동의 영향

이화학교 신관

으로 1909년까지 전국적으로 수많은 학교가 세워지는 교육 열풍이 불었다. 이러한 사립학교는 민족주의에 입각한 근대교육이 국권 회복의 교두보가 된다는 인식에서 설립 운영되었다. 이와 같은 교육운동에 일제는 1908년 사립학교령을 제정하여 학교의 설립과 운영을 통제하였다. 공립학교에서는 역사 시간을 축소하거나 역사 교과서 편찬도 금지하였다. 그러나 기독교선교회나 민족주의자들

이 세운 사립학교들은 이러한 협박이나 억압에 굴하지 않고, 민족정신을 고취시키는데 온 힘을 다해 항일운동과 국권회복의 인재를 길러냈다.

교육운동에는 지방 출신으로 서울에서 활동한 인사들이 주축이 된 학회나 교육단체도 참여하였다. 1906년 평안도·황해도 출신 인사들이 모여 서우학회를 결성했고, 이어서 함경도 출신들이 한북흥학회를 결성하였다. 이 두 학회는 1908년 서북학회로 통합하였다. 1907년에는 호남학회와 호서학회가, 1908년에는 기호흥학회·교남학회·관동학회 등이 결성되었다. 출신 지역별로 구성된 이 학회는 군 단위로 지회를 두었고, 학보를 발간하거나 협성학교나 기호학교 같은 학교를 설립 운영하기도 했다. 또 일본 유학생들이 모여 1905년 태극학회가 창립되고 그 다음해에는 대한유학생회가 만들어졌다. 대한학회를 거쳐 1909년에는 대한흥학회로 통합되어 민족자강에 관심을 기울였다.

산업을 키우는 경제운동

민족자본에 의한 근대적 기업 활동이 활발해진 것은 독립협회가 국민계몽활동을 전개하고 대한제국이 설립되던 무렵부터라고 볼 수 있다. 민족 자강론자들은 민족의 경제적 역량을 키우기 위해 민족 산업을 육성하여 경제부강을 이루려는 경제자립운동을 도모했다. 갈수록 일본의 경제적 침략이 노골화되자 민족자본을 육성하기 위해 서울이나 개항장에는 상사가 조직되고, 광산·운수·은행 등의 분야에서 근대적인 경영체제가 나타났다. 민간기업인들은 일본 제품 못지않게 좋은 제품을 생산해야 일본 상인과 경쟁에서 이길 수 있다는 것을 인식하고 근대적 공장을 추진하였다.

이들이 큰 관심을 가진 것은 수입품을 대체할 수 있는 방직공업으로 1897년 안경수 등이 대한직조공장을 설립하였다. 이어서 종로의 백목전이 주동이 되어 1900년에 건설한 종로 직조사와 구식공장을 개조한 김덕창 직조공장 등이 가동되었다. 제조업에서도 외국상품과 경쟁하기 위해 공장제 수공업 형태가 나타났다. 솥 같은 경우에는 경상도 청도의 솥 공장 지대에서 년 1만 8,000개를 생산하는데 수많은 사람들이 분업에 참여하였다. 유기도 안성과 정주에서 놋쇠점을 중심으로 공장제 수공업 방식으로 대량 생산하였다. 도자기도 값싼 일본산 도자기가 수입되자 신식 개량 기계를 도입 생산하는 공장도 생겨났다. 이 밖에 정미업·제분업·담배 제조업 등의 생필품 공장도 소규모이지만 점점 늘어갔다.

철도는 한반도를 대륙과 태평양 진출의 교두보로 활용하려는 일본과 러시아 등 열강이 다투어 철도부설권을 획득코자 하였다. 이에 대응하여 철도를 민족자본으로 건설해야 한다는 주장이 강하게 일어났다. 이에 따라 1898년 부산과 하단을 연결하는 철도 가설을 위해 박기종 등이 부하철도회사를 설립하였다. 1904년에는 서오순 등이 호남철도주식회사를 설립 공주와 목포 사이의 철도부설을 꾀하였으나 일제의 방해로 성공하지 못했다. 거대 자본이 투자되는 철도는 결국 일본이 가져가 1899년 경인선, 1904년 경부선, 1906년 경의선이 개통되었고 호남선은 1910년 1월에야 착공에 들어갔다. 부피가 큰 조선의 화물들은 해운과 하운에 의존했기에 선박의 확보가 현안이 되었다. 이에 대응하기 위해 1900년 대한협동우선 주식회사·인천우선회사·인한윤선주식회사 등이 설립 운영하였으나 점차 일본 기선회사가 독점해갔다.

그러나 이러한 민족자본에 의한 상공업 활동은 일제의 상품과 자본침투에 밀려 효과적인 발전을 이룩하기가 매우 어려웠다. 더욱이 일제가 러일전쟁 중에 실시한 화폐개혁으로 금융공황이 일어나 한국인의 민족기업은 심한 자금난에 빠져 성장은 더욱 어려워졌다. 이러한 때 서울의 상인들은 자구책을 강구하기 위하여 한성상업회의소를 창립하였다. 여러 가지 자구책을 정부에 건의했지만 일본의 방해로 성공하지는 못하였다. 한편에서는 일제의 금융독점을 타파하기 위하여 금융기관 설립을 추진하였다. 한국인이 세운 첫 번째 금융기관은 독립협회에서 활동하는 고위 관료와 상인을 발기인으로 삼아 1896년 김종한이 설립한 조선은행이었다. 이어서 한성은행·대한천일은행·한일은행 등이 설립되었다. 이들 은행들은 서울의 거상들이 관료 출신들의 협력을 얻어 설립한 것이었으나 일본인의 은행과 비교가 안 되는 소규모였다. 1903년에는 중앙은행을 설립하기 위한 조례를 반포했으나 실현되지 못하였다.

일제의 금융독점으로 재정의 자립이 어려워진 대한제국에 일본인 재정 고문이 고빙되고 일본에서 도입하는 차관이 급증하게 되었다. 일제는 통감부 설치 후 한국의 시정을 개선한다는 명목으로 한국 침략에 소요되는 경비를 고율의 국채를 기채하여 일본 차관으로 조달했다. 그 결과 1907년 초 한국 정부의 대일차관은 1,300만원에 이르렀는데 그 액수는 정부의 1년 예산과 맞먹는 거액이었다.

거국적으로 국채보상운동에 나서다

일본 차관으로 빚어진 거액의 국채를 국민들의 모금으로 갚자는 국채보상운동은 1907년 대구 광문사라는 시회에서 김광제·서상돈 등이 국채보상기성회를 발기하면서 시작되었다. 이들은 2천만 동포가 석 달간 금연하여 그 대금으로 보상할 것을 제의하였다. 이 제의가 《대한매일신보》등 여러 신문을 통해 알려지면서 국채보상운동은 전국으로 확대되었다. 2월 서울에서 국채보상기성회가 조직된 것을 비롯하여 전국에 국채보상을 목적으로 한 단체가 결성되기 시작했다. 국채보상운동에는 양반과 부유층뿐만 아니라 농민·노동자·상인·학생·부녀자에서 기생에 이르기까지 거의 모든 계층이 참여하였다. 특히 여성들은 좀도리 쌀을 모으거나 비녀와 가락지 등을 의연품으로 내놓아 뜨거운 애국열을 보여주었다.

고종과 전·현직 관료들도 금연을 선언하고 이운동에 동참했고, 일본 유학생과 미주·노령 동포들도 참여하였다. 국채보상운동이 활발히 전개되자 모금을 총괄하는 기구로 국채보상지원총합소와 국채보상연합회의소가 조직되었다. 국채보상운동이 전 국민적 호응을 받아 성공적으로 추진되자, 일제는 1907년 말부터 갖가지 트집을 잡아 교활하게 보상운동을 방해하였다. 일제는 이 운동을 적극 주도한《대한매일신보》발행인 베델의 추방을 추진하고, 양기탁을 국채보상금 횡령혐의로 구속하였다. 일제의 탄압으로 국채보상운동은 위축되었고, 지도부는 국채보상처리회를 조직해 모금액을 교육 사업에 투자하기로 결의하였다. 그러나 이 계획은 무산되었고, 최종 모금액 15만여 원도 경무총감부에 빼앗기고 말았다.

우리 말과 역사 지키기운동

국권을 지키려는 국민들의 자각은 국어와 국사를 연구하여 민족정신을 함양하고 고취시키는 국학운동으로 나타났다. 독립정신과 애국심을 불러일으키는데 있어서 우리말과 우리역사를 앞세우는 것은 가장 적절한 국민계몽운동이 될 수 있기 때문이다. 국어는 1894년 무렵부터 독립이라는 말과 함께 주목받았는데, 갑오개혁 이후 공문서가 국한문으로 병용되기 시작했다. 1895년 관립학교가 설립되어 국한문의 교과서가 등장하면서 국문에 대한 관심이 높아졌다. 이때 유길준의《서유견문》은 새로운 국한문체 보급에 크게 공헌하였다. 1896년 국문을 사용한《독립신문》이 창간된 이래《제국신문》·《황성신문》·《대한매일신보》등이 국문이나 국한문체를 쓰므로 새로운 문체의 사용을 보편화 시키는데 크게 기여하였다.

언문일치가 이루어지면서 표기에서 국문전용과 국한문혼용이 주장되었고 국문 통일에 관한 논의가 주목을 받았다. 1897년에 간행된 이봉운의 《국문정리》는 현행과 거의 같은 띄어쓰기와 된소리 표기 방식을 주장하였다. 서재필의 신문 발행에 참여한 주시경은 국문동식회를 조직하여 이론 정립에 힘을 썼다. 1906년에는 《대한 국어문법》을 펴내 당시 맞춤법 이론을 체계적으로 정리하였다. 국어 연구에 관심이 높아짐에 따라 1907년에는 학부에 국문연구소가 설립되어 주시경·지석영 등이 중심이 되어 국어를 연구·정리하였다. 주시경은 1908년 국어연구학회를 조직하여 국문연구와 보급에 매진하였고 각급 학교에서 국어와 국문을 가르쳤다.

애국심을 고취하기 위해 전통문화에 대한 자부심이 국사 연구로 발전했다. 역사학은 갑오경장 이후 설치된 관립학교에서 한국사와 외국사 교육이 시작되면서 경사일체의 전통역사학을 벗어나 점차 근대적인 학문으로 발전했다. 1895년 이후 학부에서 국한문혼용의 국사 교과서를 간행하게 되었는데 종래의 편년체가 아닌 근대적인 서술 방식을 취하게 되었다. 그러나 현채의 《동국사략》과 같은 국사 교과서는 일본인의 《조선사》를 초역한 것으로 일본인의 편견을 무비판적으로 수용하는 꼴이 되었다. 김택영과 정교 등이 편찬한 역사책도 중국으로부터의 자주독립에는 깊은 관심을 보였지만, 일본 사학자들의 침략적인 역사왜곡에 대해서는 깊이 주목하지 못했다. 이러한 문제점을 지적하고 민족주의 역사학의 연구방향을 제시한 것이 박은식·신채호·최남선 등이었다.

1900년대 후반에 이르러 각급 사립학교의 증가로 역사교과서 편찬이 활발해졌으나 교과서는 대부분 개설적인 수준이었다. 외국사에 관한 저술은 주로 일본어나 중국어를 중역한 망국사·개혁사·독립사 등이다. 이즈음 출간된 책은 《미국독립사》·《의태리독립사》·《파란망국사》와 《을지문덕전》·《최도통전》·《이순신전》 등이다. 국사교과서는 1909년 출판법 제정으로 검열을 받게 되어 그 내용이 크게 위축될 수밖에 없었다. 그러한 상황에서 신채호가 1908년에《대한매일신보》에 연재한 독사신론은 민족주의적인 입장에서 국사 인식의 새로운 방향을 제시한 것이다. 신채호는 주자학적인 명분론과 중화 중심의 사관을 비판하였다. 그리고 일제에 의해 제기되어 국내에서도 수용되어진 임나일본부설과 신공황후 침공설 등의 허구성을 논파했다. 아울러 신채호는 단군을 한국사의 출발점으로 보고 한국 고대사의 흐름을 부여와 고구려, 발해 등 부여족을 중심으로 파악하였다. 박은식은 국가를 구성하는 요소를 혼과 백으로 보았고 국가를 유지하기 위해서는 국교·국학·국어·국사와 같은 혼이 백보다 중요함을 강조하였다. 한편 최남선은 한국의 고전을 발굴·연구하고 이를 간행하기 위하여 조선광문회를 조직 정약용 등 실학자들의 고전 간행에 노력하였다.

3.
백성을 위로 격려한 종교 활동

한말에는 나라가 혼란스러워 종교에 귀의하거나 의지하려는 백성들이 크게 늘어나 종교의 비중이 커지고 있었다. 이때 다양한 종교가 형성되거나 유입되어 종교 르네상스가 열렸다고 볼 수 있다. 서구의 종교인 기독교는 자유로운 선교 활동으로 가장 큰 주목을 받았다. 유교도 시대의 변화에 발맞추기 시작했고, 불교는 자주성 확보에 고심하였다. 민족종교로는 동학의 법통을 이은 천도교와 새로운 증산·보천교운동 및 대종교 활동 등이 있었다.

구국운동에 앞장선 기독교

조선에서 기독교 선교가 시작된 것은 1870년대 스코틀랜드 장로교회의 파송으로 만주에 와 있던 로스 선교사로부터이다. 그는 만주의 개항장인 영구에서 조선 사람을 만나 조선 상황을 듣고 성경을 한글로 번역하는 작업을 시작하였다. 그리고 1879년에 의주상인 백홍준·서상륜·이응찬 등에게 조선인 최초의 세례를 주었다. 이들의 영향으로 의주와 평양에 기독교가 뿌리를 내리게 되고 장대현 교회가 세워졌다. 평양에서 1907년 하디 선교사와 길선주가 주도한 대부흥운동이 일어났고, 장로교 선교부와 평양신학교가 세워져 한국의 예루살렘으로 불리게 된다. 1882년 체결된 조미수호통상조약은 미국인이 조선에 들어올 수 있는 계기를 마련해 주었다. 동년 9월 이수정은 일본에서 기독교 신앙을 받아들이고, 조선의 변화된 상황을 알리면서 선교사 파송요청과 함께 선교사들과 성경번역을 시작하였다. 영국 청교도들의 이주에 의해 크게 성장한 미국 개신교계의 해외선교부들이 조선에 관심을 갖기 시작했다. 1884년 미국 감리교 목사 맥클레이는 김옥균의 도움으로 조선에 와서 고종으로부터 학교와 병원설립이란 단서가 달렸지만 실질적으로 선교윤허를 받았다. 같은 해 미국 공사관의 알선으로 의료선교사 알렌이 입국하였다. 그는 갑신정변에서 치명상을 입은 민영익을 구함으로써 왕실의 신뢰를 얻었고 고종의 도움으로 광혜원을 세웠다.

1885년 미국 장로교회의 언더우드와 감리교회의 아펜젤러 등이 입국하면서 조선에서 본격적인 선교활동이 전개되기 시작하였다. 그 결과 정동교회·새문안교회 등 여러 교회와 배재·이화·경신·정신과 같은 기독교 학교들이 설립되었다. 기독교는 고종의 간접적인 지원을 받으면서 서울·경기 및 평안도를 거점으로 빠르게 교세를 확장해갔다. 캐나다 선교사 게일은 기독교가 조선에서 급속하게 퍼진 이유를, 조선에는 중국이나 일본과 달리 유일신 개념과 유사한 '하늘님'의 관념이 있었기 때문이라고 분석하였다. 그리고 선교사들이 음주와 도박과 축첩을 끊어야 온전한 교인이 된다고 가르쳐 조선인들에게 긍정적인 평가를 받았다.

김옥균은 일본 망명 중 고종에게 쓴 공개 상소에서 "학교를 설립하여 인지를 개발하고 외국의 종교를 끌어들여 교화에 도움이 되게 함 같은 일도 한 방편이다."라고 말하였다. 박영효는 1888년 2월 고종에게 쓴 공개 상소에서 "종교는 인민이 의지하는 바이므로 교화의 근본이라 하고 종교가 쇠하면 나라도 쇠하고, 종교가 성하면 나라도 성 한다"고 주장했다. 그래서 박영효는 종교는 백성에게 맡겨 자유롭게 신봉하게 하고, 정부가 관여·간섭해서는 안 되는 일이라고 종교의 자유를 허락하라고 말했다.

1894년 동학농민혁명과 이어진 청일전쟁에서 유교의 한계와 기계문명의 위력은 조선 사회에 큰 충격을 주었고 기독교는 조선 사회를 새롭게 변화시킬 세력으로 부상하였다. 그래서 많은 사람들이 기독교에 입문하였고, 특히 일본군의 학살섬멸작전에 몰린 동학군 중에 일부가 생명유지를 위해 기독교로 개종하였다. 서울의 기독교도들과 배재학당 학생들이 독립협회와 만민공동회를 참여 주도하면서 근대적인 민족운동을 이끌어 나갔다. 조선은 근대문명이 들어오는 경로가 일

정동교회

본 외에도 기독교를 매개로하는 미국 통로를 확보하게 된 것이다.

초기 조선 기독교인들은 대부분 평민·여성·천민들로 기독교에 입교하면서 남녀평등, 교육흥국, 인권 등 반봉건 개념이 있는 것을 발견하였다. 특히 한말의 기독교인들이 당시 횡행하던 지방관의 불법적 수탈에 항거한 사실은 일반인들에게 큰 깨달음을 주게 되었다. 당시 지방관들은 기독교인들의 저항을 두려워하여 기독교인들이 많은 고을에 수령 부임을 꺼리는 경향이 있었다고 한다. 그러나 양반 출신 개종자들은 극히 드물었는데 한성감옥에서 복역하던 이승만을 비롯 정치범으로 수감된 이상재·이원긍 등이 개종하여 관리와 양반 사회에서 기독교 믿음을 갖게 되었다. 이때 이승만은 기독교만이 유일한 종교이며, 미국으로부터 도움을 받아 자주독립을 이루고자하는 마음을 갖게 되었다. 러일전쟁 무렵부터 일제의 침략이 노골화 되자 기독교인들의 국가 자주의식은 배일·항일의식으로 전환되었고 나라를 위한 기도회, 원흉암살, 세금불납, 반일단체 조직 등의 활동을 벌였다.

미국 기독교의 영향 아래 있던 서재필, 윤치호, 이승만 등은 당시로는 혁

명적이었던 공화정을 꿈꾸게 되었다. 이들은 서구문명이 기독교에 의해서 형성 지탱되고 있다는 판단아래 조선이 자주국이 되려면 조선을 서구화나 기독교화 시켜야 한다고 생각하였다. 엡윗청년회를 이끌던 상동교회 전택 기는 이승만·박승규·주시경 등과 상동청년학교를 운영했다. 상동교회는 국권 상실을 막고 한국의 미래를 준비하려는 인사들이 모여 민족운동의 주요 거점이 되었고, 신민회 창립의 기반이 되었다. 전택기와 정순만은 교 우들 중 장사 수십명을 모아 박제순 등 을사5적을 살해코자 하였다. 1903 년에는 황성기독청년회가 조직되어 청년들에게 애국심과 근대사상을 주 입하여 수많은 애국지사를 배출하였다. 1907년 1월 기독교가 크게 확산된 서북 지방 평양 장대현교회에서 시작된 부흥회운동은 신앙을 중심으로 하 는 기독교적 정체성을 확립해갔다.

선교의 자유를 얻은 천주교 활동

한편 기해박해와 병인박해 등 모진수난을 겪었던 천주교는 19세기 말에 는 교세가 확장돼 신자의 숫자가 3만여 명에 이르렀다. 천주교는 1886년 조·프통상조약이 체결되면서 비로소 선교의 자유를 얻을 수 있었다. 이후 프랑스인 선교사들은 전국 각지에 성당을 세우기 시작했다. 최초의 성당 인 서울의 명동성당에 이어 원산·제물포·부산·마산·목포 등 개항장과 평양 등의 지방 도시에도 성당이 세워졌다. 천주교 조선교구장 뮈텔 주교의 적 극적인 노력으로 천주교 선교사들이 지방에 정착할 수 있는 권한을 인정 받아 적극적인 선교활동을 펴 나갈 수 있었다. 천주교도 언론과 교육활동 에 힘을 썼는데 1906년에는 순 한글 주간지인 경향신문을 창간하였고, 각 성당에 학당을 부설해 종교교육과 국민교육을 함께 실시했다. 1909년에 는 숭신학교와 숭공학교를 설립하여 사범교육과 실업교육을 전담 각 성당 의 부설학당에 교사를 육성 파견하였다.

동학을 계승한 천도교 활동

　동학농민혁명이 실패한 후 동학도들은 그들의 생명을 유지하기 위해 근거지를 떠나 타지로 이동하거나, 기독교로 개종하여 미국 선교사의 도움을 받는 자들도 많았다. 동학지도부는 후일을 대비하기 위해 1897년 10월에 2대 교주 최시형이 3대 교주로 손병희를 지목하고 도통을 전수하였다. 도통을 이어 받은 손병희는 저술활동을 하며 서북 지방 포교에 성공함으로써 교권을 주도할 수 있었다.

　손병희는 세계정세 파악과 동학의 세계화를 모색하기 위해 1901년 미국으로 가려고 출발하였다. 그러나 사정이 여의치 못해 중국에서 수개월을 머문 뒤 일본으로 건너갔다. 일본에서는 이상헌으로 이름을 바꾸어 신분을 위장하고, 당시 망명중인 박영효·권동진·오세창·조희문 등 개화파 인사들과 교류하며 돈 잘 쓰는 조선인으로 명망이 높았다. 손병희는 일본에 체류하면서 일황을 정점으로 국민들이 뭉쳐 근대화를 추진하는 일본을 목도하게 되었다. 조선도 국민의 단결만이 나라의 위기를 극복할 수 있는 방도라고 보고 방향을 전환하여 문명개화·근대화·동양평화론 등을 수용하기에 이르렀다.

　손병희가 1904년 러일전쟁 당시 동학교도들에게 일본을 지원하게 한 것은, 민족보존이라는 목적과 동학의 포교권 확보를 위한 노력의 일환으로 보인다. 갑진년 7월 20일 전주 등 360여 곳 18만 동학교도가 일제히 상투를 자르고 검은 옷을 입고, 정부개혁과 국정쇄신을 부르짖는 갑진개화운동을 일으켰다. 이러한 과정 속에서 손병희는 1905년 12월 일본에서 천도교라는 교명을 정식으로 발표하고, 천도교 창건을 알리는 광고를 대도주 손병희 명의로 국내신문에 게재하였다. 이듬해 1월 신문광고와 천도교를 통해 그의 환국을 알려 교인들의 열렬한 환영 속에 성대하게 서울에 들어올 수 있었다.

1905년에 일제는 통감부를 설치하면서 동학지도자 중 한 사람인 이용구를 앞세워 일진회를 만들었다. 이때 이용구는 대한제국으로 하여금 일본의 보호를 받아서 장차 완전독립을 얻게 해야 한다고 주장한 반면, 손병희는 일본의 보호를 거친 독립은 불가능하다고 판단하였다. 일진회의 이와 같은 반역적인 행동을 본 손병희는 1906년 이용구를 비롯해서 60여 명의 교도들을 친일을 이유로 천도교에서 제명하였다. 이 시기에 일제는 아직도 손병희가 친일적이라고 인식하여 천도교를 방치하고 있었다. 이러한 여건을 이용하여 천도교는 내부 정비에 박차를 가하고 교정일치를 확립해 나갔다. 천도교의 교정일치는 장래의 국교화를 도모하면서 개인 구원뿐만 아니라 사회 구제와 민족부흥에도 함께 힘쓰는 터전을 만들어가자는 것이다. 1908년부터 각 교구나 전교실에 설치된 교리강습소는 전국적으로 700여 개에 달할 정도로 대성황을 이루었다. 이곳에서 천도교 교리와 조선어·일본어·산술·역사 등 보통학교 수준의 교육을 실시하여 교인들과 일반 백성들을 문명화하는데 앞장섰다.

서울 천도교 본당

이후에 천도교는 정교분리를 앞세우며 국민계몽을 통한 민족운동에도 적극 동참하였다. 천도교는 보성학원과 동덕여학교, 대구의 명신여학교 등 각급 학교를 인수하여 재정지원을 하였다.《만세보》등 잡지를 간행하고 지도층들은 대한협회 등 사회·정치 단체에 적극 참여하여 활발하게 활동하였다. 천도교의 적극적인 역할로 민중들이 천도교에 몰려들어 1911년에는 16만호가 입교하였는데, 선천군에서는 절반 이상의 사람이 천도교를 믿게 되었다. 이러한 흐름은 국권이 상실되고 모든 정치사회단체가 해산된 가운데 동학의 적자이자 반일진회 투쟁에 앞장 선 천도교가 민족 정통종교로 인정받았기 때문으로 볼 수 있다.

증산교의 등장과 보천교 활동

전라도 고부에서 일어나 조선천지를 진동시켰던 동학농민혁명은 조선의 지배층과 일본군의 개입으로 성공하지 못하고 우금치 전투에서 수많은 희생자를 내면서 좌절되었다. 동학혁명에 가담했던 수많은 민초들은 사회개혁이 이루어지지 못함으로 혁명 이전보다도 더욱 심한 욕구불만을 가지게 되었다. 따라서 동학혁명에 참가하였던 사회변혁 세력들은 혁명이 실패한 후에도 쉽사리 마음을 정하지 못하고 있을 때, 등장한 것이 강일순의 증산교 운동이었다. 강증산이 활동하던 시기는 일본에게 강제로 문호가 개방된 이후 동학혁명·청일전쟁·아관파천·러일전쟁 등 조선 천지를 뒤흔드는 사건이 벌어지고, 조선 민중들은 마음 둘 데를 잃고 방황하던 혼돈의 시대였다. 이때 뛰어난 예기와 종교성을 타고난 강증산은 조선 민심을 몸과 마음으로 느끼게 되었다. 그리하여 민심이 희구하는 바를 찾아 새로운 희망으로 제시했던 것이 해원상생·후천개벽을 통한 지상선경사회 건설운동이었다.

증산교의 교조 강일순은 1871년 오늘날 정읍시 덕천면 시루봉 아랫마을에서 태어

강일순 생가

났다. 증산은 예기가 넘치는 20대에 고향에서 일어난 동학농민혁명을 직접 참여하게 되었다. 동학군이 진군했던 공주까지 따라 갔으나, 처음부터 동학군이 겨울에 들어서면 패배할 것을 예언하고 망동치 말 것을 적극 권고하였다. 강증산은 혁명의 실패로 수많은 민중들이 처참하게 희생당하고 도탄에 빠져 실의에 빠져 있는 것을 보고 세상을 구원할 뜻을 품게 되었다. 그는 이러한 혼란을 수습하고 세상을 구원할 길이 기성 종교나 인간의 능력으로는 불가능하며, 오직 신명에 의한 도술로써만 가능하다고 판단한 것으로 보인다. 그는 전국을 주유하면서 유·불·선 종교와 참위·음양·복서·의술 등을 폭넓게 공부하였다. 유랑을 마치고 고향으로 돌아온 증산은 1901년 모악산 대원사 칠성각에서 40여 일 동안 금식하며 극진한 수도생활을 하던 중 마침내 천지대도를 깨달아 우주의 조화본능을 뜻대로 하게 하는 상제의 권위를 자각한 것으로 보인다.

증산사상의 핵심은 천지공사로 증산 자신이 천·지·인 3계의 모순된 선천세계를 후천세계로 개벽한다는 것이다. 천지공사는 자연의 운행법칙을 바로잡는 운도공사, 종교·정신문화를 바로잡는 신명공사, 인존사상을 바탕으로 새로운 인간 질서를 확립하는 인도공사를 말한다. 그리고 5만년 선천시대의 원한을 풀고, 서로 함께 살며 생명을 살리자는 해원상생사상을 말하고 있다. 아울러서 강증산은 당시 일·러 외세의 세력 침투에 대한 경계심을 갖고, 궁극적으로 조선은 자주독립하여 세계문화의 중심국으로 발전한다는 민족주의 종교관을 주창하였다. 증산교는 소중화가 대중화가 되어 조선이 세계의 중심이 된다는 말에서 민족의 자부심 확립에 큰 기여를 하였다. 대동건설론에서는 유교의 대동사상이나 불교의 세계주의와 달리 우리민족을 중심으로 뭉쳐지게 된다고 설파했다. 증산교는 기본적으로 한민족의 미래를 낙관적이고 희망적으로 보는 역사관을 가지고 있었기 때문에 혼란기와 일제강점기에 민중의 마음을 얻어 사회전반에 큰 영향을 끼쳤던 것이다.

1903년 이후 강증산은 김제, 전주, 정읍 등지에서 본격적으로 천지공사를 하면서 "일본 사람들은 일꾼이자 머슴에 불과한데, 일꾼이 주인의 집을 빼앗으려 하므로 마침내는 크게 패망할 것이다. 일본은 조선을 잠시 강점하지만 어질 인 기운이 없어 잔혹한 통치 행태 때문에 인심도 잃고 결국 쫓겨 날 때는 품삯도 못 받고 빈손으로 돌아간다."라고 설파하였다. 증산은 천지공사를 행하던 1907년 어느 날 김제 금구 거야 주막에서 우연히 동학 실세인 차경석을 만나 정읍 입암 대흥리에 오게 되었다. 이것이 인연이 되어 증산은 경석의 이종사촌 누이로 홀로 된 고판례와 인연을 맺게 되었고, 차경석에게 도를 전한 증산은 전주로 이거 활동하였다.

1909년 강증산은 원인불명으로 갑작스레 세상을 뜨게 된다. 1911년 강증산의 아내였던 고판례가 증산의 생일치성을 드리다가 갑자기 졸도하여 깨어난 일이 있었다. 이때부터 고수부는 강증산의 성령이 자신에게 옮겨졌다고 하며 강증산과 유사한 행동을 하였다. 이러한 일이 알려지자 과거 강증산의 제자들이 다시 모여들었고, 고수부를 교주로하는 선도교(태을교)가 시작되었다. 교세가 급격히 번창하자 차경석이 실권을 차지하고 교명을 보화교로 바꾸면서 내부 갈등이 벌어지게 되었다. 이후 증산 제자들은 저마다 종통을 이었다고 주장하며 나온 것이 수십여 교파에 이르게 된다. 그 대표적인 종단이 일제 강점기 600만 교도를 자칭한 차경석의 보천교 교단과, 정읍 태인에 거대한 성전을 짓고 후에 대순진리회의 뿌리가 된 조철제의 무극교가 있다.

대종교 및 기성종교의 활동

1909년 창시된 단군교는 민족종교로 단군조선 이래 고려 시기까지 유지된 한국 고유의 종교를 중광했다고 내세웠다. 나철 등 민족주의자들이 중심이 되어 한성부 재동에 있던 6칸짜리 초가집에서 오기호 등 발기인 10여 명이 모여 단군교라는 이름으로 개창하였다. 단군교는 1910년 대종교로 명칭을 바꾸고 대일투쟁 방략과 관련한 종교운동을 전개하였다. 대종교를 주도한 나철 등은 1905년 이후 외교론과 의열투쟁, 계몽운동 등 여러 형태의 독립을 위한 활동이 무위에 그치자 민족종교운동을 전개함으로써 국권을 수호하고자 했다. 대종교는 다른 종교에 비해 서민층보다는 유학자층의 참여비율이 상대적으로 높았다. 따라서 다른 종교에 비해 전통질서의 개혁보다는, 민족주의적인 문제에 관심을 표명하여 반외세 투쟁에 집중하였다. 대종교는 '홍익인간 이화세계'를 교의로 삼아 그 구현을 통해 지상낙원을 세우자고 주장했다. 대종교는 1910년대 국내의 민족운동을 주도하였는데, 이는 대종교가 단순히 종교적인 목적에서뿐만 아니라 민족운동을 전개하기 위해 중광 되었음을 보여주는 것이다.

한편 유교에서는 새로운 개혁론이 대두하고 있었다. 개화기 위정척사운동의 중심체였던 유교의 유림 중 상당수는 전통 성리학을 견지했으나, 일부는 일제침략에 적극적으로 반대하여 의병투쟁에 참가한 사람들도 있었다. 한편에서는 시대의 흐름에 역행한다고 비판하고 서양문물의 수용이 필요하다는 진보적인 자세를 취한 개신 유학자들도 있었다. 그들은 사실상 문자를 해독할 수 있는 식자층으로, 지식을 앞세워 일제의 국권침탈에 대항하는 계몽운동에 적극 참여하였다.

이들은 각지에 신학문을 가르치는 학교를 설립하고, 사회·정치 단체에도 참여하며 신문과 잡지를 통한 국민계몽 활동에 참여하였다. 1909년 박은식은 유교구신론을 주장하여 유교의 수구성을 타파하고 양명학의 지행합일과 사회진화론의 진보원리를 조화시켜 민족적 과제를 해결하고자 대동사상을 제시하였다. 박은식 등은 대동사상을 기반으로 1909년 대동교

를 창설하여 국교로 보급시키려 하였으나 일
제의 방해로 뜻을 이루지 못하였다.

한용운

불교는 조선왕조의 억불책으로 오랫동안
천대받아오다가 일제의 지원으로 포교의 자
유가 1899년 허용되었다. 이러한 영향으로
일제의 간섭과 일본 불교의 침투가 벌어지고
있었다. 대다수의 불교 승려들이 친일적으
로 흐르고 있는 분위기 속에서 박한영과 한
용운 등은 민족불교의 자주성을 회복하기 위
하여 임제종을 세워 활동하였다. 한용운은 《조선불교유신론》을 저술하여
조선 불교 쇄신에 앞장섰다. 이에 자극을 받은 불교계는 학교와 병원을 세
워 교세를 확장하고 불교 근대화운동을 전개하여 나갔다.

강돈구, 《한국 근대종교와 민족주의》, 집문당, 1992.

김덕형, 《한국의 명가 근대편2》, 21세기북스, 2013.

김동수, 《일제강점기 한민족의 망명문학》, 쏠트라인, 2023.

김동춘, 《대한민국은 왜?》, 사계절출판사, 2015.

김방룡 외, 《일제강점기 보천교의 민족운동》, 기역, 2017.

김상기 외, 《한국 근대사 강의》, 한울, 2014.

김성동, 《현대사 아리랑》, 녹색평론사, 2010.

김육훈, 《살아있는 한국 근현대사 교과서》, 휴머니스트, 2021.

김의환, 《의병운동사》, 박영사, 1974.

김인기·조왕호, 《한국 근현대사》, 두리미디어, 2007.

김창수, 《항일의열투쟁사》, 한국 독립운동사연구소, 1991.

박명수, 《조만식과 해방 후 한국 정치》, 북코리아, 2022.

박찬승 외, 《한국 근현대사를 읽는다》, 경인문화사, 2022.

박찬승, 《민족·민족주의》, 소화, 2010.

변태섭, 《한국사 통론》, 삼영사, 2004.

삼국공동역사편찬위원회, 《한중일이 함께 쓴 동아시아 근현대사1》, 휴머니
　　　스트, 2022.

송건호, 《한국 민족주의의 탐구》, 한길사, 1984.

심용환, 《단박에 한국사》, 위즈덤하우스, 2016.

역사문제연구소, 《한국의 역사5》, 웅진씽크빅, 2011.

역사학연구소, 《한국 근현대사》, 서해문집, 2020.

오정윤, 《오정윤 한국 통사3》, 창해, 2021.

오주환 외,《일제의 문화침탈사》, 현음사, 1982.

유영열,《대한제국기의 민족운동》, 일조각, 1997.

유완상 외,《한국사의 이해》, 삼광출판사, 2003.

윤경노,《105인 사건과 신민회 연구》, 일지사, 1990.

이광재,《대한민국 어디로 가야하는가》, 휴머니스트, 2014.

이기백,《한국사 신론》, 일조각, 2003.

이상호,《대순전경》, 말과글, 2019.

이은직/정홍준,《인물로 보는 한국사2》, 일빛, 2003.

이이화,《인물 한국사》, 김영사, 2011.

이태진교수정년논총위원회,《시대와 인물 그리고 사회의식》,태학사,2009.

전국역사교사모임,《살아있는 한국 근현대사 교과서》, 휴머니스트, 2021.

조동걸,《한말의병전쟁》, 한국 독립운동사연구소, 1989.

한국 근현대사학회,《한국 근대사강의》한울, 2007.

한국 근현대사학회,《한국 근현대사 강의》, 한울, 2013.

한국사 특강편찬위원회,《한국사 특강》, 서울대출판부, 2009.

한우근,《한국 통사》, 을서문화사, 2003.

한철희,《시민의 한국사2》, 돌베개, 2022.

홍영기,《대한제국기 호남의병 연구》, 일조각, 2004.

4장
일제의 무단통치와 3·1독립만세운동

일제의 무단 식민통치에 대항하는 독립운동과 신민에서 국민으로 승화되는 이백만여 명이 참여한 3·1독립만세운동이 있었고, 상하이에서 임시정부가 수립되었다. 일제의 문화통치 속에 식민지 자본주의가 전개되었고, 민족주의자들은 조선과 동아 등 언론과 교육을 통해 민족의 실력을 키우기 위해 다양한 운동을 전개해 갔다.

1. 일제의 억압과 침탈에 대항한 독립운동
2. 대한민국의 출발점, 이백만명이 참여한 3·1독립만세운동
3. 대한민국 임시정부의 수립과 활동
4. 문화통치의 표방과 산업침탈
5. 민족운동의 새 양상

1.
일제의 억압과 침탈에 대항하는 독립운동

일제의 강압적인 한국 지배

조선침략의 원흉 이토 히로부미가 하얼빈 역두에서 안중근의사에게 사살된 뒤 일본 내에서는 즉각 한국을 병합해야 한다는 여론이 비등했다. 한국에서는 일진회가 합방청원서를 통감부에 제출하는 일이 벌어졌다. 그러나 일제는 제2의 삼국간섭을 당하지 않기 위해 신중에 신중을 기하였다. 1910년에 들어서며 만주에 대한 미국의 철도부설 등 개입이 강화되자, 일본과 러시아는 공동대응을 위한 협상에 들어가면서 한국 병합에 대한 최종 양해가 이루어졌다. 그런 연후에 일본은 육군대신으로 조슈 군벌의 실세인 데라우찌를 3대 조선통감으로 파견하였다. 강경파인 데라우찌는 일본 정부의 지침에 따라 일본 헌병을 증원하여 헌병경찰 제도를 확립하였

안중근

다. 그는 《황성신문》·《대한매일신보》등 민족지를 폐간토록 하여 한국의 국권을 탈취할 만반의 준비를 갖추었다. 이완용과 함께 사전에 만든 합방안을 일본 헌병의 경계망 속에서 내각을 위협하여 의결토록 만들었다. 8월 29일에는 한국 병합에 관한 조약을 발표하므로 대한제국은 국권을 상실하고, 국제적으로 한국은 일본 영토로 편입되었음이 선포되었다.

교활한 일본은 한국을 식민지로 만들었으

나 일본 내각이나 재판소 등이 관장하는 직접통치를 피하였다. 당시 식민통치 방식에는 영국의 자치주의에 입각한 간접통치, 프랑스의 협력주의 통치, 미국의 자치주의 통치 등이 있었다. 영국은 대부분의 식민지에서 최소한의 행정력과 군사력으로 통치했고, 프랑스는 베트남에서 3,000여 명의 행정요원과 11,000여 명의 군인으로 1,700만여 명을 통치하였다. 그러나 일본은 1930년대에는 25만여 명의 관료와 2개 사단의 병력을 동원한 방대한 규모였다. 일본은 구미열강의 사례를 참조하면서 조선총독부라는 별도의 기구를 설치하여 엄혹하게 지배·동화시키는 주도면밀한 제도를 만들었다. 그것은 조선이 일본의 영토라고 주장하면서도 일본인이 누리는 법률상의 권리와 의무를 배재하여 조선을 차별 통치하고 속국화시키려 했던 것이다. 조선총독은 일본 육해군 대장 가운데 임명되었으며 일본 정부가 아닌 일황의 통제만 받도록 했다. 조선총독은 조선에서 입법·사법·행정과 군대 사용권에 이르는 왕과 버금가는 무제한의 권력을 가진 식민지 지배자였다. 이러한 일제의 식민체제는 전 세계적으로도 그 유례가 없는 가혹하고 치밀한 지배였다.

1대 조선총독에는 통감으로 한일합방을 성사시킨 데라우찌가 그대로 눌러 앉았다. 그는 조선에 대한 군사적 강경지배를 신속하게 성공적으로 마무리하여, 1916년 조선총독에서 일본 내각총리로 자리를 옮기게 된다. 총독 밑에는 정무총감이 2인자였으나 실세는 헌병경찰의 지휘자인 경무총감이었다. 총독부의 관리는 대부분 일본인으로 충당되었고 하급기관에는 한국인이 일부 기용되었으나 차별대우가 심하였다. 1910년 9월 조선총독부는 지방관 관제령을 공포하였고, 1917년에는 면제를 시행하여 지방행정을 군에서 면 중심으로 개편하여 지방통치의 기초로 삼았다. 일제는 면장 가운데 97%를 전직 관료나 면의 유력인사를 임명 식민통치의 동반자로 삼았다. 이는 조선의 전통적인 공동체 조직을 분열시키고 세금징수나 노역부과 등 욕먹을 일에 조선인을 앞장세운 꼴이었다.

데라우찌는 무단통치 방침으로 질서유지를 내세우고 경찰업무를 헌병경찰이 맡도록 하였다. 그리하여 전국에 1만여 명의 헌병과 동수의 한국인 헌병보조원을 배치하였다. 헌병경찰들에게는 임무 수행을 위해 즉결처분권이라는 막강한 권한을 부여하였다. 이것은 헌병경찰이 범법자를 적발하면 헌병대로 끌고 가 고문을 하거나, 매질하는 태형처분을 하는 것으로 한국인들에게는 공포의 대상이었다. 이들은 질서유지를 명분으로 각지에서 전개되고 있던 의병투쟁을 진압하고 독립운동가를 색출하고 검거하였다. 일제는 통감부 시기에 1개 사단의 일본 주둔군을, 합방 뒤에는 두 개의 정규 사단으로 용산과 나남에 사단본부를 두었다. 전국 주요 도시에 일본군 대대병력을 배치하여 긴급사태에 대비하도록 하였다. 이들은 한국 민중의 저항을 억누르고 주요 시설을 경비할 뿐 아니라, 간도·북만주 등 대륙침략의 첨병노릇을 하였다. 일제는 한국인을 겁주기 위해 일반 관리와 교사까지도 제복을 입고 칼을 차게 하여 공포분위기를 조성하였다. 일제는 형식적 자문기관으로 중추원을 두어 황족과 이완용·송병준·김윤식 등의 매국노를 참여시켜 한국인의 의사를 대변하고 있다는 명분으로 삼았다. 중추원의 의장은 정무총감이 맡았고 소수의 고문과 참의로 구성되어 있는데, 의장의 허가 없이는 발언할 수도 없는 유명무실한 조직이었다.

조선총독부

한국인의 하등교육과 토지약탈

일제의 교활하고 치밀한 식민지 정책은 교육에서도 그대로 실천되었다. 일제식민지 교육 방침은 한국인에 대한 우민화와 하등교육이었다. 그것은 한국인의 자주독립정신을 없애고 일제의 식민지 지배에 따르는 하등 부용 국민으로 만들고자 하였다. 그에 따라 한국인에게 교육의 기회를 최소화하는 방법을 택함으로 한국인의 지식·사상·기술 발전을 봉쇄하였다. 그럼으로 한국인의 민족의식 성장과 독립운동의 전개를 미연에 방지하고자 한 것이다. 1911년 8월에 조선교육령을 공포하여 한국인을 일황에게 충량한 신민으로 양성하고, 일본 국민다운 품성을 함양하는 것 등을 식민지 교육의 목표로 내세웠다.

일제는 한국 교육체계를 보통학교·고등보통학교·실업학교·전문학교로 정비하였다. 그러나 실제는 한국에 전문학교나 대학은 설립하지 않았으며, 일본인 고등교육기관에 한국인의 입학을 극도로 제한하였다. 교육의 내용은 한국인을 순종하는 일본인으로 만들기 위해 일본어 보급에 주력하였다. 한국어 교육을 줄이고 한국의 문화와 역사에 대한 교육을 제약하여 전통문화를 단절시키고 자주의식을 말살시켰다. 그리고 일본 문화와 일본 역사의 우월성을 강조하여 한국인 스스로를 열등민족으로 치부하도록 만들었다. 일제는 근대교육과 민족의식 성장에 크게 힘을 보탠 사립학교 활동을 억제하기 위해 1915년에 사립학교규칙을 만들어 시행하였다. 국가 치안유지라는 미명 하에 사립학교의 교원채용·교과서·교과과정 등을 통제하고 감독하였다. 1918년 2월에는 서당규칙을 만들어 강습소와 야학 등의 약소한 민간 교육시설도 통제하였다.

일제는 교묘한 식민사관 주입을 위해 1915년《조선반도사》를 편찬하여 각급 학교에서 교육시키도록 하였다. 이 책에서 일선동조론·임나일본 부설·타율성론·당파성론·정체성론 등 이른바 식민사관을 내세워 한국 역사를 왜곡 날조 민족의식의 말살을 기도하였다.

일제 한국 강점의 본심 토지약탈

1910년 국권을 빼앗긴 뒤 대다수 농민들을 궁지에 몰아넣은 것은 토지조사사업이라는 명목으로 추진된 일제의 토지약탈이었다. 일제는 한국의 전통적인 토지소유관계와 경영 방식의 관습을 역이용하여 새로운 법제적 조처를 취함으로써 총독부가 한국의 토지를 겁탈·확보할 수 있는 길을 찾아낸 것이다. 1910년 9월 합방되자마자 임시토지조사국을 설치하고 1912년 토지조사령을 공포하였다. 그 내용은 토지의 소유자는 조선총독이 정한 기간 내에 그 주소, 성명 또는 명칭 및 소유지의 소재·지목·자번호·4표·등급·지적·결수를 임시토지조사국장에게 신고하는 것으로 신고주의를 내세웠다.

토지소유자가 일정기간 안에 절차를 밟아 소유지를 신고하면 그 소유권을 인정한다는 것이다. 그러나 한국 농민들은 토지에 대한 법적 개념이 명확하지 않았고, 조상대대로 내려온 토지경작 관례에 따라 소유권 여부가 분명치 않았다. 그리고 문중·동중의 공유적 성격을 가진 토지가 많은데 이를 개인의 소유지로 신고하는데 애매하였다. 또 토지신고 홍보의 미흡과 짧은 신고기간 그리고 민족감정 등으로 신고가 제대로 이루어 질수가 없었다. 도둑놈 제사지내듯이 재빨리 토지조사사업이 끝나버려 많은 토지들이 신고 될 수 없었고, 조선총독부는 이 토지들을 모두 국유지로 편입했다. 또 종래 공전이었던 역둔토와 궁방전 및 산림·초원·황무지 그리고 문중·동중의 공동소유지와 미신고 농토를 국유지라 하여 부당하게 총독부 소유로 만들었다.

일제가 토지조사사업을 강제로 실시한 목적은 식민지 지배의 경제적 기반을 마련하고, 쌀을 일본으로 가져가는 데에 토지소유권의 확립과 토지 상품화가 필요했기 때문이다. 이에 따라 소유자와 토지경계를 법적으로 확정해 지주의 사적 소유권을 절대적이고 배타적인 법적 권리로 인정했다. 토지조사사업 이전에는 농민이 지세를 대납하거나, 황무지 개간, 형질 변경 등을 통해 획득한 경작권을 지주의 승낙 없이 매매·양도나 저당 잡힐 수 있었으나, 사업 이후에는 지주의 소유권에 대항할 법적 권리로 인정받을 수 없게 된 것이다. 이제 지주들은 확고한 토지 소유권으로 소작농민을 통제하고 지주경영을 확대할 수 있게 되었다. 총독부는 국유지로 편입된 토지를 동양척식회사를 비롯한 일본인의 토지회사나 개인에게 헐값으로 불하하였다. 그 결과 1910년 일본인 소유의 토지 면적이 8만 7,000정보에서 1915년에는 20만 6,000정보로 전체 경지면적의 10%가 넘었다. 이렇게 조성된 일본인 대농장은 호남과 경기도에 집중되었다. 일제는 1914년 지세령을 공포하여 영리하게도 그동안 과세 대상에서 누락됐던 토지 은결을 찾아내어 지세를 부과하게 되었다. 지세수입을 1911년에 624만원에서 1919년에는 1,115만원으로 크게 늘려 식민지 지배 재정으로 활용하였다.

결국 근대적인 토지소유권을 확립한다는 명분은 조선총독부의 토지수탈을 위한 수단이었을 뿐이라는 것이 드러났다. 토지조사사업으로 소수의 양반지주는 토지소유권을 취득했지만, 대다수 농민들은 토지를 빼앗기거나 경작권이 무시되어 영세소작농으로 전락하였다. 이것은 소작농의 처지가 조선시대보다 더 열악해지는 결과를 초래했다. 토지에서 유리된 농민들은 화전민이 되거나 도시 외곽에 살며 품을 팔거나, 간도나 연해주로 이주해야만 했다.

식민지 수탈체제로 편입된 산업

일제는 문호개방 이후 성장하던 한국인 자본을 억제하고 일본 자본주의의 여건에 맞게 한국의 산업을 규제하고자 1910년 12월 조선회사령을 공포하였다. 이런 한국인 기업의 규제는 한국에 대한 경제적 수탈을 위한 또 하나의 경제적 조처였다. 회사령에서는 한국에서의 기업의 설립을 총독의 허가제로 하였고, 그 허가 조건에 위배한 경우에는 총독이 사업금지와 해산을 명할 수 있도록 하였다. 이것은 한국인 자본의 발전을 방해하고 억압하는데 있었다. 1919년까지 일본인 회사가 180개 늘어난 반면 한국인 회사는 겨우 36개 늘어나는데 불과했다. 그리고 전기·철도·금융 등은 일본의 미쓰이·미쓰비시 등 대기업에 의해서 점유되었고, 인삼·담배·소금 등에 대해서는 전매제도로 총독부의 수입을 크게 늘렸다.

임업 부문에서는 1911년 산림령을 공포하였으나 실제로는 압록강·두만강 유역의 삼림을 남벌하였다. 1918년에는 임야조사령을 반포하여 국·공유림과 소유주가 불명한 산림을 대부분 일본인에게 넘김으로 전국 산림 절반 이상이 총독부와 일본인에게 넘어가 벌채한 민둥산이 곳곳에 등장하였다. 이후 일제는 산림녹화를 명분으로 산림의 개간과 이용에 대해서도 통제하였다. 국·사유림에서 예전과 달리 땔감이나 퇴비 원료 등을 자유롭게 채취할 수 없도록 했다. 수산업 부문도 다수의 일본 서부 지역 어부들이 한국에 이주하여 총독부의 후원아래 우수한 선박으로 황금어장을 독점하였다. 1911년에는 조선어업령을 공포하여 기왕의 한국인 어업권을 부인하고 어장을 일본인 중심으로 재편하였다.

광업 부문에서는 총독부가 한국 각처의 광상을 조사하여 이에 대한 이권을 일본인에게 넘겨주었다. 1915년에는 조선광업령을 공포하여 한국인의 광산경영을 억제하고, 일본의 광업자본가들이 대거 진출하여 한국의 광업은 일본인이 주도하는 상태가 되었다. 1차 세계대전이 몰고 온 군수공업의 열기는 일본 광업 자본에 활기를 불어 넣었다. 1920년 기준 한국인 소유 광구수는 일본인의 7분의 1, 광산액은 220분의 1에 불과하였다. 금융 부문에서도 일본인의 기업 활동을 지원하기 위해 일제는 일찍부터 금융자본을 한국에 침투시킨 바 있다. 고종이 세우고자 했던 한국은행은 1911년 일제에 의해 조선은행으로 개편되어 금융과 재정을 관할하는 중앙은행 구실을 하게 되었다. 조선은행은 조선은행권이라는 화폐를 발행하여 만주 일대에도 통용시켜 엔화블록을 확대해 가게 된다. 한말의 농공은행은 1918년 조선식산은행으로 개편되어 전국에 60여 개의 지점을 두고 지방 금융의 중추가 되도록 하였다.

일제는 한·일 간 이동과 만주 진출을 위해 1911년에 한국에서 만주를 잇는 철도망과 여기에 연결된 내륙 철도망을 구축하였다. 인천·군산·목포·부산·원산항 등을 통해 일본의 상품이 한국에 들어오고 한국의 식량과 원료가 일본으로 반출되었다. 1919년 한국에서 일본으로 나간 물건은 쌀과 콩 등 원료용 제품이 90%가 넘었고, 수입은 직물류와 경공업제품이 60%를 넘게 차지했다. 이와 같이 총독부를 중심으로 한 일본인의 경제침탈로 한국인의 민족 산업은 위축되어 쇠퇴하여 갔다. 결국 한국은 일본에 원료를 공급하고 일본 상품을 소비하는 전형적인 식민지경제로 편입되어 갔다.

식민지 백성들의 고달픈 세상살이

후발 자본주의 일본은 원료와 상품시장이 부족하여 폭력적인 방식으로 한국에 식민지 수탈체제를 만들어 갔다. 이러한 지배체제는 한국 민중의 경제적 처지를 더욱 궁핍하게 만들었다. 전체 인구의 80%를 차지하는 농민들은 토지조사사업으로 자작농은 줄어들고 소작농이 크게 늘어났다. 지주들은 고율의 소작료 외에 지세·비료값 같은 농업경영비까지 소작인들에게 떠넘겼다. 지주는 소작료로 받은 쌀을 고가로 일본에 수출하여 돈을 모았고 그 돈을 토지에 재투자하였다. 대다수 빈농들은 강화된 식민지 지주제 아래에서 늘어나는 소작료와 조세 등에 시달렸고 경지면적은 줄어들어 살길이 막막하게 되었다.

농사만으로 먹고 살기 어려웠던 농민들은 농한기에는 공사장이나 부두에서 품을 팔거나, 가마니 짜기 등 부업으로 호구지책을 마련해 나갔다. 농토가 없는 사람들은 고향을 떠나 도시로 나가거나, 멀리 만주나 연해주로이주하는 사람도 점차 늘어갔다. 도시로 나간 빈농들은 도시 외곽에 흙벽을 쌓고 짚으로 지붕을 덮은 움막을 짓고 살았는데 이들을 토막민이라고 불렀다. 토막민들은 공사판의 막일꾼, 행상, 날품팔이로 연명하였다. 만주로 이주한 한국인은 1912년에는 51만여 명이었고, 일자리를 찾아 현해탄을 건너 일본으로 간 한국인은 1921년에는 3만 8,000여 명이나 되었다.

철도·도로·항만의 건설과 일본인의 근대적 공장이 늘어나자 1911년 1만 2,000여 명의 노동자수가 1919년에는 4만 2,000여 명으로 크게 늘어났다. 단순노동직에 종사한 한국인 노동자는 하루 12시간 이상 일했지만 노임은 일본인 노동자의 절반에도 미치지 못하였다. 일제의 식민통치 아래 한국민중은 민족적 차별을 받으며 높은 소작료, 장시간 노동, 저임금 등에 시달리게 되었다. 따라서 일본인에 대한 원한을 품게 되고 민족의 독립과 해방을 절실하게 원하게 되었다.

나라 안과 밖의 독립운동

헌병경찰을 앞세운 일제의 가혹한 무단통치로 한국의 독립운동은 커다란 어려움에 직면하게 되었다. 일제는 안명근의 총독 암살미수사건을 핑계로 신민회 간부 윤치호·양기탁·유동열·이승훈과 기독교인 등 600여 명을 체포하였다. 잔혹한 일제경찰은 한국인에게서 저항의 싹을 자르기 위해 가혹한 고문을 가하였다. 105인에게 유죄판결이 내려진 105인사건 이후 민족운동은 지하운동의 형태로 변하게 되었다. 신민회를 해산시킨 일제는 자주를 외치는 민족운동 지도자들을 체포·감금하고 집회·결사를 금지시키며 공포분위기를 조성하였다. 무장독립항쟁의 성격을 띤 의병운동은 일본군의 대대적인 소탕작전으로 큰 타격을 받고 간도와 연해주 방면으로 이동하기도 하였다. 이후 소규모나마 의병활동은 1910년대까지 지속되었다. 호남의병 지도자 임병찬은 1912년 고종의 밀지를 받고 대한독립의군부를 전국적 규모로 조직하여 일제에 저항하였다. 이들은 독립을 쟁취한 뒤 왕조를 되살리려는 복벽주의운동을 전개하였다.

1913년부터 활동한 대한광복단은 총사령 박상진, 부사령 김좌진과 신채호·노백린 등을 중심으로 조직되어 각 도에 지부를 두었고 상하이·만주까지 활동의 무대로 삼았다. 이 단체는 만주에 독립군 사관학교 설립을 계획하고 군자금을 모집하였으며 친일파 처단을 위해 적극 활동하였다. 1916년에는 회원을 200여 명으로 늘렸고 상동광산, 직산광산, 경주의 우편차를 습격해 자금을 모았다. 1917년에는 친일부호 장승원과 양재학을, 이어서 도고면장 박용하 등을 친일을 이유로 처단하였다. 대한광복단은 1918년 일제경찰에게 조직이 드러나 해체되었다. 그러나 피신한 일부 회원들은 만주로 망명하여 암살단 등을 만들어 반일 항쟁을 이어가게 되는데, 의열단은 1910년대를 대표해서 창단된 독립운동단체가 되었다.

애국계몽운동 계열로 조선국권회복단은 1915년 대구에서 서상일이 해외의 민족운동세력과 연대 투쟁하기 위해 결성하였다. 대구의 태궁상점, 부산 안희제의 백산상회 등을 연락망으로 잡화나 곡물을 팔아 독립자금을 조달했으나 1919년 노출되었다. 이 밖에도 친일 인사나 총독부 고관을 암살하려던 선명단과 자진회, 하와이 박용만의 국내 지부인 평양의 조선국민회 등의 비밀결사가 곳곳에서 조직되어 활동하였다. 한말 민족운동의 맥을 이어 교육·계몽으로 백성을 깨우치고 나라의 실력을 키워 국권을 되찾으려는 모임도 있었다. 천도교 계열의 청년과 학생, 기독교계 인사, 중소상공인 등 개명한 지식인들이 전국 각지에서 활동하여 민족운동의 중심적인 역할을 하였다. 이들은 교육과 실업진흥 및 종교부흥을 통해 먼저 실력양성을 하고 독립을 준비하자는 흐름이었다. 이를 위해 신교육의 보급과 민족자본을 육성하고 고루한 사상과 폐습을 버리고 신문화를 건설하여 독립을 쟁취하고자 노력하였다.

이 밖에 1913년 평양의 숭의여학교 교사 김경희를 중심으로 송죽회를 조직 여성 계몽운동을 벌이고 자금을 모아 독립운동을 후원하였다. 점조직으로 구성된 송죽회는 기독교 계통의 여학교 선생을 중심으로 지방조직을 확대해 나가기도 하였다. 1914년 서울에서는 교사들을 중심으로 조선식산장려계를 만들어 민족의식을 드높이고 일제에게 빼앗긴 경제권을 되찾으려는 노력을 하였다. 이들 단체들은 비밀결사라는 한계 때문에 대중과 함께 하기에는 어려움이 있었다. 그러나 각종 선언문, 격문, 고시문 등으로 일반 국민들에게 독립사상을 고취하고 독립에 대한 희망을 심어주었다.

나라 밖 독립운동 기지건설

1910년 국권침탈 전후 국내에서 활동하던 의병과 계몽운동가 및 대종교인들이 중국·연해주 등지로 망명하면서 나라 밖에서도 독립운동이 활발하게 전개되기 시작하였다. 특히 105인 사건으로 타격을 입은 신민회 인사들의 만주 이주가 큰 자극제가 되었다. 만주와 연해주에서는 조선인이 한인촌 사회를 형성하고 있었고 특히 국경에 인접한 서·북간도와 연해주는 이들을 기반으로 독립운동의 새로운 근거지가 되었다. 서간도(남만주) 삼원보에서는 신민회 회원인 이시영·이회영·이상룡·이동녕 등은 1911년 경학사라는 자치기관을 모체로 신흥강습소를 세웠다. 신흥강습소는 독립군 간부양성소로 운영되다가 뒤에 신흥무관학교로 발전하였다. 경학사는 부민회·한족회로 발전하여 서간도의 주요한 항일단체로 성장했다. 신흥강습소 졸업생 가운데 일부는 백두산으로 옮겨가 백서농장을 만들어 독립군을 키워냈다. 이들 단체가 벌인 이주 동포들의 경제적 이익 향상, 항일 민족의식 고취, 군사교육을 통한 독립군 양성 활동은 서간도를 1920년대 독립군운동의 근거지로 만들었다.

북간도에서는 일송정 푸른 솔의 가곡, 선구자의 무대인 용정촌과 명동촌에 이상설·김약연 등이 간민회·중광단 등의 항일 단체를 결성하여 독립운동의 근거지가 되었다. 간민회는 교육·선전으로 인재를 양성했고, 서일이 만든 중광단은 옛 의병을 모아 무장활동을 전개했다. 특히 대종교세력이 만든 학교와 포교당 등 여러 교육종교 시설에서는 민족의식을 함양하는 정신교육을 하였다. 이밖에 북만주의 소·만국경 지역인 밀산부에서 이상설·이승희 등이 한국을 부흥시키는 마을이라는 이름의 한흥동을 세워 한국 독립군의 중요한 근거지가 되었다.

중국 본토에서의 한국 독립운동은 1911년 대종교의 신규식이 상하이로 망명하여 활성화되었다. 상하이는 각국의 조계가 설치되어 국제정세 파악과 정보 수집이 쉽고 외교 독립운동을 추진하기 유리한 곳이었다. 높은 학식의 신규식은 손문과 친교를 맺고 신해혁명에 참여하여 중국 내의 주요 인사들과 교류하였다. 1912년에는 신규식·신채호·박은식·김규식·정인보 등이 동제사를 조직 교포들에게 계몽운동을 하며 광복운동을 전개하였다. 동제사 주역들은 1914년 1차 세계대전이 터지자 이상설 등과 신한혁명당을 조직했다. 동제사는 뒤에 중국 국민당의 저명인사도 가입한 신한동제사로 개편되었는데 신규식의 중국 요인과의 유대관계는 후일 대한민국임시정부의 활동에 큰 보탬이 되었다. 상하이의 민족지도자들은 1918년 파리강화회의에 대비하여 여운형, 장덕수, 김철 등을 도와 신한청년당을 결성하였다. 향후 사태를 대비하여 장덕수를 일본에 파견 한국 유학생들과 연락을 취하게 하고, 김규식을 파리강화회의의 대표로 파견하는 활동을 하였다.

연해주에서는 1911년 망명항일지사와 한국인 동포들이 블라디보스토크의 신한촌에서 권업회를 조직했다. 권업회는 국권회복을 목표로 노령 조선인 사회의 경제이익 증진과 민족교육을 통한 계몽활동을 하였다. 또한 1914년 이상설·이동휘를 정·부통령으로하는 광복군 정부를 만들어 독립전쟁을 준비하였다. 광복군 정부는 1차 세계대전이 일어나면서 일제와 손을 잡은 제정러시아 정부의 압박을 받아 그해 9월 권업회와 함께 강제 해산되었다. 1917년 레닌이 주도하는 러시아 혁명이 일어나면서 독립운동도 부활하였다. 당년 6월 러시아 동포들은 연해주에 있는 니콜리스크에서 전로한족대표자 대회를 개최 전로한족회 중앙총회를 결성하고 조국독립운동을 새롭게 모색하기 시작했다. 1918년 4월 하바로프스크에서 이동휘·박애·김립 등은 한인 최초의 사회주의 그룹인 한인사회당을 결성하였다.

미주와 일본 지역 독립운동

하와이 이주민들이 진출한 미국·멕시코 등지에서도 항일운동이 활발하였다. 1908년 일제의 한국 침략 정당성을 선전한 스티븐스를 샌프란시스코에서 장인환, 전명운이 사살하는 의거가 일어나자 동포사회에서 애국심이 고조되었다. 1909년 안창호와 박용만이 만든 국민회는 1912년 샌프란시스코에서 안창호를 회장으로하는 중앙총회를 조직하고 북미·하와이·시베리아·만주 등지에 지방총회를 두었다. 그러나 국민회는 중앙과 지방의 연결이 미약하고 안창호의 준비론, 박용만의 전쟁론, 이승만의 외교론 등 노선의 차이로 제대로 활동하지 못했다. 1913년에 안창호가 한국 신민회의 후신으로 로스앤젤레스에서 흥사단을 창립하였다. 하와이 국민회 지방총회에서 활동하던 박용만은 1914년 6월 독립전쟁의 목적으로 대조선국민군단을 조직하여 800여 명의 청·장년들에게 군사훈련을 시켰다. 이와 같은 조직들을 통해서 재미 교포들도 적극적인 외교활동과 군인 양성운동에 참어하였다. 미주 교포들은 하와이 농장과 캘리포니아 오렌지 농장 등 현지에서 힘겹게 벌어들인 돈을 십시일반 각출하여 간도와 연해주 독립단체들을 지원하였다.

일본에는 애국계몽운동의 영향으로 조선의 젊은이들이 본격적인 근대학문을 배우기 위해 현해탄을 건너온 경우가 많았다. 조선 내에서는 일제의 무단통치로 문화 활동을 할 수 없었지만 일본에서는 크게 제약을 받지 않았다. 이들은 식민지 청년의 사명감으로 민족의 장래와 조국의 근대화를 나름대로 모색하기 시작했다. 그래서 조선인 유학생들이 중심이 되어 동아동맹회, 학우회, 조선학회와 같은 여러 단체들이 만들어졌다. 동아동맹회는 국권을 회복하려는 독립비밀 조직이었다. 합법적으로 만들어진 유학생들의 친목단체인 학우회는《학지광》이라는 기관지를 1914년부터 발간하여 유학생들과 동포들에게 새로운 정치사상과 반일의식을 함양하는 데 힘썼다. 이 같은 유학생들의 반일 활동은 1919년 2·8독립선언의 발판이 되었다.

2.
대한민국의 출발점, 이백만명이 참여한
'3·1독립만세운동'

나라 안과 밖의 정세

나라를 빼앗긴 이후 한국에서는 일제의 잔악한 헌병경찰제에 의한 무단
통치로 항일무력 투쟁은 점차 약화되고, 비밀결사 형태의 독립운동이 명
맥을 유지하고 있었다. 외세가 등장한 이후 위정척사운동은 의병운동으
로, 개화사상은 갑신정변과 독립협회로 이어져 한말 애국자강운동으로 발
전하였다. 피지배층의 농민봉기는 민족종교인 동학과 결합되면서 동학농
민혁명으로 승화된 것은 당시 민중의식의 성장과 궤를 같이한 것이다. 이
처럼 그 당시 민족운동은 각 계층의 첨예한 이해와 입장에 따라 각각 그 주
장과 방법이 다르게 전개되었다. 그러나 국권상실이라는 공동의 운명에
직면하여 일본의 가혹한 무단통치에 설움을 당하면서 독립해야 한다는 하
나의 목표가 형성되었다. 그래서 양반·상민 간의 이해와 당파를 초월하고
지역·이념·종교 등의 차이를 넘어서서 민족적으로 단결된 행동을 나타낼
수 있는 여건이 성숙되었다.

1914년 1차 세계대전이 터지자, 동학농민혁명의 전통을 갖고 있던 천도
교세력 안에서 일본이 참전한 연합국의 패배를 기원하면서 독립운동을 전
개하려는 움직임이 있었다. 그러나 교주 손병희는 아직은 시기상조라 하
여 이를 저지시켰다. 그러다가 1918년에 들어서서 종교지도자, 민족주의
자, 학생들을 중심으로 독립운동전개에 관심이 고조되고 있었다. 이 무렵
인 1919년 1월 21일 아침에 고종이 갑자기 붕어하였고, 이 소식이 조선총

독부의 기관지인《매일신보》를 통해 세상에 알려지게 되었다. 일제에 의해 유폐당해 있던 그가 총독부의 간계로 독살되었다는 소문이 한국인 사이에 널리 퍼져 크게 분노하게 되었다. 여기에 일본으로부터 '2·8독립선언'의 소식이 중앙학교 인맥을 통해 전해져 국내에서도 독립운동의 기운이 무르익게 되었다.

한민족이 자체적으로 독립을 위한 노력과 기반을 강화하고 있을 때 1917년 10월 러시아에서 짜르의 전제와 전쟁에 지친 민중이 레닌을 중심으로 사회주의혁명을 일으켰다. 그리고 1918년에는 연합국이 승리하는 1차 세계대전의 종료가 있었다. 변화된 세계정세는 민족문제에 대한 자각을 높이고 민족해방운동을 고무시키게 되었다. 러시아 혁명을 주도한 레닌은 1917년 11월 말 제정러시아 치하에서 억압받는 민족과 동양의 인민을 대상으로 민족자결의 원칙을 선언하여 공감을 얻었다. 레닌은 세계의 공산화를 목적으로 1919년 코민테른을 결성하여 약소민족의 독립운동 지원에 적극 나선 것이다.

1차 세계대전에 참전한 미국 대통령 윌슨은 1918년 1월 연두교서에서 연합국인 영국·프랑스·일본 등이 패전국인 독일, 오스만제국 등의 식민지를 병합하는 것을 저지하고, 국제연맹을 통해 식민지 문제를 해결해야 한다면서 민족자결주의를 선언하였다. 그러나 연합국에 가담한 일본은 자국의 이익을 위해 1915년 중국의 칭타오를 점령하고 21개조를 강요 독일의 산둥성 이권을 넘겨받았다. 1917년에는 러시아 혁명에 연합군과 함께 백군 지원을 위해 시베리아에 출병한 후 계속 주둔하였다. 뜻이 어떻든 윌슨의 선언은 식민지 피억압 민족들에게 독립의 희망을 불어넣었다. 1918년 11월 미국 대통령 특사 크레인이 중국 상하이를 방문하자 여운형이 그를 만나 한국의 독립운동 지원을 부탁하였다. 이에 크레인은 파리강화회의에 한국 대표를 파견할 것과, 국내에서 한국인들이 독립의사표시를 하는 것이 한국 대표에게 도움이 될 것이라고 조언하였다. 여운형·장덕수·조동호·선우혁 등은 이 말에 따라 본격적으로 독립운동을 추진키로하고 신한청년당을 급히 조직하였다. 1919년 1월 여운형 등의 신한청년당은 김규식을 상해로 초빙하여 1월 18일 27개 전승국이 참여하는 파리강화회의에 대표로 가도록 권유하였다.

1919년 1월 일본 조선유학생학우회가 도쿄 조선기독교 청년회관에서 조선독립청년단을 결성하고 실행위원으로 10명을 선임하였다. 실행위원 중 최팔용은 운동자금 모집, 백관수와 이광수는 독립선언서 기초, 송계백과 최근우는 국내 인사들을 접촉하는 임무를 맡았다. 준비 끝에 2월 8일 오전 유학생들은 독립선언서를 일본 내각과 각국 공사에게 보냈다. 오후 2시에는 도쿄의 조선 기독교청년회관에 200여 명이 모여 백관수가 대표로 낭독하는 독립선언식을 가졌다. 이들은 적의 심장부 한복판에서 한국 청년의 기개를 드높이고 독립운동의 햇불을 높이 치켜 올렸던 것이다.

3·1독립만세운동을 거국적으로 추진하다

국내에서의 독립운동 추진은 동학농민혁명과 항일투쟁을 직접 경험한 천도교계에서 먼저 시작하였다. 천도교 교주 손병희와 권동진·오세창·최린 등은 1918년 말부터 회합을 갖고 1차 세계대전 종전에 따른 독립운동 추진에 대중화·일원화·비폭력의 3대 원칙을 세우고 타종교 및 학생 단체와 연결을 모색하였다.

1월 말에 2·8독립선언 준비위원으로 국내연락을 담당한 송계백은 중앙학교 교사 현상윤을 찾아가 일본 유학생들이 준비한 독립선언서 초안을 건냈다. 이 소식은 곧 중앙학교 송진우·김성수와 최남선·최린에게 전달되

었다. 최린을 통해 동경유학생 소식을 접한
천도교계는 만세시위운동을 전개하기로 결
정하면서 대중화·일원화·비폭력운동의 원칙
을 재확인하였다. 송진우와 최린 그룹을 통해
박영효, 윤치호, 김윤식, 한규설 등 구한국 고
위직을 지낸 당대의 대표적 인사들에게도 동
참을 권유하였으나 이들은 모두 거절하였다.

손병희

평양의 기독교계는 선우혁을 통해 상하이
의 소식을 듣고 1919년 2월 초 교회와 기독
교 학생들을 동원하는 독자적인 만세시위운동을 계획하였다. 이렇게 종교
별로 추진되고 있던 움직임을 연결한 것은 최린·송진우·현상윤·최남선의 4
인 모임이었다. 4인은 송진우의 숙소인 계동 중앙학교 숙직실에서 만나 천
도교·기독교계와 학생들이 연대할 수 있도록 추진하기로 뜻을 모았다. 사
실상 중앙학교 숙직실은 3·1독립만세운동의 기획실이었다. 이들의 활동으
로 천도교 측이 2월 7일경 평양에 사람을 보내므로 이승훈이 서울의 천도
교계 지도자들을 만나 운동의 일원화 문제를 협의하였다. 이때 두 종교의
연결에도 송진우가 측면 지원한 것으로 알려져 있다.

2월 24일 천도교와 기독교계는 마침내 연합에 합의하였고, 연희와 보성
전문의 김원벽·강기덕 등이 중심이 된 학생 측과도 연합운동을 협의하였
다. 불교 쪽은 1월부터 독립운동에 관해 연락을 담당한 최린이 한용운을 접
촉 참여의사를 받아 내었다. 견해가 다른 유림들과의 연합은 끝내 성사되지
못했다. 유림은 뒤에 곽종석, 김창숙 등 일부 유림들이 파리 강화회의에 참
가한 각국 대표들에게 한국 독립을 요구하는 파리장서를 따로 보냈다.

독립만세운동의 지도부로 볼 수 있는 천도교의 최린·권동진·오세창 등
과 기독교계의 이승훈·함태영 등이 구체적인 내용을 결정하였다. 이들은

독립선언과 거국적 만세시위를 전개하고, 일본·프랑스·미국 등에 독립청원을 하기로 협의하였다. 최린은 이승훈의 거처로 찾아가 그가 요청한 기독교연합운동 경비로 손병희가 마련한 거금 5,000원을 전달하였다. 독립운동의 지도부는 독립선언에 서명할 종교대표 33인(천도교 15인, 기독교 16인, 불교2인)을 선정하는 한편 독립선언문의 작성은 최남선에게 맡겼다. 독립선언서의 인쇄는 천도교 측 보성사에서 2만 1,000매를 인쇄하여 2월 28일 여러 사람에 의해 전국각지로 전달되기 시작하였다. 마침내 준비가 어느 정도 완료되자 가회동 손병희의 집에서 마지막 점검을 위한 모임이 있었다. 이 자리에서 학생들은 3월 1일 탑골공원으로 모이도록 했으나, 독립선언서 발표 장소가 탑골공원에서 다중의 안전을 위해 태화관으로 변경되었다. 천도교·기독교·불교 및 학생 중심으로 단일화 된 주도세력은 고종의 인산일 3월 3일을 맞춰 지방 사람들이 서울에 모여들 것으로 예상하여 3월 1일을 거사일로 결정한 것이다.

대한민국의 출발점인 3·1독립만세운동을 조직하고 성사시킨 핵심그룹은 김성수의 중앙학교와 연결된 최린·송진우·현상윤·최남선 등이었다. 이들 중 송진우, 최남선, 현상윤, 함태영, 김홍규 등 17명은 3·1운동의 준비와 종교간 협조체제를 이끌어 냈지만, 다음 단계의 독립운동을 도모하기 위해 독립선언서에는 서명하지 않기로 하였다. 이들 중진 그룹은 천도교, 기독교, 중앙학교 인물이 다수이며 지역적으로는 호남과 관서 출신들이 많았는데 1920년대 이후 식민지 한국의 실력양성운동과 물산장려운동 등 변화 방향을 이끌어 가게 된다. 시작은 미약했지만 끝은 창대하였던 한국 독립운동사의 제1대 사건으로 각계각층이 거족적으로 참여하여 대한민국의 출발점이 된 민족운동을 이 책에서는 '3·1독립만세운동'으로 정하고 주도자들의 이름이라도 살펴보고자 한다.

33인의 서명자

천도교: 손병희, 권동진, 오세창, 임예환 나인협 홍기조 박준승 양한묵 권병덕 김완규 나용환 이종훈 홍병기 이종일 최 린

기독교: 이승훈 박희도 이갑성 오화영 최성모 이필주 김창준 신석구 박동완 신흥식 양전백 이명룡 길선주 유여대 김병조 정춘수

불교계: 한용운 백용성

17인의 핵심추진자

김홍규 박인호 임 규 송진우 현상윤 최남선 강기덕 정노식 노헌용 이경섭 한병익 김도태 안세환 함태영 김원벽 김세환 김지환

만세시위운동의 전개

3·1독립만세운동은 천도교의 손병희, 기독교의 이승훈, 불교의 한용운 등 33인에 의하여 서명된 독립선언서를 3월 1일 오후 2시 서울 태화관에 29인이 참석하여 선언문을 다음과 같이 낭독하면서 시작되었다.

"우리는 이에 우리 조선의 독립국임과 조선인의 자주민임을 선언하노라. 이로써 세계만방에 알려 인류가 평등하다는 큰 뜻을 밝히며, 이로써 자손만대에 일러 민족이 스스로 생존하는 바른 권리를 영원히 누리게 하노라. 반만년 역사의 권위를 의지하여 이를 선언함이며, 2천만 민중의 충성을 합하여 이를 선명함이며, 민족의 한결같은 자유 발전을 위하여 이를 주장함이며, 인류 양심의 발로에 기인한 세계 개조의 큰 기운에 순응해 나가기 위하여 이를 제시함이니, 이는 하늘의 밝은 명령이며, 시대의 큰 흐름이며, 온 인류가 더불어 살아갈 권리의 정당한 발동이라, 하늘아래 그 무엇도 이를 막고 억누르지 못할지니라."라고 천명하였다. 독립선언문은 조선이 독립국임과 조선인이 자주민임을 세계만방에 선언한 대문장이었다. 그것

은 결국 일제의 한국 강점이 우리 민족의 의사에 반해서, 그리고 인류의 정의에 어긋나게 강제되었다는 사실을 다시 한 번 강조한 것이다. 독립선언식을 끝낸 민족대표단은 일제당국에 전화로 통보하였고 29인의 대표들은 일제경찰에 의해 연행 구금되었다.

탑골공원에 모여 있던 학생들은 약속시간이 되어도 민족대표들이 나타나지 않자, 오후 2시 넘어 경신학교 출신 청년 정재용이 육각정에 올라가 독립선언서를 낭독하고 조선이 독립국임을 큰소리로 외쳤다. 그러자 탑골공원에 모여 있던 수많은 학생들과 민중들이 대한독립만세를 목청껏 외쳤고 그 함성이 종로통 하늘을 뒤덮었다. 독립만세시위대는 광화문, 명동, 남대문 등 서울 거리를 휩쓸며 밤늦게까지 대한독립만세를 목 터지게 불렀다.

독립만세시위의 전국적 확산

3·1독립만세운동은 순식간에 전국적으로 확산되어 태극기를 흔들면서 독립만세를 외치는 소리가 방방곡곡에서 일어나게 되었다. 온 나라 방방곡곡을 휩쓸고 간 독립만세운동은 조선인 누구에게나 곳곳에서 나름대로 민족이라는 공동체에 참여하는 계기가 된 것이다. 지방이지만 평양·진남포·안주·의주·선천·원산 등지에서는 서울과 같은 날 시위운동이 일어났다. 이 지역들은 3·1독립만세운동을 추진했던 33인의 민족대표와 17인의 실무추진파와 직간접적으로 연결되어 미리 준비하였기 때문이다. 평양에서는 3월 1일 오후 1시부터 예수교 감리파와 장로파 교인들이 고종 봉도회를 거행한 후 기습적으로 독립선언서를 낭독하고 연설을 들은 뒤 시위행진에 들어갔다. 진남포에서는 오후 2시 교회에 기독교인과 학생 130여 명이 모여 조선독립만세라고 쓴 큰 깃발을 앞세우고 독립선언서를 뿌리며 독립에 관한 구호를 외쳤다. 원산에서는 오후 4시경 500여 명이 악대를 선두에 세워 일본인 시가지를 행진했다. 거리에서는 2천여 명의 군중이 모인 가운데

독립연설을 하였으며, 일경이 쉽게 해산 시킬 수 없어 일본인 소방부와 재향군인회까지 동원하였다.

만세운동이 3월 2일에는 함흥·해주·수안·황주·중화·강서·대동 등지에서 일어났고, 3일에는 예산·개성·사리원·수안·송림·곡산·통천 등지에서 일어났다. 이들 지방도시의 시위주도자들도 천도교와 기독교계의 조직을 통해 3·1독립만세 지도자들과 사전에 연락을 주고받았고 선언문도 이미 확보한 상황이었다. 독립만세시위는 처음에는 서울과 경기도·황해도·평안남도 등 종교 조직의 뿌리가 강한 곳에서부터 종교지도자, 민족주의자, 학생, 중소 상인 등을 통해 전개되었다.

일제의 무자비한 탄압으로 시위가 한때 주춤해지자 3월 5일 학생들은 서울 남대문역 앞에서 시위를 벌여 고종의 장례식을 참관하고 고향으로 귀향하는 참배객들에게 운동 확산을 선도하였다. 이때 학생으로 참여했던 보성전문의 방정환과 경성고등의 박헌영 등은 역사적 사건의 현장을 통해 민족주의와 사회주의 길을 걸어가는 계기가 된 것으로 보인다. 3월 중순에 가서는 청년·학생·교사 등 지식인, 종교단체의 지역지도자, 도시노동자 및 상인층에 의해 만세시위운동은 전국의 소도시로 확산되었다. 특히 서울 등지에서 시위를 주도했거나 참여한 학생들이 자신의 고향에 내려가 시위를 선동하여 더욱 확산시켰다.

이 시기에 가서는 면 단위 이하의 농촌 지역과 산간벽촌에 이르기까지 독립만세운동이 확산되었다. 운동이 퍼져가는 과정에서 시위 군중은 스스로 경성의 국민회, 강경의 결심대, 개성의 광민회 등과 같은 비밀결사

삼일독립만세 시위

이화교정의 유관순 동상

나 단체를 만들어 시위를 주도하며 강경하게 행동하였다. 이들은 곳곳에서 격문이나 벽보·전단·포스터 등의 다양한 선전물을 만들어 만세운동 확산에 크게 기여하였다.

일제는 헌병경찰 뿐만 아니라 보병·기병 등 군대까지 동원하여 총검으로 잔인하게 주동자를 체포하고 군중을 해산시켰다. 이에 맞서 노동자들도 시위와 동맹파업으로 만세시위에 참여하였다. 3월 3일 겸이포 제철소 200여 명, 7일에는 동아연초공장 500여 명, 9일에는 철도국 노동자가 파업하고 만세시위를 벌이자 전차 노동자도 참여하였다. 3월 22일에는 서울의 노동자와 청년학생들에 의해 준비된 노동자대회가 열려 많은 노동자들과 일반시민이 참여하였다. 3월 26~7일에는 전차 종업원, 경성철도 노동자, 만철 경성관리국 노동자들이 파업에 돌입하였다.

서울 지역 노동자 투쟁은 3월 하순 인근 지역인 고양·시흥·부천·수원·김포 등의 시위에 불을 지르는 결과가 되었다. 도시의 잡화상·곡물상·음식점 등 중소상인들도 철시하였고, 이들은 헌병경찰들이 문을 열라고 협박해도 동맹휴업 투쟁에 적극 참여하였다. 시위가 농촌으로 퍼져 가면서 투쟁 방법도 다양해지고 폭력성을 강하게 띠기 시작했다. 천안 아우내 만세운동에는 이화학당의 유관순이 선도적으로 참여하였는데 그의 부모는 일본경찰에 학살당하였다. 유관순은 체포된 뒤 법정에서도 저항하였고, 서대문형무소에서도 투쟁하다가 고문으로 순국하였다.

농민들은 지역 장날을 이용하여 장터에서 태극기를 흔들며 만세시위를 기습적으로 벌렸다. 농민들은 농민항쟁 때 썼던 횃불·봉화·산호 등의 전통적인 방법도 적절히 활용하였다. 청도 용문면의 격문에는 "우리 동포 형제는 이 기회를 놓치지 말고 삼천리강토를 탈환하라. 죽음은 한번뿐이고 두 번도 아니다. 동포여 이때가 어느 때냐. 한번 분발하라. 기회는 다시 오지 않는다. 대한독립만세!"라고 궐기를 촉구하는 단호한 내용이 담겨있었다. 어느덧 농민들은 일제경찰의 무자비한 탄압에 맞서 낫·괭이·몽둥이 등으로 무장하고 강력하게 저항하였다. 농민들은 면사무소나 군청 등을 습격해 과세장부 등을 불태우고, 헌병 주재소나 경찰관서를 습격하여 피해를 주었다.

격렬한 만세시위로 5월 20일까지 일제 경찰관서 87개소, 헌병대 72개소, 군청과 면사무소 77개소 등 278개 관공서가 파괴 내지 방화를 당하였다. 2개월이 넘게 벌어진 3·1독립만세운동에는 전국에서 1,600여 회에 200만여 명이 넘는 민중이 참가하였고, 전국 232개 부·군 가운데 218개 지역에서 시위가 일어났다. 만세 시위가 터지자 조선총독 하세가와는 즉각 추호의 가차없이 엄중 처단하겠다는 협박문과 발포명령을 내렸다. 일본 내각의 하라 수상은 조선총독에게 이번 사건이 대내외에 경미하게 보이게 하고 엄중하게 조치하라고 지시하였다. 일제는 당시 일본군 2개 사단 2만 3천명의 병력으로도 진압이 어렵다고 보아 4월 들어 본토에서 헌병과 보병부대를 증파하여 무력진압을 전개하였다.

일제의 무자비한 탄압으로 만세시위에 참여한 한국인의 피해는 기록에 따르면 피살자 7,509명, 부상자 15,961명, 체포자 46,948명이고, 파괴·소각당한 교회당이 47개소, 학교

서대문 형무소

2동, 민가가 715호에 달하였다. 특히 수원 제암리에서는 일제경찰이 주민 모두를 교회에 가두고 총격을 가한 후 불을 질러 집단학살하는 만행을 저지르기도 하였다.

해외의 독립만세시위와 역사적 의의

해외에서도 서울에서 벌어진 자랑스러운 3·1독립만세운동 소식을 접하고 한국 독립의 만세시위가 여러 지역에서 줄기차게 전개되었다. 압록강 건너의 서간도에서는 3월 12일 부민단이 주축이 되어 유하현 삼원보와 통화현에서 한인 수백 명이 모여 독립축하회를 갖고 만세를 불렀다. 두만강 건너 북간도에서는 3월 13일 1만여 명의 한인들이 용정 북쪽의 서전평야에 모여 독립선언과 만세시위를 힘차게 전개하였다. 이어서 국자가·훈춘을 비롯하여 삼원보 등 곳곳에서 동포들의 만세시위가 있었다. 러시아령 연해주의 블라디보스토크 신한촌에서도 3월 17일 한인들이 모여 만세행진을 전개한 이래 주변 지역으로 파급되었다.

미주 지역에서도 3월 15일 대한국민회중앙총회가 미주, 멕시코, 하와이 거주 동포회의를 열어 독립을 다짐하는 12개항의 결의안을 채택하고 포고문을 발표하였다. 재미동포들은 서재필의 주선으로 4월 14일부터 16일까지 필라델피아 독립관에서 필라델피아 시장을 비롯한 다수의 미국인 후원자들이 참석한 가운데 한인자유대회를 성대히 개최하였다. 행사는 대한독립을 다짐하는 결의문을 채택하고 필라델피아 시내를 당당히 행진하였다. 일본 도쿄 유학생들은 국내의 3·1독립만세운동 봉기 소식을 듣자 만세시위를 전개하였으며, 오사카 동포들도 뒤이어 만세시위를 벌였다.

3·1독립만세운동의 역사적 의의

도합 1,600여 회에 2백만여 명이 참여하고 7,500여 명의 숭고한 희생자가 나와 대한민국의 출발점이 된 3·1독립만세운동의 역사적 의의를 정리하면 다음과 같다.

첫째, 국내적으로 조선왕조의 고종을 보내면서 복벽주의 독립사상을 벗어나 국민이 주인이 되는 민주공화국을 추구하는 시발점이 된 것이다. 이전 조선왕조의 백성이 아닌 근대국민으로서 독립 국가를 추구하는 역사적인 대사건의 전환점이 된 것이다.

둘째, 3·1독립만세운동을 계획하고 주도한 17인과 33인의 인사들은 대부분 우파로서 한국 민족주의 정통성을 세웠다. 이후 이들은 엄혹한 일제 치하에서도 독립운동과 실력양성운동을 통해 미래를 준비하였고, 민권주의 건설을 끈기 있게 추구하여 대한민국을 탄생시킨 주역을 맡게 된 것이다. 그래서 3·1독립만세운동은 민주공화국 대한민국 탄생의 출발점이라고 보는 것이다.

셋째, 3·1독립만세운동은 동학농민혁명에 이어 농민과 노동자들이 민족운동의 전면에 나서게 되어 역사적 주체가 크게 확대되는 대중운동의 시대를 열었다. 그리고 한국에 10년간의 무정부 상태를 벗어나 해외 임시정부를 수립하게 함으로써 민족사의 정통성을 세울 수 있는 계기를 만든 것이다. 아울러 3·1독립만세운동은 일제의 혹독한 무단통치를 유화통치로 전환하게 하였다. 그래서 국내의 민족운동과 실력양성운동이 숨 쉬고 펼칠 수 있는 공간을 만들어 나라를 이끌어갈 인재와 민중의 애국심을 키워가게 된 것이다.

넷째, 국제적으로 한국의 3·1독립만세운동은 일제의 기만선전이 거짓이었음을 만천하에 폭로하게된 것이다. 당시 AP통신은 "독립선언문에 정의와 인류애의 이름으로 2,000만 한인의 목소리를 대표하고 있다"고 보도하였다. 일제는 서구 열강들에게 조선인은 자치 능력이 없으며 일제의 지배를 달게 받아들였다고 선전해왔던 것이다. 그리고 피압박 민족 가운데 가장 먼저 제국주의 타도의 기치를 내세워 중국의 5·4운동, 인도 간디의 비폭력운동, 베트남·필리핀 등의 민족해방운동에도 영향을 끼쳤던 선구적인 운동이었다. 2차 세계대전 중에는 카이로 회담에서 미·영·중 수뇌들이 이의 없이 한국 독립의 필요성을 인정하고 선언하게 만들었던 원동력이 되었던 것이다.

이 대목에서 3·1독립만세운동을 높이 평가하고 강조한 것은 대한민국 정통성의 뿌리가 여기에 있기 때문이다. 대한민국 제헌 헌법 전문에 "유구한 역사와 전통에 빛나는 우리들 대한민국은 기미 삼일운동으로 이제 민주 독립국가를 재건함에 있어서 ……"라고 선언하고 있다.

따라서 민족 독립의 거사를 주도한 손병희·이승훈·한용운 선생 등 33인과 이 거사를 기획추진한 송진우·현상윤·최린·최남선 등 17인 및 3·1만세운동 현장 주도자들에게 대한민국 건국의 정통성이 있는 것이다.

이후 해외에서 여러 임시정부나 독립투쟁단체들이 나름대로 독립운동을 전개했지만, 여운형이나 안재홍의 견해대로 객지고생만 하는 격이고, 국내에서 일제의 가혹한 통치 밑에 독립투쟁을 하거나 실력양성운동에 헌신한 민족지사들이 대한민국을 건국한 참 일꾼들이다.

3.
대한민국 임시정부의 수립과 활동

여러 곳의 임시정부 태동과 통합

3·1독립만세운동을 앞뒤로 서울·상하이·노령 등지의 나라 안팎에서 임시정부 수립 움직임이 시작되었다. 이는 독립운동을 총괄 지도할 지휘부가 필요하고, 임시정부를 세움으로서 한국인의 독립 의지를 대내외에 과시하기 위한 것이다. 가장 먼저 등장한 임시정부는 1919년 2월 노령 연해주 니콜리스크에서 전로한족회 중앙총회를 개편해 문창범을 의장으로하는 대한국민의회이다. 이 기관은 러시아령 시베리아의 동포사회를 대표하는 것으로 불라디보스토크의 한인 사회를 기반으로 하고 있었다. 대한국민의회는 3월 21일 정부 수립을 선포하고 각료로 대통령 손병희·부통령 박영효·국무총리 이승만·군무총장 이동휘 등을 선임하였다. 국내에서는 4월 10일 조선민국임시정부라는 전단이 배포되었는데 정통령 손병희·부통령 이승만 등의 명단이 담겨 있었다. 이 전단은 3·1독립만세운동을 주도한 천도교 계통에서 나온 것으로 보고 있다.

상하이에서는 프랑스 조계 내에 기독교계에서 파견한 현순이 천도교에서 후원한 자금으로 독립임시사무소를 열었다. 그곳에서 4월 11일 나라 안팎에서 모여든 한인들이 이동녕을 의장으로하는 임시의정원을 구성하였다. 임시의정원은 국호를 대한민국으로 정하고 국무총리 이승만·내무총장 안창호·군무총장 이동휘 등을 선출 국무원을 구성하였다. 임시정부가 본격 활동에 들어간 것은 미국에 있던 안창호가 7월 상하이로 들어와 내무

안창호, 김구 등이 참석한 상하이 임시의정원 사진

총장 역할을 수행하면서부터이다.

한편 서울에서는 3월 중순 한남수·홍면희·이규갑·김사국 등은 국민대회를 조직하여 임시정부를 수립하기로 결정하였다. 4월 23일 서린동 봉춘관에서 13도 대표 24인이 모여 국민대회를 갖기로 하였으나 모이지는 못하였다. 서울 시내에서 학생들과 노동자들이 기를 흔들고 전단을 뿌리며 시위를 하였는데, 이 전단에 나오는 정부안을 한성정부안이라고 부르고 있다. 이 전단에는 기독교계의 입장이 반영된 집정관총재 이승만·국무총리 이동휘와 기타 9부 총장이 선임되어 있었다.

임시정부 가운데 실질적인 정부 형태를 갖춘 곳은 노령의 대한국민의회와 상하이의 임시정부였다. 두 정부는 통합을 위해 대한국민의회 측의 원세훈과 대한민국 임시정부 측의 안창호가 대표가 되어 통합 논의를 시작하였다. 무장투쟁파의 원세훈은 노령과 만주 지역이 동포 수가 많고 통치가 가능하며 본국과 가까우니 노령이나 간도 쪽에 정부를 두자고 주장하였다. 실력·외교독립파의 안창호는 상하이 지역은 행동이 자유롭고 교통이 편리하며 국제적인 독립활동이 유리하니 상하이에 두자고 고집하였다. 양파의 협의 결과 노령·상해 정부를 해산하여 법통이 있는 국내의 한성 정부안을 계승토록 하고, 정부의 위치는 당분간 상하이에 두며 정부 이름은 대한민국임시정부로 부르기로 합의했다. 대한민국임시의정원은 9월 11일 민주공화제의 헌법을 제정하여 대한민국은 임시정부가 임시의정원의 결의에 의해 통치하는 것으로 규정하였다. 헌법은 삼권분립을 표방하고 정부형태는 대통령제와 내각책임제를 절충한 것으로 만들었다. 행정부는 대통령제로 운영하고 국무총리 아래에 내무·외무·군무 등 8개부를 두었다. 임시의정원은 행정부보다 우위에 두고 의원은 출신 지역별로 선임된 의원으로 구성하였다.

대통령 이승만은 미국에서 활동하였고, 국무총리 이동휘는 9월에 상하이에 도착하여 11월 3일에 가서야 취임식을 가졌다. 하지만 상하이 측이 약속을 어겼다며 노령의 실세인 문창범이 교통총장 취임을 거부하고 노령으로 되돌아갔다. 그 이유는 상하이 측이 통합 원칙을 어기고 국무총리 이승만이 대통령 직함 사용을 고집한다고 정부 형태를 대통령제로 바꾸었다는 것이다. 이승만은 한성정부에서 집정관 총재로 선출된 사실을 알고 미국에서 대통령 직함을 사용하며 활동하였다. 자칫하면 2개의 정부가 생기는 꼴을 우려해서 임시정부의 안창호가 약속을 어기고 이승만을 대통령으로 만들기 위해 임시헌장을 대통령제로 개정한 것이다.

노령의 문창범 계열은 대한국민의회를 다시 복원하여 상하이 임시정부의 외교독립론

안창호

을 반대하였다. 이후 독립전쟁론을 내세웠던 신채호·박용만 등 베이징파
와 함께 반임정 세력으로 활동하였다.

대한민국 임시정부의 활동

1919년 4월 11일 임시의정원이 활동에 들어가면서 기관지로《독립신
문》을 발간하였다. 상해임시정부는 외교활동을 위해 1919년 파리강화회
의에 급히 김규식을 대표로 파견하였다. 이후 중요 지역인 파리에는 김규
식의 파리위원부, 워싱턴에는 이승만의 구미위원부, 필라델피아에는 서재
필의 한국 통신부가 활동하였다. 파리강화회의에 대한민국임시정부 대표
김규식은 한민족의 해방과 독립회복을 위한 청원서를 제출하고 대한민국
대표로 참여코자 했으나 거절당하였다. 1921년 11월에 워싱턴에서 연합
국의 군축문제를 다루는 태평양회의가 미국 주도로 열렸다. 이 회의에 이
승만 등이 한국 문제도 다루어 줄 것을 요구하는 청원서를 제출했으나 묵
살되고 말았다. 이와 같이 구미 자본주의국가들은 일본의 압력으로 한국
문제에 대해 냉담한 태도를 보였다. 그러자 1922년 국제사회주의자들의
모임인 모스크바의 극동인민대표대회에 김규식·여운형·박헌영·나용균 등
한국의 독립운동가들이 대거 참석하여 극동인민의 연대 방안을 모색하게
되었다.

상해임시정부는 국민과 영토를 갖지 못한 한계를 극복하기 위해 국내외
각지에 연통제를 가동할 교통국을 설치하였다. 국내와의 연락업무와 독립
운동자금 모집을 위해 서울에 총판, 각 도에는 독판, 부와 군에는 부장과
군장을 두고자 했다. 임시정부수립 초기에는 평안도·함경도·황해도 등 일
부 지역에 비밀리에 연통제를 조직했으나 1921년 일제에게 노출되어 조직

이 와해되었다. 임시정부는 연통제와 별개로 국내의 여러 독립단체나 개인과 연락하기 위해 임시 교통국을 두기도 했다. 만주 안동현의 이륭양행과 평양, 서울 등지로 연결하는 연락망이 비밀리에 설치되었으나 역시 일제에게 조직이 노출되어 무너졌다.

임시정부는 독립자금을 마련하기 위해 20세 이상 남녀에게 1인당 1원씩의 인구세를 거두고 독립공채를 발행하였으나 자금모금은 쉽지 않았다. 독립자금을 적극 후원한 곳은 하와이 등 미주 동포와 간도·연해주 지역으로 볼 수 있다. 국내에서는 진주의 허만정과 구인회 등 수많은 유지들의 후원이 있었다. 단체로는 부산 백산상회 안희재 등의 임정지원과, 민족종교 보천교에서는 상해임정과 만주의 독립군단체 및 의열단에 막대한 거금을 지원한 것으로 알려져 있다.

임시정부는 만주의 여러 군사 단체와도 연결을 추진하였다. 1920년에는 상하이에 육군무관학교를 세워 망명한 청년들에게 군사훈련을 꾀하였다. 1922년에는 남만주의 북로군정서·서로군정서·대한독립단·광복군총영 등의 여러 단체를 대한통의부로 통합토록 하였다. 임시정부는 사료편찬부를 설치하여 안창호를 주축으로《한국의 역사》,《일본의 한국 침략사》등을 편찬하여 한국인 계몽에도 노력하였다.

임시정부 침체와 국민대표회의

임시정부는 수립 초기에는 국내외의 독립열망으로 나름대로 활동을 펼쳤으나 점차 침체기에 들어갔다. 그것은 당시의 국제 정세와 열강의 비협조로 중점 추진한 독립 외교운동이 성과를 거두지 못하였고, 또 본국과 연결되는 연통제가 일제에 적발되어 국내로부터의 독립자금 조달이 어려웠기 때문이다. 그리고 당시 임시정부에는 이승만·이동녕·이시영·신익희·조소앙 등의 기호파, 안창호·선우혁·김구·이광수·안공근 등의 서북파, 박용만·신채호·신숙·최창식 등의 베이징파, 이동휘·한형권·김립 등의 고려공산당 상하이파, 문창범·원세훈·여운형·박헌영 등의 고려공산당 이르쿠츠크파 등 여러 정파가 있었는데 이들 정파를 통합시킬 수 있는 지도자가 없었다.

특히 1920년 상하이에서 조직된 고려공산당 세력이 임시정부에 침투되면서, 임시정부는 민족·공산의 두 세력으로 분열되어 갈등이 더욱 심화되었다. 여러 정파가 서로 갈등하는 가운데 1921년 초 독립전쟁론을 내세우던 국무총리 이동휘는 이승만과 충돌한 뒤 사임하였다. 1921년 4월에는 베이징에서 신채호·박용만·신숙 등이 군사통일주비회를 개최하여, 이승만의 국제연맹 위임통치 건의 사실을 들어 임정 및 의정원의 해산을 요구하였다. 이 단체는 새로운 독립운동 지도기관을 세우기 위해 국민대표회의 소집을 요구하였다. 한편 1920년 12월에 하와이에서 어렵게 상하이에 온 이승만은 큰 역할도 없이 다음해 6월 쓸쓸하게 미국으로 되돌아갔다. 이처럼 임시정부는 이념과 노선투쟁, 당색과 지방색까지 얽혀져 서서히 침체기에 빠져들었다.

베이징파와 이르쿠츠크파가 주도하는 국민대표회의가 임정옹호파의 반대에도 1923년 1월에서 6월까지 상하이에서 열렸다. 이 회의는 상당한 규모의 모임으로 나라 안팎에서 지역·단체 대표 125명이 참가했다. 회의에서는 현 임시정부를 개조하자는 개조파와 현 정부를 해산하고 신정부를 세우자는 창조파, 그리고 현 정부를 고집하는 정부 옹호파가 맞섰다. 임시정부의 존폐문제를 둘러싼 각 파의 주장은 결코 좁혀지지 않았고 회의는 별 성과 없이 결렬되었다.

4.
문화통치의 표방과 산업침탈

일제의 유화통치 추진

3·1독립만세운동으로 한국인의 거족적인 저항에 놀란 일제는 무단통치를 유화통치로 바꾸지 않을 수 없었다. 3·1운동 이후인 1919년 8월 조선총독에 임명된 해군대장 사이토 마코토는 '조선의 문화와 관습을 존중하고, 문화적 제도의 혁신으로써 조선인을 유도하여 그 행복과 이익의 증진을 도모 한다'는 명분을 내세워 유화정치를 표방하였다. 그러나 음흉한 일제의 이러한 통치는 한민족을 회유하여 보다 효율적인 수탈을 하려는 기만적인 유화정책의 변경에 불과한 것이었다. 그리하여 지금까지 한국에 대한 탄압과 착취에 앞장섰던 헌병경찰제 대신에 보통경찰제를 실시하고 태형을 폐지하였다. 그리고 조선총독에 문관도 임명될 수 있도록 하였고, 관리와 교사들이 제복을 입고 칼을 차고 다니던 짓을 그만두게 하였다.

또한 한국인의 교육수준을 일본인과 같은 수준으로 끌어올리고, 한국인이 경영하는 한글신문의 간행을 허용하며 언론·집회·출판의 자유를 완화시키는 조치를 취하였다. 그러나 일제의 이와 같은 표면상의 정책 변화는

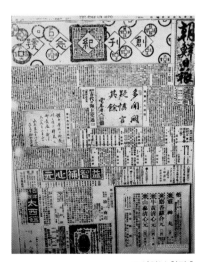

조선일보 창간호

식민통치의 완화가 아니라 더 효율적인 식민지 수탈을 위한 고등 술책이었다. 경찰제도는 경찰서가 더욱 증설되어 설치되었고, 1면에 1개 경찰 주재소를 설치하여 전국적인 경찰망을 세웠다. 이에 따라 감옥이 증설되고 사상범이 늘어갔다. 학교 신설이 다소 늘어나 3개면에 1개교의 비율로 보통학교가 들어섰지만 일본인과의 차별교육도 여전하였다.

일제는 새로 마련된 신문지법에 의하여 1920년 4월에 《조선일보》, 《동아일보》, 《시사신문》을 창간토록 하여 한국인의 언론이 다시 등장하게 되었다. 한국인의 거족적인 항쟁으로 쟁취해 낸 언론 환경은 열악하기에 짝이 없었지만, 한국인들은 이를 통하여 민족문화의 수호와 창달에 적극 활용하였다. 이 중 호남 지주 김성수가 창간하여 민족주의를 표방한 《동아일보》가 가장 많은 독자를 확보했고 대중에 미치는 영향력이 대단하였다. 《조선일보》는 대정실업친목회라는 친일경제단체에 의해서 창간되었으나, 창간 이후 사장에 조진태, 송병준, 신석우, 안재홍 등 경영진이 여러 번 바뀌면서 운영에 어려움을 겪었다. 그러다가 동아일보 정주 지국장을 역임하고 노다지 금광업으로 큰 부를 얻은 방응모가 1933년 인수하면서 큰 발전을 이루게 되었다.

이때 신문은 세계와 조선에 대한 지식의 요람이었다. 일간으로 발행된 신문은 국내외 소식과 근대사상, 학술, 문예에 관한 글도 많이 실었다. 단순지식을 넘어서 사회의 변화와 민족운동의 초석이 될 수 있는 민주주의 사상, 마르크스의 혁명론, 한국사에 대한 연재와 여성 해방에 대한 기사도 실었다. 당시 신문의 역할이 오늘날과 비교할 수 없을 만큼 컸던 것은 식민지기 근대교육이 미비했기 때문이다. 학교 교육에서 소외된 대다수 한국인들에게 신문은 가장 중요한 지식의 공급원이었다. 따라서 일제의 언론에 대한 집요한 감시는 《조선》·《동아》에 대한 빈번한 삭제·압수·정간·폐간 처분이 있었고 언론인을 수시로 탄압하였다. 대표적으로 1936년 베를

린올림픽 마라톤에서 우승한 손기정 선수의 시상식 사진에서 일장기를 지워버리고 보도한 사건이 있었다. 말소 보도한 《동아일보》는 당시 한국인을 대변하는 민족정론지의 역할을 다하고 있었지만, 일제의 탄압으로 사장 송진우는 물러나고 신문은 무기정간처분을 당하였다. 당시 신문을 통해 왕성하게 활동했던 김성수·송진우·백관수·장덕수 등의 중앙학원과 동아일보 그룹은 식민지 사회를 견인하고 이끄는 지도층으로 해방 이후에는 대한민국을 건국하는 우익 민족주의의 중심 역할을 하게 된다.

일제는 다양한 기만적인 문화정치를 미끼로 조선인 대지주와 자본가, 지식인 등의 부르주아 민족주의 상층부를 친일화 시키기 위해 노력을 경주했다. 지식인의 변절자로는 대표적으로 춘원 이광수를 들 수 있다. 1921년 4월 상하이에서 《독립신문》의 주필로 활동하던 이광수가 돌연 귀국했던 것이다. 그는 근대 장편소설 《무정》의 작가이자 2·8독립선언의 작성자로 민족운동의 두뇌로 불리는 사람이다. 그런 이광수가 다음해 《개벽》지에 민족개조론을 발표하여 친일의 길에 나서게 된 것이다. 결국 일제의 문화정치는 친일파를 양성하는 기만적 수탈정책으로 식민통치의 근본은 전혀 변화가 없이 오히려 그 심도만 더욱 깊어갔다.

일제의 산미증산과 쌀 수탈

일제는 한국 경제를 일본 경제에 종속시킴으로서 경제적 이익을 극대화하고자 하였다. 일제는 1차 세계대전에서 연합국으로 참전하면서 전쟁물자 수출로 막대한 이익을 올려 독점자본주의 체제에 들어서게 되었다. 그러나 농업과 공업이 불균등해지고 노동자의 식량이 부족하여 도시에서 대규모 쌀 소동이 수시로 일어났다. 대표적으로 1918년 7월 도야마현에서 주부들이 쌀 공급문제를 해결하라고 시위에 나선 것이다. 이 사건은 폭동화되어 일본 전역으로 퍼져갔고, 내각 사퇴와 다이쇼 데모크라시라는 정치체제가 등장하는 계기가 되었다. 따라서 공업화와 인구의 도시 집중으로 일본의 식량문제는 해결이 시급한 과제가 되었다. 그래서 일본은 한국에서 생산된 미곡을 일본으로 운반하는데 그치지 않고, 일본에 필요한 쌀을 한국에서 계획적으로 생산해 내도록 하게 되었다.

산미증산계획은 1920년부터 15개년 계획으로 토지와 수리를 늘리고 경종법을 개량함으로써, 연간 9백만 섬의 미곡을 증산하여 5백만 섬을 일본으로 가져가는 계획이었다. 그러나 미곡생산량은 목표를 달성하지 못한 반면 반출량은 계획량을 초과하고 있었다. 1926년에는 1920년에 비해서 42만 섬이 증산되었지만 반출량은 무려 370만섬에 달하였다. 일제는 쌀을 증산한다는 명분 아래 증산계획을 시행하였지만 증산량에 관계없이 자기들이 필요한 만큼의 쌀을 수탈해 간 것이다.

이에 따라 한국 농민들은 쌀을 증산하고도 그 증산량 이상을 빼앗기게 되어 굶주림을 당하게 되었다. 이에 일제는 한국의 식량부족을 메우기 위해 만주로부터 조·수수·콩 등의 잡곡을 수입하여 공급하였다. 이마저도 형편이 못되는 농민들은 구황작물과 초근목피로 목숨을 부지했다. 산미증산계획에 따라 쌀이 일본에 과다 반출됨에 따라 생활이 곤궁해진 한국 농민들은 토지를 일본인이나 지주에게 헐값에 넘기고 더욱 영세해졌다. 이들 소작농들은 생산량의 절반을 소작료로 물어야 하고, 그 외에 비료대·곡물운반비·수리조합비·지세 등의 부담을 져야 했다. 이에 불응하면 일본인이나 지주에 의한 소작권 박탈의 위협을 받아야 했다. 이 때문에 소작농들은 토지주의 착취에 대하여 항쟁을 벌이게 되었다. 이러한 소작쟁의는 1921년 이후 매년 증가하여 1930년경 최고조에 달하였고 시간이 지남에 따라 항일민족운동의 성격을 띠게 되었다.

식민지 자본주의의 전개

한국 강점 초기 일제는 한국을 식량 공급지로만 여겼지 공업 분야에는 별 계획이 없었다. 그러나 1차 세계대전의 호황이 끝난 후 일본의 자본가들은 투자 시장으로 한국 진출에 관심을 갖게 되었고, 일제는 1920년 회사령을 허가제에서 신고제로 바꾸었다. 또 관세법을 개정하여 일본 상품의 유입에 제약을 받지 않게 하였다. 그러므로 일본인의 자본이 활발하게 한국으로 투자되어 일본인 회사가 크게 늘어났다. 특히 미쓰이·미쓰비시·노구치 등 일본의 독립 재벌들의 진출이 활발하였다.

1920년대 중반까지는 일본인의 투자가 식료품과 소비재생산을 위한 경공업이 주류를 이루었다. 이때 한국인의 기업 활동은 1919년 호남의 지주 김성수가 세운 경성방직이 있었고, 평양의 정창고무공업사 등이 경공업제품을 생산하였다. 경성방직은 한국인이 세운 가장 큰 기업으로 민족적 기대를 받으며 성장하였다. 1923년에는 무역 관세를 철폐하여 의류, 식료품, 잡화 등 일본 상품들이 조선 시장을 휩쓸어 민족기업은 위기에 몰리게 되었다. 1926년에는 일제가 추진한 함경도 부전강 수력발전소가 완성되어 막대한 전력을 기반으로 흥남에는 노구치 그룹이 조선질소비료공장을 건설하였다. 한국인의 저렴한 노임과 장시간 노동은 일본 자본가들에게는 공업투자에 유리한 조건이었다. 특히 1931년에 일제는 만주를 침략하고 괴뢰정부를 세움에 따라 한국은 군수물자를 공급하는 병참기지가 되어 중공업 투자가 급증하였다.

일제의 중공업 진흥정책은 한국 내 지하자원의 개발과 약탈을 초래하였다. 1930년 이후 한국의 광업이 군수공업에 종속되면서 생산량이 급증하였는데 그 중심이 금광업이었다. 일제는 금 생산에 심혈을 기울였는데 이는 전쟁을 수행하기 위해 석유·철·기계를 미국 등지에서 구입하는데 막대한 금이 필요했기 때문이다. 태평양전쟁이 일어난 후에는 군수공업에 원료가 되는 철·석탄·중석 등의 광물이 약탈되었다. 일제가 광공업에 투자를 집중하자 한국인 노동자들이 급증하였다. 1911년에 5만여 명 수준의 노동자 수가 1933년에 25만여 명으로 대폭 늘어나게 되었다. 한국인 노동자들은 장시간 노동에 일본인 임금의 절반 밖에 못 받는 열악한 여건이었다. 이와 같이 생활이 어려운 한국인 노동자들은 이를 해소하기 위하여 노동쟁의를 벌이기 시작하였다. 1921년 이후 노동쟁의는 횟수와 참여인원이 대폭 늘어가고 점차 격렬해져 가게 되었다.

5.
민족운동의 새 양상

민족주의자들의 실력양성운동

3·1독립만세운동 이후 일제가 문화통치를 취하게 된 것은 1차 세계대전 이후 무력을 앞세운 독일이 패퇴하고 집단안보와 민족자결주의 바람이 불고 있었기 때문이기도 하였다. 3·1독립만세운동 이후 변경된 일제의 식민정책은 무단통치에서 조선의 여론을 청취하여 정책에 반영한다는 내지연장주의 차원의 문화적 통치로 외양을 바꾸는 것이다. 그래서 문관 총독이 가능하고 언론·집회·결사의 자유 일부허용, 보통경찰제 채택, 태형의 폐지 등의 약간의 변화가 있었다. 3·1독립만세운동은 일제의 총칼 진압으로 실패하였으나, 한민족에게 독립에 대한 자신감과 독립운동의 새로운 방향을 모색하는 전기가 되었던 것이다.

이때 민족주의자들이 독립투쟁의 방향을 모색하는 상황 속에서 러시아 혁명으로 전파된 사회주의의 영향으로, 민족운동이 좌파와 우파로 분열되기 시작하였다. 다수인 민족주의 우파는 일본을 적대시하는 투쟁은 해외에서나 가능한 것이고, 국내에서는 합법적인 운동을 벌이는 것이 최선의 방책이라고 보았다. 그래서 등장한 것이 한민족의 능력과 힘을 키워 독립을 준비하자는 실력양성운동과 신문화운동이었다. 사이토 마코토 총독의 부임 이후 일제의 식민통치가 문화정치라는 이름아래 유화국면으로 접어드는 때를 이용하여, 민족주의자들은 실력양성운동을 사회·문화·종교·경제·체육 등 각 분야에서 활발하게 전개시켜갔던 것이다. 이를 나타내는 한국인 단체조직의 상황을 보면 이전에 비해 1921년도에는 사회19, 노동 90, 청년회 446, 종교 1,397, 종교청년회 226, 산업189 등으로 청년회와 종교단체, 노동과 산업 단체들의 비약적인 증가가 있었다. 3·1독립만세운 동이후 가장 큰 변화는 '근대화에 반대하거나 소극적이었던 많은 한국인들 이 생각을 바꾸어 각종단체에 참여하여 실력양성운동을 벌이고 2세 교육 에 적극 나서게 된 것이다.' 대표적으로 얼마 안 되는 소학교 정원을 채우 는데 면장이나 지서장이 갖은 방법을 동원해도 채우기가 어려웠다. 만세 운동이후 이것이 급변하여 학교는 문전성시를 이루고 학생선발에 빽이 동 원되는 상황이 벌어졌다. 심지어 미취학 아동을 구제하기 위해서 입학 난 구제발기회가 조직될 정도였다고 한다.

1920년대 초반 민족주의자들이 주도한 문화운동은 신문화건설론, 실력 양성론, 정신개조론 등을 이론적 기초로 삼고 있었다. 신문화건설론은 세 계변화에 발맞추어 조선도 변해야 한다는 것으로 사회적으로 봉건적 잔재 를 청산하고 경제적으로 생산력의 증진을 통해 근대 자본주의를 수립하자 는 것이다. 실력양성론은 세계는 아직 생존경쟁의 원칙 위에서 움직임으로 우선 교육과 산업의 진흥 등 실력양성에 주력하여 독립을 대비하자는 것이 다. 정신개조론은 근대문화를 건설하기 위해서는 개개인의 능력발전과 인 격향상이 우선이므로 먼저 개인이 내적인 정신개조를 하자는 주장이었다.

이 당시 실력양성운동을 주창하고 견인한 것은 1920년 한글로 간행된 《동아일보》와 《조선일보》 등 일간지로 국민교육과 민중계몽을 이끌었다. 당시 최린 등 천도교 신파와 송진우, 김성수, 남궁훈 등의 지식층들은 언론 활동을 통하여 민족의식과 민주주의 사상을 고취하고자 열망하였다. 이들 신문은 국내외의 항일운동과 일제의 탄압상이나 피체자의 재판 상황 등을 보도하여 사회적 관심을 높였다. 세계의 피압박 민족들의 민족운동을 집 중 보도하여 한민족의 지향점을 가르쳤다. 이들 신문은 당시 없는 정부를 대신해서 재난동포의 구호사업, 봉사와 계몽사업 등을 통한 사회적 유대감으로 동포애와 민족적 자각을 드높였다.

《동아일보》는 창간사에서 조선민중의 표현 기관임을 자임하고 민족주의의 지지와 문화주의의 제창을 밝혀 당시 암울했던 시대의 등불이 되고자 다짐하였다. 친일 실업인들에 의해 창간된 《조선일보》도 조선민중의 신문임을 주창하였다. 이들 신문은 총독부의 검열을 통해 기사삭제와 신문 압수 등의 탄압과 기자의 검속과 정간처분 등을 1940년 폐간될 때까지 수시로 당하는 고난의 길을 걸었다. 그럼에도 두 신문이 일본의 식민통치의 범주를 벗어날 수는 없었지만 한국인에게 끼친 영향은 엄청나고 지대한 것이었다.

'도움 글 잊혀 진 인물 김성수'

이 지점에서 한일 양국의 근대화를 이끈 인물을 비교해 보자면 일본의 근대화를 성공시킨 조슈번에 이토 히로부미 그룹이 있다면, 한국에는 민주공화국 대한민국을 출범시킨 호남 출신 김성수 그룹이 있다. 일본이 미국에 의해 1854년 강제 개항된 이후 수많은 대응책과 갑론을박이 전개되었다. 그러던 와중에 조슈번은 존왕양이를 실천하기 위해 1863년 5월 바칸 해협에서 미국 상선을 공격하였다. 이에 미국과 프랑스 등 연합함대의 보복 공격을 받은 조슈군은 무참히 무너졌다. 서양의 강력한 힘을 체험한 조슈번은 영주의 명령으로 5명의 무사를 관비로 영국에 유학을 보내게 된다. 1863년 11월 상하이를 거쳐 런던에 도착한 조슈번의 무사들은 영국의 명문 UCL에서 교육을 받았다. 그들 중 이토는 일본 근대 정치와 외교의 설계자가 되었고, 이노우에 마사루는 철도를, 야마오는 공학을, 엔도는 조폐산업의 선구자가 되었다. 이들의 노력으로 혼란을 겪던 메이지유신을 성공으로 이끌었던 것이다.

일본에서는 성공한 번의 관비 유학생들이 근대화를 주도하였다면, 한국에서는 망한 나라의 권력 변방이었던 호남의 지주 자제들이 사비유학을 통해 민주공화국을 출범시키는 역할을 하게 된 것이다. 이들의 중심에는 중앙학원과 보성전문(고려대학교)을 키우고 경성방직과 동아일보를 설립한 고창 출신의 김성수가 있었다. 이 그룹에는 김성수의 친구이자 한민당 당수 역을 수행한 송진우, 식민지 시기 항일 변호사와 초대 대법원장을 지낸 김병로, 호남은행장 현준호, 동아일보 사장 백관수, 보사부장관과 국회부의장을 거친 나용균 등이 있다.

이토는 메이지유신의 공로로 귀족이 되었고 일본 헌법의 아버지로 총리를 역임하는 등 1868년부터 안중근에게 저격될 때까지 41년여를 일본정치계의 중심이었다. 한민당 당수와 대한민국의 2대 부통령을 지낸 김성수는 1915년부터 1955년까지 40여 년간의 식민지 백성 등 험난한 세월을 거치면서 한국의 민주공화국 출범과 건국 후 독재와 맞서 싸우면서 민주주의 확립에 헌신하였다.

일제식민통치의 굴레에서 벗어날 수 없었던 대지주 김성수가 일반인의 상식을 벗어난 행보를 걸었다는 점은 매우 특이하고 흥미로움의 대상이라고 본다. 해방 초기 박헌영이 세운 인민공화국이 문교부장에 김성수를 추대하고 임정요인 등 독립운동가들의 존경을 받았던 것은 어떤 의미가 있는지 모르겠으나? 좌익과 진보 쪽에서 제기하는 일제 시기 친일 행적에 대한 가혹한 비판은 당연한 것이다. 그러나 조선의 최고 부자가 일제의 작위와 훈장을 끝까지 거부하고 창씨개명도 거부하면서, 친일을 피하고자 발버둥 쳤던 그의 인생행로는 종합적이고 공정하게 평가되어야겠기에 그의 인생 여정을 잠시 살펴보고자 하는 것이다.

1891년 전북 고창 인촌마을에서 호남 대지주의 아들로 태어난 김성수는 1908년 고향마을 부근 후포에서 열린 대한협회 강연회에서 '주권재민'의 말을 듣고 인생의 중요한 이정표를 세웠다고 한다. 1908년 10월 김성수는 절친 송진우와 상투를 자르고 일본 유학길에 나서게 되었다. 그는 준비 끝에 1910년 4월 와세다 대학 예과에 입학했다. 김성수가 공부하던 시기는 1912년 다이쇼 일황이 즉위하면서 번벌세력이 후퇴하고 정당세력이 약진하는 다이쇼 데모크라시가 전개되었다. 이때 김성수의 회고에 민주주의와 민권이란 용어가 뇌리에 박힌 것을 설명하고 있다. "그때는 무엇보다도 민주주의라는 용어가 무섭도록 매혹적이었어 민주주의라는 말과 민권이란 말을 나는 열일곱 되던 해에 고창 후포에서 들은바 있지만은, 고하(송진우)가 민주주의와 민권이란 말을 들은 것은 이때가 처음이었어"

당시 김성수 주변에는 훗날 3·1독립만세운동과 민주공화국 대한민국을 탄생시킨 중요한 인사들이 포진해 있었다. 당시 도쿄의 유학생 시절 김성수의 친구로 안재홍·송진우·문일평·조만식·현상윤·정세윤·최한기 등이 있었다. 1년 후배로는 신익희·최두선·백남훈·김양수·양원모·정노식 등이 있었다. 2년 후배 장덕수에게는 송진우에게 했던 것처럼 남모르게 장덕수의 학비를 지원하여 장덕수의 다양한 활동을 후원하였다. 와세다 대학 캠퍼스에서 김성수 그룹은 요시노 교수와 같은 자유주의자와 다이쇼 데모크라시의 일본 민주주의를 체험하는 기회를 가졌던 것이다.

1914년 7월에 귀국한 김성수는 마음먹은 바를 실천하기 위해 안재홍·최남선과 함께 백산학교 설립을 추진했지만 조선총독부 방해로 뜻을 이루지 못했다. 1915년 때마침 김성수에게 기호 인사들이 중심인 중앙학회가 운영난에 빠져 있던 중앙학교 지원을 요청하였다. 김성수는 고향의 부모를 설득하여 재정지원을 받고, 서울에 와

김성수

있던 와세다 대학의 나가이·다나카 법학교수의 도움을 받아 총독부로부터 학교 설립허가를 받았다.

1917년 12월 종로구 계동에 거금을 들여 신식으로 학교건물을 짓고 본격적으로 민족의 동량지재를 키워나가게 되었다. 이때 중앙학교 교사진에는 한국의 최고 실력자들이 모여들었다. 안재홍·송진우·류근·김성수 등의 책임자와 수학자 최규동, 국어학자 이중화·권덕규 등이 있었고, 유학파로 최두선·이강현·현상윤·고희동·변영태·유경상 등이 있었다. 중앙학교 출범 후 김성수는 명문가 출신 윤치소가 설립한 경성직뉴가 경영난에 빠져 도움을 요청받자 이를 인수하여 민족기업 경성방직을 출범시켰다. 민권과 민주주의 개념을 가슴에 품고 있던 청년 김성수는 1차 세계대전이 벌어지고 있는 격동의 세계를 식민지 조선에서 바라보면서, 중앙학교와 경성방직을 통해 교육과 실업분야에서 미래의 한국을 꿈꾸기 시작하였던 것이다. 이후《동아일보》창간을 비롯한 국민계몽과 민력증진에 수많은 활동을 전개하였다. '공선사후'의 좌우명으로 대한민국 건국의 주역과, 부통령을 사임하고 한민당에 이어 민국당과 민주당을 창당 토록하여 독재에 맞서는 한국 야당의 아버지 역할을 했던 것이다. 1955년 2월 서거한 김성수의 국민장에는 수많은 국민들이 애도했으며 고려대학에 안장되는 날 100만여 명의 시민들이 연도에서 참예했다고 한다. 김성수의 인생평론을 독자들도 한번 읽어보기를 권하며 이승렬이 쓴《근대 시민의 형성과 대한민국》이라는 책을 추천한다.

민족교육 증진과 자치 획득운동

실력양성운동에서 교육을 통하여 민중을 계몽하고 민족정신을 키우자는《동아일보》와 조선청년연합회가 한국인 본위 교육을 실현 하려면 대학

조선민립대학 기성회

설립이 필요하다고 주창하였다. 이어서 조선교육령이 개정되어 한국에서 대학 설립이 가능해지자, 1923년 한규설·이상재 등이 조직한 조선교육회를 중심으로 민립대학설립기성회가 구성되었다. 기성회는 서울에 중앙부를 군에 지방부를 면에 지회를 두고 거국적인 추진채비를 갖추었다. 일천만이 일 원씩이라는 구호로 1,000만원의 대학설립을 위한 모금운동이 전국적으로 일어났으나 일제와 사회주의자들의 방해 및 기상재해로 좌절되고 말았다. 뒤이어 연희전문학교·보성전문학교 등을 대학으로 승격시키려는 노력이 계속되었지만 일제의 방해로 실현되지 못하였다.

1920년대는 청년회가 설립한 야학이 전국적으로 성행하여 민중교육에 큰 힘이 되었다. 야학은 노동야학, 농민야학, 부인야학, 종교기관 야학 등으로 분화되며 활발하게 개설·운영되었다. 3·1운동 이후 활성화된 민중계몽, 문맹퇴치운동 등은 전국적으로 야학 활성화에 큰 힘이 되었다. 기존의 서당이 새롭게 변모한 개량서당은 한문과 더불어 신학문을 가르치며 민족교육을 실시하였다. 초등교육기관을 대신하여 전국적으로 서당이 늘어나고 생도수가 26만여 명에 이르자 일제는 적극 통제에 들어갔다.

1925년에 들어서면서 한국 사회의 변화에 발맞추어 송진우와 최린 등 민족주의 자강파들은 자치운동을 모색하기 시작하였다. 일찍이 송진우는 합법적 정치운동을 모색하다가 일제동화파와 사회주의운동 세력으로부터 공격을 받아 동아일보사 사장직을 사임한 바 있다. 송진우는 당장 독립이 불가능하니 안창호가 주창한 실력을 쌓고 준비하자는 자치운동을 염두에 두고 김성수·최린·이종린·최남선 등과 장래를 협의하였다. 송진우는 7월에 미국 하와이의 태평양문제조사회에 참가하면서 이승만을 만나게 되었다. 이승만은 송진우에게 "김성수의 안부를 물으면서 고국에서 고초를 당하는 동지들에게 미안한 마음"이라 하고, 자치획득운동에 매진해 줄 것을 당부하였다. 송진우는 하와이 동포들의 뜨거운 환영과 지지에 자치획득운동 구상에 확신을 갖고 귀국하게 되었다.

송진우는 8월 28일부터 10회에 걸쳐 《동아일보》 사설에 세계대세와 조선의 장래라는 긴 논설을 실어 조선인의 사상적 수련과 민족적 단결에 의한 중심세력의 확립이 필요하다고 간곡하게 주장하였다. 논설의 주제는 '한민족의 사회적 변혁, 세계대세의 추이, 동양정국의 위기, 일제의 조선지배의 부당성' 등을 강조했다. 조선민족의 실천방책으로는 구미의 자유정신과 과학문명을 애호하되, 일제의 인국을 수탈하는 야만행위는 배척되어야 한다고 강조했다. 그리고 조선민족의 평화와 해방·자유는 민족적 의혈과 전국적 동원에 의해서 획득유지·발전하는 자주정신을 강조했다. 송진우의 주장은 3·1운동 이후 한국에서 진전된 근대적 변화로 즉시 독립은 어렵지만 장래 독립은 가능하다고 보고, 준비단계로 조선의회 설치를 상정한 자치운동을 주장하였던 것이다.

그래서 송진우는 논설에 이어 조직적 정치운동의 전개에 착수하였다. 조선사정연구회는 송진우·백남운·안재홍·백관수·최원순·유억겸·김기전 등이 참여하여 조선의 법제·교육·문화 등을 연구·조사하여 매월 1회 대중을 상대로 강연회를 개최하였다. 태평양문제연구회는 조선지부의 형식으로 송진우·신흥우·백남운·안재홍·최원순 등이 참여하여 조선외부와 관련된 이민·외교문제 등의 해결방안을 모색하였다. 두 단체는 민립대학설치운동, 물산장려운동 등의 중심세력이 뭉쳐 조직되어 침체된 조선인의 권리 획득운동에 앞장섰던 것이다. 궁극적으로 송진우는 일·미, 일·로, 일·중 간의 전쟁을 예견하고 타국의 원조를 기다리지 말고 조선민족이 자체실력에 의해 조선민족의 문제를 해결해 나가기 위한 정치운동 전개를 주창한 것이다.

조선인이 만든 것을 조선인이 쓰자! 물산장려운동

1920년대에 들어서서 한국 상인들과 지주들이 기업으로 진출하면서 많은 회사들이 생겨났다. 영세한 한국 기업은 자본이나 규모면에서 일본 기업에 대항할 수 없는 소규모였다. 더욱이 1923년 한국과 일본 사이에 무역에서 면직업과 주류를 제외한 모든 상품의 관세가 면제될 상황이 되자 민족기업에 위기의식이 심화되었다. 이에 민족자본을 적극적으로 육성하려는 물산장려운동이 전개되기 시작하였다. '입자! 조선인이 짠 것을, 먹자! 조선인이 만든 것을, 쓰자! 조선인의 손으로 된 것을' 이라는 구호 아래 일본 제품을 배격하고 국산품 애용운동을 벌인 것이다.

이 운동은 1920년 8월 평양에서 조만식을 중심으로 조선물산장려회를 발기하였다. 조선청년연합회는 1922년에 '조선 사람 조선 것'이라는 표어를 선정했고, 동아일보사도 신문 보도와 사설을 통해 적극적으로 후원했다. 대도시로부터 시작하여 전국 각지로 번져 갔고, 청년회·부인회·소년단 등과 상해파 사회주의자들도 적극 호응하여 짧은 기간에 전국적인 민족운동으로 발전하였다. 이는 한말의 국채보상운동과 맥락을 같이하는 것으로 자급자족·국산품 애용·소비절약과 금주·금연 등의 운동으로 발전하였다. 그러나 당시 한국인 기업은 급격히 늘어난 수요를 뒷받침해줄 수 있는 생산력을 갖춘 회사나 공장이 없었다. 결과적으로 국산품 애용운동은 상품의 품귀현상으로 가격이 올라 중간상인들의 배만 불린다는 여론이 일었다. 이론만 앞세우는 일부 사회주의자들은 물산장려운동이 자본가와 중산계급의 사적 이익을 추구한 이기적인 운동이라고 비판하였다. 부정적인 비판으로 6개월 만에 실패하였지만 물산장려운동은 민족의 실력양성운동을 이끌어간 대표적인 경제운동의 한 줄기이다.

민족문화 지키기와 종교계의 항일활동

조선총독부는 한민족의 역사와 문화를 존중한다는 구실로 이에 대한 연구를 계획적으로 추진하였다. 그 목적은 한민족의 실태를 정확히 파악하여 식민지배에 도움을 얻고 이용하기 위해서였다. 따라서 일제의 한국 문화 연구는 그 내용을 왜곡하고 잘못된 문화인식을 주입시키려는 것이다. 이를 막기 위한 한국인들의 문화운동이 국어와 역사분야에서 전개되었다.

3·1독립만세운동 이후 《동아일보》와 《조선일보》가 한글로 간행됨으로써 한글 보급에 선도적인 역할을 하게 되었다. 1921년에 주시경의 영향을 받은 이윤재, 최현배 등이 조선어연구회를 조직하고, 그것이 1931년에 조선어학회로 개칭되어 활동하였다. 조선어학회는 한글교육에 힘써 사립학교에 국어교재를 보급하고 회원들이 각 지방에 순회강연을 다녔다. 그리고 국어의 정리·연구를 통하여 맞춤법의 제정, 표준어 선정, 사전의 편찬

등의 사업에 착수했다. 한글맞춤법 제정을 위해 1933년에 이희승·최현배·권덕규 등 12명의 제정위원이 3년여의 연구 활동을 하였다. 조선어학회는 통일된 맞춤법을 보급하기 위해 신문사와 협조하여 국어강습회운동을 벌였다. 또 학생들이 주축이 된 브나로드운동과도 연결하여 보급하였다. 한편 1929년부터는《우리말 큰 사전》의 편찬을 시작하였으나 일제의 방해로 중단되었다. 일제는 조선어학회를 독립운동단체로 취급 탄압·체포하고 조선어학회를 해산시키고 말았다.

일제는 식민통치에 이용하기 위하여 한민족의 역사와 문화의 연원을 조사·연구하고자 그 풍속·제도·종교·신앙 등의 조사에 착수하였다. 이에 필요한 우수한 일본인 학자들을 조선에 파견하여 고대 왕도의 능묘·사지 등을 발굴케 하고 역사지리를 조사케 하였다. 1925년에는 총독부에 조선사편수회를 설치하여 일제의 관점으로 37권의 방대한 조선사를 편찬케 하였다. 이것은 일제가 한국과 만주 침략에 유리한 역사적 조건을 조작해 내는데 그 근본 목적이 있는 것으로 연구 성과는 아전인수 격으로 왜곡된 것이다.

이러한 일제의 식민주의 사관에 대해 민족주의 사학자들은 한민족의 기원을 밝히고 민족문화의 우수성과 한국사의 주체적 발전을 강조하는 연구를 전개하였다. 한말 애국계몽운동의 일환으로 한국사를 연구하였던 박은식과 신채호는 중국으로 망명하여 독립운동을 하면서 한국사 연구에 매진하였다. 박은식은 상하이에서《한국 통사》와 일제의 침략에 대항하여 싸운《한국 독립운동지혈사》를 저술하여 혼이 담겨있는 역사의 중요성을 강조하였다. 무장 투쟁론자인 신채호는 고대사 연구에 치중하여《조선사 연구초》·《조선상고사》 등을 저술하였다. 그는 역사를 "아와 비아의 투쟁의 기록이라 하고" 한민족이 주체가 되어 자주독립을 쟁취해나가야 할 것을 강조하여 민족주의 사학의 선구자가 되었다.

국내의 최남선은 조선광문회를 조직하여 고전의 정리간행에 노력하였

정인보

다. 백두산을 동양 문화의 중심지로 설정하는 불함문화로 민족의 주체성을 강조하였다. 조선의 문화와 자연에서 조선 정신의 탐구와 부활을 찾고자 하였고 《아시조선》·《고사통》·《조선독립운동사》를 저술하였다. 이능화는 《조선불교통사》·《조선기독교와 외교사》·《조선도교사》 등을 저술하여 한국의 종교사에 큰 관심을 가졌다. 이 밖에 남궁억·안확·정인보·문일평·장도빈 등도 민족주의 역사학을 연구 저술하였다. 특히 정인보는 1935년 11월 《동아일보》에 '오천년간 조선의 얼'을 연재하여 민족사학을 계승하면서도 엄밀한 사료적 추적에 의한 사실 인식과 그에 대한 민족사적 의미의 부각을 의도하는 신민족주의 사학을 주창하였다. 그는 조선역사 연구의 근본을 단군임금 이래 5,000년 동안 맥맥히 흘러온 얼에서 찾고 조선역사를 곧 배달겨레 얼의 역사임을 강조하였다.

1930년대에는 서양의 근대적 역사학이 일본에서 사학을 전공한 사람들을 통해 전파되었다. 정규교육을 받은 이윤재·이병도·손진태·신석호 등이 실증사학을 표방하면서 1934년 진단학회를 조직하여 학보를 발간하였다. 또 유물사관에 입각한 세계사적 발전법칙에 따라 한국사를 체계화하려는 백남운과 이청원 등 사회경제사학파가 등장하여 일제의 식민사관에 대항하였다. 이들은 조선사 역시 보편적인 발전법칙 속에 있으며, 조선이 스스로 자본주의 사회로 발전하고 있음을 논증하였다. 이처럼 가혹한 일제식민지 지배하에 한국사 연구는 민족정신을 고양시키고 민족의 문화전통을 수호하려는 의지에서 이루어졌던 것이다.

종교계의 항일 활동

　조선총독부는 한국인의 신앙을 종교와 유사 종교로 나누워 통제하였는데 기독교, 불교와 일본 종교인 신도만을 종교로 취급했다. 식민지 시기 신흥종교로 교세가 강했던 천도교, 보천교 등은 정치색을 띤 종교로 유사 종교로 분류하여 경무국에서 강압적으로 통제하였다. 당시 사회적 동원력과 영향력을 갖춘 종교는 기독교, 천도교, 보천교 등이었다. 조선총독부는 3·1독립만세운동을 주도하고 중심적 역할을 했던 종교계에 대해서 크게 주목하고 회유하기 위한 다양한 정책을 펼쳤다. 이에 따라 일부 종교단체 및 종교 지도자들이 친일파로 전락해 갔지만 각 종교 나름대로 암암리에 항일민족운동을 전개하였다.

　천도교는 교와 정의 쌍전을 지향하는 종교 조직이자 정치결사체였다. 천도교 중진 권동진은 회고하기를 당시 손병희를 중심으로 웅대한 인물들이 일꾼 동지로 활약하며 교중이 200만을 넘어 재정도 풍족한 천도교의 전성시대였다고 말하였다. 그러한 거대한 교세를 가지고 제2의 3·1운동을 계획하여 1922년 3월 1일에 자주독립선언문을 발표하였다. 천도교는 청년회를 중심으로 문화운동에도 적극 참여하였다. 1919년에 개벽사를 설립하고 최초의 종합잡지《개벽》과《부인》·《어린이》·《학생》등을 발행하여 청년운동·여성운동·소년운동·학생운동·농민운동을 전개하였다. 특히《개벽》잡지는 일제의 기사삭제·행정처분·정지처분 등 수많은 탄압에도 7년간에 걸쳐 72권을 발행하는 뚝심을 보여주었다. 천도교는 민족주의 세력이 분화될 때 이종린의 구파는 비타협적 민족주의 세력의 주축으로 신간회에 참여했다. 최린이 이끄는 신파는 타협적 민족주의 세력의 대표적 집단으로 자치운동을 모색하였고, 조선농민사를 조직해 농민운동을 펼쳐나갔다.

　기독교는 조선총독부가 제일먼저 탄압한 종교로 한일합방을 적극적으로 반대한 인사들이 많았다. 특히 평안도의 기독교세력을 제거하기 위해

105인 사건을 조작하여 기독교 지도자들을 탄압한바 있다. 1919년 3·1독립만세운동에서는 천도교와 함께 민족의 독립운동에 앞장섰다. 이후 기독교는 물산장려운동, 농촌계몽운동 등 민족운동에 참여하는 흐름과 순수 종교 활동에 전념하는 흐름으로 나누어졌다. 1930년대 신사참배를 강요하는 조선총독부의 정책에 평양의 북장로교선교부와 전라도의 남장로교 선교부는 적극 반대하였으나, 일제의 강압에 국민의례 명목으로 수용하게 되었다. 일부 교회들은 신사참배는 우상숭배로 끝까지 반대하여 엄청난 탄압을 받아야 했다. 기독교계 학교인 숭실전문학교와 수피아여학교 등은 신사참배를 끝까지 거부하면서 학교 문을 닫았다.

천주교는 조선 말 혹독한 탄압을 받았기에 식민지기 내내 정교분리의 원칙을 지키고자 했다. 3·1독립만세운동 때에도 교구에서는 시위 참여를 금지시켰다. 그러나 서울, 대구 등 천주교 신학생들은 만세시위에 동참하였다. 신사참배 초기에는 이단으로 간주 거부하였으나, 일본 천주교 주교들의 국민의례라는 해석에 교황청이 승인하여 참배를 수용했다.

불교는 조선총독부가 사찰령을 제정해 전국 사찰을 30본산으로 개편하고 주지를 임명하여 행정적으로 통제했다. 이어서 한국 불교와 일본 불교의 통합을 시도하였다. 일제는 조선조에 차별받아온 불교의 처지를 이용하여 식민통치 기간에 불교를 앞세워 조선을 통치하려고 갖은 방법을 다 동원하였다. 이에 백용성, 박한영, 한용운 등은 불교개혁운동으로 대응하였다. 3·1독립만세운동에는 중앙학림 학생들과 일부 사찰이 적극 참여하였다. 총독부의 통제로

조계사

갈등하던 불교계는 1925년 조선불교중앙종무원으로 통합되었다. 1941년 불교는 교단을 정비하여 31본산을 총괄하는 총본산을 태고사에 두고 종명을 조계종이라고 했다. 조선총독은 본산의 주지들을 직접 지배하고 이들에게 일황 배알, 총독에 대한 신년하례, 일본 시찰 등의 특전을 주어 불교계를 친일화 해갔다. 일제의 회유와 통제로 대다수가 친일화 하였지만 항일적인 일단의 승려들이 사찰령 폐지 등 일본 불교침투에 반대하는 운동을 벌였다. 또 불교계통의 근대적 교육기관을 설립하여 민족교육운동에도 참여하였다.

대종교는 경술국치 이후 본부를 백두산 부근의 청호로 옮기고 남도본사 등 각도본사를 설치 운영하였다. 대종교가 만주로 이전하자 많은 한인들이 입교하여 민족운동의 기반이 되었다. 대종교는 만주에 학교를 세우고 단군사상을 전파하며 중광단이라는 무장독립운동 단체를 결성하였다. 중광단은 이후 북로군정서의 주축으로 합류하였고 서일이 독립군의 총사령으로 항일투쟁에 앞장섰다. 1942년에는 서울에서 필화사건을 날조하여, 대종교가 조선독립을 추구하는 단체라 하여 21명의 간부를 검거하고 그중 10명이 옥사당하는 혹독한 탄압을 받았다.

보천교는 1909년 강증산 사후 수제자 차경석이 정읍에서 후천선경 신정부 건설운동으로 추진한 신종교이다. 차경석은 1915년경부터 조선을 독립시켜 천자가 될 것이라고 설파하였다. 1921년 9월 경상남도 황석산에서 국호를 시국, 교명을 보화교로 선포하고 고천제와 함께 교주에 취임하였다. 다음해에는 정읍 대흥리에

보천교 중앙본소

거대한 십일전 성전을 착공하고 수십만의 신도를 가진 종교가 되었다. 보천교는 축적된 자금으로 《보광》이라는 잡지를 창간하고 《시대일보》를 인수 운영하였다. 민족운동차원에서 비밀리에 상하이 임시정부와 의열단에 거액의 독립운동자금을 전달하기도 하였다. 보천교의 거대한 세력과 조선이 장차 독립하여 천자국이 된다는 항일교리에 놀란 조선총독부는 경무국장과 정무총감 및 총독 사이토 마코토가 직접 방문하여 압박과 회유에 나섰다. 보천교도들은 강증산이 언급한 "일본은 조선을 잠시 강점하지만 어질 인 기운이 없어 잔혹한 통치로 인심도 잃고 결국 쫓겨 갈 때는 품삯도 못 받고 빈손으로 돌아간다. 머지않아 일본이 패망하고 서방(미국)이 들어오면 본래 조선국이 되고 만국활계 남조선이 된다"는 말을 퍼뜨려 일제의 탄압을 받았다. 종교인의 항일활동에 대한 조선일보기사 색인(1920년-1940년)에 의하면 천도교 32건, 기독교 23건, 불교 18건, 유교 15건에 비해 보천교는 147건으로 일제에 적극적으로 저항했던 것으로 볼 수 있다. 결국 조선총독부의 치밀한 공작과 유사종교법으로 강제 해산 당하였지만 자칭 600만 교도를 배경으로 조선민심과 항일운동에 큰 영향을 끼쳤던 것이다. 해

소태산 박중빈

방 이후에도 수십여 교파가 활동하였고, 현재는 여주 본부도장을 중심으로 4백만 교도를 주장하는 박한경 계통의 대순진리회와, STB 상생방송을 앞세운 대전 안세찬의 증산도가 가장 활동적이다.

원불교는1916년 전남 영광에서 소태산 박중빈이 26세에 일원상의 진리를 대각하고 일체생령을 광대 무량한 낙원으로 인도하기 위하여 개교하였다. '물질이 개벽되니 정신을 개벽하자'는 표어를 갖고 있는 원불교는

처음 불법연구회로 시작하여 불교, 동학, 증산교 등 여러 종교의 장점을 취해 생활화, 대중화에 노력하였다.

일제강점기 경제적으로 어려운 시절 수만 평의 간척지와 황무지를 개척하는 등 자력 생활로 자립하는 종교를 추구하였다. 허례를 폐지하고 금주와 금연을 실천하며 저축조합을 세워 저축운동을 전개하여 식민지 민중의 생활개선에 앞장섰다. 현재에는 국내외에 수많은 교당이 설립되어 있고 원광대학교와 대학병원이 큰 활약을 하고 있다.

신도는 일본에서 애니미즘과 조상숭배가 결합되어 만들어진 민간신앙이었으나 메이지유신 이후 일본 국교가 되어 일본인의 정신·문화적 지주역할을 했다. 조선총독부는 1915년 신사사원규칙을 공표하여 서울의 조선신궁과 각지에 신사를 세우고 총독부가 관리하는 체제를 만들었다. 1935년경부터 한국인들에게 신사참배를 강요하여 한국인들을 크게 괴롭혔다.

참고문헌

강만길,《20세기 우리 역사》, 창비, 2012.

강만길,《고쳐 쓴 한국 현대사》, 창비, 2006.

김동명,《지배와 저항, 그리고 협력》, 경인문화사, 2006.

김동수,《일제강점기 한민족의 망명문학》, 쏠트라인, 2023.

김방룡 외,《일제강점기 보천교의 민족운동》, 기역, 2017.

김운태,《일본 제국주의의 한국 통치》, 박영사, 1998.

김육훈,《살아있는 한국 근현대사 교과서》, 휴머니스트, 2021.

김인기·조왕호,《한국 근현대사》, 두리미디어, 2007.

류승렬,《뿌리깊은 한국사 샘이 깊은 이야기 현대》, 솔, 2003.

박찬승 외,《한국 근현대사를 읽는다》, 경인문화사, 2022.

백완기,《인촌 김성수의 삶》, 나남, 2012.

변태섭,《한국사 통론》, 삼영사, 2004.

삼국역사편찬위원회,《한중일이 함께 쓴 동아시아 근현대사1》, 휴머니스
    트, 2022.

심용환,《단박에 한국사》, 위즈덤하우스, 2016.

역사문제연구소,《한국의 역사5》, 웅진씽크빅, 2011.

역사학연구소,《한국 근현대사》, 서해문집, 2020.

오정윤,《오정윤 한국 통사3》, 창해, 2021.

오주환 외,《일제의 문화침탈사》, 현음사, 1982.

유완상 외,《한국사의 이해》, 삼광출판사, 2003.

윤병석,《증보3·1운동사》, 국학자료원, 2004.

이기훈·박찬승,《쟁점 한국사 근대편》, 창비, 2017.

이승렬,《근대 시민의 형성과 대한민국》, 그물, 2022.

이은직/정홍준,《인물로 보는 한국사2》, 일빛, 2003.

이이화,《이이화·한국사이야기 22》, 한길사, 2004.

이주영,《이승만과 그의 시대》, 기파랑, 2011.

이태진교수정년논총위원회,《시대와 인물 그리고 사회의식》, 태학사, 2009.

정근식·이병천,《식민지 유산, 국가 형성, 한국 민족주의1》, 책세상, 2012.

정인보/박성수 편역,《정인보의 조선사연구》, 서원, 2000.

최용범·이우영,《한국 근현대사》, 페이퍼로드, 2021.

한국 근현대사학회,《한국 근현대사 강의》, 한울, 2013.

한국 역사연구회,《3·1민족해방운동연구》, 청년사, 1989.

한우근,《한국 통사》, 을서문화사, 2003.

한철희,《시민의 한국사2》, 돌베개, 2022.

5장
다양한 독립투쟁과 민족말살정책

한국에 사회주의가 수용·확산되어 조선공산당 창당과 민중들의 다양한 조직과 저항운동이 있었고, 신간회 창립과 해외 독립투쟁이 왕성하였다. 일제의 본격적인 침략전쟁에 따른 민족말살정책으로 한민족은 고초를 겪고 일부 우파의 친일활동이 있었다. 한국인들은 접경 지역과 중국 관내와 미국에서 광복운동을 활발히 전개하였다.

1. 사회주의 등장과 민중 활동의 세력화
2. 국내협동전선과 해외 독립투쟁
3. 일제의 민족말살 정책과 다양한 항일
4. 1930년대 이후 해외 광복 항일투쟁

1.
사회주의 등장과 민중 활동의 세력화

사회주의의 수용과 조선공산당 활동

한국에 사회주의 사상의 소개는 일찍이 《한성순보》나 《황성신문》에 빈부를 평등하게 하려는 사상이 있다고 언급되었다. 1905년경에는 사회주의자들이 소개되면서 알려졌다. 본격적인 사회주의운동은 1917년 러시아혁명에 성공한 레닌이 약소민족의 독립운동을 지원한다는데 자극을 받아 일어나기 시작했다. 러시아혁명 직후인 1918년에 연해주에서 이르쿠츠크의 공산당 한인지부가 결성되었고, 이동휘와 김립 등이 하바로프스크의 한인사회당을 독자적으로 조직했다. 이들의 활동을 거쳐 1921년에는 소련의 이르쿠츠크파 고려공산당과 중국의 상하이파 고려공산당으로 발전되어 갔다.

또 한편으로 사회주의의 사상은 신학문을 수용하기 위해 일본에 건너간 유학생들이 가장 적극적으로 접하게 되고 활동을 전개했다. 그들 중 김철수, 장덕수 등의 그룹이 대표적인데 이 그룹은 1916년 도쿄에서 조선·중국·베트남 등의 유학생들로 비밀리에 조직된 신아동맹당의 참가자들로 구성되었다. 이후 도쿄의 한인 유학생들이 1920년 조선고학생동우회를 결성하고 이후 북풍회 등이 활동하였다. 국내에서는 서울청년회·신사상연구회·화요회·북풍회 같은 사상단체가 나타나 치열한 경쟁을 벌였다.

당시 사회주의자들은 자본주의가 무너지고 사회주의가 필연적으로 도래한다고 여겼다. 따라서 제국주의 일본도 필연적으로 붕괴될 것으로 보았다. 그래서 이들은 마르크스주의를 민족해방과 사회주의 건설을 동시에 실현할 수 있는 해방의 이데올로기로 확신한 것이다. 사회주의 운동가들은 강연회·좌담회·독서회·강습회·야학 등을 통해 계급평등의 사회주의 사상을 연구하고 실천하고자 했다. 특히 3·1독립만세운동 이후 본격화된 노동자, 농민운동의 성장은 한국의 사회주의세력 확대에 큰 자양분이 되었다. 이들은 무산계급이 중심이 되는 항일운동, 주 8시간 노동과 집회·결사의 자유, 농민에 대한 토지분배 등을 주장했다. 가진것이 많아 매사에 소극적인 민족주의 우파에 실망한 청년·학생들과 지식인들은 이에 크게 열광하였고, 당시 글줄이나 읽었다는 지식인들 사이에서 마르크스와 레닌이 아니면 대화가 안 될 정도로 인기가 대단하였다. 이들은 감히 민족주의자들이 추진한 물산장려운동을 중산계급의 이기적인 운동이라고 비판하였다. 그리고 청년·노동·농민·여성·형평운동 등 각종 대중운동 조직에 참여하고 그 활동을 지원하였다.

한국에서 조선공산당이 출범하기까지는 상하이파와 이르쿠츠크파 사이에 운동노선과 방법에 대한 인식의 차이로 많은 우여곡절이 있었다. 여러 과정을 거쳐 민중운동자대회와 조선기자대회를 추진하면서 1925년 4월 17일 서울 중국음식점 아서원에서 조선공산당 창당대회가 비밀리에 열렸다. 120여 명의 당원 중 19명이 참석하여 책임비서 김재봉을 비롯 김찬·조동호·김약수·정운해·주종건·유진희 등 7명을 중앙집행위원회로 구성하였다. 1차 조공에는 해외유학 출신이 다수인 화요회계를 중심으로 북풍회와 상하이파 등이 참여하였으나 서울파의 고려공산동맹은 불참하였다. 4월 18일에는 박헌영을 비롯한 20여 명이 모여 조공청년조직인 고려공산청년회를 구성했다.

조공은 1차 당 대회에서 "조선혁명은 민족해방과 반제국주의 혁명이여야 한다"라고 선언하고 모든 애국세력과 적극 동맹하기로 결정했다. 조공은 코민테른의 인준을 받기 위해 조동호를 모스크바에 파견하였고 정식 지부로 인준 받았다. 1차 조선공산당은 수차례의 집행위를 열어 기관지 발행, 만주총국 설립, 고려공청회 지원, 노농총동맹의 분립 문제 등을 논의하였다. 1차 조공은 11월 신의주에서 고려청년회원의 부주의한 폭행사건으로 조직이 드러나 220명이 검거되었다. 조공의 김재봉 등 당 지도부는 만약의 사태를 대비하여 후계당 조직을 준비하였다. 이에 따라 책임비서 강달영과 이준태·이봉수·김철수·홍남표·권오설 등을 중앙집행위원으로하는 2차 조공이 구성되었다. 2차당은 146명의 당원과 119명의 후보당원을 확보하였다. 2차 조공은 순종의 장례일인 6월 10일을 기해 3·1운동과 같은 만세운동을 재현하고자 했다. 하지만 6·10만세운동은 그 준비단계에서 발각되어 책임비서 강달영이 체포되고 총 100여 명의 관련자가 검거되었다. 1926년 9월경 2차 조공 중앙위원이었던 김철수를 중심으로 3차 조공이 결성되었다. 김철수는 검거된 화요회계 대신에 서울계 신파와 일본 유학생 출신의 일월회를 참여시켜 당을 꾸려갔다. 하지만 3차 조공 역시 1928년 초 검거선풍에 의해 30여 명의 주요간부가 검거되면서 조직이 무너졌다.

이에 따라 1928년 2월 후계당으로 4차 조공이 조직되었고, 3월에는 책임비서 차금봉을 비롯하여 안광천·양명·한명찬 등이 간부로 선출되었다. 4차당도 조직 후 5개월도 안되어 대규모 검거선풍을 만났다. 7월에서 10월 사이 170여 명이 검거되어 4차 조공은 사실상 해체상태에 빠졌다. 4차당의 붕괴에 따라 내려진 12월 코민테른 12월 테제에 의해 기존의 조선공산당은 사실상 해체되었다. 12월 테제는 토지혁명의 필요성을 강조하고 지식인 중심, 당파중심의 당을 청산하고 노동자와 농민을 기반으로 한 당의 건설을 강조하였다. 즉 위로부터의 통일전선에서 아래로부터의 통일전선으로 전략을 바꿀 것을 지시한 것이다. 이에 따라 조선공산당은 지식인 중심의 당이 아닌 노농계급에 기반을 둔 당으로서 재건되어야 했기 때문에 사회주의자들은 그 기반을 획득하기 위해 노동운동과 농민운동의 현장에 참여하게 되었다.

민족청년세력이 사회주의 청년·학생에게 밀리다

3·1독립만세운동을 주도했던 민족운동가들은 일제의 탄압을 받거나 대거 국외로 망명하여 국내에서는 적극적인 민족운동을 벌이기가 어렵게 되었다. 청년·학생들은 민족주의와 사회주의 영향을 받으면서 민족운동의 중추역할을 자부하고 있었다. 그들은 식민지 현실과 자신의 이상과 괴리를 자각하면서 항일운동에 앞장서게 되었다. 도쿄 2·8독립선언과, 3·1독립만세운동을 주도했던 청년·학생들은 저마다 단체를 결성하여 실력양성운동과 정신계몽에 적극 나서게 되었다. 1920년 700개 정도이던 청년단체는 조직의 시대에 걸맞게 1922년에는 전국적으로 2,000여 개로 늘어났다. 초기에는 장덕수·오상근 등 민족주의자들이 주도권을 잡았기 때문에 지방 유지나 명망가 중심으로 조직되어 수양과 계몽을 목표로 삼았다. 《동아일보》나 《개벽》 등 민족주의 언론들은 청년을 근대화·문명화를 선도하는 주체로 평가·응원하였다. 전국청년회의 중앙조직으로 조선청년연합회가 결성되어 교육과 산업진흥, 도덕수양 등에 앞장섰다. 먼저 준비하고 배워서 농촌사람들을 계몽시키는 귀농운동 등을 전개하였다.

그러나 1923년 전조선청년당대회에서 김사국·이영 등 사회주의자들이 청년에게 혁명적 위상과 역할을 새롭게 주문하였다. 이후 사회주의자들은 청년단체의 이념과 주도권을 빼앗아오기 위해 전력을 다하였다. 이들은 청년 조직에서 실력운동자들을 축출하는 투쟁을 전개하고 청년단체에서 가입 연령을 한정하여 세대교체와 주도권을 장악하는데 성공하게 된다. 조선청년동맹이 결성되고 신사회건설운동에 앞장서는 사회주의 청년회가 대세가 되어가게 되었다. 결과적으로 민족주의운동과는 사상적인 이념과 노선의 차이로 대립이 격화되어 민족운동 자체에 커다란 차질을 초래하였다.

학생들도 단체를 조직하기 시작하여 1920년에 조선학생대회가 결성되었다. 이 단체는 중등학교 이상 학생들이 모여 지덕체를 함양하는 계몽운동단체의 역할을 수행하였다. 그러나 사회주의사상이 확산되면서 학생운동도 급진화되었다. 1925년 조직된 조선학생과학연구회는 사회주의의 연구와 보급에 앞장섰다. 이후 학생운동은 항일운동의 차원에서 동맹휴학과 같은 적극적인 방법으로 식민지교육에 반대하였다. 그 외에도 계몽운동·야학운영·비밀결사·가두시위를 통하여 반일운동의 선봉이 되었다. 이러한 학생운동이 조직적이고 계획적으로 폭발하여 일제의 간담을 서늘하게 한 사건이 6·10만세운동과, 광주학생의거이다.

1926년 4월에 대한제국의 마지막 황제인 순종이 서거하자 그 인산일인 6월 10일을 기해서 대대적인 만세시위가 추진되고 있었다. 사회주의자들이 계획한 거사에 천도교 구파가 참여하여 대규모로 추진되다가 일제경찰에 의해 사전에 발각 되어 수포로 돌아갔다. 그러나 전문학교와 중학교의 학생들이 각각 추진한 거사계획은 탄로되지 않고 6·10만세운동으로 진행될 수 있었다. 6월 10일 순종의 장례행렬이 지나갈 때마다 곳곳에서 학생들은 독립만세를 외치며 "2천만 동포여! 원수를 구축하라, 피의 값은 자유이다, 대한독립만세"라고 쓴 격문을 뿌렸다. 수만 명의 시민들이 서울시내 연도에 늘어서 있는 상황에서 벌어진 학생들의 기습 만세운동은 일본 군경의 가혹한 진압으로 200여 명의 학생들이 검거되면서 좌절되었다. 하지만 학생들에 의해서 주도적으로 계획 추진되었고 당시 정체된 민족운동에 새로운 활력을 불어 넣어주었다는 점에서 큰 의미가 있었다. 6·10만세운동은 좌절되었지만 학생들은 등교·수업거부를 하거나 동맹휴학을하는 등 식민지교육에 지속적으로 항거하였다.

이러한 학생들의 반일 의식이 1929년 광주학생의거로 폭발했다. 당시 광주에서는 성진회와 같은 다양한 학생조직이 동맹휴학을 주도하고 있었다. 그래서 한국 학생들과 일본 학생들 사이에 잦은 충돌이 벌어지고 있었고, 그렇게 쌓였던 반일감정이 분출되어 11월 3일 대규모 학생시위가 일어났다. 사건의 발단은 일본 남학생들이 한 한국 여학생을 희롱하여 양국 학생들 간에 충돌이 벌어졌다. 일제경찰의 한국 학생에 대한 일방적 검거 탄압이 광주 학생들의 분격을 산 것이다. 광주 학생들은 이에 항의하는 시위운동을 벌였고, 이 소식이 퍼지면서 나주·함평·목포의 학생들도 가세하였다. 학생 시위소식이 서울과 평양을 비롯 전국 각 도시에 파급되어 동조시위가 벌어졌던 것이다. 1930년까지 전국에서 194개 학교에 54,000여 명이 참여한 대규모 학생시위였다. 이 시위운동에 참여한 자들 중 1,642명이 피검되었고, 2,330명의 무기정학과 582명의 제적자를 내었다. 이 광주학생운동은 3·1독립만세운동 이후 전국적으로 일어난 최대의 민족운동이었다.

민중들의 다양한 조직과 저항운동

일제침략 시기 금광과 개항장이 활성화되면서 광부와 부두노동자로 출발한 임금노동자는 식민지 시기 정미·방직·토목건축·서비스산업 등으로 늘어갔다. 이들 노동자 중에서 다수를 차지한 것은 부두 노동자와 토목건축 분야 노동자였다. 경공업 부분에서는 주로 여성들과 유년 노동자가 고용되었다. 공장법과 같은 법률적 보호도 없던 식민지 상황에서 노동자들은 열악한 노동조건으로 저임금과 차별적 대우로 큰 고통을 받았다. 임금 수준은 일본인 노동자에 비해 남성은 절반, 여성과 청소년은 4분의 1에도 못 미쳤다. 노동시간도 일본인 노동자의 8.5시간에 비해 조선인 노동자는 12시간 이상이고 휴일도 없었다. 자본가들은 벌금제, 불량품 배상제도, 강제저축 등으로 노동자의 인격을 무시하고 통제하였다.

3·1독립만세운동을 계기로 한 노동자들의 각성과 사회주의 사상의 영향으로 전국각지에서 노동단체들이 조직되었다. 초기에는 노동친목회·노동회·노우회 같은 지역 노조가 결성되고 점차 철공·인쇄·고무 직공처럼 숙련이 필요한 직종에서 직업별 노조가 만들어졌다. 1920년 4월에 최초로 전국적인 단체인 조선노동공제회가 창립되어 노동자의 권익을 추구하기 시작하였다. 노동공제회는 기관지《공제》를 발행하고 노동 강연회를 개최하였으나 지도부가 통일되지 못해 내분을 겪었다. 노동조직이 활성화되면서 1924년 4월에는 전국 260여 노농단체에 5만 3,000여 회원을 포용하는 조선노농총연맹이 결성되었다. 이 단체는 1927년 사회주의자들의 역할로 조선노동총동맹과 조선농민총동맹으로 분리되었다.

1920년대 전반기 노동자 파업은 양말업·정미업·고무업 등 소규모 공장 노동자 중심이었다. 노동자 조직이 활발해지자 1921년 9월 부산 부두노동자들이 연대파업을 시작으로 이후 여러 종류의 파업이 곳곳에서 일어났다. 1923년 경성고무 여공 300명은 회사의 부당한 처우에 아사동맹파업으로 맞섰다. 20년대 후반기에는 파업규모가 커지고 파업범위도 전국으로 확산되었다. 1926년 목포 제유노동자 파업과 1927 영흥 흑연광산 노동자 파업은 장기간 지속되었고, 노동자들은 규찰대를 만들어 자본가와 일제경찰에 맞섰다.

원산 총파업이 일어나다

강화된 노동운동은 1929년 1월 원산 총파업에서 절정을 이루었는데 이것은 식민지 시기에 일어난 대표적인 노동운동이라고 평가받고 있다. 원산 총파업은 영국인이 경영하는 석유회사 라이징선의 일본인 감독이 조선인 노동자를 구타한 사건에서 발단되었다. 이 회사 노동자 120여 명은 감독의 파면과 최저임금제 실시 등을 요구하며 파업에 들어갔다. 회사 측은 최저임금·해고수당 등 노동자들의 요구를 거부하였고, 원산노동조합연합회가 이 파업에 개입하면서 원산 노동자들이 다수 참여하는 총파업으로 발전하였다.

이에 맞선 원산상업회의소는 원산노동조합연합회 소속 노동자를 해고하는 한편, 함남노동회라는 어용노동단체를 만들어 원산노련의 파괴를 획책하였다. 일제도 치안을 핑계 삼아 노동자들을 구속하고 소방대와 일본군 19사단 400여 명을 파견하여 함흥 시가지를 통제하였다. 파업이 길어지고 확대되자 전국 각지에서 파업 노동자들에 대한 격려와 후원이 쇄도하는 가운데 노동자들의 파업은 4개월에 걸쳐서 장기간 지속되었다. 원산총파업은 일제와 자본가의 탄압으로 실패했지만 원산 인구의 3분의 1이 참여한 대규모 투쟁으로 1930년대 노동운동의 밑거름이 되었다.

농민들이 조직적으로 저항하다

일제강점에 의한 토지조사사업과 1920년대의 산미증산계획의 실시로 한국에 식민지 지주제가 형성되어 발전하였다. 일제는 지주제를 매개로 손쉽게 쌀을 증산하고 소작농의 경작권은 부정하여 농민을 통제하는 정책을 펴나갔다. 따라서 농민들은 토지를 상실하고 소작인이 되었고, 소작료의 인상과 소작권의 수시 이동으로 농민의 지위가 약화되었다. 그리고 식민당국에 의한 만성적인 저곡가 정책 등은 농가수지를 악화시켜 농촌사회의 심각한 분해를 야기시켰다. 1920년 전체 농가 호수에 대한 비율은 자작농 19.5%, 자소농 37,4%, 소작농 39.8%였으나 갈수록 소작농의 비율이 늘어만 갔다.

3·1독립만세운동 이후 농촌에서 소작인모임이 조직되기 시작했다. 초기의 소작인 모임은 농사개량, 소작관계 개선, 소작인과 지주의 공존 등을 표방하는 상호부조 성격의 모임이었다. 이후 전국 농촌에 농민조합·소작인

조합·소작상조회·농민공제회·작인동맹 등 농민조직이 생겨났다. 농민조직은 1922년 23개에서 1925년에는 126개로 크게 늘어났다. 지주들은 소작권의 박탈이라는 무기를 활용하여 고율의 소작료와 수리조합비 등을 부담시키고자 하였다. 이에 맞선 농민들의 소작쟁의는 처음에는 자연발생적으로 일어났던 것이 농민조합·소작인조합 등의 지도하에 조직적이고 격렬하게 전개되었다. 소작인조합이 중심이 되어 소작인회에 비상상황이 벌어지면 인접 면에서 응원하는 연대 투쟁을 모색하기도 했다.

1924년 조선노농총동맹이 결성되고 사회주의 사상의 영향이 확산되면서 농민조합은 농민의 이익을 위해 투쟁하는 조직으로 변모해 갔다. 1927년 8월 조선노농총동맹이 노동총동맹과 농민총동맹으로 분리되면서 조선농민총동맹은 32개 단체와 2만 4,000여 회원을 거느린 전국적인 조직으로 발전하였다. 농민총동맹은 '농민들은 단결하여 단체의 위력으로 자본가 계급과 싸우고 농민계급을 해방한다'라는 강령을 내세워 농민단체를 지도하였다.

농민들 암태도 소작쟁의에서 승리하다

소작농민들은 일본인 농장주와 지주의 부당한 요구에 맞서 소작료 강제 징수에는 소작료 불납동맹으로, 소작지 강제 환수에는 불경작동맹 등으로 맞섰다. 1923년 8월 전남 무안 암태도에서 벌인 소작쟁의는 1920년대의 대표적인 농민운동이었다. 전라도 일대에 많은 토지를 소유한 대지주 문재철은 암태도의 소작인들에게 7할이 넘는 고율의 소작료를 징수하고 있었다. 암태도 소작농들은 서태석의 주도로 소작회를 조직 소작료를 4할로 인하할 것을 요구하면서 추수 거부와 소작료 불납 투쟁으로 지주를 압박하였다. 일제경찰이 지주를 옹호하며 소작농들을 위협하자 소작농들은 순찰대를 조직하여 대응하였다. 그리고 전국의 사회단체와 《동아일보》 등 여론에 지지를 호소하고, 목포재판소까지 가서 시위·단식투쟁을 하면서 1년간의 소작투쟁을 펼쳐갔다.

결국 지주 문재철이 소작료 인하에 합의하여 소작인들이 승리하였다. 암태도 소작쟁의의 승리는 이후 전국적으로 농민운동의 활성화에 큰 영향을 끼쳤다. 이후 1927년 11월 전북 옥구 이엽농장 농민들은 소작료 불납동맹 투쟁을 벌였고, 1928년 전남 신안 하의도의 소작농 1,200여 명은 농민조합을 파괴하려는 일본인 농장주를 상대로 격렬하게 투쟁하였다. 일제는 농민조합을 농민운동의 강력 투쟁의 거점으로 보고 단체행동을 금지시키고, 소작료 인하와 같은 생존을 위한 요구조차도 가혹한 탄압으로 대응하였다.

신여성들이 앞장선 여성운동

이 당시 사회도 조선시대부터의 전통적 사회질서가 잔존하고 있어 남존여비에 따른 여성차별이 대단하였다. 그나마 한말 기독교와 동학의 확산으로 여성도 사람이며 남녀가 평등하다는 인식이 퍼지고, 나라가 잘되기위해서는 여성교육도 필요하다고 선각자들이 깨닫게 되었다. 1900년을 전후하여 선교사들이 앞장선 이화·정신·숭의·호수돈·진명·숙명·동덕 등 여학교가 설립되어 여성인재를 배출하였다. 여성교육단체인 여우회는 최초로 경복궁 앞에서 축첩 반대 연좌시위를 하였다. 신교육을 받은 이들 여성들은 '신여성'이라고 불리면서 사회적인 활동에 참여하게 되었다. 1907년 국채보상부인회·송죽비밀결사대·혈성단애국부인회·대한민국애국부인회 등을 중심으로 국채보상운동에 적극 참여하였다.

신여성들은 남녀차별과 남성우월의 성도덕 체계를 비판하고 여성의 교육권과 경제권을 주장하고 더 나아가 자유연애와 결혼을 옹호하였다. 신여성의 여성지위 향상운동은 3·1독립만세운동 이후 《동아》·《조선》·《개벽》등 언론출판이 활발해지면서 점차 확산되었다. 항일 독립운동에서 여성들의 목숨을 건 참여와 희생의 경험은 이들의 정치·사회적 의식을 획기적으로 높이는 계기가 되었다. 이러한 흐름으로 여성단체들이 만들어져 여성해방을 위한 사회운동에 나서기 시작했다. 한국 여성운동은 기독교계 여성들의 활동이 선구적인 역할을 하였는데, 1922년에 조직된 조선여자기독청년연합회(YWCA)가 주도적으로 활동하였다. 이 단체는 초창기 여성의 교육과 계몽을 통해 남녀평등과 여성지위 향상에 노력했다. 이외에도 조선여자교육회·조선불교여자청년회 등이 있었다. 1924년에는 천도교 여성 단체로서 손병희의 부인과 딸인 주옥경과 손광화가 내수단을 조직하여 잡지를 발행하고 야학도 운영하면서 여성들의 문맹퇴치와 미산타파에 앞장섰다.

이들 여성단체들은 《여자시론》·《신가정》·《신여성》 등 여성잡지 발간을 통해 남녀평등과 여성해방론의 전파에 앞장섰다. 1924년 5월에는 주세죽·허정숙 등 사회주의운동에 참여했던 여성들이 조선여성동우회를 만들었다. 이 단체는 노동여성의 해방을 기치로 여성노동운동을 지원하였다. 1926년 12월에는 경성여자동맹과 경성여자청년회가 중앙여자청년동맹으로 통합하여 여성 해방을 위해 청년여자의 단결과 분투를 내걸고 사회주의 활동을 전개하였다. 민족주의세력과 사회주의세력으로 나누어졌던 여성운동계는 신간회가 창립되면서 협동전선론이 고조되어 근우회가 결성되어 활동하였다.

2.
국내 협동전선과 해외 독립투쟁

좌우익이 뭉친 신간회 창립과 활동

한국에서 이론과 주장이 앞선 사회주의 활동이 본격화된 1920년대 중반 항일운동은 민족주의 계열과 사회주의 계열로 분열되고 있었다. 그러한 가운데 실력양성운동에 참여하던 일부 민족주의자들은 자치론을 주장하게 되었다. 자치론이란 조선이 당장 독립할 힘이 없어 주권을 되찾을 수 없으니, 우선은 조선의회를 구성하여 내정에 대한 자치권을 얻자는 주장이었다. 자치운동론은 최린 등 천도교 신파와 송진우 등의 동아일보사 계열의 인사들에 의해서 주창되었다.

이때 친일 성향인 고원훈 등의 자치운동과 동광회의 내정 독립운동이 있었고, 민원식의 국민협회는 일본 의회에 조선 대표를 파견하자는 참정권운동을 벌였다. 이 시기 일본에서는 3·1독립만세운동 이후 조선지배 문제를 놓고 참정권 부여론, 자치제 실시론, 식민지 방기론 등이 일어났다. 조선총독부는 자치론을 부추겨 민족운동 진영을 분열시키고자 하였다. 일부 민족주의자들이 자치운동을 전개하자 권동진 등 천도교 구파와 안재홍 등 조선일보사 인사 및 사회주의 계열은 자치론에 적극 반대하였다.

이즈음 중국 대륙에서는 코민테른의 방침에 따라 쑨원의 국민당과 중국 공산당 간에 국공합작이 일어났다. 이에 따른 코민테른의 조선에서의 민족통일전선 우선론에 영향을 받아 민족유일당운동이 벌어지게 되었다. 국내의 사회주의자들도 비타협 민족주의자들과 제휴할 필요성을 인식하여 서울 청년회 쪽과 비타협 민족주의자들이 결성한 조선민흥회와 함께 행동하기로 뜻을 모았다. 두 진영의 노력은 1926년 11월 사회주의 사상 단체인 정우회가 "사회주의운동의 파벌투쟁을 극복하여 운동의 통일을 꾀하고, 경제투쟁을 정치적 형태로 비약시켜야 하고 …… 민족주의 세력의 부르주아 민주주의적 성질을 인식함과 아울러 동맹자적 성질을 인정하여, 그것이 타락하는 형태로 출현하지 않을 때에 한해서 적극 제휴해야 한다"고 선언하였다. 이에 비타협적 민족주의자들도 호응하여 반일민족통일전선 결성이 추진되기 시작하였다. 1926년 말 민족·사회 두 진영은 통일전선 창립을 위한 발기인 모임을 거듭하여 창립 준비를 서둘렀다.

신간회는 1927년 1월 신석우·안재홍·김준연·이승훈·권동진·한위건 등 27명의 발기인 모임을 거쳐, 2월 15일 서울 YMCA회관에서 250여 명의 회원이 참석 창립대회를 가졌다. 대회에서 회장에 우익의 이상재, 부회장에 좌익의 홍명희를 선출하고 "우리는 정치적·경제적 각성을 촉진한다, 우리는 단결을 공고히 한다, 우리는 기회주의를 일체 부인한다"라는 3조의 강령을 채택했다. 신간회의 창립은 대중들의 열렬한 성원을 받았고 특히 조선청년동맹. 조선노동총동맹 등의 사회주의계열 회원들이 적극 참여하였다.

신간회 항일 활동

신간회는 중앙에 본부를 군단위에 지회를 두었으며, 만주와 일본에도 지회를 설치하였다. 신간회 지방지회는 급속히 확장되어 1929년에는 144개 지회에 4만여 명의 회원을 포용하기에 이르렀다. 창립 후 지회와 회원이 늘어남에도 민족주의세력이 다수인 중앙본부는 일제에 탄압구실을 주지 않기 위해 활동에 소극적이었다. 그러나 지방지회는 각 지방의 노동·농민운동 등에 직접 개입하여 일제의 탄압과 수탈에 맞서기도 하였다. 신간회는 강연단을 만들어 지방을 순회하면서 민족의식을 고취하고, 착취기관 철폐 등을 주장하면서 일제의 식민지 통치정책을 비판하였다. 신간회는 1929년 1월부터 시작된 원산 노동자 총파업을 지원하였고, 전남 소작쟁의 사건, 함남 갑산 지방의 화전민 방축사건에 대한 지원활동을 전개하였다. 하지만 일제는 해마다 열어야 할 전국대회를 열지 못하게 금지하는 등 신간회 활동을 크게 제약하였다.

　1929년 11월 3일 광주학생운동이 일어나자 신간회는 현지에 조사단을 파견하고, 진상보고를 위한 민중대회를 서울에서 열어 전국적인 항일운동으로 확산시키고자 하였다. 그러나 일제경찰은 사전에 이를 탐지하여 신간회 중앙집행위원장 허헌 등 44명의 간부를 체포하여 대회를 무산시켰다. 민중대회사건으로 허헌이 물러난 후 김병로를 위원장으로 하는 민족주의 계열의 새로운 집행부가 구성되었다. 새 집행부는 온건한 방향으로 신간회운동의 방향을 전환하고 일부에서는 자치론을 받아들이는 듯한 입장을 보였다. 지방의 여러 지회는 새 집행부의 주장에 강한 거부감을 갖게 되고 사회주의 소속회원들은 강력히 반발하였다.

신간회의 자진해산

　신간회가 결성되는 데에 코민테른의 영향을 받았던 것처럼 신간회 자진해산도 코민테른의 노선변경에 큰 영향을 받았다. 중국의 국공합작 결렬에 영향을 받은 코민테른은 1928년 6차 대회에서 식민지 민족해방운동에서 민족부르주아는 큰 역할을 할 수 없음으로 이들과 결별하고 투쟁해야 한다는 계급 대 계급 전술을 채택했다. 코민테른과 산하 조직에서는 신간회를 민족개량주의 단체라고 평가하였다. 코민테른의 노선 변경은 민중대회 사건 뒤 국내 정세와 맞물리면서 신간회 해산을 서두르게 하였다.

신간회 해산론은 코민테른의 지시 외에도 신간회 결성 이후 운동의 역량이 집중되어 노동과 농민운동이 침체된 데에도 큰 이유가 있었다. 하지만 비타협 민족주의자들은 해산을 비판하고, 보류하자고 주장하였다. 이들은 신간회 이상으로 진보적인 조직 형태가 나타나기까지 해산해서는 안 된다는 현실론을 내세웠다. 해산론을 두고 찬반이 갈리는 가운데 김병로 집행부는 해산론을 반대하고 신간회를 유지시키려고 1931년 5월 전체대회를 열었다. 일제경찰이 찬반토의를 금지시킨 가운데 해산안이 표결에 부쳐진 결과 찬성 43, 반대 3, 기권 30으로 가결되었다. 기권표가 많았던 것은 사회주의자들 중에서 상당수가 해산안에 부정적이었음을 보여주고 있었다.

신간회는 민족주의세력과 사회주의세력이 민족협동전선을 위해 역량을 하나로 결집시키는 역할을 하였다는 점에서 큰 의의가 있었다. 신간회 해산은 이후 항일투쟁의 중요한 자산인 비타협적 민족주의세력이 구심점을 잃고 분산되어 일부가 친일을 걷는 원인이 되기도 하였다. 민족협동전선으로 어렵게 결성된 신간회가 일제의 탄압이 아니라 신간회원들 스스로가 해산시켜버린 것은 항일투쟁의 역량을 약화시킨 안타까운 결과로 볼 수 있다.

1920년대 해외 독립투쟁

만주 지역 독립군활동

3·1독립만세운동으로 가장 큰 힘과 자극을 받은 항일투사들은 국내에서는 평북 동암산의 보합단, 천마산의 천마산대, 황해도 구월산의 구월산대 등이 친일파 제거와 군자금 모금 등을 위해 일본 군경과 치열한 교전을 벌

였다. 압록강과 두만강을 건너간 투사들은 서간도와 북간도를 중심으로 독립투쟁에 적극 나서게 되었다. 이들은 지역단위로 여러 독립운동단체를 만들고 독립군으로서 무력항쟁을 위한 군정과 한국인의 교육과 사업 등에 대한 보호와 지도를 위한 민정기능의 군정부를 형성해 갔다. 이때 서·북간도의 독립군 부대로는 대한독립군·국민회군·북로군정서·서로군정서·대한의용군·광복군총영 등이 있었다. 이들은 주로 국경 부근에서 일본군과 교전하였으며, 때로는 압록강과 두만강을 건너와 일본군과 경찰서를 기습하기도 하였다. 이 가운데 한말 의병장 출신인 홍범도가 이끄는 대한독립군은 1920년 6월 안무의 국민회군, 최진동의 군무도독부군, 이홍수의 대한신민단 등과 함께 일본군 1개 대대 병력을 봉오동에서 매복 공격하여 대파하였다.

봉오동 전투에서 쓴맛을 본 일제는 독립군에 대한 근본적인 진압을 위해 훈춘의 일본 공사관 피격 사건을 조작하여 2만여 명의 대병력을 서·북간도로 진격시켰다. 이에 정면 승부를 피한 김좌진의 북로군정서를 비롯 대한독립군·대한신민단·국민회군 등은 백두산록으로 향하는 길목인 화룡현 2도구와 3도구에 집결하였다. 10월 21일 3도구 방면에 김좌진의 북로군정서를 중심으로 일본군을 3도구의 백운평 계곡으로 유인한 전투와 다음날 어랑촌

전투에서는 홍범도 부대의 지원공격으로 일본 정예군 1,200여 명을 사살하는 대승을 거두었다. 청산리 전투는 한국 독립군 전사에서 가장 빛나는 승리를 거둔 것이다.

이 참패를 보복하기 위해 일본군은 간도 지방의 한인 촌락을 습격하여 수많은 한인을 살해하고 부녀자를 강간하였으며, 가옥·학교·교회 등에 방화하였다. 경신참변으로 불리는 이때의 피해는 북간도의 8개현에서

김좌진

3,600여 명이 피살되었으며, 3,200여 채의 가옥과 41채의 학교, 16채의 교회가 방화된 것으로 알려져 있다.

봉오동과 청산리에서 승리를 거둔 독립군은 일제의 보복을 피해 소·만 국경 부근의 밀산 지방으로 이동하였다. 1921년 이곳에 모인 36개 독립군 부대는 총재에 대종교 출신 서일, 부총재에 김좌진 등을 지휘부로하는 대한독립군단을 결성하였다. 이들은 러시아 적군의 지원을 받고자 러시아 땅으로 들어갔으나, 적군과 백군의 혁명싸움에 김좌진의 북로군정서 등 일부 부대는 북만주로 되돌아왔다.

그러나 홍범도·이청천·안무·최진동의 독립군 부대는 북으로 이동하여 자유시에 도착하였다. 자유시(스바보드니)에는 연해주 지역에서 적군과 함께 활동해 온 자유대대와 상하이파 공산 계열의 사할린의용대 등 한인병력 4천여 명이 집결하게 되었다. 이곳에 집결한 한인부대를 고려혁명군으로 통합하는 과정에서 자유대대와 사할린의용대 간에 주도권 경쟁이 벌어졌다. 이 상황에서 일본의 요청으로 러시아 적군이 독립군의 무장해제를 꾀하게 되었다. 1921년 6월 28일 러시아 적군과 자유대대 독립군은 무장해제를 거부한 사할린의용대 주둔지를 포위하고 공격하였다. 이로 인해 많

홍범도

은 독립군들이 희생당하였고, 사할린의용대는 사방으로 흩어졌다. 홍범도 부대도 가담했다는 자유시참변의 피해 숫자는 수백여 명이 사망하고, 800여 명이 포로가 되어 탄압을 받은 것으로 알려져 있다.

의열단은 1919년 11월 만주에서 신흥무관학교 출신인 김원봉과 윤세주 등의 주도로 13명이 모여 결성되었다. 의열단은 조선총독부와 일제기관을 파괴하고 주요 요인 암

살 거사에 주력하였다. 1920년 박재혁의 부산경찰서 폭탄 투척을 필두로 최수봉의 밀양경찰서, 김익상의 조선총독부, 김상옥의 종로경찰서, 나석주의 동양척식회사 등의 폭탄 투척 의거로 한국인의 열렬한 독립의지를 세상에 알렸다. 의열단의 투쟁정신은 아나키즘으로 식민권력을 부정하는 독립운동이었다. 1923년 신채호가 의열단의 투쟁지침으로 지은 조선혁명선언에서 민중들의 직접혁명론을 주창했다. 이후 의열단은 암살·파괴활동에서 무장군사 활동으로 전환하여 본부를 광저우로 옮기고 단원들을 황포군관학교에 입학시키기도 하였다.

만주의 경신참변과 노령의 자유시참변으로 큰 타격을 입은 독립군 부대들은 재정비에 착수하였고 독립군 부대 간의 통합운동도 전개되었다. 그 결과 1922년 8월 북만주에서는 대한독립군단이, 남만주에서는 대한통의부가 각각 결성되었다. 하지만 1924년 초 대한통의부를 이탈한 세력이 집안현을 중심으로 한 서간도 지역에 참의부를 결성하여 민정과 군정을 관할하였다. 대한통의부는 남만지역의 세력결집을 통해 1924년 11월 정의부로 개편되었다. 정의부도 군정과 민정의 성격으로 하얼빈 이남의 만주 중앙 지역을 관할하였다. 북만주에서는 대한독립군단과 자유시참변 후 노령에서 돌아온 북로군정서가 통합하며 1925년 신민부가 조직되었다.

이리하여 만주에는 참의부·정의부·신민부의 3부가 각각 그 지역의 한국인을 통치하는 민정기능을 갖춘 군정부로서 활동하였다. 그러다가 1929년 북만주의 혁신의회와 남만주의 국민부가 창설되었다. 이후 만주에서의 독립운동은 한국 독립군과 조선혁명군이 주축이 되었다. 한국 독립군은 혁신의회의 후신인 한국독립당의 무장부대였으며, 조선혁명군은 국민부 안의 무력투쟁을 주장한 강경파가 조직한 조선혁명당의 예하부대였다.

임시정부의 침체와 김구의 대응

국민대표회의가 결렬된 뒤인 1920년대 중반에는 중국내에 있는 민족주의자, 사회주의자, 의열단이 민족해방을 위해 힘을 합치자는 민족유일당운동이 있었다. 이런 흐름에 따라 상해 임시의정원은 1925년 3월 이승만을 탄핵·파면하고 박은식을 대통령으로 선출하였다. 박은식은 임정의 대통령제를 국무령제로 바꾸고 그 해 8월에 대통령직을 사임하였다. 이후 임정은 이상룡·양기탁·최창식·홍진 등을 국무령으로 추대했으나 내각 구성에 실패하였다. 우여곡절 끝에 1926년 12월에 김구가 국무령으로 취임하였고, 1927년 2월 당 우위로 개헌하였다. 또 주석을 윤번제로하는 위원제로 바꾸었다.

민족유일당운동이 진전되어 성립단계에 진입하였으나 1927년 장제스의 반공 쿠테타라는 급격한 정세 변화에 이념 차이를 극복하지 못하여 실패하고 말았다. 기대했던 민족유일당운동이 실패하고 장제스가 중국 관내 좌익을 집중 탄압하자 임정주변의 좌익계는 상하이를 떠날 수밖에 없었다. 1929년 안창호가 상하이로 돌아와 이동녕·김구 등과 제휴하여 1930년 한국독립당을 창당하여 임정을 뒷받침하게 되었다. 임정은 1931년 정치·경제·교육의 균등이라는 한독당의 창당이념인 삼균주의를 정부 이념으로 채택하였다.

당시 임시정부는 겨우 그 명맥만을 유지하고 있었기에 김구는 위기를 탈피하기 위해 임시의정원으로부터 전권을 위임받아 비밀리에 '한인애국단'을 조직했다. 한인애국단은 일제의 주구 처단이나 중요 시설물 파괴와 같은 특무활동을 통해 독립운동에 활기를 찾고자 하였다. 김구의 주도로 애국단원 이봉창이 일본 도쿄에 잠입하여 1932년 1월 8일 관병식에 참석하는 일황에게 폭탄을 투척하여 일제의 간담을 서늘하게 했으나 실패하였다.

애국단원 윤봉길은 그해 4월 29일에 상하이 훙커우 공원에서 일본군의 천장절 기념식장에 폭탄을 투척해 일본 파견군 사령관과 거류민 단장 등을 폭사시키는 의거를 성공시켰다. 윤봉길의 의거는 중국 언론에 대서특필되었고, 중국인들에게 한국인의 항일의지를 새롭게 각인시켜 임시정부 활동에 큰 힘이 되었다. 이들 사건으로 한인애국단이 세상에 알려지게 되었고, 임정은 일본군의 집

윤봉길

중적인 탄압을 받아 상하이에서 더 이상 버틸 수 없게 되었다. 다음해 백정기·원심창 등 육삼정 암살모의사건 이후로 상하이 방면의 독립운동가들은 그 본거를 남경으로 대부분 옮기게 되었다. 남경에서 민족통일세력을 구축하려고 거듭 노력했으나 공산주의자들의 모략으로 와해되었다.

미국과 일본에서의 활동

한편, 미국에서는 샌프란시스코를 중심으로 하여 안창호가 주도하는 대한인국민회가 적극적으로 활동하였다. 1921년에는 이승만 등이 여기에서 분립하여 호놀룰루에 근거지를 둔 동지회를 만들었다. 이미 1919년 호놀룰루에서 박용만 등에 의해 조직되었던 대한독립단은 뒤에 국민회로 통합되었다. 그리하여 미국에서 한국인의 독립운동은 국민회와 동지회의 두 계열로 계승되었다. 1919년 대한민국 임시정부가 수립된 이후에는 각종 의연금을 모금 임시정부에 보내고, 임시정부 외교기관인 구미위원회 활동을 적극 후원하였다.

일본에서는 3·1운동 이후에도 한국 유학생을 중심으로 민족운동이 지속되었다. 1920년대에는 일본 내 사회주의 사상의 대두로 말미암아 도쿄 유

학생 간에도 민족주의와 사회주의로 분열되어 활동하였다. 1927년 2월 도쿄에서 조선인단체 협의회가 결성되었는데, 이것은 당시 국내외에서 전개된 민족유일당운동의 영향을 받았기 때문이었다. 그러나 민족통일전선을 표방하던 이 시기에도 사회주의자들은 은밀히 세력 확대에 부심하여 점차 내부적인 대립이 격화되어 갔다. 그 결과 사회주의자들은 1929년에 이르러 일본 공산당 계열로 흡수되고 1931년에는 도쿄의 유학생학우회 마저 해체되어 조선인단체 협의회는 유명무실하게 되었다.

그밖에 일본에는 1910년대 후반부터 생계를 위해 한국인의 이주가 늘기 시작하여 1924년부터는 매년 10만여 명을 넘어섰다. 1940년대에 들어서면서 매년 40만여 명이 이주하여 해방 당시에는 230만 여명으로 많은 한국인들이 다양한 사연을 안고 거주하였다. 민족차별을 받는 한국인들은 오사카 등 도시 외곽 지역 집값이 싼 곳에 모여 살면서 재일 한국인 사회를 형성하였다. 자녀들의 민족교육을 위해 학교를 설립하고, 신문과 잡지를 발간하여 민족정신을 지키고자 노력하였다. 이런 상황 속에서 1923년 9월 간토 지역에서 대지진이 발생하자, 한국인 학살이라는 끔찍한 사건이 발생했다. 간토대지진으로 10만여 명의 사망자가 발생하고 민심이 급격히 흉흉해지면서, 한국인이 방화를 하고 우물에 독을 풀었다는 유언비어가 급속히 확산되었다. 그러자 일본인들은 헛소문을 믿고 자경단을 중심으로 조센징으로 추정되면 죽창이나 쇠갈고리로 학살을 자행하였다. 무도한 일본인들에 의해 희생된 한국인은 6,000여 명이 넘는 것으로 참혹한 피해를 당했다.

3.
일제의 민족말살 정책과 다양한 항일

1930년대 세계정세와 일제의 침략전쟁

1928년 세계 주요국들은 전쟁방지와 국제분쟁의 평화적 해결을 위한 원칙을 확립하기 위해 미·영·일 등 15개국 대표가 파리에서 부전조약을 체결했다. 국가 정책 수행의 도구로서의 전쟁포기에 관한 일반협정에 가입한 나라는 1933년까지 63개국이었다. 그러나 부전조약 체결 이후에도 중·일 갈등이나 일본과 서구의 이권 갈등은 여전히 남아 있었다. 이러한 상황 속에서 중국의 민족해방운동은 더욱 거세지고 한국의 민족주의자들도 굴하지 않고 민족독립을 준비하면서 호시탐탐 기회를 노리고 있었다.

1929년 미국에서 시작된 경제공황은 수많은 생산시설을 멈추게 하고 1차 세계대전 후 안정되어 가던 자본주의 체제를 격랑 속으로 몰아넣었다. 4년여 간 계속 된 공황으로 서양의 공업 생산은 이전 수준의 40%가 줄었고, 세계 무역량은 65%나 감소했다. 이에 대응하기 위해 미국은 국가가 경제에 개입하는 뉴딜 정책을, 영·프는 식민지와 식민지 모국을 블록경제로 만들어 대응하였다. 후발 자본주의국가 이탈리아는 국가와 민족을 앞세운 무솔리니의 파시즘 정권이, 독일에서는 히틀러의 나치즘 정권이 들어서서 군비 확장과 대외 침략으로 위기를 벗어나고자 했다.

후발 자본주의 일본은 1차 세계대전 승전국으로 산업이 급격히 발전하여 경제 호황을 누렸다. 그러나 전쟁 후 판매시장을 잃어버리고 대공황의 여파로 급격한 불황에 빠지게 되었다. 불황에 빠진 일본 독점자본은 상품

수출시장을 확보하기 위해 일본·조선·만주의 블록체제를 만들어 극복하고자 했다. 군비 축소에 불만을 품은 일본 관동군은 1931년 9월 18일 펑톈(선양) 북부 류타오후의 남만주철도를 폭파하고는 이를 중국의 소행이라고 핑계 대면서 만주사변을 일으켰다. 만주사변은 일본의 이익선을 만주와 중국까지 확대한 사건으로 다나카 기이치 내각이 표방한 만몽분리 방침을 실현하는 것이었다. 미국과 영국은 일본의 만주 침략에 충격을 받았지만, 소련 견제를 위해서 국제연맹이 일본의 만주 철수를 결의하는 수준으로만 묵인하였다. 그러나 호전적인 일본은 연맹결의에 반발하며 1933년 국제연맹을 탈퇴해버렸다.

일제의 15년 침략전쟁

일본은 만주 침략을 계기로 군수 부분을 만주에 투자하면서 중화학공업화로 한동안 불황을 극복할 수 있었다. 그러나 중화학공업에 필요한 제품과 원료는 미국과 유럽에서 수입하므로 무역 적자가 차츰 심해졌다. 이에 일본은 중화학공업에 필요한 원료를 확보하고 새로운 시장을 개척하기 위해 무모한 침략전쟁을 확대 추진하기에 이르게 된다. 일본은 1934년에 워싱턴군축조약을 1936년에는 런던해군군축조약을 차례로 탈퇴하면서 협력관계의 영·미에 적대적이 되어갔다. 일본은 영·미와 맞서기 위해 독일과 이탈리아를 새로운 협력 동반자로 선택했다. 이탈리아는 1937년 11월 일·독 방공협정에 가입하고 12월에 국제연맹 탈퇴를 선언하면서 만주국 승인을 선포했다. 이로써 일본·독일·이탈리아가 새로운 국제질서를 구축하기 위하여 파시즘 진영을 출범시켰던 것이다.

이즈음 소련은 일본의 만주 점령을 큰 위협으로 여기고 중국의 국공합작 성사를 위해 노력하였다. 또 국제연맹에도 가입하여 일본과 독일의 파시즘 군국주의세력을 경계하였다. 소련의 움직임에 일본은 중국 혁명이 공산주의 혁명으로 점화될 가능성에 위기의식을 갖게 되었다. 그래서 중국 혁명이 성공하기 전에 중국을 침략하자는 구상을 구체화 시키게 되었다. 일본은 중국 본토를 침략하기 위해 베이핑(베이징) 교외 루거우차오 사건을 조작하여 1937년 7월 중일전쟁을 일으켰다. 과욕에 눈이 먼 일본 군국주의자들이 일으킨 이 전쟁은 처참한 2차 세계대전의 사실상 신호탄이 되었다. 일제는 중국 침략 행위를 미화하기 위해 대동아신질서를 내세웠다. 소련은 중일전쟁 발발 후 중국 정부와 중소불가침조약을 체결하고 군수물자를 지원하게 되었다.

일본에 이어 1938년 독일의 침공으로 유럽에서 전쟁이 발발하였다. 중국 본토 석권이 지지부진해지자 일본은 동남아시아와 서남태평양 방면 침략을 기획하게 되었다. 일본은 타이와 인도차이나에 압력을 가하고 버마·말레이반도 및 서남태평양 방면에 침략 준비를 갖추었다. 일제는 동아시아의 여러 민족들을 위해 일본이 정치적 맹주가 되어 서양인의 착취로부터 해방시킨다는 대동아공영권이라는 구호를 내세우기 시작하였다. 이러한 사태의 진전은 미국의 대일 경계심을 높였고, 미국의 적대를 두려워 한 독·이·일 3국은 1940년 9월에 군사동맹을 체결하기에 이르렀다.

황국신민화 등으로 민족말살 추진

일제는 만주사변 이후 조선인에게 형식적이나마 자유를 허용하던 기만적인 문화정치의 허울을 벗어버리고 본격적인 전시체제를 구축하였다. 문화정치 시기에는 2개 사단이던 조선주둔 일본군을 만주 침공 뒤에는 1개 사단을 더 증강시켰다. 일제경찰은 치안을 유지하면서 전시 물자를 동원하는 임무까지 강행하게 되었다. 일제는 1932년 사상경찰망을 크게 늘러 사회주의운동이 민중에 파급되는 것을 철저히 막고자 했다. 아울러 일제는 조선인의 황국신민화 정책을 적극 추진하였다. 조선인의 민족의식을 뿌리 뽑아 독립의지를 없애고 내선융화와 내선일체를 강요하기에 이르렀다. 1936년 8월에 관동군사령관을 거쳐 조선총독으로 부임한 미나미 지로는 "조선인과 일본인은 형태도 마음도 피도 살도 하나가 되어야 한다."라고 강조하였다. 1936년 12월에는 조선사상범보호관찰령을 공포하고 전국 7곳에 보호관찰소를 설치 사회로 복귀한 치안유지법 위반자를 집중 감시하였다.

일제는 1937년에 들어서면서 중국 침공을 전후하여 군수물자 확보를 위해 한국 북부 지역에 대규모 중화학공장을 세웠다. 하지만 한국인의 중소공장이 참여하는 유기적 분업체계가 아니라, 각각의 생산구조를 형성하는 식민지 이중구조를 만들었다. 중일전쟁 이후 식민지 공업구조는 주요산업을 법령으로 통제하여, 전시 경제체제하에 군수공업을 중심으로하는 경제로 재편되었다. 조선총독부는 1938년부터 상품과 원료의 배급제, 상공업에 대한 허가제를 실시하였다. 일제는 전쟁 수행을 위해 한반도에서 미곡과 생우 공출을 강요하였고, 고철과 놋그릇·수저·젓가락까지 공출하여 군수물자 확보에 혈안이 되었다. 이 때문에 한 가족이 숟가락 하나로 돌아가며 밥을 먹는 촌극이 벌어지기도 했다.

일제는 1938년에 신교육령을 발포하여 중등학교에서 한국어 교육을 금하고, 더 나아가 한국인의 한국어 사용까지 금하였다. 1940년 8월에는 《동아일보》와 《조선일보》 등 한국어 신문을 폐간하고 뒤이어 《문장》과 《인문평론》 등 한국어 잡지도 폐간시켰다. 일제는 조선어학회를 민족운동을 하고 있다는 구실로 탄압하였으며, 국학 연구 활동에도 압력이 가해져서 진단학회 등도 해산되었다.

1937년 일제는 "우리들은 대일본 제국의 신민입니다. 우리들은 마음을 합하여 일황폐하께 충성을 다 합니다."라는 내용이 담긴 황국신민서사를 집회 때마다 외우게 했다. 일황을 섬기는 신사를 전국 읍면에 만들어 놓고 참배하도록 한국인에게 강요하였다. 1938년에 들어서서는 한국인 조상과 일본인 조상이 같다며 한국인의 성명을 일본식 성명으로 바꾸는 창씨개명을 추진하였다. 성씨 개념이 강한 조선인들이지만 일제의 강요에 1941년 말에는 81,5퍼센트가 개명하였다. 노동자들도 황국신민화하기 위해 공장이나 광산에 연성소를 설치하고 궁성요배와 황국신민서사를 제창토록 하여 노동하는 군인으로 만들었다

　일제는 전쟁터가 동남아와 태평양 섬까지 확대됨에 따라 노동력과 병력 확보가 절실하게 되었다. 일제는 1938년에 지원병제도를 실시하여 한국인 대학생과 청년들의 군복무를 선동·회유하였다. 1939년부터는 한국인을 노역자로 공장·광산·군사기지 등에 수백만 명을 동원하고 일본과 남양군도 등에 강제로 끌고 갔다. 1940년 10월에는 이전에 만든 국민정신총동원조선연맹을 국민총력조선연맹으로 개편하여 문화·예술과 농촌진흥 등 전분야에서 일제 침략의 동조·협력자가 되기를 강요하였다. 이 연맹산하조직인 지방연맹 밑에 10가구를 하나로 묶은 애국반을 조직하여 조선인의 일상생활까지도 감시통제 하였다. 1942년 36만 개의 애국반에 448만여 명의 애국반원들은 반상회를 열어 신사참배·궁성요배·일장기 게양·일본어 쓰기·애국저축·근로보국 등을 강요당

했다.

　일본의 전황이 악화되자 인력 징발이 강제적으로 변해가게 되었다. 조선인은 길을 걷다가, 논밭에서 일하다가 납치되어 일본·중국·남양군도로 끌려가는 일이 비일비재하였다. 1943년에

남산 조선신궁

는 학도지원병제도를 강행하고, 1944년에는 징병제를 실시하여 일제가 패망할 때까지 24만여 명이 동원되어 2만 2,000여명이 전사당하는 전쟁의 하수인으로 내몰렸다. 태평양전쟁 말기에는 23만 여명의 일본군을 조선에 배치하여 전국토를 완전 장악 미군과의 치열한 전투 채비를 갖추었다. 전쟁 막바지인 1944년 8월에는 여자정신대 근무령을 만들어 수십만 명의 한국 여성을 강제로 차출하여 군수공장 노역에 종사시켰다. 그 중 일부는 일제가 1932년부터 만들어 운영한 군 위안소로 끌려가서 일본군의 성 노리개가 되었다.

여러 계층의 저항과 우파의 타협

일제의 전시체제하에서의 가혹한 통치는 국내의 민족운동을 거의 질식시켜 갔다. 임시정부 내무총장 신익희가 환국해서 한 말대로 "국내에 있었던 사람들 중 '친일'을 하지 않고 어떻게 생명을 부지할 수 있었겠어"라는 지적처럼 일제의 감시는 엄중하고 치밀하였다. 그러나 목숨을 건 항일투쟁은 일제의 가혹한 탄압에도 끊임없이 전개되고 있었다. 일본신사에 대한 참배를 한국인에게 강요하였을 때 가장 먼저 반기를 든 것은 평양의 장로교회들이었다. 조만식 등이 출석하는 산정현교회의 주기철 목사는 신사참배를 거부하여 구속당하였다. 다음 해에는 신사참배를 거부한 교인들을 잡아 가두고 가혹한 고문을 자행하였다. 이로 말미암아 여러 명의 목사·장로·전도사가 감옥에서

주기철

죽음을 맞았다. 신간회 해소 뒤 안재홍·정인보 등 비타협 민족주의자들도 조선어학회 사건을 계기로 활동을 멈추고 일제를 피해 은신에 들어갔다.

사회주의세력은 1935년 7월 코민테른 7차 대회의 반파시즘인민전선의 영향을 받아 반제민족통일전선의 움직임이 미약하나마 일부 있었다. 1937년 함남 원산을 중심으로 노동조합운동을 벌이던 이주하·김태범의 노조통합운동이 있었다. 이재유 중심의 경성트로이카 그룹에서 활동하던 이관술·김삼룡·이순금·이현상 등이 1940년 2월 출옥한 박헌영을 지도자로 경성콤그룹을 결성했다. 경성콤그룹은 각 분야 활동가들이 망라된 1940년대 국내 공산주의운동을 이어가는 조직이었다. 경성콤그룹은 일제의 탄압과 회유에도 끝까지 비타협적으로 항일활동을 했기 때문에 해방 후 이들이 중심이 되어 조선공산당이 재건되었다. 민중들은 전쟁의 광기 속에서 끈질기게 보이지 않는 곳에서 항일민족투쟁을 전개해 갔다.

노동자들의 투쟁

세계경제대공황에 따른 경제적 불황으로 식민지 조선 노동자들의 생활도 어려워지자 전국에서 노동쟁의가 크게 늘었다. 그러나 전쟁을 본격화한 일제가 노동운동을 가혹하게 탄압하므로 투쟁은 어려워지고, 노동운동은 개량주의로 흐르거나 활동자체가 소극적이 될 수밖에 없었다. 이에 따라 사회주의자들은 직접 노동자 속으로 들어가 비합법적 방식으로 노동조합을 결성하고 사회주의 조직을 재건하고자 했다. 혁명적 노동조합운동이라 불린 이 운동은 대도시 공장지대와 병참기지화 된 새로운 공업도시를 중심으로 전개되었다. 각 공장이나 작업장에 3~5명의 직장그룹을 소규모로 조직하고, 이를 공장별 노조분회로 조직하여 그 위에 공장위원회, 산업별 노동조합, 나아가 전국적 산업별 노동조합들을 결성한다는 것이다. 이러한 활동을 바탕으로 노동자들은 주로 군수산업 부문을 중심으로 파업

투쟁을 벌여 일제를 괴롭혔다. 전시 시기에도 년 평균 107건에 6,000명 정도의 노동자가 파업에 동참하였다. 1943년에는 성진공장 운반노동자 파업, 나진 항만노동자 파업, 만포 수력발전소 노동자 파업 등이 있었다. 노동자들은 직접 파업을 벌이기도 했지만 전시산업의 생산성을 떨어뜨리는 기계파괴·태업·결근·공사방해 등을 수시로 일으켜 일제에 맞섰다.

일제가 징병과 징용으로 노동력을 강제 동원하는 정책을 쓰자, 수많은 노동자들이 개인적이나 집단적으로 도망가는 사태가 벌어지기도 했다. 1940년대 노동자의 월 평균 이동율은 공장 7%, 광산 11%정도로 이를 년으로 환산하면 대부분의 노동자들이 노동현장을 이탈해 간 것으로 볼 수 있다. 이러한 노동자들의 저항에 대해 일제는 가혹한 통제로 대응하였다. 흥남 모토미야 공장에서는 이 지구의 노동자 4,500여 명을 감시하기 위해 헌병 1개 소대와 경찰서원 및 자위대 200여 명을 배치하여 일상적으로 삼엄한 경계를 펼치기도 하였다.

농민들의 항쟁

1930년대 들어서서 일제는 농촌진흥운동을 시작하여 개량적인 농촌계몽운동은 권장하고, 반일적인 농민운동에 대해서는 전면적인 탄압에 들어갔다. 더 이상 합법적인 농민운동이 불가능해지자 사회주의자들은 혁명적 농민조합운동이라는 새로운 방식을 선택하였다. 토지혁명과 빈농우위의 원칙을 슬로건으로 내건 혁명적 농민조합운동은 1930년대 전반에 급속히 파급되어 농민운동을 주도하였다. 중일전쟁 이후 일제는 군수식량 확보를 위해 식량증산정책을 추진하였으나 전쟁의 장기화로 식량생산을 위한 조건은 점점 더 열악해졌다. 전쟁 인력동원에 따른 농촌청년 차출, 비료의 공급 부족, 일손 부족에 따른 휴경지의 증가 등으로 식량증산정책은 목표를 달성할 수 없었다. 일제는 농업노동력 부족을 해소하기 위해 공동 작업반을 설치하고, 부녀 및 학생과 아동까지 농사에 강제 동원하였다.

이에 대해 농민들은 일본인 농장을 중심으로 소작쟁의를 벌이고 강제공출, 노동력 강제동원, 군수작물 재배강요 등의 전시수탈 정책에 반대하는 투쟁을 벌였다. 특히 공출에 반발하여 곡물을 숨기거나 농산물에 불을 지르는 등 다양한 방법을 동원하여 공출에 저항하였다. 일제는 경찰과 면서기를 동원하여 가택까지 수색하며 공출량을 달성코자 하였다. 식량공출로 마을마다 충돌이 잦아지면서 농민들의 생존권 투쟁은 반일·반전의 성격을 띠게 되었다.

청년·학생 등의 저항

1930년대 사회주의사상의 확산에 따라 노동계급에 기초한 민족해방운동이 강조되면서 청년·학생운동도 큰 영향을 받게 되었다. 조선청년동맹은 해소되어 노농조합의 청년부로 재편되었고, 학생운동은 사상학습을 통해 운동가를 배출하기 위한 소수정예의 비밀조직에 주력하였다. 이러한 방향전환은 청년·학생운동의 독자성을 잃어버림으로써 이후 침체 상황에 들어가게 되었다. 중일전쟁에 이어 태평양전쟁으로 전선을 확장한 일제는 전쟁수행을 위해 한국에서 인적·물적 수탈에 광분하게 되었다. 일제가 젊은 인력을 차출하기 위해 시행한 학도지원병제도와 징병제는 학생·청년층이 군사동원의 주된 피해자가 될 수밖에 없었다. 전쟁이 막바지에 다다른 1945년 4월부터는 중등학교 이상 학생들은 아예 수업을 폐지하고 비행장 건설 등 전쟁수행에 필요한 분야에 강제 동원되었다.

감수성이 예민한 시기의 학생들은 황민화 교육에 세뇌되어 체제 순응적인 태도를 취하는 경우도 있었다. 하지만 전쟁이 막바지로 향할수록 일본의 무리한 전쟁은 패전하고 우리 민족은 해방될 것이라는 인식이 암암리에 널리 유포되었다. 이러한 분위기가 확산되면서 감소해가던 학생 사상

범죄 사건은 1940년경부터 다시 증가하기 시작하였다. 학도지원병제에 반대하여 학교를 자퇴하거나, 징병을 거부하여 도주하는 학생·청년들의 숫자가 급격히 증가하였다. 일부 학생들은 일본의 패전을 예측하고 일본인에 대한 암살을 기도하기도 하였다. 강제로 징병되어 중국이나 동남아에 배치된 한인 청년들은 부대 안에서 폭동을 일으키거나 부대를 이탈하여 항일부대나 연합군에 합류하여 대일항쟁에 힘을 보태기도 하였다. 대표적으로 장준하, 김준엽 등은 중국 대륙 6,000리를 걸어서 충칭의 임시정부 광복군에 참여 OSS에서 활동하였다.

이밖에도 일제의 강압적인 전시체제 정책에 반대하는 다양한 저항이 곳곳에서 일어났다. 징병·징용 대상자들은 호적과 나이를 고치거나, 집을 떠나 강제 동원을 회피하였다. 강제징용으로 끌려간 노동인력은 태업·파업을 벌이거나 감시망을 뚫고 도망치기도 했다.

민족주의 우파의 타협과 친일 활동

민족주의자들은 일제 식민치하 망국 백성으로 살아가면서 독립을 준비해 가려면 어느 정도 자율적으로 활동할 권리가 필요하다고 인식하였다. 송진우의 동아일보사 계열은 연정회를 중심으로 조선 자치운동을 추진해 나가고자 하였다. 이들은 조선의 자치권리 확보를 위해 다방면으로 적극 노력하였다. 그러나 교활한 일제는 조선인들에게 자치의회나 참정권을 줄 것처럼 호도하다가, 때가 아니라며 자치문제를 생색만 내는 지방제도 개선으로 매듭지었다.

동아일보사 사옥

그 내용은 자문기관의 성격만 가진 도 평의회와 부·면 협의회 등을 형식적인 의결기관인 도회·부회·면회로 명칭만 바꾸는 지방제도 개선이었다.

조선의회 개설운동을 집요하게 벌였던 동아일보사는 1931년 5월 21일자 신문에 "조선인으로서 최선 또는 최강한 항의를 주장할 만 한 자를 뽑아 부 의원으로 내보내는 것이 오늘날 가장 타당한 문제다."라고 지방제도 개선에 일말의 희망을 피력하였다. 그러나 지방행정에 참여한 자본가나 지주 출신 조선인들은 지역의 공사를 맡거나 행정기관이나 금융기관의 편의 제공을 받는 유지로 처세하였다. 도·부·면 의원으로 참여한 자들은 혹독한 전시체제가 되자, 일제의 요구에 따라 총독부 동원기구에 참여하여 조선인을 동원하는데 협조하였다. 이들은 최린의 임전대책협의회와 윤치호 계열의 흥아보국단이 합친 조선임전보국단, 중추원참의 문명기가 이끄는 황도선양회 등으로 결과적으로 친일활동에 앞장섰던 것이다.

만주사변 때까지는 민족적 가치를 인정하며 활동하던 민족주의자들은 일제의 거듭된 승전보에 생각을 바꾸어 일제의 승리가 조선민족의 살길로 여기게 되었다. 이들은 조선이 독립할 수 없으며 조선인은 일본인을 맹주로하는 대동아공영권에 참가하여 이등국민으로서 지위를 높이는데 힘써야 한다고 선동하였다. 1938년 일제가 조선지원병령을 공포하고 조선 청년들을 전쟁의 총알받이로 몰아내려 할 때, 이광수·최남선 등 친일부역자들은 조선민족도 일황의 적자 노릇을 할 기회를 얻었다고 찬양하며 나섰다. 이들 친일파들은 각 지역의 강연회에 참여하여 일제의 침략전쟁이 정당하다고 강변하면서 조선인들도 징병·징용에 적극 참여해야 한다고 선동하였다.

일제의 언론개입에 따라 징병·징용을 찬양하는 친일파 연설내용이 《조선일보》와 《동아일보》 등 민족 언론에 게재되었다. 1938년 6월에 발행된 《조선일보》에서는 "황국신민 된 자로 그 누가 감사치 아니하랴"라고 논설했다.

《동아일보》는 "장래국가의 군인으로서 최초의 선발을 당한 합격자도 ……
임무가 중차대함을 자각하고 ……본무를 다하도록 노력하자"고 게재 하였
고 사주 김성수도 홍보강연회에 나설 수밖에 없었다. 전쟁비용이 급증하자
언론들은 국방헌금을 내자고 홍보하였으며, 화신백화점 박흥식과 경성방
직 김연수 등 사업가들은 국방헌금을 내기도 하고 비행기도 헌납하였다.

조선총독부의 강압을 받은 불교·천도교·유교·기독교 등 종교단체들도
일본군을 위문하는 시국행사에 참여하고, 교인들에게도 일제의 침략전쟁
에 적극 참여할 것을 주문했다. 불교계는 조선불교를 대동단결시켜 국민
정신진흥운동에 앞장세우자는 모임을 갖고 친일 행사에 적극 참여하였다.
유교계도 조선유림연합회를 결성한 뒤 유도 황민화를 위하여 활동하였다.
기독교계는 일부 교단만 일제에 저항했을 뿐, 감리교·안식교와 천주교는
일찍부터 신사참배에 참여하였다. 교육계도 조선총독부의 강압에 친일활
동을하는 경우가 많았고 이들의 친일 활동은 사회적 영향력이 컸다. 이화
여전에서는 애국여자단을 조직하고, 성신여학교장과 덕성여자실업학교장
은 여학생들도 황국신민에 적극 참여해야 한다고 교육하였다. 문화예술인
들도 분야별로 친일활동에 나서지 않을 수 없었다. 문필분야에서 이광수·
주요한·서정주·노천명·모윤숙 등이 논설과 시를 통해 일제침략전쟁을 미
화하였다.

친일파들은 조선총독부·일제경찰·일본군 등에 참여 적극적인 친일을 하
거나, 자신의 가업과 재산을 지키기 위해 부득이 친일활동에 참여하였다.
친일인사들은 조선국민정신총동원연맹·조선방공협회·조선문인보국회·녹
기연맹 등의 친일단체에 참여 황국신민화에 앞장섰으며 일제의 침략전쟁
을 물심양면으로 지원하였다.

4.
1930년대 이후 해외 광복 항일투쟁

재만 조선인의 항일무장투쟁

일제의 식민통치가 가혹할수록 일제의 수탈을 벗어나 항일 독립운동을 전개하기 위해 국경이 마주한 만주 지역으로 넘어온 한국인이 해마다 늘어갔다. 특히 두만강 건너 간도 지역의 옌지·허룽·왕칭·훈춘에는 한국인이 거의 80%에 육박할 정도로 집중적으로 자리 잡았다. 재만 한국인은 1938년에는 100만 명이 넘어섰고 해방 무렵에는 거의 200만 명에 다다랐다. 1930년대 초까지도 남만주의 국민부와 북만주의 혁신의회는 항일 민족주의 세력을 대표하였다. 그러나 1931년 7월 만보산 사건과 9월 일제의 만주사변에 이어 이듬해 3월 청조의 마지막 황제 푸이를 집정으로하는 만주국이 세워지면서 만주의 정세가 급변하게 되었다.

만주의 정세 변화에 따라 민족주의세력은 점차 퇴조하고 공산주의세력이 급성장하게 되었다. 북만주에서는 한국독립당의 한국 독립군이, 남만주에서는 조선혁명당의 조선혁명군이 중국군과 연합하여 항일 무장투쟁에 나섰다. 한국 독립군은 이청천의 지휘 하에 중국 호로군과 연합하여 쌍성보 전투와, 대전자령 전투에서 승리를 거두었으나 전리품 분배 갈등으로 중국군과 연대가 무너졌다. 이후 독자적으로 움직이던 한국 독립군은 1933년 말 김구의 요청으로 이청천 등 지휘부 40여 명이 중국 관내로 이동하면서 해체되고 말았다. 남만주의 조선혁명군은 중국의 항일의용군과 연합하여 일본군과 만주군을 대적하였으나 1934년 8월 총사령 양세봉이 일본군에게 피살된 후 일본군의 토벌로 1936년 세력을 크게 잃어버리고 나머지 잔여 부대가 소규모 투쟁을 이어갔다.

조선공산당 만주총국은 코민테른의 일국일당주의 원칙에 따라 1930년 4월 경부터 조직을 해체하고, 중국 공산당 만주성위원회 산하로 들어가게 되었다. 1930년 간도 5·30봉기는 간도 일대에서 벌어진 대규모 폭동으로 중국 공산당 만주성위원회 연변 당부의 지도하에 일어났다. 5·30봉기는 일본 영사관 습격, 조선인 민회와 지주 집에 대한 방화, 동척출장소 폭탄 투척, 철교와 교량 파괴 등으로 전개되었다. 한인 공산주의자들은 친일 세력을 타도하고 조선혁명을 원조하라는 구호를 외쳤다. 이에 일제경찰은 무자비하게 진압하여 2천여 명을 체포하고 경성으로 이송, 4백여 명이 투옥되고 주도자급 30여 명이 옥사하거나 서대문형무소에서 처형당했다.

적색유격대와 동북인민혁명군

재만 한국 농민들은 간도 5·30봉기 이래 농민의 생존권 투쟁을 무장투쟁으로 발전시켰다. 중국 공산당은 1931년 10월 대중투쟁을 바탕으로 유격대를 만들고 유격구를 개척하라는 항일 무장투쟁 방침을 하달했다. 이에 따라 1932년 봄 안투·왕칭·훈춘·허룽의 간도 4현에 한국인 중심의 항일유격대가 만들어졌다. 남만주에서도 만주사변 후 조중민족연합부대인 중국 노농홍군 32군 남만주유격대가 1933년 창설되었다. 만주 각지에 7개 적색유격대가 설치되었는데 그 중 6개가 주로 한국인들에 의해 조직되었다. 그러나 유격대가 다양한 계층의 결집과 민족적 갈등이 드러남으로 중국 공산당은 만주성위원회에 소비에트를 폐지하고 인민혁명정권 수립을 촉구했다. 이 지시에 따라 각 지역 적색유격대는 동북인민혁명군으로, 소비에트는 인민혁명정부로 개편되었다. 1933년 남만주유격대가 동북인민혁명군 1군으로 먼저 개편되었다. 이어서 동만주유격대는 동북인민혁명군 2

군으로, 북만주유격대는 동북인민혁명군 3군·4군·6군으로 개편되었다. 만주에서 벌이는 항일무장투쟁은 한국인이 큰 몫을 차지했으며 한국인의 거점을 기반으로 세력을 넓혀갔다.

그러나 일제의 집요한 토벌과 내부적으로 유격대·당 등 여러 세력 간의 상호불신과 반민생당 투쟁에 따른 한인운동가에 대한 숙청 분위기로 유격투쟁은 크게 약화되었다. 반민생당 투쟁이란 민생당 해체 후 간도협조회가 중국 공산당 내에 있는 조선인은 대부분 민생당원이었다는 분열공작과, 중국 공산당의 좌경노선 등이 복합되어 간도의 조선인 혁명가들에 대한 숙청이 시작되었다. 이에 중국인 공산당원들은 조선인 당원을 개량주의자라고 배척하고, 500여 명이 넘는 조선 공산주의 지도자들을 민생당원으로 몰아 처형했던 비극적인 사건으로 정확한 진상규명이 필요하다 하겠다.

접경 지역의 항일무장투쟁

국제공산주의 운동을 지도하고 있던 코민테른은 1935년 7차 대회에서 파시즘에 대응하여 반파시즘인민전선과 식민지에서 민족통일전선을 이루어야 한다고 선언하였다. 이에 따라 중국 공산당이 12월 만주에서의 반제단일전선에 대하여를 발표하였다. 그리하여 동북인민혁명군 2군을 중심으로 연합성격의 동북항일연군을 편성하고, 조선 민족독립을 목표로하는 조선항일혁명당을 만들고자 하였다.

이념과 노선과 민족을 초월해 구성된 동북항일연군은 만주에 흩어진 여러 항일부대를 규합하였다. 동북항일연군은 제1·2·3로군으로 그 아래에 11군을 두었다. 동북인민혁명군 2군은 동북항일연군 2군으로 개편되었고 그 밑에 3개의 사와 교도대에 2,000여 명의 대원이 있었다. 중국공산당은 미혼진회의에서 한국 민족주의에 대해 경계한 것을 반성하고, 한국인이

다수인 3사에 백두산 지구에 근거를 두고 국내진출과 조국광복회를 결성할 임무를 내렸다.

1936년 5월 2군을 기반으로 조직된 재만 한인 조국광복회의 주요 간부는 오성륜·이상준·엄수명이었다. 조국광복회는 전민족의 계급·성별·지위·당파·연령·종교 등의 차별을 불문하고 백의민족은 반드시 일치단결 궐기하여 원수인 왜놈들과 싸워 조국을 광복시키자고 선언하였다. 조국광복회는 조직을 확대하여 창바이현 일대와 함경도 북부, 평안도 북부 그리고 흥남·함흥·원산 등지에 조직망을 갖추었다. 국내로 정치공작원을 파견하여 박달·박금철 등의 갑산공작위원회와 손을 잡고 1937년 2월 한인민족해방동맹을 결성했다. 항일유격대는 조국광복회 국내 조직의 지원을 받아 여러 차례 국내 진공작전을 벌였는데, 그 대표적인 작전이 1937년 6월 4일의 보천보 전투이다. 김일성이 이끄는 동북항일연군 6사 4지대 90여 명은 압록강을 건너와 밤 9시경에 보천보의 경찰 주재소와 면사무소 등을 습격하였다. 이들은 주재소에서 소총과 탄약 등 무기를 노획하고 관공서에 불을 지른 후 철수하는 과정에서 혜산진 경찰과 교전을 벌여 사상자를 발생시키는 피해를 입혔다. 이때 《동아일보》가 대서특필하여 국내에 보도하면서 보천보전투는 한국에 김일성의 이름이 크게 알려지는 계기가 되었고 일제에게는 큰 충격이되었다. 보천보전투에 놀란 일제는 1938년까지 조선민족해방동맹에 대한 혜산진사건이라 부르는 탄압으로 조직원 739명을 대량 검거하여 조국광복회 국내 조직은 사실상 와해되었다.

한편, 연해주 지역에서는 일본이 만주국을 세운 이후 국경 지역에서 일제의 첩보활동이 늘었으며, 소련군과 만주국군과 무력 충돌이 발생하였다. 만·소 국경의 긴장이 높아지자 스탈린의 소련 정부는 고려인들을 부담스럽게 생각하게 되었다. 이에 따라 1936년부터 고려인 사회의 지도자급 인사들을 체포·처형하기 시작했다. 급기야 스탈린은 1937년 8월 극동 거주 고려인들을 중앙아시아로 강제 이주를 명령하였다. 영문도 모른 채 고려인들은 9월부터 2달 동안 17만여 명이 강제이주를 당하였다. 이 과정에서 연해주에서 피땀 흘려 모은 재산은 무시되었고, 이주 과정에서 매서운 추위 등으로 1만 1,000여 명의 사망자가 발생하는 참극이 벌어졌다. 고려인들은 우즈베키스탄과 카자흐스탄공화국으로 이주한 후에도 또 다른 지역으로 재이주해야하는 큰 고난을 겪었다.

'이 대목에서 스탈린의 명령 한마디에 연해주의 조선인 지도자들이 체포·처형당하고, 조선인들은 전 재산을 잃고 강제이주과정에서 1만여 명이 죽는 참극을 당하였다. 이 무렵 소련에서는 스탈린의 명령으로 10월 혁명이전 공산당원은 90%를 이후 입당 공산당원은 50%를 죽이고, 군 장성급의 60%를 처형하는 피의 숙청이 전개되었다. 스탈린의 집권 시기에 공산당원과 기독교인 등 반동분자 수천만 명이 학살당하는 광기가 벌어 졌는데도 불구하고, 조선의 사회주의자들은 이 부분에 대한 평가와 언급이 왜 없었는지 의아한 일이다.'

중일전쟁 발발 후 소련과의 긴장이 높아지면서 1939년 말부터 시작된 일제의 동계 대토벌에 항일유격대는 큰 타격을 입었다. 동북항일연군 일부는 점차 북상하여 1940년 10월 만주 국경을 넘었고, 1941년 소련 하바로프스크 아무르 강변의 보로실로프에 야영을 설치하였다. 이들은 1942년 7월에는 동북항일연군 교도려로 편성되었고 여장은 중국인 주보중이고 김일성은 1영 영장이 되었다. 이후 조선인 290여 명이 포함된 교도려는 소련군 아래에 있는 국제홍군 88특별여단이 되었다. 교도려는 소련군으로부터 정치학습과 군사훈련을 받는 한편, 만주 지역과 국내에 정찰기습공작을 위한 소규모 부대를 파견한 것으로 알려져 있다. 1945년 7월 교도려의 조선인들은 조선공작단위원회를 결성하여 단장에 김일성이 선임되고 최용건·김책·안길·서철·최현 등으로 구성되었다. 8월 9일 소련극동군의 전면적인 대일 전투가 개시되자 88여단의 차출대원을 제외한 나머지는 참전 준비를 갖추고 대기하다가 해방을 맞이하였다.

중국 관내 항일과 임시정부의 광복활동

중국 산해관 남쪽은 원래 중국의 본방으로 한국 민족주의자나 공산주의자 등 여러 성격을 지닌 항일세력들이 활동해 오던 근거지였다. 이 지역은 국내나 만주보다 일제의 통제에서 안전했지만, 동포들의 지원을 받을 수 없어 중국 정부의 후원에 의존할 수밖에 없었다. 1931년 일제의 만주점령 후 무장투쟁을 하던 민족주의세력이 산해관 이남으로 이동해 오고, 대일 전선도 화북 지방에 형성되면서 관내 중국은 점차 항일무장투쟁의 거점으로 변해갔다.

1932년 10월 한국독립당·조선의열단·조선혁명당·신한독립당 등의 대표

김원봉

들이 모여 한국 대일전선통일동맹을 만들었다. 하지만 통일동맹은 각 단체의 협의체에 불과해 힘을 쓰지 못하므로, 통일동맹을 해소하고 하나의 당으로 통합하자는 분위기가 고조되었다. 결국 1935년 7월 이미 있던 정당과 단체들을 해산하고 조선민족혁명당을 윤세주·김원봉·김두봉·조소앙·이청천·최동오·김규식 등이 연합하여 조직했다. 이때 주도적인 역할을 한 김원봉은 '의열단 단장, 민족

혁명당 당수, 임시정부 군무부장 등 항일운동에 앞장섰다. 해방 후에는 남한 민주주의민족전선 대표로 활동하다가 월북하여 북한 노동상과 최고인민위원회 상임부위원장을 거쳐 북한정권에 국제간첩으로 숙청당하는 험난한 여정을 걸어간 인물이다.'

그러나 김구 등 임시정부 유지파들은 조선민족혁명당이 임정을 파괴한다며 참여를 반대하고 한국국민당을 결성하여 이에 맞섰다.

1937년 중일전쟁이 터지자 조선민족혁명당은 조선민족해방동맹, 조선혁명자연맹 등 좌파 정당 및 단체와 연합하여 조선민족전선연맹을 만들었다. 그러자 조선민족혁명당을 떠났던 한국독립당과 조선혁명당은 김구의 한국국민당과 함께 1937년 7월 우익전선연합체로서 한국광복운동단체연합회를 만들었다. 조선민족전선연맹은 국민당정부의 원조를 받아 1938년 10월 우한에서 200여 명의 무장부대인 조선의용대를 창설하였다. 조선의용대는 의열단을 이끌던 김원봉을 총대장으로 1,2지대를 두고 국민당 군대에 배속되었다. 하지만 조선의용대 내 급진파들은 중국 국민당의 눈치를 보는 김원봉 등 간부들에게 반발하여 비밀리에 일본군과 전투가 전개되던 화북 지방으로 이탈해 가버렸다. 조선의용대의 다수 대원들이 화북 공산당 지역으로 이동해가자 조선민족혁명당은 국민당 지구 내 한 정파 세력으로 축소되었다.

중국 공산당 통치구역인 태항산에서는 1941년 1월 화북조선청년연합회가 중국 공산당의 대장정 참가 조선인과, 국민당 지구출신 조선의용대원들을 규합 결성되었다. 이 단체는 조선의용대 각 지대원과 중경의 김두봉이 공산당 지역으로 이동해오자 1942년 이름을 조선독립동맹으로 바꾸었고 조선의용대도 조선의용군으로 변경하였다. 1943년에는 조선의용군의 김무정이 정풍운동을 이끌면서 국내 사회주의운동을 기회주의운동으로, 국민당 지구에서의 활동을 반혁명운동이라고 강력히 비판하였다. 따라서

의용대를 이끌던 김원봉의 영향력은 줄어들고 지도력이 김무정에게 모아졌다.

조선의용군은 소규모 전투에 직접 참여하였고, 1944년에 옌안으로 옮겨가 조선청년혁명군정학교를 세워 대원들의 군사·정치·교육을 강화하였다. 조선의용군은 1945년 8월 9일 소련군이 만주를 공격하자 김무정의 지휘 아래 만주로 진격하였다. 그러나 일제의 조기 항복으로 대일전에 본격적으로는 참여하지 못했다. 일제가 패망한 뒤 김두봉, 김무정, 최창익, 한빈 등 연안파로 불리는 조선독립동맹 지도부는 북한으로 들어와 북조선 신민당을 결성했다. 여러 곳에서 활동하던 조선의용군 대원들은 선양에 집결 4개 지대로 편성된 뒤 중국 국공내전에 참전하였고, 중국이 공산화되자 북한으로 들어와 인민군에 편입되어 남한동족을 죽이는 한국 전쟁에 앞장섰다.

대한민국 임시정부의 광복활동

중국에 있는 임시정부의 형편은 3·1독립만세운동 직후에는 사람과 자금이 상하이에 몰려들었으나, 1920년대 말에는 백여 명에 불과한 궁색한 처지가되었다. 임정은 돈이 없어 정부청사를 허름한 개인집에 옮겼으나 집

세를 주지 못해 가끔 소송을 당하고 있었다. 임정요인들의 생활은 빈궁하여 동포들의 집을 찾아다니며 밥을 얻어먹으면서 변절하지 않은 것도 훌륭한 독립운동이 된다고 자조하고 있었다. 궁지에 몰린 김구는 미국교포 등 해외 교민들에게 임정의 어려운 사정을 알려 겨우 연명하고 있는 형편이었다. 그러한 상황 속에서도 상하이에 머물던 민족주의자들

김구

은 쇠락한 대한민국 임시정부를 지켜내기 위해 고군분투하였다. 통일전선을 지향한 조선민족혁명당 창당으로 위기에 처했던 임정은 이청천 등 보수 민족주의자들이 조선민족혁명당을 박차고 나오자 다시 활기를 찾게 되었다. 중일전쟁이 일어나자 김구는 한국국민당, 한국독립당, 조선혁명당 등과 함께 우익세력의 통합모임을 만들었다. 1940년 5월에 가서는 우익모임에 참여한 한국국민당·한국독립당·조선혁명당 3당이 합당해서 한국독립당의 이름을 내세웠다.

임시정부는 일본군의 중국 대륙 진격으로 상하이에서 항저우 등을 거쳐 9월에 중국 국민당 정부의 임시 수도인 충칭에 자리를 잡았다. 1940년 임정은 개헌을 단행하여 국무위원제에서 주석 중심의 단일지도체제를 채택하고 주석에 김구를 뽑았다. 1941년 중국 국민당 정부는 임정 지원의 조건으로 분열되어 있는 독립운동세력의 통합을 요구하였다. 통합을 위한 임정의 노력으로 세력이 약해진 좌파 김원봉의 조선민족혁명당이 임정 참여를 선언하게 되었다. 조선민족혁명당의 임정 참여는 임시의정원에 참여하는 형식으로 이루어졌다. 임정은 조직을 확대하여 신설된 부주석에 김규식이, 군무부장에 김원봉이 취임함으로써 임정은 좌우통합정부의 면모를 갖추었다. 임정은 11월에 조소앙이 주창한 삼균주의를 기초로 한 건국강령을 발표하였다.

임시정부는 일찍부터 무장부대 창설을 도모해오다 충칭에 자리를 잡고서야 광복군을 출범시킬 수 있었다. 1940년 9월 이청천을 총사령으로, 이범석을 참모장으로 하는 소수의 사령부를 구성하였다. 이들은 1930년대 만주에서 중국 관내로 이동하여 임정에 참여한 한국 독립군 출신과, 중국의 여러 군사학교를 졸업한 군사경력자들이었다. 이후 사령부 요원들이 중국 각지에 나가 광복군 병사모집운동을 전개하여 1년간 3백여 명을 모집하였다. 임정은 1942년 7월 중국 정부와 군사협정을 체결하고 조선의용대 중 화북 지역으로 가지 않고 잔류한 세력을 끌어들여 1지대로 편입시켰다. 광복군을 새롭게 편성하여 총사령관에 이청천, 참모장에 김홍일, 지대장에 김원봉, 이범석, 김학규가 임명되었다. 또 일본군 진영에서 탈출한 조선인 학병들이 참여하면서 숫자가 크게 늘어 1945년에는 광복군이 800여 명이나 되었다.

중국 국민당 정부는 1941년 말부터 광복군에 대한 군사원조를 개시하면서 한국 광복군 행동9개 준승을 맺어 광복군의 작전과 인사 및 정훈권까지 장악하였다. 임시정부는 국민당 정부에 통수권 회수를 추진하여 1945년 4월에 광복군을 임정에 귀속시킴으로서 임시정부의 위상이 높아졌다. 한국 광복군은 1941년 임시정부가 대일·대독선전포고를 하면서 연합군과 함께 대일전쟁에 참가하게 되었다. 영국군 및 미군과 공동작전을 벌이면서 일본군과의 전쟁에 직접 참여하기도 하였다. 1943년 영국군이 도움을 요청하자 인도·미얀마 전선에 광복군 10여 명을 파견하였다. 이들은 일본군 상대 대적방송, 일본군 문서번역, 정보수집, 포로 심문 등의 임무를 수행하였다.

1943년 7월에는 김구·김규식 등이 장제스를 만나게 되어 카이로 회담에서 한국 독립에 대한 약속을 미·영 등으로부터 받아달라고 요청했다. 장제스는 카이로회담에서 루스벨트와 처칠에게 한국 독립을 요청한 것으로 전해지고 있다. 이에 따라 미 홉킨스 보좌관이 한국 독립을 약속한다는 문안을 만들었고, 처칠이 'in due course'라는 문구를 추가 한 것으로 알려져 있다. 광복군 시안 주둔 2지대는 미군의 지원 하에 1945년 봄부터 국내 침공 훈련을 받고 잠수함을 이용하는 진공 준비를 갖추었다. 그러나 일제의 조기 항복으로 국내 진공작전은 실현되지 못하여 김구가 탄식을 뱉어내는 참으로 안타까운 상황이 벌어졌다.

미국에서의 광복운동

하와이 사탕수수 농장 이민에서부터 시작된 교포사회는 미국 본토, 멕시코, 쿠바 등지에 1만여 명이 살고 있었다. 미국에서의 독립운동을 주도한 사람은 계몽과 조직의 귀재 안창호와 박용만, 상하이임정의 대통령을 지낸 이승만이었다. 이승만은 힘이 없는 한국이 독립을 쟁취하는 현실적 방책은 구미열강에 한국 독립의 필요성을 인정받는 것이라고 판단하였다. 그래서 그의 독립운동이란 주로 미국 정부나 정치계에 호소하는 외교가 주를 이루었다. 중국의 임정으로부터 1941년 주미외교위원부 위원장으로 임명받은 후 미국 정부에 임정 승인과 항일운동의 지원을 얻고자 노력했으나 극히 냉담한 반응만을 얻었다. 그래서 이승만은 미국 지인들로 구성된 한미우호협회로 하여금 미 대통령에게 임정승인과 연합국 측 일원이 되도록 요구하는 운동을 벌이게 하였다.

당시 루스벨트 대통령과 미 국무부의 기조는 소련과 연합하여 2차 세계대전에서 승리하기 위해 국제협력정책을 추진하고 있었다. 그런데 이승만이 반소행동과 반소정책만 요구하자, 국제정세도 모르는 고집스러운 늙은이로 한국인들에게도 별 볼일 없는 사람으로 취급하고 있었다. 중국에 있는 임정은 이름만 거창할 뿐이지 일부 망명객들의 자치클럽에 지나지 않는다는 냉담한 반응만 보였다. 거기에다가 이승만의 노력에도 미국 정부의 인정을 받지 못한 것은 재미 한국인 사회의 끝없는 분열과 파쟁으로 한국인들이 멸시당한 데에도 원인이 있었다.

재미교포단체는 1941년 6월 재미한족연합위원회를 결성 이승만을 대미외교위원으로 선임하고, 한영신문을 발행하여 교포사회와 미국여론에 한국 문제에 관심을 갖도록 노력하였다. 교포사회는 돈을 모금하여 이승만과 중국에 있는 임정을 지원하고 있었다. 그러나 이승만은 자금을 임의로

이승만

사용하고 한족연합위측의 요구를 무시하였다. 그리고 모든 문제를 독단적으로 처리하여 마침내 양측은 결별하고 말았다.

이즈음 이승만은 하와이를 떠나 워싱턴 D.C.로 거처를 옮기고, 《일본 내막기》라는 책을 저술·출판하여 일본의 영토야욕 때문에 미국을 침공할 것이라고 예측하였다. 반년 후 일본이 하와이 진주만의 미 해군기지를 기습 공격하자 이승만의 책은 화제 거리로 베스트셀러가 되었다. 1942년 1월 이승만은 미 국무부에 소련이 한반도에 진입할 위험성을 경고하며 한국 임시정부를 승인할 필요성을 설명했으나 차가운 반응만 받았다. 당시 미 국무부는 일제가 패망하면 미·영·중·소가 한국을 신탁통치 할 구상을 가지고 있었기에 이승만의 요구를 무시하였던 것이다. 1942년 6월 이승만은 미국의 소리 방송망을 통해 고국 동포들에게 일본의 패망과 한국의 해방을 예고하는 육성 방송을 하므로 극소수 청취자들의 신화적 인물이 되었다.

미국에서는 독립운동도 여러 분파로 나뉘어져 이승만의 외교독립노선에 반발하는 세력도 많았다. 대표적으로 한길수가 결성한 중한민중동맹단이 있었다. 한길수는 이승만의 반소·반공노선을 비판하면서 좌우연립정부를 주장하였다. 한길수의 주장은 소련과의 협력을 꾀하고 있던 미 국무부의 적극적인 지지를 받았다. 1944년에는 재미한족연합위원회가 이승만을 불신하고 별도의 사무실을 개설한 후 미국정부에 임시정부 승인을 요청하는 운동을 벌였다.

1945년 4월 샌프란시스코에서 국제연합 창립총회가 열리면서 한국인 독립운동단체들이 대표를 파송하여 회의 참석권을 두고 서로 다투었다.

미 국무부는 한국인 독립운동단체들에게 한국통일위원회를 결성하도록 권유하였다. 한길수 등은 미 국무부의 좌우합작권고에 적극 호응하였다. 그러나 이승만은 좌우합작연립위원회 수립은 한국의 운명을 공산주의자들에게 내맡기는 것이라며 한국통일위원회 구성을 완강하게 반대하였다. 국무부 관리들의 조롱과 경쟁자들의 비판을 받았지만 이승만은 조국이 소련의 지배를 받게 될 것이라는 사실을 용납할 수가 없었다. 미국 정부와 한인 동포들의 지지세를 잃은 이승만은 세상을 한탄하면서 부인 프란체스카와 함께 아이오와주의 시골 양계장으로 은퇴하고자 했다. 그러한 그에게 일제 패망과 조국 해방의 기쁜 소식이 들려 왔다고 한다.

일본의 패망으로 기사회생하게 된 이승만의 이력을 잠시 살펴보자.

'우남 이승만은 1875년 황해도 평산군에서 태어나 이경선의 5대 독자가 되었다. 전주 이씨로 양녕대군의 16대손이었으나 4대 내에 생진시 합격자가 없어 가세가 기울었다. 부친 이경선은 유력한 친척집을 찾아다니는 등 주유생활을 하였다. 어린 이승만은 1877년부터 서울에서 자랐는데 남산 서쪽 도동의 유년기를 기억해 자신의 호를 우남으로 정하였다. 초명 승룡을 늦게 용이 될 운세라 하여 승만으로 개명하였고, 부친으로부터 받은 가정교육은 양녕대군의 후예라는 큰 자부심을 갖게 되었다. 미국 유학 시절 자신을 이씨 왕가의 왕족으로 소개하였고, 왕족의 후예로 정치활동을 전개하였다. 과거시험에 낙방한 이승만은 1894년 과거제도가 폐지되자 친구의 권유로 배재학당에 입학하였다. 이 학교에서 영어와 근대 신학문을 배우면서 단발하고 기독교를 접하게 되었다. 배재학당에서의 미국 선교사들의 인연과 독립협회에서의 활동은 이승만의 인생 여정에 큰 자산이 되었다. 1899년 박영효와 연결된 고종폐위음모에 휘말려 6년간 한성감옥에 수감되면서 신학문을 연마하고 기독교로 개종하였다. 1904년 한규설과 민영익의 도움으로 출옥하여 고종의 밀서를 휴대하고, 미국으로 건너가 미국 대통령과 국무장관을 만나 한국 독립을 호소하였으나 아무런 소득은 없었다. 한국 선교사들의 후원과 미국 현지인의 도움으로 조지 워싱턴·하버드·프린스턴 대학에서 공부하고 5년 만에 박사학위를 취득하는 뛰어난 실력을 발휘하였다. 1910년 귀국 후 기독교청년회에서 활동하다가 반일운동이 문제가 되어 1912년 하와이로 망명하였다. 이후 하와이에서 동지회 결성과 미 본토에서 한인 동포들의 후원으로 한국의 독립을 위해 외교활동에 주력해 왔던 것이다.'

강돈구,《한국 근대종교와 민족주의》, 집문당, 1992.

강만길,《20세기 우리 역사》, 창비, 2012.

강만길,《고쳐 쓴 한국 현대사》, 창비, 2006.

강준식,《대통령 이야기》, 예스위캔, 2011.

김동춘,《대한민국은 왜?》, 사계절출판사, 2015.

김민영,《일제의 조선인노동력수탈 연구》, 한울, 1995.

김방룡 외,《일제강점기 보천교의 민족운동》, 기역, 2017.

김성동,《현대사 아리랑》, 녹색평론사, 2010.

김육훈,《살아있는 한국 근현대사 교과서》, 휴머니스트, 2021.

김인기·조왕호,《한국 근현대사》, 두리미디어, 2007.

김종성,《패권쟁탈의 한국사》, 을유문화사, 2016.

노형석,《한국 근대사의 풍경》, 생각의나무, 2004.

류승렬,《뿌리깊은 한국사 샘이 깊은 이야기 현대》, 솔, 2003.

박찬승 외,《한국 근현대사를 읽는다》, 경인문화사, 2022.

박찬승,《한국 독립운동사》, 역사비평사, 2014.

박환,《만주 한인 민족운동사 연구》, 일조각, 1991.

성대경,《한국 현대사와 사회주의》, 역사비평사, 2001.

손세일,《이승만과 김구》, 조선뉴스프레스, 2015.

송건호 외,《해방전후사의 인식》, 한길사, 1980.

신복룡,《한국 분단사연구》, 한울, 2001.

심용환,《단박에 한국사》, 위즈덤하우스, 2016.

역사문제연구소,《한국의 역사5》, 웅진씽크빅, 2011.

역사학연구소,《한국 근현대사》, 서해문집, 2020.

오정윤,《오정윤 한국 통사3》, 창해, 2021.

이균영,《신간회 연구》, 역사비평사, 1993.

이상호,《대순전경》, 말과글, 2019.

이이화,《이이화·한국사 이야기 22》, 한길사, 2004.

이이화,《인물 한국사5》, 한길사, 1993.

이지원,《한국 근대문화사상가연구》, 혜안, 2007.

임경석,《한국 사회주의의 기원》, 역사비평사, 2003.

정근식·이병천,《식민지 유산, 국가 형성, 한국 민족주의1》, 책세상, 2012.

정병준,《우남 이승만 연구》, 역사비평사, 2005.

정인보/박성수 편역,《정인보의 조선사연구》, 서원, 2000.

정창현,《인물로 본 북한현대사》, 선인, 2011.

차기벽·박충석,《일본 현대사의 구조》, 한길사, 1987.

최규진,《쟁점 한국사 근대편》,〈기억 저편의 사회주의 혁명가들〉, 창비,
　　2017.

최용범·이우영,《한국 근현대사》, 페이퍼로드, 2021.

페어뱅크 외/김한규 외,《동양문화사(하)》, 을유문화사, 2007.

한국 근현대사학회,《한국 근현대사 강의》, 한울, 2013.

한국사특강편찬위원회,《한국사 특강》, 서울대출판부, 2009.

한철희,《시민의 한국사2》, 돌베개, 2022.

한홍구 외,《대한민국의 정통성을 묻다》, 철수와영희, 2009.

한홍구,《대한민국사》, 한겨레신문사, 2005.

제2부
해방과
경이로운 대한민국의 탄생

6장 해방과 좌우익의 투쟁
7장 미·소공위 결렬과 남북한 정부수립
8장 대한민국 산업화와 민주화의 새 역사를 이루다

6장
해방과 좌우익의 투쟁

태평양전쟁에서 일본의 패망으로 한국은 해방되어 건준이 활동에 들어가고
38선을 경계로 미소군이 들어와 군정을 실시하였다. 북한은 소련의 후원으로
인민위원회가 권력을 장악하고, 남한은 한민당 등 우익이 조선공산당과 경쟁
하면서, 모스크바 신탁통치 결정에 찬반투쟁이 격렬하게 전개되었다.

1. 세계정세와 한국 해방
2. 38선의 분단과 미·소군 진주
3. 해방 직후 남한 정치세력들의 동향
4. 미군정의 여당 한민당과 이승만·김구의 환국
5. 모스크바 삼상회담과 반탁운동

1.
세계정세와 한국 해방

해방 전 세계정세

　1차 세계대전 이후 정착되어가던 자본주의가 미국에서 시작된 세계경제공황 여파로 먹고사는 문제가 생존을 위협하는 상황이 벌어졌다. 후발주자로 경제적 곤경에 처한 독일·이탈리아·일본 파시즘 정권은 전쟁에서 탈출구를 찾고자 하였다. 그래서 독일 히틀러는 1939년 9월 폴란드를 침공하여 2차 세계대전을 일으키게 된다. 중일전쟁을 유리하게 이끌던 일본은 1940년 독일에 항복한 프랑스 비시정부의 협조를 얻어 프랑스령 인도차이나를 점령하였다. 미국의 적대를 두려워 한 독일·이탈리아·일본 3국은 9월에 군사동맹을 체결하였다. 이런 변화에 미국은 자국 내의 일본 자산을 동결하고 석유 및 철강 수출을 전면 금지시켰다. 이러한 미국의 조치는 일본의 전략물자 확보에 큰 문제가 되었고, 일본은 부족한 자원을 확보하기 위해 말레이 반도와 필리핀을 점령코자 했다. 그러나 일본은 막강한 군사력과 경제력을 갖고 있는 미국의 개입을 두려워했다.

　한편 독일 공격에 고전하던 영국의 처칠 수상은 공들인 끝에, 미국 루스벨트 대통령과 1941년 8월 북대서양의 선상회담에서 대서양헌장을 발표하며 미국의 지원을 이끌어 냈다. 이 헌장은 민족의 자결권을 침해하는 영토 확장을 중단하고, 주권이 강탈된 국가의 주권을 회복시켜야 함을 강조하여 한국이 독립할 수 있는 빌미가 조성되었다. 일본은 이 헌장을 대동아공영권을 위협하는 수단으로 간주하고 미국과 영국을 맹비난하며 본격적으로 적대감을 드러냈다. 미국과의 조기 개전을 주장하던 일본 육군상 도조 히데키가 1941년 10월 수상에 취임하게 되었다.

　동남아 침공을 미룰수록 전쟁물자가 부족하게 된 일본의 대본영은 마침내 12월 2일 전군에 미국 공격 명령을 내리게 된다. 12월 7일 일본이 자랑하는 항공모함 6척이 진주만에 잠입하여 2차례에 걸쳐 함재기로 미 해군 태평양함대 기지를 기습 공격하였다. 미군은 전함 8척과 순항함 3척, 비행기 188대와 미군 전사자가 2,400여 명에 이르는 막대한 피해를 입었다. 이에 경악한 미국 상·하원은 압도적으로 대일본 전쟁 선포를 승인하여 미국이 태평양전쟁에 정식으로 참여하게 되었다. 미국은 태평양전쟁에 돌입한 초기 일본군의 치열한 공세에 고전을 하였다. 일본군은 경전차와 자전거 부대를 앞세워 파죽지세로 말레이시아, 버마, 싱가폴, 인도네시아 자바를 점령하였다. 미국의 식민지 필리핀을 지키던 맥아더는 전세가 불리해지자 코레히도르섬을 거쳐 오스트레일리아로 철수하는 처지가 되었다.

　그러나 미국은 전열을 가다듬고 1942년 5월부터 대반격을 시작하였다. 6월에 미드웨이 해전에서 일본 해군의 주력함대를 궤멸시키는 승리를 거두고 곧바로 일본의 대동아 공영권을 공격하게 되었다. 미군은 과달카날·필리핀·이오지마 등지에서 옥쇄로 저항하는 일본군과 처절한 격전을 치르며 오키나와와 일본 본토로 향하였다. 이 전쟁에서 맥아더 장군과 니미츠 제독 휘하의 미군은 20만여 명의 엄청난 전사자가 나왔다. 특히 오키나와 전투에서는 5만여 명의 사상자가 나올 만큼 참혹한 전투를 치렀다. 미국의 루스벨트 대통령은 일본의 처참하고도 강력한 저항에 일본 본토 공격에 커다란 부담을 갖게 되었다. 그래서 그는 소련 스탈린에게 가능한 빠른 시기에 대일본 전에 참

루스벨트

전토록 요청하게 되었다. 태평양전쟁에서 막대한 전력을 가진 미국이 힘겹게 승리하였지만, 일본군의 비이성적인 만행으로 동남아시아와 주변 지역의 수백만 명의 인명피해는 그 유례가 없는 희생이 되었다.

사실 소련은 독일과 사이에 1939년 8월 불가침조약을 맺어줌으로써 히틀러가 폴란드를 공격하여 2차 세계대전을 일으키는 빌미를 주었다. 스탈린은 9월 17일에 불가침조약을 악용 폴란드를 침공하였다. 이어서 발트 3국을 합병하고 남쪽의 벨라루스와 우크라이나를 점령하였다. 히틀러의 광기에 편승한 스탈린은 루마니아를 점령하고 남쪽 진출을 위해 1941년 4월 일본과 비밀중립조약을 체결하는 실익을 챙겼던 것이다. 그러다가 1941년 6월 독일의 소련 침공으로 뒤통수를 얻어맞으며 2차 세계대전에서 가장 많은 인명피해를 내게 되었던 것이다. 독일에게 밀리던 소련은 1943년 2월 스탈린그라드 전투에서 힘겹게 승리하여 독소전쟁의 전환점을 마련하였다. 영·미 연합군은 5월 북아프리카 전선에서 독일군에게 승리한 후 이탈리아의 시칠리아섬에 상륙하여 2차 세계대전에 유리한 국면을 만들었다.

한국의 독립 카이로에서 선언되다

전세가 연합국에 유리해지자 미국은 전후 세계전략을 세워가기 시작하였다. 미 대통령 루스벨트는 1943년 3월 워싱턴에서 영국 외상 이든을 만나 한반도가 인도차이나와 함께 '신탁통치'하에 있어야 한다는 뜻을 처음으로 밝혔다. 9월에는 이탈리아 국왕에 의해 무솔리니가 체포되고, 결국 이탈리아가 항복하여 연합군이 전세의 승기를 잡게 되었다. 이후 한국의 탁치문제가 11월 이집트 카이로에서 열린 루스벨트, 처칠, 장개석 3거두 회담에서 선언되었다. 중심의제인 태평양전쟁 후의 일본 처리문제와, 중국의 타이완·만주 등 빼앗긴 땅의 회복과, 한국인의 독립투쟁을 인지하면서 나온 "한국인의 노예 상태를 유념하면서 적당한 절차를 거쳐서 한국을

카이로 회담

독립시킨다."라는 내용을 담고 있었다. 1945년에 들어서서 유럽 전선의 승리가 예상되자 루스벨트와 처칠과 스탈린은 2월 소련 얄타에서 회동하여 소련의 대일참전과 전후 세계질서 등을 협의하였다. 연합국은 소련의 독일과 전투종료 후 2~3개월 안에 대일참전 조건인 만주에 대한 이권과 쿠릴열도 할양을 소련에 약속하였다. 이즈음 스위스에서 미 전략정보국(OSS) 대표와 일본 해군무관이 평화 교섭을 벌였는데 일본 측은 일황제 유지와 조선·타이완 식민지보유를 요구하고 있었다.

1945년 5월 드디어 독일이 연합국에 항복하자 일본은 고립무원의 처지가 되었다. 7월에 미·영·소 3국 정상은 독일 포츠담에 모여 일본의 즉각적인 무조건 항복을 촉구하였다. 미 전쟁성 장관 스팀슨이 트루먼에게 소련에서 훈련받은 한국 공산주의자 부대의 존재가 소련이 지배하는 정부의 수립으로 연결될 수 있음을 강조하면서 적절한 대응을 건의하기도 하였다. 이때 스탈린은 과거 러일전쟁 패전과 1918년 시베리아 일부를 일본에게 점령당한 경험이 있어, 만주와 조선의 기득권을 되찾기 위해 한국 문제에 민감하게 반응하고 있었다.

일본은 연합국 정상들의 요구에 결사항전을 외치면서 항복 요구를 거절했다. 그러자 4월에 급서한 루스벨트를 승계한 트루먼이 미군 희생의 최소화와 소련의 참전을 막고자, 개발된 원자폭탄을 사용하기로 결정하였다. 미국은 8월 6일 히로시마에, 8월 9일 나가사키에 원자폭탄을 투하하여 가공할만한 위력으로 두 도시를 초토화시켰다. 일본의 다급한 중재요청을 받은 소련의 스탈린은 8월8일 재빨리 일본에 전쟁을 선포하였다. 소련은 8월 9일 0시를 기해 만주의 관동군을 공격하는 동시에 한반도 북부와 사할린 및 쿠릴 열도로 진격했다. 태평양전쟁 종전을 7일 앞둔 시점에서 소련의 참전은 전후 동북아시아 지역에 엄청난 파장을 불러일으키는 계기가 되었다. 짧은 시간 안에 중국, 몽골, 한반도 북부에 마르크스·레닌주의에 따른 소련의 공산주의 체제가 옮겨지게 되었던 것이다. 일본은 일황제 유지가 가능한 것으로 보고 8월 14일 쇼와 일황이 어전회의를 소집 포츠담선언 수용을 결정하고 연합군에게 항복하였다. 일본 군국주의자들이 일으킨 무모한 전쟁으로 아시아에서 2,000만여 명, 일본에서 300만여 명이 희생되는 참혹한 아시아·태평양전쟁이 끝을 맺은 것이다.

태평양전쟁 중 미국의 한국 방침

일본과 태평양전쟁을 치르게 된 미국은 일본을 패망시킨 뒤 동아시아의 국제질서를 어떻게 세워나갈 것인가를 연구해 가기 시작하였다. 미국의 인식 중에는 19세기 말 한반도가 강대국의 소용돌이에 휘말렸고, 이것이 동북아 전체의 불안정과 나아가 태평양전쟁으로 이어졌다는 견해가 있었다. 1942년 미 국무부 산하의 여러 위원회와 자문하는 민간 전문기구는 한국을 일본에서 독립시킨다는 방침을 정하였다. 그러나 한국이 오랜 식민지

생활로 당장 독립할 능력이 부족하기에 일정기간 이해 강대국들의 신탁통치가 필요하다고 판단하였다. 미국의 이 같은 정책방향은 중국이나 소련의 한반도 독점을 막고 미·소·중간의 중립지대로 만들고자하는 것이었다.

이후 일본의 항복을 접수한 미국의 동아시아 3국에 대한 구상은 여러 차례 우여곡절을 겪으면서 정리되어 갔다. 중국은 국민당 정부에 의해 통일된 중국, 무장해제와 민주주의화한 일본, 신탁통치를 거쳐 독립된 한국으로 상정하였다. 미국의 구상이 실현되는 데에는 중국 국민당의 중국 통일이 큰 관건이 되었다. 미국은 장제스 정부를 한국의 신탁통치와 일본의 전후 점령 정책에도 참여시킬 계획이었다. 그와 반면 소련의 참여에 대해서는 미묘한 입장이었다. 얄타회담에서 소련의 참전 대가로 만주에서 이전의 이권을 회복시키고, 일본의 사할린 남부 및 인접 섬 반환과, 쿠릴 열도를 양도해주는 정도였다. 더욱이 소련에 우호적이었던 루스벨트가 서거한 이후 부통령에서 대통령직을 승계한 트루먼은 소련과의 협력에 대단히 부정적이었다. 원폭 투하 직후 일본이 항복하자 미국은 홋카이도 북부를 점령하고자 한 소련의 요구를 거절하고 미국의 단독 점령 방침을 관철했다.

한국에 대해서는 소련군의 급속한 남하를 막기 위해 38도선 분할 점령을 반영시켰다. 당시 군사력에서 열세에 놓여있던 소련이 군대를 진주시킬 수 있는 지역은 만주 지역과 한반도 38도선 이북으로 한정되게 되었다. 이처럼 힘은 열세였지만 노회한 스탈린은 미국의 주도권을 인정하면서도 자신의 영향력을 확보해 나가기 위해 주도면밀하게 대응해 가게 된다. 소련의 동아시아에서 핵심 목표는 자신의 안전보장을 위해 사회주의 세력이 권력을 잡도록 용의주

트루먼

맥아더

도한 정책을 집행하는 것이다. 소련은 비록 경제·군사력이 미국보다는 열세였지만 사회주의라는 파급력 강한 이념을 가지고 동아시아를 석권하고자 한 것이다. 이것이 동아시아에서 미국과 소련 간에 상호 대립을 치열하게 만들었던 당시 배경이다.

소련의 대일전 참전 직후 미국의 모스크바 특사 플리와 미국 대사 해리먼은 한반도 전역과 만주를 미군이 점령토록 하자고 강력히 건의하였다. 그러나 트루먼은 장기간의 전쟁을 빨리 끝내는 것이 목표라 하며 채택하지 않았다. 미국의 국무성과 군 합동조정위원회는 한반도의 38도선을 경계로 일본군의 무장해제를 미·소가 담당하기로 방향을 정했다. 이 안이 8월 13일 트루먼에 의해 승인되어 영·소·중에 전달되었다. 3국이 이의 없이 수용하자 이 정책은 8월 15일 마닐라에 있는 태평양 지역 연합군 최고사령관 맥아더에게 일반명령 1호로 시달되었다. 맥아더는 9월 2일 미주리 함상에서 일본 항복의 공식서명과 함께 일반명령 1호를 포고하였다. 한반도에 있어서 38도선 이북의 일본군 항복은 소련이, 이남의 일본군 항복은 미국이 접수한다고 규정했다. 여기에서 명시된 38도선은 분단선이 아니고 일본군의 항복을 접수하기 위한 군사적인 편의주의에 입각한 구분선이다.

극적인 해방과 국내외 정세

광복절 노래는 민족의 얼을 강조한 사학자 정인보가 작사하고 윤용하가
작곡한 노래이다.

1. 흙 다시 만져보자 바닷물도 춤을 춘다
   기어이 보시려던 어른님 벗님 어찌하리
   이 날이 사십 년 뜨거운 피 엉킨 자취니
   길이길이 지키세 길이길이 지키세

2. 꿈엔들 잊을 건가 지난 일을 잊을 건가
   다 같이 복을 심어 잘 가꿔 길러 하늘 닿게
   세계에 보람될 거룩한 빛에서 나리니
   힘써 힘써 나가세 힘써 힘써 나가세

마침내 1945년 8월 15일 정오 일본 쇼와 일황의 항복 방송은 한민족에게
는 꿈에도 그리던 해방을 알리는 선언이었다. 그 내용은 일황이 종전조서에
서 포츠담선언을 수용하여 연합국에게 항복의 뜻을 통고토록 했다는 내용이
었다. 이 발표로 한국인들에게는 일제강점 36년 식민지에 대한 민족차별·신
사참배·식량공출·징용·징병 등 일제의 극악한 통치가 끝장난 것이다. 그러
나 조선총독부의 혹독한 통제 속에 살아온 한국인들은 해방을 맞을 준비를
제대로 할 수 없었다. 그나마 농민들과 노동자들이 생존권과 직결된 소작투
쟁과 노동쟁의를 항일투쟁 차원에서 어렵게 이어왔다. 사회적으로 영향력이
큰 좌·우익 지도자들은 치밀하고 철저한 일제경찰의 감시와 탄압에 검거·투
옥 되거나, 친일로 전향하지 않으면 은둔 생활로 지조를 지키는 형편이었다.
당시 나름대로 지도력과 조직력을 갖추고 있던 민족주의 세력은 동아일

여운형

보사를 중심으로 활동했던 김성수·송진우·백관수 등의 세력이 있었다. 이들은 언론과 산업과 학교를 중심으로 실력을 키워 민족자강을 꾀하고자 실력양성운동을 적극 추진해 왔다. 그러나 1940년 신문 폐간 이후 그들의 근거지를 잃고 운둔하거나, 일제의 강압에 부득이 친일단체 활동에 참여하는 경우도 많았다. 개신교계 인사들로는 안창호계의 수양동우회와 이승만계의 흥업구락부 등이 있었다. 수양동우회는 1938년 안창호 사망 이후 조직이 와해되어 일제 말에는 대부분 부일협력자가 되었다. 흥업구락부는 부유한 실업인들로 조직이 노출되자 전향하여 친일활동을 앞장서는 인사가 많았다. 그래서 타협적 민족주의자인 우파는 특별한 대비도 없이 일제에 끌려 다니다 8·15 해방을 맞았던 것이다.

토착 항일세력으로 좌파 공산주의세력도 박헌영, 이순금 등 지하에서 활동한 일부 세력만 있었다. 이들은 1925년 공산당을 조직 활동에 들어갔으나 일제경찰의 4차에 걸친 집요한 탄압으로 조직이 와해되어 버렸다. 신간회를 해산시킨 후 부터는 일제히 지하로 잠입 노동·농민·학생운동을 지도하면서 당 재건을 도모했으나 수시로 검거되어 실패하였다. 1940년경 당 재건을 시도하다가 발각되자 나머지 세력은 서클운동 정도로 겨우 명맥을 유지하였지만 8·15 해방을 맞이할 태세는 준비되지 못했다. 그러나 중간좌파로 볼 수 있는 여운형은 국제적인 안목과 높은 정보력으로 일본의 패망을 예견하고 1년 전부터 건국동맹을 조직 해방준비를 나름대로 하고 있었다. 그래서 8·15 해방 직후 건국준비위원회를 재빨리 결성하여 해방정국에서 주도권을 잡고 사회질서를 유지시킬 수 있었다.

조선총독부의 대응과 건국준비위원회의 활동

옥쇄를 감행하며 결사항전을 외치던 일본이 1945년 8월 13일 포츠담선언을 수락하고 무조건 항복한다는 소식이 조선총독부에도 전달되었다. 조선총독부는 80만 재한 일본인들이 안전하게 일본으로 귀환할 수 있는 치안유지를 최우선 과제로 삼게 되었다. 일본의 패망소식이 전해지게 되면 일어날 한국 민중들의 폭동·방화·약탈 등 무정부상태의 방지와 일본인의 생명과 재산 보호가 급선무였기 때문이다. 조선총독부는 연합군에게 항복할 때까지 질서 유지를 위해 한국인들에게 영향력을 행사할 수 있는 인물에게 협력을 요청하기로 하였다. 그들은 고심 끝에 여운형에게는 정무총감 엔도 류사쿠가, 송진우에게는 경무국에서 맡아서 교섭하기로 하였다.

동아일보 계열의 송진우는 국내 우익의 대표적 인물이지만 경무국의 협조 요청을 건강상의 이유를 내세워 단호히 거절하였다. 이때 평양에서도 평남지사 후루가와가 평양 민족주의 대표 조만식과 접촉을 시도하였으나 거부당하고 있었다. 민족진영의 삼총사로 불리는 송진우·조만식·김성수는 총독부의 협조 요청을 거부하고 임시정부와 협조하여 대응책을 찾아야 한다는 구상을 갖고 있었기에 총독부의 협조 요청을 거부한 것이다. 구체적으로 8월 17일 조만식이 송진우에게 전화를 걸어와 평남지사의 협조 요청을 상의하자, 송진우는 민중대회를 열어 위임을 받아서 치안유지만 하고 임시정부를 기다려야 한다고 조언한 것으로 알려져 있다.

이와는 다르게 재빨리 총독부에 협조하기로 한 여운형을 정무총감 엔도는 관저로 불러들여 일본의 항복소식을 알리면서 한국의 치안을 맡아 달라고 부탁하였다. 여운형은 '정치·경제범의 석방, 3개월분 식량 확보, 치안유지 협조' 등 다섯 가지 조건을 내세우며 총독부의 요구를 수락하였다. 엔도와의 회담 후 여운형은 신속하게 부위원장에 중도의 안재홍, 총무부장 최근우, 재무부장 이규갑, 조직부장 정백, 선전부장 조동호, 무경부장 권태석 등 조선건국동맹원을 중심으로 조선건국준비위원회를 결성하였다.

8월 15일 당일 일본 쇼와 일황의 항복 방송내용은 한국인들이 알아듣기 어려워 서울 시내는 고요하고 평온하였다. 그 다음날이 되어서야 한국인들은 꿈에도 그리던 해방이 왔음을 알고 거리로 뛰쳐나와 독립만세를 부르며 해방의 감격을 마음껏 누렸다. 해방 소식은 전국 방방곡곡으로 급속히 퍼져 갔으며 해방을 경축하는 집회가 곳곳에서 다양하게 열리게 되었다. 8월 16일 서대문형무소와 경성형무소에서 정치·경제범들이 석방되었고, 이 소식을 듣고 달려온 수많은 사람들이 태극기를 흔들며 만세합창으로 해방을 확인하였다. 이날 오후에는 휘문중학교에 수천 명의 서울 시민들이 모여들어 여운형의 연설을 듣고 해방을 실감하였다. 또 일부 시민들은 붉은 군대 소련군이 서울로 진주한다는 소식에 서울역 광장에 수 만여 명이 운집하여 기다리는 소동이 벌어지기도 하였다.

건준 부위원장 안재홍은 이날 오후 3시에 경성중앙방송을 통해 한국이 해방되었다는 극적인 소식을 알렸다. 그리고 신생 한국의 건설을 위해 건준이 조직되었으며, 각 지방마다 건국을 준비하기 위한 건준 지부를 결성하라고 방송하였다. 안재홍의 방송내용은 마치 정권을 인수한 것처럼 들려 자치조직으로 일제 권력을 대체하라는 것으로 해석되었다. 건준은 여운형 위원장 중심으로 조직되어 질서유지를 위한 건국치안대와 식량대책위원회를 만들어 활동에 들어갔다. 건준은 중앙뿐만 아니라 지방에도 조직을 확대하여 8월 말에는 회령에서 제주

해방의 감격

도까지 145개가 조직되어 각 지방의 치안을 유지하였다. 그러나 조선총독부는 미군이 진주할 때까지 모든 체제를 그대로 유지하여 정식 항복 때, 일제의 통치기구를 미군에게 인도하라는 지시에 따라 8월 20일 건준이 접수한 방송국과 경찰서 등을 다시 빼앗아가는 촌극도 벌어졌다.

건준 구성은 대체로 서울 중앙은 좌파가 우세한 가운데 중도파가 일부 참여하였다. 충청도·전라도·경상도는 민족주의자들과 좌파가 다양하게 참여하였다. 평안도에서는 조만식의 우파가 압도적이고 이주연의 좌파가 참여하였다. 함경도는 공산주의 좌파가 주도권을 장악하였고, 황해도는 좌우파가 균형을 이루었다. 건준 지부에는 사회주의자·민족주의자·지식인뿐만 아니라 지방유지와 지주까지 참여하였다. 우익 성향을 지닌 인물들까지 참여할 수 있었던 것은 건준의 활동이 시급한 치안과 질서유지를 목표로 하고 있었기 때문이었다. 건준의 이러한 내부 구성은 정치적으로 통일되기 어려웠지만, 많은 한국인들의 지지를 받아 미군정 이전 실질적인 행정기관의 역할을 수행하였다.

그러나 처음 민족연합적인 성격을 띠었던 건준은 차츰 박헌영의 조선공산당 좌익세력이 주도권을 행사하면서 분열되기 시작하였다. 박헌영은 해방 당일까지 광주의 벽돌공장에서 숨어서 지하활동을 전개하고 있었다. 해방이 되자 8월 18일경 김삼룡과 함께 서울로 올라와 소련 영사관과 접촉하여 조선공산당 재건의 책임자로 인정받았다. 박헌영은 즉시 자파 추종자들을 소집하여 조선공산당을 재건하였다. 그리고 여운형과 접촉하여 재건파 공산당원들을 대거 건준에 참여시키도록 요구하였다. 우익세력 확대에 노력했던 안재홍은 건준에서 박헌영의 재건파 공산주의세력이 침투되자 8월 말 건준을 탈퇴하기에 이르렀다.

건국준비위원회에서 인민공화국으로

해방 직후 한국에는 미군이 진주할 것이라는 소문도 있었지만 소련군이 진주할 것이라는 소문이 더 무성하였다. 소련이 8월 8일 대일본 선전포고 후 한반도에 급속히 진격해 오고 있기 때문에 8월 17일경에는 서울에 진주할 것으로 조선총독부도 예측하고 있었다. 그러나 소련군의 진군이 38도선 부근에서 멈추고, 38도선 이남에 미군의 진주 소식이 퍼지면서 한국의 정세는 급변하기 시작하였다. 좌익이 주도하고 있던 건준 지도부는 미군 진주가 눈앞에 다가오자 9월 6일 저녁 서울 경기여고에서 긴급히 전국인민대표자대회를 열었다. 박헌영·이강국·최용달·정백 등의 공산주의자와 경인 지역의 노동자 등 천여 명이 참석한 대회를 통해 건준을 발전적으로 해체하고 조선인민공화국의 수립을 선포하였다.

중앙에서 인공이 선포되자 지방의 건준 지부들은 인민위원회로 개편되어 갔다. 지방인민위원회는 1945년 10월 말까지 남한 대부분의 시·군에 조직되었다. 느닷없는 인공수립은 좌파들이 조만간 진주할 미군정과 곧 귀환할 충칭임시정부에 대항하기 위해 급조한 정부 조직이었다. 그러나 인공의 탄생은 외형적으로 한국인에 의한 정부 수립을 의미했으나 많은 논란을 야기하였다. 인공의 수립을 서두르면서 인민대표는 건준 관계자와 박헌영의 재건파 공산당 및 일부 지방 대표로 채워져 대표성 논란을 불러왔다. 9월 14일 인공의 정부조직 발표는 인공에 대한 반발을 더욱 가속화시켰다. 재건파 공산당세력은 여운형 측과 상의도 없이 주석에 이승만, 부주석에 여운형, 내무부장에 김구, 문교부장에 김성수 등 본인의 동의 없이 일방적으로 발표하였기 때문이었다.

한편 지방의 각 인민위원회는 주도세력에 따라 정치적 견해가 달랐지만 조직부·선전부·치안대·식량부 등을 두었다. 지역의 특성에 따라 보건위생·귀환동포·노동관계 등을 다루는 부서도 있었다. 지역인민위원회는 미군정

전술부대와 군정팀이 주둔을 완료하는 12월 말까지 지방행정을 담당하였다. 결과적으로 조급하게 구성되었던 인민공화국은 남한 내 우익과 북한의 반대에 봉착하며 일부만을 대표하는 정부 아닌 정부가 되었다.

해방 한국의 풍경

한국인들이 8·15해방을 맞아 환희에 젖어 만세삼창을 부르면서 기뻐했던 것은 지난 36년간 당해오던 일제의 폭압과 모멸에서 벗어났다는 안도감 때문이었다. 그동안 섬겨왔던 일등 국민 일본인의 눈치를 살피지 않아도 되고 일본식 이름과 어색한 일본 말을 사용하지 않아도 되는 세상이 온 것이다. 그리고 강제노역이나 방공호 파기를 하지 않아도 되는 지긋지긋한 전쟁이 끝났기 때문이다.

일제가 물러가고 우리의 정부를 세우기만 하면 일제 치하보다 훨씬 살기 좋은 세상이 열리게 될 것이라는 희망을 잔뜩 안고 있었다. 그러나 해방된 세상의 현실은 너무도 달랐다. 시중에서는 '미국 놈 믿지 말고 소련 놈에 속지 마라, 일본 놈 일어나니 조선사람 조심 하소'라는 유행어가 떠돌고 있었다. 세상을 지배하던 일본인들이 하루아침에 갑자기 활동을 멈추어 버리니 사회를 지탱하던 행정·금융·유통 등의 기능이 마비되었고 그 일을 맡을 만한 한국인은 소수에 불과하였다.

해방 시기에 제조업 부분의 9할이 일본 기업이었고 기술자의 8할이 일본인이었다. 따라서 생필품 등 공산품 생산량이 60%나 급격히 감소하게 되었다. 자연히 소매 물가는 급등하여 해방 전보다 10배나 오르고 1인당 식비도 엄청나게 올랐다. 이 당시 물가 상승이 극심했던 배경에는 조선총독부가 미군이 진주하기 직전 23억여 원이라는 거액을 군수물자비 등으로

해방의 물결

자금을 유통시켰다. 미군정은 본국에서 군정을 운영하기 위한 자금과 물자지원을 충분히 받지 못했다. 미국은 한국보다, 서유럽과 일본 주둔군을 먼저 지원코자하여 군정청 인건비 등 군정운영에 필요한 돈을 찍어내어 통화량이 대폭 늘었기 때문이었다.

이러한 혼란 속에 일제에 의해 징용·징병된 농민·노동자와 군인들이 일본·만주·남양 등지에서 백 수십만 명이 고국으로 돌아오게 되었다. 여기에 소련군이 진주한 북한에서 탄압을 피해 남하한 지주와 기독교인 등 월남민이 1945년 말 50만여 명에 이르고 있었다. 이렇게 해외 귀환자와 월남자가 남한으로 몰려들자 남한의 경제·사회적 혼란이 점차 커져갔다. 해방된 조국에 돌아가기만 하면 환대를 받고 잘살 수 있다는 희망을 안고 귀환한 조국의 실정은 잠자리와 식량을 구하기가 어려운 상황이었다. 사회적 혼란으로 생존에 위협을 받게 된 귀국자들과 피난민들은 서울·부산 등 도시 지역 뒷골목과 시장에서 도둑질을 하거나 폭력단에 가담하기도 했다. 방치된 일본인 주택점거, 무단건축, 강탈, 기계부품 절취 등의 무법이 곳곳에서 벌어졌다. 당시 《매일신보》 8월 18일자 보도에 "경성 120만 부민의 치안유지에 대하여 긴급히 협의하고자 19일 오후 1시부터 대륙극장에서 부내 전 총대대회를 개최한다. 아직 통지를 받지 못했더라도 총대는 반드시 시작 전까지 집합하기를 발기인 측에서는 바라고 있다."라는 치안유지 대책을 협의한다는 내용을 싣고 있다. 이처럼 도시 지역에서는 동회나 총대와 같은 주민조직이 기반이 되어 자경단이나, 보안대를 구성 질서유지에 나선 것이다. 여기에다가 1946년에는 한국인들이 가장 두려워하는 호열자라고 부르는 콜레라 전염병이 창궐하여 1만여 명이 사망하는 상황이 벌어져 민심이 더욱 흉흉해졌다.

　체계적인 노동자와 농민 조직들은 사회혼란을 막기 위해 나름대로 활동에 나서게 되었다. 해방 직전 60만여 명의 노동자가 있었지만 고급기술자의 대부분은 일본인이어서 많은 공장들이 가동을 멈추었다. 그러나 일부 공장 노동자들은 일본인의 파괴 행위를 막고 생산 활동을 지속하기 위해 자신들이 직접 공장을 관리하는 자주관리운동을 벌였다. 용산 공장 지역과 조선피혁 등 영등포 지역 공장노동자들은 일제 자본가와 관리자들에게서 금고와 창고열쇠를 빼앗아 현장을 유지시켰다. 전남 화순탄광에서는 노동자들이 직장관리자치위원회를 만들어 탄광을 운영하여 생산량이 더 늘어나기도 하였다. 농민들도 일본인이 소유한 토지와 재산을 접수하고 관리하였다. 동양척식주식회사가 소유한 농장에서는 자치위원회를 만들어 자산을 관리하였고, 일본인 지주가 소유한 토지를 매매하는 것을 저지하고 소작농민들이 소유권을 확보하려고 노력하였다.

2.
38선의 분단과 미·소군 진주

한반도의 허리 38선의 분단

가거라 삼팔선 (이부풍 작사, 박시춘 작곡)

1. 아~ 산이 막혀 못 오시나요 아~ 물이 막혀 못 오시나요
   다 같은 고향 땅을 가고 오건만 남북이 가로막혀 원한 천리 길
   꿈마다 너를 찾아 꿈마다 너를 찾아 삼팔선을 탄한다.
2. 아 꽃필 때나 오시려느냐 아~ 눈올 때나 오시려느냐
   보따리 등에 메고 넘는 고개 길 산새도 나와 함께 울고 넘었지
   자유여 너를 위해 자유여 너를 위해 이 목숨을 바친다

이 노래는 1948년 가수 남인수가 불렀던 노래로, 미·소에 의해 38선이 분단되어 가족을 만나지 못하는 사람들의 아픔을 노래하여 우리 국민들의 한이 맺힌 애창곡이다. 이 노래 가사처럼 우리 민족이 꿈에도 생각지 못했던 38선이 어느 날 갑자기 그어져 원한 천리 길이 되고, 고향을 떠나온 사람들이 꿈마다 찾아 헤매며 삼팔선을 탄한지 80년에 접어들고 있다. 38선의 분단은 북한 출향민뿐만 아니라 남북 갈등과 한국 전쟁을 통해 수백만 명이 희생당하는 엄청난 비극을 초래한 원한 맺힌 분단선이 된 것이다. 이처럼 한맺힌 분단선은 어떻게 그어졌나 그 사연을 따라 가보자.

한반도의 허리 삼팔선 분단의 전조는 이미 1944년 모스크바에서 열린 군사회담에서 스탈린이 한반도에 대한 점령 의지를 드러내면서 나타났다.

스탈린은 미국 대표 해리먼 대사와 딘 군사 사절에게 소련군의 대일 작전 영역을 만주에 한하려는 미국 측의 계획을 반박하면서 한반도 북쪽의 항구들을 소련군이 점령해야 한다고 밝혔다. 이러한 스탈린의 한반도 점령 의지는 1945년 2월 얄타에서 열린 미·소 군사 책임자 회의에서도 재확인되었다. 소련군은 총사령부의 지시에 따라 일반참모부가 1945년 6월에 극동작전계획안을 보고하였고 그

스탈린

계획을 스탈린이 승인하였다. 이 작전계획에 의하면 한반도의 웅기, 나진, 청진 등 북동쪽의 항구들을 점령하여 만주와 일본 사이의 통신망을 절단하고 부동항을 차지하는 것이 일차 목표였다. 이 같은 작전계획은 극동전선사령부에 하달되었고 8월 8일 대일선전포고 후 실행에 옮겨졌다.

소련군의 급작스런 대일 참전에 당황한 것은 일본 뿐만 아니라 미국도 마찬가지였다. 미국은 오키나와 상륙작전에서 지옥과 같은 아비규환을 거치며 1만 3천여 명의 전사자와 3만 7천여 명의 부상자가 나왔다. 1946년 1월 초에나 큐슈 상륙을 예상했던 미국은 소련의 급박한 한반도 진격과 점령에 대응해야 할 숙제를 안게 되었다. 한반도를 다 소련에 내어줄 수 없다고 판단하고 있던 미국은 적절한 선에서 소련의 진격을 멈추게 하고자 했다.

당시 세계정세를 볼 때 2차 세계대전의 종결은 유럽과 일본 등 제국주의 구질서가 붕괴되고 신질서가 등장할 수밖에 없는 상황이었다. 그것은 2차 세계대전의 승전국이자 초강대국으로 부상하고 있던 미국과 소련이 새로운 세계질서에 방향을 자국 위주로 구상하고 있었기 때문이다. 1910년대 후반 러시아 혁명을 성공시킨 레닌의 4월 테제와, 미국 윌슨 대통령의 14개조가 선언될 때부터 공산주의와 자유민주주의로 대표되는 신질서를

향한 헤게모니 경쟁이 이미 시작되었던 것이다. 전후 유럽은 미국과 소련의 영향력에 따라 서유럽은 자유민주주의 체제로, 동유럽은 사회주의 체제로 양분되어 빠르게 냉전체제로 변해갔던 것이다.

소련과 국경을 맞대고 있는 한반도를 포함한 동아시아도 유럽과 비슷한 양상이나 진행 방식은 상당히 달랐다. 갈등 중인 중국의 국공내전과 한국 전쟁으로 격렬하게 전개되는 뜨거운 열전이 벌어지게 된 것이다. 결과적으로 한반도는 해방과 동시에 미국과 소련에 군사적으로 점령당하면서, 이념이 다른 2개의 정부 수립과 동족상잔의 억울한 불행을 일본 대신 안게 되었던 것이다.

미국에 의해 38선이 그어지다

한반도의 분할 점령은 예고된 정책으로 미·소가 나름대로 여러 가지 방안을 구상하고 있었다. 미국에서는 4대국 점령안과 북위 40도 분할안을, 소련은 원산·청진 등 항구도시를 포함하는 북한 지역을 점령하는 안을 세우고 있었다. 그러나 일본의 조기항복 추진과 소련군의 대일전 참전으로 상황이 급박해 졌다. 1945년 8월 11일 미국 삼성조정위원회 전쟁성 측 수석대표인 링컨은 동 위원회 의장으로부터 소련군이 한반도에서 남진한다는 사실과, 이에 대한 대응책을 세우라는 지시를 받았다. 링컨은 본스틸과 러스크 대령에게 서울과 인천이 포함되는 선에서 남북을 분할하여 일본군의 항복을 받을 수 있는 분계선을 그으라고 지시했다. 본스틸 대령은 《내셔널 지오그래픽》에서 만든 지도를 보고 궁리 끝에 서울과 인천이 포함된 38선을 그어 링컨에게 보고하였다. 다음날 삼성조정위원회는 38선 분할안이 포함된 일반명령 1호를 심의 결정하고 대통령 트루먼에게 승인을 받았다. 그 내용은 만주와 북위 38도선 이북의 조선과 사할린 및 쿠릴 열도에 있는 일본군 무장해제는 소련군이, 38도선 이남의 조선과 류큐 열도 및 필리핀의 일본군 무장해제는 미군이 담당한다는 사실을 연합군최고사령부가 공포한다는 것이다. 일반명령 1호를 통고받은 소련은 이에 덧붙여 쿠릴열도 전부와 홋카이도의 북반부를 점령하겠다고 수정 요구하였다. 그러나 미국은 추가된 소련의 홋카이도 북반부 등의 점령안을 거부하였다. 소련은 미국과 협력을 유지하고 동유럽 분할 점령에 이은 일본 분할 점령을 기대하면서 미국의 38선 분할안을 수용한 것으로 보인다.

38도선은 일본군의 무장 해제를 위한 임시 경계선이었지만, 그 임무가 종결된 후에도 미·소 주둔군의 경계선이 되었고 한국인들에게는 분단의 경계선이 되었다. 실제 38선이 사람의 왕래 및 통치의 분단선으로 변질된 것은 소련군이 독단으로 38도선을 봉쇄하여 통행과 통신을 차단하면서부터 시작되었다. 1945년 8월 9일 한반도 북부로 진격한 소련군은 일본의 항복 선언과 함께 휴식에 들어갔다. 8월 21일부터 점령활동을 재개한 소련군은 북한의 최남단에 해당하는 38선 지역부터 점령한 다음 이북 지역을 점령하는 순서를 따랐다. 이후 소련군은 8월 24일과 25일 38선 이남과 이북을 연결하는 경원선과 경의선을 차단하였다. 이어서 금천, 신막, 연천, 평강 등 38선 연접 지역에 경비부대를 배치하여 도로 통행을 막았고, 9월 6일에는 통신을 차단하고 우편물의 교환을 금지하였다. 이때부터 38선을 경계로 남북한 간에 인적·물적 교류와 통신이 차단된 것이다.

소련군의 군사작전분계선의 봉쇄 조치는 미·소가 분할 점령한 한국, 독일, 오스트리아 3개국 가운데 오직 한국에서만 취한 조치였다. 소련은 독일에서는 분할 점령 수년 후 봉쇄하였고, 오스트리아에서는 1955년 철수할 때까지 경계선을 봉쇄하지 않았다. 뒤늦게 9월 8일 남한에 진주한 미군은 38선 봉쇄 해제를 위해 소련군과의 협상을 적극 시도하였다. 미 점령군 사령관 하지는 소련군의 38선 봉쇄가 남북한 간의 행정 분단을 야기 시키게 된다면서 10월부터 4차례나 봉쇄 해제를 위한 협상을 제의했으나 소련군은 모두 묵살하였다. 진정한 38선 분단의 시작은 북한 땅을 욕심낼 수밖에 없는 소련 때문에 일어난 일이었다.

미 24군단 남한 진주와 미군정 실시

한국인들에게 미군이 진주한다는 사실이 알려진 것은 해방의 흥분 속에 8월 20일 미군기의 삐라에 의해서 알게 되었다. 9월 2일에는 미군 폭격기 한 대가 날아와서 부산, 서울, 인천 지역에 미군 24군단장 하지 중장의 포고문이 인쇄된 전단을 뿌리고 갔다. 살포된 전단은 "한국인에게 고함. 미군은 일본군의 항복 및 항복조건을 이행하고 한국의 재건 및 질서 있는 정치를 실시하고자 근 일 중에 귀국에 상륙하겠음 …… 주민의 경솔하고 무분별한 행동은 부질없이 인명을 잃고 아름다운 국토를 황폐하게 만들고 재건을 지체시킬 것임. 현재의 상태가 여러분이 생각하는 것하고는 맞지 않더라도 장래의 한국을 위해서는 평정을 지켜 국내에 동란을 야기 시키는 행동이 있어서는 절대로 안 될 것"이라는 내용이었다.

하지

일본 오키나와에 주둔하고 있던 미 24군단 사령관 하지는 8월 19일 맥아더 총사령관으로부터 한반도 점령 작전계획을 하달 받고 미 남조선주둔군 사령관으로 임명되었다. 24군단이 한국 점령군으로 선정된 것은 한국과 가장 근접한 지역에 주둔한 병력이었기 때문이다. 미 태평양사령부는 하지에게 항복조건을 실행하기 위해서는 일본 정부 및 모든 이용 가능한 공공기관들을 최대한 활용하라고 지시했다. 24군단 사령부는 다음과 같은 군단야전명령 55호를 만들어 예하부대에 시달했다. "한국의 군사 점령의 목적은 군국주의의 폐지, 전쟁범죄자의 즉시 체포와 처벌, 정치, 경제, 사회적인 자유주의의 고양, 국내문제를 관리할 수 있고 다른 국가들과 평화적 관계를 유지할 수 있는 책임 있는 한국 정부의 수립"이라고 천명하였다. 하지가 한국 정치문제를 담당할 참모 한 사람을 국무부에서 파견해줄 것을 요청하여 극동국의 베닝 호프가 9월 3일 오키나와에 도착했다.

한국의 해방정국에서 큰 영향을 끼치게 되는 하지는 '미국 일리노이주 골콘다 벽촌에서 성장하였다. 그는 웨스트포인트 출신이 아니라 고등양성소 출신의 직업군인이지만 태평양의 패튼으로 불리며 오키나와 전투에서 승리한 유능한 야전 지휘관이었다.' 하지는 점령지에 대한 정보와 군정수립에 대한 자료 수집을 위해 마닐라 미 총영사를 만나는 등 분주하게 노력했지만 별 성과가 없었다. 그런 반면 일본 조선군사령부에서 날아온 전문내용은 "목하의 혼란 상태를 악용하여 평화와 질서를 교란시키려고 음모를 꾸미는 공산주의자들과 선동하는 자들이 횡행하고 있다. 미군의 한국 상륙은 아마도 적색 노동조합의 사보타지에 직면할 것"이라고 경고하고 있었다. 한반도로 점령군을 신속히 이동할 것을 재촉하는 태평양사령부의 전문을 받은 하지는 한국으로 출동을 서두르게 되었다.

하지의 24군단 사령부와 7사단 장병 2만 5천여 명이 21척의 수송선단에 승선하여 9월 5일 오키나와를 출발하였다. 인천에 도착한 미 점령군은 9월9일 오전 10시 상륙을 끝내고 완전 무장한 채 서울시내에 입성하였다. 이날 오후 4시 조선총독부 1회의실에서 아베 노부유기 조선총독과 하지 간에 일본군의 항복문서 조인식이 있었다. 조인식 후 총독부 청사 꼭대기의 일장기가 내려지고 미국 성조기가 게양되었다. 그리하여 하지 장군 휘하 미 24군단의 장교와 사병들은 매우 위압적인 자세로 남한 점령업무를 시작하였다. 1진 7사단 병력은 경인지구와 서울을 비롯 9월 23일까지 개성·수원·천안·춘천 등을 접수하였다. 2진 40사단은 9월 22일부터 10월 15일 사이에 경기 남북부와 경상도 지역으로 관할 지역을 넓혔다. 3진 6사단이 전남북을 10월 25일까지, 제주도를 11월 10일까지 접수함으로써 남조선에 대한 미군 점령을 끝마쳤다.

사실 남한에서의 미국의 군사적 점령과 통치는 소련이 북한에서 했던 것만큼 체계적이고 용의주도하지 못했다. 미국은 태평양전쟁 이후의 한국에 대해 대강의 방침만 정했을 뿐이지, 소련처럼 국경을 맞대고 있는 북한 점령에 따른 세밀한 정책을 준비하지 못했다. 미 국무부는 오래 전부터 한국인의 자치능력을 불신하여 미·소·영·중 4대국에 의한 장기간의 신탁통치를 구상하였다. 이와 같이 하면 한국이 소련이나 중국의 세력권으로 흡수되는 것을 방지하고 미국과 협조가 될 수 있는 중립지대가 될 수 있다고 판단하였다. 그러나 그러한 판단은 남한 우익과 대중들의 거센 반발을 사는 상당히 안이하고도 비현실적인 것이었다.

남한에서 미군정이 실시되다

미 국무부는 하지에게 일본군의 무장 해제와 치안유지만을 기본 과제로 제시하였다. 그것은 신탁통치를 위한 국제기구가 들어설 때까지 필요한 최소한의 과도적 조치였다. 미군정은 짧은 기간만 통치하고 품위 있게 철수할 생각이었기에 일제의 법령과 행정기구를 대부분 그대로 존속시켰다. 그러나 하지의 미군정 정책은 미 국무부와 완전히 일치하지 않았고, 도쿄에 설치된 연합군 최고사령부를 중심으로 한 미 군부의 영향을 받게 되어 있었다. 미군의 서울 진주와 함께 공포된 맥아더 포고 1호는 남한에 군정을 실시한다는 것과 정부공공단체에 종사하는 자, 즉 모든 행정기관원의 계속 집무를 명령했다. 하지 사령관은 9월 12일 군정장관에 아놀드 소장을, 경무국장에는 미군 헌병사령관 슈익 준장을 임명하였다. 9월 14일에 가서야 그동안 한국인의 원성이 자자했던 총독부 국장들을 해임 행정고문으로 남게 했다. 그리고 군정장관은 성명을 통해 조선총독부에 근무하는 한국인, 일본인 및 경찰관은 계속 근무할 것을 명령했다. 9월 17일에는 정무총감에 찰스 해리스 준장 등 각 국장을 임명하였다. 미 군정당국은 9월 19일에 이르러서야 조선총독부를 폐지하고 미 군정청으로 개칭하였다.

군정장관 아놀드 소장은 10월 5일 11명의 한국인 고문단을 위촉하였다. 한국인 고문단을 신설한 것은 미군정에 대한 조언이나 전언 외에 미군정 통치에 한국인들이 직접 참여하고 있음을 보여 주고자 한 것이다. 이들은 미 군정당국자들에게 안도감을 갖게 만든 보수적인 인사들로, 외국 유학으로 영어로 통할 수 있고 경제적 능력이 있으며 다수가 기독교 신자라는 특징을 갖고 있었다. 고문단장 김성수는 고대 전신인 보성전문 교장이고, 전용순과 김동원 및 윤기익은 기독교도로 실업가이다. 김용무와 강병순은 변호사이고 오영수는 은행가이며 이용설은 세브란스 교수이다. 여운형은 건준위원장이고 송진우는 전 동아일보 사장이며 조만식은 조선민주당 대표이다. 이들 중 송진우 등 6명이 한민당 계열이었다. 이어서 경무부장에 조병옥, 경기도 경찰부장에 장택상, 인사행정과장에 정일형 등 한민당 계열 사람들이 임명받았다. 중앙관직과 도지사를 비롯한 지방관직 그리고 경찰 고위직에도 한민당계와 기독교계 인사들이 진출하였다.

미군정부는 한국인 통역의 자문을 받았고 모든 행정은 통역을 통해 이루어졌기 때문에 통역정치가 좌지우지 한다는 비판도 받았다. 한민당 간부 장덕수는 거의 매일 하지와 만나 국내외 정세에 관한 의견을 교환하였다. 민감한 한국 정치에 대응하기 위해 임명된 미국인 정치고문들은 다양한 성향을 띠었지만, 소련과 공산주의에 대해서는 부정적이었다. 하지의 측근인 행던이나 번스는 민주적인 절차를 통해서 군정의 목표를 달성코자

하였으며 김규식 등 중간파에 우호적이었다. 제이콥스와 데이어는 우익적이었으나 미국에 우호적인 인물이라면 누구든지 좋다는 입장이었다. 가장 극우적인 굿펠로우는 반공적이며 이승만의 철저한 지지자였다. 하지는 미 군정사령부를 대표하는 처지라 심정적으로는 반소, 반공을 선호했지만 현실에서는 중립적으로 군정업무를 집행해 가고자 노력하였다.

소련의 북한 진주와 스탈린이 선택한 김일성

소련은 8월 8일 도움을 요청한 일본에 중재 대신 선전포고를 하고 전쟁을 개시하였다. 소련 극동군은 총사령관 바시레프스키 원수 지휘 하에 관동군 75만 병력을 향해 연해주, 하바로프스크 및 자바이칼 3개 전선에서 공격해 들어갔다. 일본 군국주의의 상징이며 본산인 관동군은 전쟁 말기 정예군과 장비를 최전선에 넘겨준 처지로 전의를 상실하고 일방적으로 무너져갔다. 소련군은 8월 9일에 한반도 북단으로 밀고 내려와 10일에 경흥을 점령하였고, 11일에는 함북 웅기를 점령했다. 8월13일부터 16일까지

조만식

는 청진의 일본군 4천여 명의 수비대와 치열한 전투를 벌여 어렵게 점령하였다. 이후 소련군은 빠르게 일본군을 무장해제 시키며 21일에는 원산을 점령하고, 24일에는 평양에 진군했다. 소련군 일부는 더 남쪽으로 내려와 38선을 넘어 개성까지 진출했다가 다시 퇴군하기도 했다. 이어서 38도선에 인접한 금천 등지에 경비부대를 배치하였다.

당시 평양에서는 8월 17일 평남 건국준비

위원회가 조직되어 조만식이 위원장으로 추대되었는데, 20여 명의 위원 중 좌익은 3명에 불과하였다. 당시 평양은 기독교 민족주의세력이 강한 지역으로, 사회주의세력은 숫자도 적고 대중의 지지도 미약하여 명함을 못 낼 정도였다. 그래서 소련은 초기에는 막강한 민족주의세력을 통제하기 위해 조만식을 회유하고 설득하였으나 민족주의자 조만식은 비협조적이었다. 그 후 소련의 공작에 의해 상황이 급변하여 현준혁, 김일성 등 공산주의자들이 득세하기 시작하였다.

소련 극동군은 25군 사령관 치스차코프 대장을 북조선 주둔 소련점령군 사령관에 임명하고 북한을 관리하게 하였다. 치스차코프 사령관은 26일 평양의 철도 호텔에 점령군 사령부를 설치하고 4만 소련 점령군을 통솔하였다. 8월 28일에는 25군 정치위원인 레베데프 소장이 평양에 급파되었는데, 그는 정치공작과 교육을 맡게 되며 북한의 점령 통치방침을 조정하는 역할을 수행하였다. 25군 민정사령관으로 임명된 로마넨코 소장은 군의 정보부서에서 많은 경험을 쌓은 정치 공작원으로 연해주 사정에 밝은 정치모략가로 알려져 있다.

치스차코프 사령관은 함경남도 함흥에서부터 좌익과 우익 대표의 건의에 따라, 일제의 행정권을 좌익과 우익이 같은 수로 인민위원회를 구성하여 집행토록 하였다. 평양에서는 조만식이 이끄는 건준 평남지부 16인과 조공 평남지구위원 16인이 합작하여 평남 인민정치위원회를 구성하였다. 8월 31일에 평북 임시정치위원회가, 9월 13일에는 황해도 인민위원회가, 9월 말 함북 인민위원회가 결성되어 이북 5도 인민위원회체제가 형성되었다.

치스차코프

소련군의 38선 이북 지역 점령에 대한 입장은 8월 15일 발포된 치스차코프의 포고문에 부드럽게 담겨있다. "조선인민들이여! 붉은 군대와 연합국 군대들은 조선에서 일본 약탈자를 내쫓았다. 조선은 이제 자유국가가 되었다. 그러나 이것은 오직 새로운 조선 역사의 첫 페이지가 될 뿐이다. 화려한 과수원은 사람의 땀과 노력의 결과다. ······ 행복은 이제 당신들 손 안에 있다. 당신들은 자유와 독립을 찾았다. 이제는 모든 것이 죄다 당신들의 손에 달린 것이다." 포고문의 내용은 자신들이 점령군이라는 사실 대신 부드러운 정치적 어휘를 구사한 것이다. 그러나 실제는 선전과 정반대로 소련이 추구하는 대로 끌고 갈 수 있는 체제를 만드는데 노력하였다. 소련군은 북한 지역 점령정책의 효율성을 높이기 위해 도, 시, 군 단위에 군경무사령부를 설치하였다. 군경무사령부는 일본군의 무장해제와 치안유지를 목적으로 설치하였지만, 소련 정책을 반대하거나 비방하는 사람을 치안사범으로 엄히 처벌하였다. 정치와 행정 분야는 소련군 정치부에서 지역 인민위원회 등을 통해 소련의 정책을 관철시켰다.

군경무사령부의 소련군은 전투부대였기 때문에 많은 문제점을 노출하였다. 이들은 북한 주민의 귀중품을 약탈하고, 폭력을 행사하기도 하고, 부녀를 겁탈하여 북한 주민들은 도처에서 저항하였다. 이러한 만행을 규탄하기 위해 대표적으로 11월 23일 신의주에서는 5,000여 명의 학생들이 '공산당을 몰아내자 소련군 물러가라'는 구호를 외치고 저항하다가 23명이 희생되었다. 소련군은 경무사령부와 군 정치부 그리고 민정담당부사령관직제 등을 활용하여 북한 사회에 깊이 개입하고 간섭하였다. 말이나 포고문 등은 북한 주민들에게 자치와 자유의 권력을 쥐어 준 것처럼 보였다. 그러나 실제는 북한 정치에 영향을 끼칠 수 있는 조직들을 만들고 궁극적으로 소련과 같은 체제를 가진 정부를 세우고자 북한인들을 배후에서 조종하는 고도의 정치력을 구사했던 것이다.

스탈린이 선택한 지도자 김일성

1945년 9월 초 하바로프스크 주둔 소련 극동군 2방면군 사령관 푸르카예프 대장과 군사위원 시킨 상장은 88여단 1대대장 김일성 대위를 호출했다. 푸르카예프 사령관은 김일성에게 "당신은 조선인인가, 당신은 붉은 군대에서 계속 근무하길 원하는가, 만약 당신에게 북한에 일하러 가라고 제안한다면?" 이라고 묻자 김일성은 "세계 혁명과업에

김일성

도움이 될 수 있는 곳이면 항상 일할 준비가 되어있습니다."라고 대답하였다. 시킨 상장은 "아주 훌륭한 대답이었소"라는 말로 대화를 마무리 했다. 소련 극동군은 북한 지도자 후보로 조만식·허가이 등을 검토했으나 최종 후보로 김일성을 모스크바에 추천했고, 스탈린이 이를 승인하여 북한 지도자로 발탁된 것으로 알려져 있다.

그러나 소련 극동군총사령관 부관이었던 코바렌코 소좌의 회고에 의하면, "8월 하순 무렵 소련 극동군총사령관 바실레프스키에게 스탈린으로부터 소련의 의도대로 북한을 이끌어갈 조선인 지도자를 추천하라는 명령이 떨어졌다고 한다. 총사령부는 국가보안인민위원부 극동지부와 협의하여 극동군 산하 88특별여단 소속의 김일성 대위를 추천하였다. 9월 초순 스탈린이 김일성을 면접하고 싶으니 빨리 모스크바로 보내라하여 김일성은 군용기편으로 날아가 스탈린의 별장으로 직행하였고, 식사를 포함한 4시간의 면접을 받았다. 스탈린은 면접 결과에 만족하여 바실레프스키 원수에게 김일성은 주목할 만한 인물이다 즉시 북한으로 보내고, 소련 극동군은 그를 전면적으로 지원하라"는 극비지령을 내렸다고 한다.

스티코프·레베데프

스탈린의 선택에 따라 김일성을 북한의 지도자로 옹립하는 작업의 총 책임자는 극동군사령부의 군사위원 스티코프 중장이고 그 지휘 아래 25군 정치위원 레베데프 소장, 로마넨코 민정사령관, 첩보국 아노힌 소장과 실무 책임자들이 특명을 받았다. 이즈음 스티코프 중장이 레베데프에게 조선인 대위 한명을 보내니 특대하라고 지시를 내렸다. 그리고 그에게 집과 자동차를 제공하고 북조선 전역을 시찰토록 지원하라고 했다. 9월 19일 원산항에 블리디보스토크에서 출항한 소련군 수송함 푸가초프호가 도착하였다. 이 배에서 김일성이 이끄는 소련극동군 88특별여단 조선 공작단원들이 하선하였다. 이들은 열차편으로 평양에 입성하였고, 김일성은 평양시 경무사령부 부사령관의 첫 임무를 수행하기 시작했다고 한다.

스탈린의 북한 단독정부 수립 지령

김일성이 귀국한 다음날인 9월 20일 스탈린은 '반일적이며 민주적인 정당들과 단체들이 광범위한 동맹에 기초하여 북한에 부르주아 민주주의 정권을 수립하라'는 비밀 지령을 내렸다. 이 지령은 북한만을 범위로하는 공산주의 정권을 세우라는 확실한 지침으로 일본《마이니치》신문의 보도로 1993년에서야 알려진 중대한 내용이다. 스탈린의 지령에 따라 치스차코프는 인민위원회 책임자들을 평양으로 소집 10월 8일부터 10일까지 북조선 5도 대회를 개최하고, 당시 북한의 실세인 조만식을 위원장으로하는 북조선 5도 임시인민위원회가 창설되었다. 이 대회에서 북한을 정치경제적으로 독자적인 단위로 간주하고 북조선 중앙은행의 창설을 결의하였다.

10월 8일 소련점령군은 비밀리에 박헌영을 개성 부근의 38선 경비사령부로 불렀다. 로마넨코 주재 하에 김일성도 참석한 회의에서 박헌영의 코민테른의 1국 1당 원칙에 따른 반대에도 불구하고 평양에 조선공산당 북조선 분국을 설치하는 안이 결정되었다. 10월 13일 소련 점령군은 평양에 북조선만 통치할 임시중앙기관을 창설해야 한다고 모스크바에 건의하였다. 이에 북조선 임시인민정치위원회를 구성하고 산하에 10개 행정국을 설치하라는 지령이 내려왔다. 이 지령에 따라 사실상 북한 단독정부의 기능을 수행하는 위원회와 산하 10개 행정국의 조직을 출범시켰다. 행정 10국은 각 도를 연결하면서 경제·문화 활동과 보안 사업을 조절하는 역할을 했다. 당과 행정기구 구성이 정비되자 소련 점령군사령부는 10월 14일 붉은 군대와 김일성을 환영하는 군중대회를 평양공설운동장에서 열었다. 김일성 장군이 등장한다는 소문이 퍼져 많은 북한 사람들이 참석한 가운데, 레베데프의 축사와 조만식의 '우리 조국의 해방은 하늘이 주신 것이라는' 환영사에 이어 젊은 김일성이 전설적인 독립투사로 대중 앞에 나타나 소련의 은혜로 해방되었다며 스탈린 대원수 만세를 외쳤다.

김일성 환영대회

3.
해방 직후 남한 정치세력들의 동향

해방 직후의 정치상황

말과 글 그리고 이름까지 빼앗고자 한 일제가 물러가고 미 점령군의 군정이 시작되었지만 한국인의 생활은 더욱 궁색해졌다. 미군정은 9월 12일 서울 부민관에서 정치·문화단체 대표들을 초청해서 간담회를 개최하였다. 이 자리에서 하지의 자유로운 정치 활동을 보장한다는 발표에 정당 결성이 붐을 이루었다. 서울에서만 50여개의 정당이 창당되어 활동에 들어갔는데 우익은 한민당과 국민당이, 좌익은 조선공산당과 중간좌파 조선인민당이 활발하였다. 이외에 임영신의 여자국민당, 김기전의 청우당 등이 있었다. 내일의 정세를 예측하기 어려운 해방정국에서 선전선동에 능한 좌익 정당은 우익보다 조직이 탄탄하였고 나날이 세력을 확장해 가고 있었다. 세상을 개혁하여 계급도 없고 착취도 없으며 누구나 평등하게 배불리 먹고 잘살 수 있게 해 준다는 좌익의 선전선동이 사람들의 마음을 끌었다. 공산주의자들은 민중의 형편을 정확히 알고 있었고 이론적인 무장이 잘 되어 있었다. 이들은 순수했고 순진한 한국인들을 조종하는 법과 노동자 농민을 동원하는 요령을 잘 알고 있었다. 학식이 풍부한 젊은 공산주의자들은 조직의 명령에 추종하고 헌신적이며 생사를 두려워하지 않고 저돌적이었다.

이와는 대조적으로 비타협주의자와 친일파가 속해 있던 우파 민족주의 진영은 사랑방에 앉아 건준과 인공을 비판만 할 뿐이지 선전도 시위도 없었다. 그러한 민족진영 가운데 가장 먼저 행동에 나선 사람들은 최후까지 일제에 협력하지 않았던 비타협적 명망가들이었다. 독립투사 원세훈은 이병헌, 한학수 등과 함께 8월 18일 고려민주당을 창당하고 민주공화정치와 의회제를 추구하면서 민족주의자들의 세력 결집에 앞장섰다. 뒤이어 독립투사들의 변호로 명망이 높았던 김병로, 이인 등도 뜻을 같이하는 사람들의 세력을 모으기 시작했다. 이들은 나라의 장래를 걱정하는 민족지사들로 해방정국을 주도하고 있는 건준에 우파의 참여를 확대코자 건준 부위원장 안재홍과 접촉하였다. 의기투합한 안재홍과 이인은 전국유지자대회를 개최하여 건준에 우익위원수를 늘려나가고자 했다.

안재홍은 처음 건준에 참여하면서부터 민족진영이 좌파진영을 이끌어가는 민공협동, 즉 제2의 신간회로 발전시킬 생각이었다. 안재홍은 건준 초기 여운형에게 "좌익 공산주의자들이 좀 께름칙하오. 1920년대에 내가 직접 겪어 본 바에 의하면 당시 공산주의자는 종파꾼 아닌 자가 없었으며, 그들은 거의 일제에 전향했거나 시정배로 굴러 떨어졌소. 그러니 심사숙고하길 바라오"라고 조언하였다. 예상한 대로 박헌영 등 좌파의 집요한 정파주의로 우익진영의 건준 참여는 좌절되었다. 결국 김병로와 이인 등은 건준 참여를 포기하고 독자적인 세력 결성에 나서게 되었다. 이들이 8월 28일 여러 계열의 민족주의자들을 모아 조선민족당을 결성하자 뒤이어 원세훈의 고려민주당도 합류하였다. 8월 중순 미군의 진주소식이 전해지자 우익의 활동이 적극적으로 활발해지기 시작하였다.

선두주자 조선공산당의 활동

해방 직후 좌익진영은 우익에 비해 민중들에게 더 많은 지지를 받았다. 1946년 미군정이 실시한 미래 한국의 통치구조에 대한 여론조사 결과 응답자의 70% 이상이 사회주의라고 답할 정도로 인기가 높았다. 일제 말까지 핵심 공산주의자들은 지하로 잠적 변절하지 않고 버틸 수 있었다. 그래서 도덕적 우위를 지켰고 다수였던 농민들이 무상몰수 무상분배의 사회주의 정책을 적극 지지하고 있었기 때문이다. 또한, 해방정국에서 누구보다도 가장 먼저 정치 활동에 나선 것이 공산주의자들이었다. 해방 다음 날 정백, 이영 등이 장안빌딩에서 장안파 공산당을 조직하였고, 이어서 박헌영이 조직한 재건파 공산당이 부활되었다. 이들 공산주의자들은 9월 8일 열성자 대회를 거쳐 9월 11일 박헌영의 재건파를 중심으로 한 조선공산당으로 통합되었다.

공산당은 박헌영을 중심으로 당 조직을 재건하였는데 총비서에 박헌영, 정치국원으로 박헌영·김일성·이주하·최창익·이승엽 등이고 조직국원으로 박헌영·이현상·김삼룡 등이 선임되었다. 한국 공산주의자를 대표할 수 있는 박헌영은 '1900년 충남 예산에서 출생하고 1919년 경성고등보통학교를 졸업하였다. 유학준비를 위해 1년간 기독교청년회에서 영어를 배웠다가 1920년 일본을 거쳐 상하이로 가서 고려공산당에 입당했다. 1922년 공산주의를 전파하기 위해 귀국하다가 일경에 체포 1년 6월 복역을 시작으로 여러 차례 교도소에 수감되

었다. 1924년 이후 동아일보와 조선일보기자를 거쳐 1925년 조선공산당 창당에 는 관여하지 않고, 자신의 집에서 고려공산청년회를 결성하였다. 1928년 옥중에서 광인 행세로 병보석 처분을 받아 출소되자, 소련으로 망명 모스크바의 국제레닌학교에서 수학하였다. 1939년 경성콤그룹을 결성한 후 일경을 피해 광주의 벽돌공장에서 은신하다가 해방을 맞아 상경하여 조선공산당 총비서에 선출된 것이다.'

박헌영

조선공산당의 노선은 박헌영이 해방 직후 발표한 '8월 테제'를 기본으로 하여 9월 20일 공산당 중앙위원회에서 현정세와 우리의 임무를 채택하였다. 조공은 조선의 완전한 독립과 토지문제의 혁명적 해결을 위해 부르주아 민주주의 혁명을 당면과제로 내세웠다. 그래서 민족반역자와 대지주의 토지를 몰수하여 농민에게 무상으로 분배하는 방안을 제시했다. 또 자본가의 성장을 막고 민중의 이익을 위해 주요 산업의 국유화와 계획경제를 제시하였다. 조공은 대중운동을 통해 노동자·농민이 중심이 되고 모든 진보세력이 참여하는 민족통일전선을 바탕으로하는 인민정부를 세우려 했다. 조공은 12월까지 대중 단체의 결성에 주력하여 전평·전농·조선청년총동맹·조선부녀총동맹 등을 결성시켰다.

박헌영은 미·소의 협조정책이 계속 이어지리라는 정세인식 아래 미군이 진주하기 직전에 인민공화국을 수립하여 국내외적으로 대표성을 인정받으려 하였다. 그러나 조공의 활동은 미군정이 인공의 법적 지위를 부정하여 좌절되었다. 미군정 초기 조공은 가능한 군정 당국과 대립을 피하고 유화적 관계를 갖도록 노력하였다. 이후에도 미국에서 환국한 이승만과 연대하려 했으나 노선이 달라 결별하였다. 11월에는 상하이에서 귀국한 임시정부 주석 김구와 연대하려 했으나, 임정은 정통법통임을 내세워 임정 조직에 공산당이 참여할 것을 요구받아 협상은 무산되었다. 조선공산당은 북한에서 김일성 주도로 북조선노동당이 만들어진 이후 1946년 11월 남조선노동당으로 개편하게 된다.

여운형의 조선인민당 등 친좌익세력들

조선인민당 당수 여운형은 '1886년 경기도 양평의 양반가문에서 태어나 14

세에 배재학당에 입학하고 홍화학교와 중국 금릉대학을 거쳤다. 29세에 중국으로 가서 상하이 임시정부 수립에 참여하였다. 그는 중국·러시아·일본을 넘나들며 손문과 레닌 등 최고위급 인사들과 교류하면서 좌우익을 넘나드는 다양한 독립운동을 하였다. 1929년 상하이에서 일경에 체포되어 대전형무소에서 3년간 복역 후 석방되었다. 이후 국내에서 언론·문화·체육인 등으로 활동하면서 일제에 협력을 거부하여 왔다.' 정세파악과 웅변에 능하고 스포츠맨십으로 다재다능한 국제신사로 불리던 여운형은 해방 무렵 건국동맹을 기반으로 좌우익세력을 규합하여 8월 15일 건국준비위원회를 발족시킨 바 있다. 대중에게 인기가 높은 여운형은 건준위원장으로 해방정국의 최고지도자로 등장하여 초기 혼란을 질서 있게 이끌었다. 이후 건준은 스스로의 발전적 해체를 통해 9월 6일 박헌영이 주도하는 좌익과 함께 인민공화국을 수립하였다. 그러나 미군정이 인공을 부정하였기 때문에 여운형의 건국동맹세력은 행동반경이 크게 약화되었다. 우익의 공세와 더불어 박헌영의 좌파에 의해 인공의 주도권이 장악되자 여운형의 처지가 매우 궁색하게 되었다. 이러한 정치적 난관을 극복하기 위해 여운형은 건국동맹세력을 기반으로하는 조선인민당을 이여성·이만규 등과 11월에 창당하였다. 조선인민당은 노동자·농민·근로지식인·양심적 자본가 등이 참여하는 대중 정당이 되고자 하였다.

조선인민당의 정강은 통일정부 수립을 궁극적인 목표로 내세워 이를 위해서 좌·우파의 정치적 연합이 필수적임을 강조하였다. 경제면에서는 중요 산업의 국유화와 민주적 노동법 제정을 주장하였다. 조선공산당이 무산계급을 대표하는 좌파 정당이라면, 조선인민당은 이념적으로 사회주의를 표방하지만 반동분자를 제외한 다수 세력을 포용하는 좌우익의 중간적 성격을 띠는 정당으로 후에 근로인민당으로 재편되었다. 여운형은 모스크바 삼상회의를 둘러싼 신탁통치 논쟁과정에서 신탁통치 결정을 지지하며 1946년 2월 좌파 연합체인 민주주의민족전선에 참여하였다. 이후 박헌영 및 김일성과 자신의 3각 구도 속에서 경쟁하다가 조선공산당의 반대에도 김규식과 함께 미군정이 추진한 좌우합작운동을 주도하였다.

남조선신민당

경제사학자 백남운이 허헌과 주도한 남조선신민당도 여운형 노선과 비슷한 중도좌파 성격의 정당이었다. 백남운은 '1894년 전북 고창에서 출생하여 도쿄상과대학을 졸업하였다. 귀국 후 연희대학에서 강의와 신문기고를 통해 독립정신을 고취하고, 독립달성을 위한 논리로 유물사관에 입각한 한국사를 기술하였다. 해방 후 조선학술원을 창립하였고 좌·우익의 분열을 극복하기 위해 정치일선에 나서게 되었다.' 북한으로 귀환한 김두봉·최창익·한빈 등 조선독립동맹세력이 1945년 11월 신민당을 창당하자, 한빈과 접촉한 백남운이 자신을 위원장으로하는 남조선신민당을 창당하였다.

백남운은 남북 조선의 정치노선을 연결 통합하고 강력한 민주주의 노선에서 민족통일을 완수하는 것을 목표로 삼았다. 구체적으로 무산계급이 유산계급 일부의 혁명성을 인정하고 이들과 연합해야 한다는 연합성 신민주주의론을 주창하였다. 이 주장은 박헌영의 부르주아민주주의 혁명론과 배치되어 공산당은 강력 비판에 나서게 되었다. 그러나 백남운은 한국은 일제 식민지시절 일부의 유산자와 전무산자는 민족혁명이라는 공통의 혁명적 목표를 가졌고, 따라서 양자는 민족독립을 위한 동맹을 결성할 가능성을 가졌기에 연합해야 한다고 주장하였다. 그러나 자신의 주장과 다르게 좌·우가 격렬하게 대립하여 입장이 난처해지자 잠시 정계를 물러났으나 1947년 5월 여운형이 주도하는 근로인민당 창당에 참여하여 다시 정치활동을 재개하였다. 이후 민주주의민족전선 공동의장으로 활동하다가 월북하여 북한의 중요 요직을 맡았다.

좌익을 옹호하는 전위조직

해방 직후 노동자들은 자주공장관리위원회를 조직하여 공장을 관리·운영하였다. 그러한 공장관리운동과 노동조합 조직을 기반으로하는 조선노동조합전국평의회를 1945년 11월 5일 서울에서 결성하였다. 전평 결성대회에는 50만여 명의 조합원을 대표하여 505명의 대의원이 참여한 가운데 개최되었다. 전평은 자주공장관리운동이 인민정권을 세우는 투쟁과 병행해야 한다는 관점을 가지고 있어 공장관리운동을 인민위원회 지도 및 산업의 국유화 문제와 결합시키고자 했다. 그러나 인민정권이 수립되기 전에는 노동자가 공장을 관리하는 것은 무리라고 판단하였다. 그래서 미군정과 대립할 수밖에 없는 자주공장관리운동을 포기하고 미군정과 협력하는 산업건설운동을 채택하였다. 당시 인구의 대다수를 차지하고 있던 농민들은 12월 8일 전국농민조합총연맹을 결성했다. 전농은 미군정 당국에게 일제와 민족반역자의 토지를 몰수하여 빈농에게 분배하고, 지주의 소작료를 삼칠제로 실시할 것을 요구하였다. 전농은 1946년 5월부터는 북한에서 실시된 토지개혁에 영향을 받아 북한 수준의 전면적인 토지개혁을 집요하게 요구하였다.

이 밖에도 좌익성향의 조직으로 치안유지를 목적으로 건준치안대·학병동맹·조선국군준비대 등이 만들어졌다. 이러한 조직 가운데 조선국군준비대는 대원 1만 5,000명에 전국적 조직망을 구축하고 인민무장에 의한 인민의 군대임을 표방하였으나 미군정의 명령으로 강제 해산되었다. 해방 직후 좌우익 여성들이 함께 건국여성동맹을 결성했으나, 얼마 후 사상적 차이로 좌익 여성들은 조선부녀총동맹을 결성하였다. 이밖에도 각종 청년동맹·협동조합전국연합회·실업자동맹 등이 결성되어 좌익 활동의 일익을 담당하였다. 또 임화·김태준 등 민족문화와 진보적인 과학을 중시하여 민주주의민족전선 지지를 표방한 조선문화단체총연맹은 좌익의 선전선동에 앞장섰다. 이들은 조선학술원과 조선과학자동맹을 비롯해 문학·연극·미술·음악·영화·기자·교육·체육 등 25개 단체들로 구성되어 막강한 조직력을 과시했다. 해방 후 문화계에서 큰 비중을 차지하던 좌파 지식인들과 문화인들은 분단이전에 홍명희 등 다수가 월북하였다. 한국 전쟁 중에는 남아 있던 좌파 문화인들이 단체로 월북하여 남한 문화계에 엄청난 인적 공백이 있었다. 연극계의 주연급 배우들이 상당수 사라져 연극은 물론 영화계에도 큰 타격을 받는 상황이 한동안 벌어졌던 것이다.

대한민국 건국세력의 형성

해방 후 서울의 민족주의 정치세력은 송진우·김성수·원세훈·김병로·조병옥·서상일 등이 중심을 이루고 있었다. 좌익들이 빠르게 치고 나간 해방정국에서 우익세력 최초의 정당은 원세훈의 고려민주당이었다. 이어서 김병로·이인·백관수·조병옥·함상훈 등이 정당 결성을 준비하자 원세훈이 당을 해체하고 이들과 손잡고 조선민족당을 결성하였다. 뒤이어 구미와 일본 등의 해외유학파들인 허정·장덕수·윤치영·백남훈·김도연·유억겸·윤보선 등이 한국국민당을 결성하였다. 조선민족당과 한국국민당 등의 우익정당 추진자들은 건국준비위원회에 맞서기 위해 민족주의세력의 단결을 위해 통합작업을 서둘렀다.

조선총독부의 질서유지 협조와 여운형의 건준 참여 요구를 거부한 우익의 대표 민족 지도자 송진우가 8월 말경부터 움직이기 시

송진우

작했다. 일제강점기부터 신문을 통해 의회민주주의를 주창했던 송진우가 해방정국에서 첫 번째로 구상한 것은 국민대회준비회를 만드는 일이었다. 국민대회준비회란 국가가 건립되자면 국회가 있어야 하므로 "나는 국회 개설준비로 각계각층을 망라한 단체를 발기하고자 한다"는 요지의 국회 개설운동과 같은 것이었다. 그리하여 8월 17일 이인·원세훈·조병옥 등이 주축이 된 임시정부 및 연합군환영준비회는 자연스럽게 국민대회준비회를 결성하는 조직기반이 되었다. 9월 3일에는 위원장 권동진과 부위원장에 동아일보 그룹사주 김성수를 비롯 변호사 이인과 허헌을 포함한 50명의 민족주의자들 명단을 발표하고 활동에 들어갔다.

미군의 진주가 확실해지자 해방정국은 회오리바람이 불었다. 민족주의 우파는 9월 6일 협성실업학교 강당에 700여 명이 모여 우파 단일정당 결성을 위한 발기인회를 개최 당명을 한국민주당으로 정하였다. 좌파는 박헌영 등 재건파의 주도하에 건준을 해산하고 9월 6일 밤 조선인민공화국을 선포하였다. 기습적인 인민공화국의 선포는 미적지근한 민족주의자들에게 큰 충격이 되었다. 박헌영·여운형 등 좌파들이 인공을 통해 이 땅에 공산정권을 탄생시키려는 의도를 명확히 했다고 여겼기 때문이다.

9월 7일에는 송진우가 추진하는 국민대회준비회의 결성대회가 동아일보사 강당에서 우파 민족주의 인사 300여 명이 참석하여 결성되었다. 대회의 목적은 송진우의 지론대로 중경임시정부를 지지하고, 의회개설을 준비하자는 것으로 김준연의 개회사와 서상일을 의장으로 추대 진행되었다. 국민대회준비회가 결성된 다음날 한국민주당은 발기인 명의로 건준과 인민공화국 주동자들을 격렬하게 비판하는 결의와 성명서를 발표하였다. 결의 요지는 "우리 독립운동의 결정체요 현하 국제적으로 승인된 임정 이외의 소위 정권을 참칭하는 일체의 단체 및 그 행동은 그 어떤 종류를 불문하고 단호히 배격함으로" 인민공화국을 정면으로 부인하였다.

결과적으로 한민당의 탄생에 크게 영향을 끼친 것은 9월 6일 조선인민 공화국의 갑작스런 등장이었다. 평소라면 함께하기 어려웠던 세력들까지 인공 반대를 위해 광범위한 참여로 대규모 연합정당을 탄생시킨 것이다. 한민당 창당에 주도적인 역할은 최대 계파인 동아일보 그룹과 안창호의 흥사단을 추종했던 서북 기독교 중심의 수양동우회, 이승만과 가까운 기호 지방의 감리교도들이 만든 흥업구락부세력이 당내 주류를 형성했다.

우익을 결집한 한국민주당 창당과 노선

9월 16일 경운동 천도교회관 대강당에서 열린 한국민주당 창당식에는 전국에서 1,600여 명의 당원들이 참석하였다. 이 대회는 해방 이후 가장 큰 우익 민족주의자들의 집회로 우익세력의 결속을 과시하는 전당대회였다. 백남훈의 개회사에 이어 김병로가 의장으로 선출되어 회의를 진행했다. 대회에서 각종 결의안과 선언, 강령, 정책을 채택하고, 이승만·서재필·김구 등 7명을 한민당 영수로 추대하고 폐회하였다.

이때 한국민주당 창당에 참여한 여러 세력의 성향을 구분해보자면 먼저 조선민족당 계열이 있다. 일제 시기 민족지사로 평가받아온 김병로·이인·원세훈·백관수·조병옥 등으로 이들은 민족운동을 지속적으로 전개해 왔기 때문에 친일파에 엄격한 편이나, 사회주의자에 대해서는 관용적인 편이었다. 두 번째로 한국국민당 계열로 허정·장덕수·김도연·백남훈·윤치영·윤보선·유억겸 등으로 이들은 해외 유학파들과 지식인이 많아 친일파에 대해서는 관용적인 편이나, 사회주의자에 대해서는 덜 관용적이었다. 세 번째로 한국민주당 창당 발기대회 추진과정에서 참여한 동아일보 계열이 있다. 이들은 정당창당에 소극적인 입장을 보였던 송진우·김성수·김준연·서상일·김동원 등으로 친일파나 사회주의자들에게 관용적인 입장을 취했다. 네 번째로 우파 사회주의자들로 김약수·송남헌 등이 있다. 우파 사회주의자들은 사회민주주의·무정부주의 등 사회주의를 지향하는 활동을 해 온 사람들로 초기 한민당의 정치적 행보에 융통성을 갖게 하였다.

창당식을 마친 한민당은 중앙집행위원회를 열어 수석총무 송진우를 비롯 백관수(전북)·허정(경남)·서상일(경북)·조병옥(충청)·김도연(경기)·김동원(평안)·원세훈(함경)·백남훈(황해) 등 아홉 사람을 총무로 선출하였다. 총무가 여러 명이지만 수석총무 송진우가 당수 격인 실질적인 당의 대표였다. 중앙집행위원회는 이어서 당 사무국장에 나용균, 당무부장 이인, 조직부장 김약수, 외무부장 장덕수, 선전부장 함상훈 등을 임명 저명한 우파 민족주의 지식인들을 대거 참여시켰다. 9월 27일 미 군정청에 신고 된 한민당의 당원 수는 전국적으로 50,000여 명이었다. 서울의 중앙당과 경기도 지구당을 조직하고 12월에 부산시 지구당, 경남 지구당을 조직하는 등 지방 지구당 조직을 확대시켜 나갔다. 지구당에는 지역유지, 지식인, 지주, 민족주의자, 친일파 일부 등이 참여하였다.

대한민국 건국의 중심세력이 되었던 한민당은 과연 어떤 신생국가를 건설하고자 결집 한 것인가? 당수 격인 송진우가 한민당의 강령을 말하기를 "정치적으로 민주주의 정체를 수립하는 것이다. 비록 독립국가가 되었더라도 그 권력이 1인이나 1계급의 독재가 된다면 무엇으로 우리의 생명·재산과 자유가 보장될 수 있나 …… 그러므로 우리는 만인이 원하는 민주적 정치체제를 확립해야 할 것이니, 민중에 의해, 민중을 위한, 민중의 정치가 보장되도록 할 것이다." 말인 즉 개인의 자유가 보장되고 보통선거를 통해 구성된 의회를 중심으로 하는 서구식 민주주의 국가를 건국 하겠다는 것이다. 결과적으로 송진우가 일제강점기 때부터 품어온 이상과 목표를 신생 대한민국의 이정표로 제시했다고 볼 수 있다.

한민당 지도부의 출신성분을 보면 지주나 도시 부유층과 해외유학파와 지식인들이 대부분이고 특히 동아일보 사주 김성수와 개인적인 친분을 가진 인사들이 중심을 이루었다. 이들은 대부분 일제식민지 시대에 국내에 거주하면서 일제에 대해 일면 저항, 일면 타협의 노선을 취하였다. 이들 중에는 일제의 외압에 의한 것일지라도 부득이하게 일제에 협력했던 사람들도 많이 있었다. 한민당 창당의 핵심역할을 했던 허정은 처음 우리가 한민당을 준비할 때에는 독립조국의 주류 형성을 목적으로 하고 있었으므로 인물의 엄선이 확고한 원칙이었다. 친일파나 국민으로부터 지탄을 받는 사람들을 제외하기로 했던 것이다. "그러나 정세가 급변하여…… 건준의 독주만이 아니라 공산당의 재건, 사회주의 계열의 정당, 사회단체의 난립 등은 우리들의 이상만을 고수하여 민주진영 밑에 뭉치려고 하는 사람들을 배척할 수 없는 형세였다. 우리는 인선에서 융통성을 갖기로 했고, 이것이 후일 한민당의 일각을 친일파가 점령했다는 비난을 받게 된 원인이었다." 라고 술회하기도 했다.

해방정국에서 좌·우익이 죽느냐 사느냐라는 극한투쟁 속에서 부득이한 상황이었겠지만, 이 지점이 한민당은 친일파 집단이라고 좌익들에게 집중공격을 받는 빌미가 되었다. 그러나 당시 한민당에 참여한 인사들은 자신의 이익과 영달을 위해서 의도적으로 협력한 악질 친일파나, 일제에 굴종해온 다수사람들에 비하면 대중들에게 민족지사로서 인정받고 있던 사람들이었다. 해방이 되자 그들은 일제 시기부터 꿈꾸어왔던 의회민주주의 국가건설에 앞장서기 시작한 것이다. 이것이 오늘날에 와서는 좌파 진보주의자들과 맹동주의자들의 거센 비판거리가 되고 있는 것이다.

한국민주당의 노선

한민당은 범 보수우익세력의 연합으로 의회민주주의 독립국가 건설, 대한민국 임시정부를 근간으로하는 정부수립, 공산주의를 배척하고 반공을 구현하는 민주정당 노선을 걷고자 했던 것이다. 한민당은 발기인회의 선언에서 신국가의 중심에 중경임시정부를 추대하겠다고 밝히고 있다. "우리는 머지않아 해외의 개선동지를 맞이하려 한다. 더욱이 이웃 나라 중경에서 고전역투 하던 대한임시정부를 중심으로 결집한 혁명지도자들을 생각건대,…… 군국주의 박멸의 일익으로 당당한 명분아래 맹방 중, 미, 소, 영 등 연합군에 끼어 빛나는 무훈까지 세웠다 …… 우리는 맹세한다. 중경의 대한임시정부를 광복벽두의 우리 정부로서 맞이하려 한다." 한민당의 선언은 임시정부의 실체를 과대평가한 부분도 있지만, 그 역사적 의미를 모르는 일반 대중들에게 임시정부를 알리고 홍보하는데 큰 역할을 하였다.

뜨거운 한국의 해방정국에서 하지의 정치고문 베닝 호프가 9월 15일 번스 미 국무장관에게 보낸 보고서에 한민당의 존재를 "한국 상황은 불만 댕기면 당장 폭발할 화약통과 같다 …… 정치정세 중에서 가장 고무적인 유일한 요소는 연만하고 고학력의 한국인들 가운데 수백 명의 보수주의자들이 서울에 존재한다는 사실이다 …… 이들 그룹은 임시정부의 귀국을 지지하고 있으며 ……"라고 쓰고 있었다. 9월 29일의 보고서에서는 "남한 전역에 정치적으로 두 그룹으로 나뉘어져 있다. 그 하나는 민주적 또는 보수적 그룹으로 그들의 정강과 정책은 서유럽민주주의를 지향하고 있으며 한결같이 이승만과 중경임시정부의 귀국을 바라고 있다. 다른 한편은 급진파와 공산주의 그룹이 있는데 이들이 가장 목소리가 높고 지도력을 발휘하고 있다"라고도 했다. 당시 베닝 호프의 보고서에 의하면 한민당은 미군정 초기부터 이승만과 중경임시정부의 신속한 귀환을 군정당국에 강력히 요청하고 있었다. 한민당은 중경의 임시정부의 법통을 계승하려 한 반면, 미군정은 중국의 영향권에 있는 임시정부를 부정하고 거부하고 있었다.

한민당은 10월 20일 환국지사영접위원회라는 외곽단체를 조직하여 해외에서 귀국하는 임정요인 등 독립지사들을 맞이할 채비를 하였다. 송진우는 환국지사후원회 모임을 통해 단기간에 2천여만 원의 거금을 모아 이승만, 김구 등 환국지사들의 후원금을 확보하였다. 한민당 대표 송진우가 임정이 들어와 활동하던 12월 중순경 국일관에서 임정요인들을 위로하는 자리가 있었다. 이 자리에서 해공 신익희가 "해방될 때까지 국내에서 있었던 사람들 중에 친일파가 아닌 사람이 누가 있나, 지금까지 친일을 하지 않고 어떻게 생명을 부지할 수 있었겠어? 그런 이들은 모두 숙청되어야 해"라하며 장덕수와 심한 언쟁을 벌였다. 보다 못한 송진우가 "해공, 국내에 발붙일 곳도 없게 된 임시정부를 누가 불러서 오게 한 것 같은가, 인민공화국이 임시정부를 불러들인 것 같나? 우리가 불러들인 걸세, 그리고 일반 국민들에게 임정을 떠받들라고하는 게 자네들을 위해서인 줄 아나? 임시정부의 법통 때문이야 착각하지 말게"라며 정색을 하고 나무랐다고 한다.

그러면 송진우와 한민당은 미 국무부가 적극적으로 반대하는 이승만과 중경임시정부의 환국을 미군정 당국에 강력히 요청하였을까? 그리고 한민당의 요청을 받은 하지의 미군정은 맥아더 총사령부와 미 국무성에 지속적으로 건의를 한것이 해방정국의 흐름을 바꾸어가는 계기가 된 것이다. 1945년 9월 해방된 미군정이 진주하면서 파악한 지역 동향에 의하면 해방된 남한의 정세는 복잡한 양상이었다. 서울·부산·대구·광주 등 고학력자와 노동자가 많은 도시 지역과, 소작투쟁을 주도한 농민단체가 건고한 지역은 좌익과 공산주의세력이 우세하였다. 그러나 이러한 지역들도 명망있는 지역유지가 있거나, 전통적인 동족촌락 중심의 마을들에서는 대체로 민족주의가 우세하였다. 그 외 향교나 동계 등을 통해 지역사회가 통제되고, 경제력이 있는 지주들의 영향력이 컸던 곳은 보수적 성향을 보였다. 그러나 사실 다수민중들은 전통적 가치관속에서 시류에 따라 움직이는 중립적 입장이었다. 이들은 좌익과 우익의 싸움을 관망하다가 대세가 어느 한쪽으로 기울면 그 쪽으로 흘러가는 세력들이었다.

　송진우와 김성수가 주도하는 한민당의 이승만과 임정추대 노선은 공산주의 좌익세력이 판치는 초기 해방정국에서 민족주의가 이길 수 있는 최선의 전략이었다. 일제강점기 실력양성운동과 자치운동의 유화적인 활동을 전개하였고, 전쟁에 광분한 일제의 강압에 친일 부역에 가담한 인사들이 있다는 약점을 한민당은 안고 있었다. 그래서 민족주의 성향의 말 없는 다수 대중들의 지지를 받기 위해서는 이승만이나 김구 같은 해외지도자의 위광이 필요했기 때문이었다. 송진우는 이승만과 임시정부를 신속하게 귀환시켜 앞세움으로, 인기가 높아진 좌익세력을 극복하고 의회 민주국가를 수립할 세력을 결집할 수 있다고 판단한 것이다. 그래서 송진우의 한민당은 자신들의 탄탄한 국내 기반을 바탕으로 좌익들의 공산국가 건설 시도를 막아내고, 의회가 주도하는 민주국가를 만드는 신국가 건설노선을 적극 추진했던 것이다. 이것이 한민당이 추구했던 대한민국 건국 노선이라고 볼 수 있다.

4.
미군정의 여당 한민당과 이승만·김구의 환국

한민당 미군정의 여당이 되다

처음 서울에 진주한 하지의 미군정 당국은 서울의 정세가 좌익과 인민 공화국 주도하에 혁명적 분위기에 휩싸여 있어 당혹감을 갖게 되었다. 그런 와중에 한민당은 선교사들의 자제나 통역을 통해 미군의 진주를 환영하고, 한국의 정세와 한민당의 입장을 전하며 상호 협조를 당부하였다. 한민당을 대표하는 조병옥·윤보선·장덕수 등은 미군정 당국자들을 만나 여운형은 일제 말 조선총독부에 협조한 부일 협력 정치인이라고 비난하였다. 또 하지의 통역관이 된 한민당 지지자 이묘묵도 군정 당국자들에게 여운형은 친일파이며 인공은 공산주의적 경향이 있다고 소개하여 미군 지도부에 큰 영향을 끼쳤다. 그리하여 미군정 당국은 해외유학파들이 많고 보수주의자들이 중심이 되는 한민당을 발견하고 크게 안도하게 되었다. 한민당을 자신들이 원하는 미국식 민주주의를 추구하는 비공산주의자들이라는 조건에 맞는 집단으로 보았기 때문이다. 그래서 미군정 당국은 한민당을 주요 동맹세력으로 선택하였고, 한민당은 미군정의 여당으로서 군정 정책에 참여하게 되었다. 10월 5일 미군정은 군정장관 고문회의를 설치하여 김성수·송진우·김용무 등 11명의 고문을 위촉하였는데 이것은 한민당과 미군정을 연결하는 첫 번째 공식 기구가 되었다.

김성수가 의장을 맡은 고문회의는 한민당과 미군정의 연결고리 역할을 톡톡히 하였다. 미군정 당국은 9월 말부터 한국인의 미군정 업무 참여를 위해 부장 및 과장을 임명하기 시작했는데 대부분이 한민당과 기독교계 등 우익 사람들이었다. 한민당 출신으로 경무국장 조병옥, 대법관 이인, 경기도 경찰부장 장택상 등이 사법 조직을 장악했다. 이어서 인사과장 정일형을 통해 학무국장 유억겸, 농상국장 이훈구, 위생국장 이용설과 각 지역의 도지사까지 한민당과 기독교 출신들이 다수 임명되었다. 사실상 이들 한민당 세력이 해방정국을 이끌었고 결과적으로 대한민국 탄생을 주도하였다.

한민당은 미군정에 협조하면서 정책들을 자신들에게 유리한 방향으로 이끌었다. 대표적으로 한국의 사회·문화·교육에 큰 영향을 끼치게 되는 교육제도를 김성수가 주도하고 유억겸·백낙준·오천석·김활란 등이 참여하여 만든 안을 미군정 교육위원회에서 반영시켜 오늘날의 교육뿌리가 되었다. 특히 10월 10일 아놀드 군정장관의 인공을 부정하는 성명인 '사기꾼에 의한 괴뢰극'이라는 내용은 매번 한민당이 인공을 공격하는 언사와 유사하였다. 한민당은 자신들이 확보한 민족주의 청년세력과 미군정의 지원 및 경무부장 조병옥의 활약을 합쳐 좌익세력 약화에 주력하였다. 경무부장 조병옥은 일선 경찰서를 순회하면서 "군정은 한민족의 자유·독립을 준비하는 기관이며 미국은 믿을 수 있는 나라이다. 일본은 강토가 협소하고 천연자원이 빈핍하여 한국의 천연자원과 미곡 등을 착취해갔지만, 미국은 영토와 자원이 풍부하여 한국을 침략하지 않고 한민족의 자유·독립을 도울 것이다. 미국은 태평양의 안전 정책상 한반도를 절대로 공산 치하에 넣는 것을 방치하지 않을 것이다."라고 강조하였다. 한민당은 기회가 될 때마다 우익의 지도자로 모셔야 할 이승만과 김구의 조기귀환을 요청했고, 그들의 요구는 미군정을 통해 맥아더 사령부와 미 국무부에 전해져 이승만과 김구의 환국에 단초를 열었다고 볼 수 있다. 이것이 해방정국에서 월등히 우세한 좌익세력과 친소적인 미 국무부의 한반도 정책을 뒤집고 우익이 승리할 수 있는 기반을 마련해 갔던 것이다.

한편 안재홍은 건준을 좌익이 주도하게 되자 탈퇴하여 9월 1일 박용희와 조선국민당을 발족하고 위원장에 취임하
였다. 위원장 안재홍은 '1891년 경기도 평택에
서 태어나 황성기독청년회 중학부를 거쳐 1910
년 일본 동경으로 유학하였다. 안재홍은 독립운
동을 위해서 중국으로가 신규식의 동제사에 가
담 활동했으나, 경제토대가 없는 해외운동보다
국내투쟁이 더 필요함을 깨닫고 도쿄로 돌아왔
다. 와세다 대학을 졸업하고 귀국 김성수가 인수
한 중앙학교의 학감으로 취임하여 국내활동에

조병옥

들어갔다. 이후 조선일보에서 쓴 수많은 논설은 장강대하의 명문장으로 항일의
필봉을 유감없이 휘둘렀다. 3·1운동 직후 독립운동으로 징역 3년형을 받은 이후
해방될 때까지 민족운동을 주도한 비타협 민족주의자를 대표하는 민족지사로
명망이 높았다.' 안재홍은 9월 24일에는 공화당·사회민주당·자유당 등의 군
소정당을 흡수하여 국민당이라고 개칭하였다. 임정을 지지하고 중간우파
를 지향한 국민당은 종국적으로 대동단결을 실천하면서 통일국가의 창업
을 완성하는 신민주주의를 목표로 하였다. 그러나 일제 시기 비타협 민족
주의자들이 중심이 된 국민당은 대중적 지지 기반이 약하여 마침내 1946
년 3월 홍진의 신한민주당과 더불어 임정의 주축인 한국독립당에 합류함
으로써 해소되고 말았다.

미국에서 이승만이 돌아오다

우여곡절 끝에 이승만은 꿈에도 그리던 해방 조국에 33년 만에 도쿄를
거쳐 맥아더가 제공한 군용기로 1945년 10월 16일 김포 비행장에 도착했

다. 조선호텔에 여장을 푼 이승만은 미군정의 연락을 받고 찾아온 김성수·송진우·윤치영·허정 등 한민당 인사들을 접견하였다. 그들은 이승만에게 한민당의 지도자가 되어달라고 부탁했으나 이승만은 거절하였다. 사실 이승만은 일본의 항복 선언 직후부터 신속한 귀국을 위해 적극 노력했으나 미 국무부의 완강한 반대로 큰 애를 먹고 있었다. 미국에서 한국 독립을 위해 독불장군 식으로 고군분투해온 이승만은 좌파들이 주장하는 친미주의자나 미국의 앞잡이라고 보기는 어렵다. 이승만은 미국을 불신하면서도 미국의 강력한 힘을 이용하여 한국의 독립을 쟁취해내려는 용미주의자라고 보는 것이 더 정확할 것 같다. 그러한 예로 미국에서 외교노선으로 독립을 추구하던 이승만이 1943년 4월 루스벨트 대통령에게 신랄한 어조의 항의문을 보냈다. 그 당시 《시카고 선》지에 루스벨트가 한국 신탁통치안을 채택했다는 보도에 격분했던 것이다. 항의문 요지는 "미국이 1905년에 밀약으로 일본의 한국 병탄을 허용함으로써, 한국 사람들이 40여 년간 고초를 당한 것이다. 한국 독립을 즉시 허용하지 않으면 미국이 장차 큰 환난을 당하게 될 것이다. 지금 소련은 소비에트 조선공화국을 세울 계획을 갖고 있다는 정보가 있으니, 빨리 대한민국 임시정부를 승인하라"는 내용이었다. 이승만의 판단에 미국은 국익을 위해서라면 언제든지 그 상대가 소련이든, 일본이든 상관없이 한반도를 포기할 수 있는 나라로 보았다. 이러한 이승만을 미 국무부는 독단에 빠진 고루한 노인으로 취급하고 있었다.

1945년 5월 샌프란시스코에서 열린 유엔창립총회에서 이승만은 공산주의 소련을 반대하고 비난하는 전단을 배포하여 소련과 척을 지게 되었다. 그리고 한국의 독립을 위해 소련을 견제하라는 난동에 가까운 소란을 일으켜 더욱 더 미 국무부의 기피인물이 되고 있었다. 미 국무부는 전쟁은 끝났지만 한반도 문제 해결을 위해 소련과 적극 협력해야하는 미국의 처지에서, 반소주의자 이승만의 한반도 귀환을 쉽게 허용할 수 없었던 것이다.

이러한 상황 속에서 하지는 한민당 인사들의 요청에 따라 좌익세력이 우세한 남한정국을 우익 중심으로 바꾸기 위해 이승만과 임정의 귀국을 추진하게 된 것으로 보인다. 이에 따라 하지의 미군정은 맥아더 사령부와 미국무부에 이승만과 임정의 조속한 귀환을 강력하게 요청하게 된다. 미 국무부의 완강한 반대에도 맥아더까지 적극 개입함으로써 미 국무부는 개인 자격으로 재신청한 이승만의 한국 귀국을 승인하게 되었다. 이승만의 귀국에 반소·반공주의자인 맥아더는 서울에 있는 하지를 도쿄로 불러 이승만을 접견토록하는 등의 호의를 베풀었다.

이승만은 1912년 105인 사건의 여파를 피해 미국으로 떠난지 33년이라는 긴 세월이 흘러 한국인들에게는 거의 잊혀진 인물이었다. 그러나 태평양전쟁 시기인 1942년 6월경부터 이승만이 미국에서 했던 몇 차례의 라디오 단파 방송이 상황을 바꾸기 시작했다. 방송을 몰래 청취한 극소수의 한국인들을 통해 이승만이 각국의 지원과 승인을 받아 조선 임시정부의 대통령으로 독립운동을 펼치고 있다는 과장된 정보가 돌면서 그의 명성이 국내 좌·우익 리더들의 입에 오르내리기 시작했던 것이다. 아이러니하게도 해방정국에서 좌익이 선포한 인민공화국의 주석으로 이승만이 추대됨으로, 상해임정에게 탄핵 당했던 그가 대중들에게 최고의 지도자로 각인되는 계기가 되었다. 어떻게 보면 국내에 기반이 거의 없고 연로한 이승만을 일약 스타로 만든 것은 이승만을 인공의 주석으로 추대한 박헌영 등의 좌익이라고 볼 수도 있다. 10월 20일 미군정과 한민당이 주도한 귀국환영회에서 하지의 위대한 조선의 지도자로 소개된 이승만은, 대중의 기대를 한 몸에 받으며 해방된 조국에서 화려한 정치 행보를 시작하게 되었다. 한민당은 이승만의 귀국을 알리는 전단을 만들어 서울시내에 뿌렸으며 서울 거처로 한민당 재무위원의 돈암장을 제공하였다. 그리고 매월 상당액의 정치자금을 제공하면서 그의 정치 행보를 적극 후원하였다.

이승만 독립촉성중앙협의회 조직

하지의 미군정은 이승만의 등장으로 좌파의 여운형과 박헌영의 인민공화국을 견제하고 한국의 정국이 안정될 것으로 기대하였다. 미군정의 지원과 한민당의 후원에 힘입은 프린스턴 대학 박사 출신 이승만은 기민하게 해방정국에 지도력을 발휘하기 시작하였다. 이승만은 귀국초기에 좌·우익 어느 단체에도 속하지 않고 완전한 자주독립을 위해서 '뭉치면 살고 흩어지면 죽는다며' 모든 정당 및 정파가 대동단결할 것을 주장하였다. 그는 송진우 등의 우익세력은 물론 박헌영의 좌익세력들과도 폭넓게 접촉하면서 좌·우익의 통합된 범민족적 세력을 구축하고자 했다. 그리하여 10월 23일 한민당·국민당·조선공산당·건국동맹 등 정당 및 시민단체 대표 200여 명이 조선호텔에 모여 모든 세력을 규합하는 정치기구로서 독립촉성중앙협의회를 결성하는데 성공하였다. 이승만은 독촉중협의 회장에 취임하고 11월 2일 대표자 회의를 개최하여 조선의 즉시 독립, 38선의 철폐, 신탁통치 절대 반대 등의 결의문을 미·소 등 연합국에 보내기로 결정하였다. 결의문의 구체적 문안은 수정위원인 이승만·여운형·안재홍·이갑성·박헌영 5인의 심의를 거쳐 11월 4일 발표하기로 하였다.

그러나 이념 차이가 크고 갈등의 앙금이 크게 남아 있는 좌·우익 정당 및 단체들이 통합을 이룩한다는 것은 어려운 일이었다. 좌익과 우익은 통합의 조건과 방법, 임정법통에 대한 태도 문제 등을 놓고 서로 다른 대립양상을 보였다. 특히 친일파를 우선적으로 제거해야 한다는 조선공산당의 박헌영 측과 차후에 해결해도 늦지 않다는 이승만 측의 입장은 좁혀질 수 없었다. 박헌영은 독촉중협의 결의문 내용이 미·소 연합군에 대해 적개심을 조장할 우려가 있다는 점을 구실로 결의문 수정위원회에 불참하였다. 결국 조선공산당은 11월 5일 독립촉성중앙협의회를 탈퇴하였고, 이승만의 인민공화국 주석직 수락 거부에 여운형의 인민당도 독촉중협을 떠나게 되었다. 이즈음 이승만은 라디오 방송연설을 통해 "공산당은 지방에 소요를 일으키며 …… 임시정부를 반대하는 운동 …… 민족 간의 내란을 일으켜 피를 흘리고 투쟁하며, …… 공산분자들은 국경을 없이하여 나라와 동족을 팔아먹고 소련을 자기들의 조국이라 부르는 새로운 매국노"라고 맹비난을 퍼부었다. 이런 와중에 뒤늦게 귀국하여 참여한 임시정부 요인들도 독촉중협이 이승만 측근 중심의 파당적 집행부 구성 및 운영이라고 비난하면서 독촉중협을 탈퇴하게 되었다.

결과적으로 독촉중협에는 이승만을 추종하는 한민당 등 우익 세력들만이 활동하게 되었다. 박헌영의 좌익과 김구의 임정이 탈퇴하여 독촉중협 세력이 위축되기는 하였지만 이승만의 정치적 위상은 군계일학이 되어가고 있었다. 이승만은 국내 정치 활동을 시작하면서 친일파 처벌문제나 토지개혁문제 등 좌·우익 간에 갈등이 심화된 사안에는 거리를 두었다. 반면 미·소의 분할 점령과 신탁통치 반대 등 국제적 문제를 거론함으로써 국민적 공감대와 지지를 획득해 가는데 탁월한 정치력을 보였던 것이다.

김구의 환국과 한국독립당

김구를 모시고 한국에 귀환한 장준하는 감격에 젖어 고국에 돌아왔으나 "우리의 예상은 완전히 깨어지고 동포의 반가운 모습은 허공에 모두 사라져 버렸다. 조국의 11월 바람은 쌀쌀했다"고 임시정부가 고국에 도착 직후의 쓸쓸한 소감을 그의 책에 서술하였다. 1945년 11월 23일 오후 김포 비행장에 김구와 김규식·이시영·김상덕·유동열·엄항섭 등 임정요인 1진 15명이 탄 미군 수송기가 도착했다. 김구는 서대문 경교장에 나머지 요인들은 충무로 한미호텔에 숙소를 정하고 본격적인 국내 활동에 나서게 되었다.

대한민국 임시정부 환영회

홍진·조성환·장건상·성주식·김원봉·최동오·신익희 등 2진 19명은 12월 2일에야 군산 비행장에 도착 할 정도로 임시정부의 귀환에는 애로와 갈등이 많았다. 임시정부는 정부 자격으로 귀환코자 노력했으나, 미군정은 국무부 지침에 따라 개인 자격으로 귀국하여 군정이 끝날 때까지 정부로서 행세하지 않는다는 서약서를 받고서야 수송편을 제공한 것이다. 그러나 김구는 서울 방송국을 통한 귀국소감에서 자신들의 환국이 대외적으로 개인자격이지만 대내적으로는 임시정부가 들어온 것과 같은 것이라고 주장하였다.

11월 26일 미 군정청에서 있었던 공식 기자회견에서 하지는 김구를 "평생 독립운동에 헌신한 한국의 위대한 영도자"라고 치켜세웠다. 미군정은 한민당 등의 요청에 따라 귀국시킨 임시정부를 좌익세력을 견제하는 정치적 파트너로 활용코자 했던 것이다. 김구는 중국에서 9월 10일 송진우로부터 임시정부가 환국하면 환영대회를 통해 임정을 봉대 할 것이며, 공산주의자들이 인공을 수립하여 우익들이 반대하고 있다는 국내 소식을 받았다. 이 소식에 크게 고무된 김구는 11월 8일 장덕수에게 서신을 보내 한민당이 한국독립당의 정강·정책을 지지해줄 것을 요청하기도 하였다. 김구의 정치적 기반인 한국독립당은 1930년 1월 안창호·이동녕·조소앙 등 민족주의 명망가들이 상해에서 창당한 독립운동 정당이다. 한독당은 창당 이후 몇 차례 이합집산을 거듭하다가 1940년 김구의 한국국민당, 조소앙의 재건한독당, 이청천의 조선혁명당 등이 통합하여 한국독립당이라는 당명으로 임정의 지주적 정당이 되었다.

해외독립운동세력의 구심체로서의 역할을 해 온 임정은 해방정국에서 가장 강력한 정치세력이 되어야 했으나, 미국의 임정 부인과 뒤늦은 환국으로 그 기반이 취약하게 되었다. 임정의 실상을 보면 충칭에서 김원봉 등 좌파는 임정을 해산하고 국내외 단체와 민중의 기반위에서 임시정부를 다시 세우자고 주장하였다. 이에 김구는 임시정부의 해산은 천만부당하고, 임시정부가 서울에 들어가 국민에게 정부를 바치고 난 뒤 국무위원이 총사직하는 것이 옳다고 결정하였다. 귀국 후 임정 해산파의 김원봉·김성숙 등은 김구와 노선을 달리하여 좌파의 민전에 참여하였다. 우파의 김규식은 민주자주연맹에, 이시영·신익희·이범석 등은 단정노선으로 이탈하여 갔던 것이다.

이승만의 독촉중협이 정당통일운동에 별다른 성과를 내지 못하고 있어서 임정은 환국 초기에 대중들로부터 큰 기대를 받았다. 그러나 정치활동에 나선 김구 등 임정 요인들은 자신들이 정통이라며 좌익은 무시하고, 임정을 봉대하려는 한민당을 견제하면서 갈등을 초래하였다. 해방정국에서 주도권을 갖고 있던 인공과 조공은 거부하고, 민족주의 우파를 대변하는 한민당을 공격하기 시작한 것이다. 임정은 귀국하자마자 친일부역경력자들을 처리해야 한다고 강조하고, 임정환영후원회가 제공한 거금 900만 원을 부정한 돈은 받을 수 없다고 거부하면서 갈등이 시작되었다. 송진우가 나서서 정부가 받는 세금속에 양민의 돈과 죄인의 돈도 들어있는 법이라고 거우 설득하는 촌극이 벌어졌다. 송진우가 임정의 홀대에 분통을 터트리자, 김성수는 "그들이 어떻게 생각하고 행동하든 지금은 그들을 받들고 나라를 세울 때라는 것을 잊지 말게"라고 자중시켰다.

이승만의 정당 통일운동이 실패하자 대중은 임정과 인공의 통일여부에 큰 관심을 갖게 되었다 임정은 인공 측에 임정의 법통을 인정하고 2~3개의 부서장을 맡는 것으로 통합을 요구하였다. 그러나 인공은 자기들이 대중의 지지기반이 월등하다며 양보하지 않아 성과가 없었다. 임정의 주류 세력인 한독당은 대부분 반공주의자로 공산주의와 연합하는 것을 기피하였다. 그리고 김구와 한독당은 민족의 독립완성과 신국가 건설이라는 과도한 목적을 정하고 있었기 때문에 인공이나 한민당과의 갈등을 드러냈던 것이다.

건국위원장을 지낸 중도좌파 여운형의 김구 면담요청도 거절할 만큼 그 위세가 대단하였다. 여운형은 임정이 중칭을 떠나올 때 마지막 국무회의에서 그에 대한 사형선고를 내리고 청사 대문에 "여운형이는 사형을 시킨다"라고 써 붙였다고 말하였다. 임정 환국 시기에 조선공산당과 좌익은 임정의 추대 문제에 부정적 입장을 가졌다. 여운형은 임정 추대에 적극 반대하는 이유로 "임정은 30년 간 해외에서 지리멸렬하였고 …… 국내의 기초가 없어 군림이 불가하다는 점, 연합국한테 승인되지도 될 수도 없다는 점, 미주·연안·시베리아·만주 등지의 …… 혁명단체 중에는 임정보다 몇 배가 크고 …… 그네들 안중에는 임정이 없다는 점, 국내에서는 투옥되었던 혁명지사가 다수인데, 안전지대에서 객지고생만 한 임정을 환영하는 것은 잘못된 것이라는 점." 등을 들었다.

5.
모스크바 삼상회담과 반탁운동

모스크바에서 삼상회담이 열리다

격동의 1945년이 다 저물어가는 12월 16일부터 미국의 번스, 소련의 몰로토프, 영국의 베빈이 모스크바에 모여 일본 점령지의 전후관리와 한반도 문제 등을 논의하기 위한 외상회담을 가졌다. 미국은 한반도에서 미국·영국·중국·소련 네 나라의 신탁통치를 5년간 실시하되, 독립정부 실현이 어렵다면 5년을 한도로 신탁통치를 연장하자고 제안하였다. 이에 대해 소련은 한국에 임시정부를 수립하고 임시정부를 지원하기 위해 미소공동위원회를 설치하며, 미소공동위원회는 조선의 임시정부 등과 신탁통치에 관한 사항을 협의 한다는 큰 폭의 수정안을 제시하였다. 소련의 수정안은 겉은 그럴싸하지만 큰 암초가 숨겨져 있었다. 결과적으로도 입증되었지만 미·소 점령군사령관에게 임시정부를 설립하는 중대한 권한을 부여하였는데, 양자가 합의하지 못하면 한 발짝도 나가지 못하게 되어 있었다. 소련의 속셈을 전혀 간파하지 못한 바보스러운 번스 미 국무장관은 한반도 문제를 쉽게 양보하여 다음과 같이 모스크바 협정이 합의되었다.

1. 한국에 임시 민주정부를 세운다.
2. 임시정부의 수립을 지원하기 위해 미·소 점령군사령부의 대표들로 구성되는 공동위원회를 설치한다. 이 위원회는 한국의 제 정당 및 사회단체와 협의한다.

3. 공동위원회는 한국 임시정부 및 민주적 단체의 참여를 얻어 한국의 신탁통치를 위한 제반 조치를 강구하며, 5년 기한의 신탁통치를 4대국에게 제안한다.

4. 당면 문제 등을 강구하기 위해 2주일 내에 미·소 점령군 대표회의를 소집한다.

결과적으로 미국의 처음 의도와는 크게 다르고 소련의 전략이 담긴 모스크바 협정은, 미·소간에 동유럽 문제 등으로 불화가 고조되고 있어 실현 가능성이 거의 없게 되었다. 당시 미 국무부의 입장은 한국의 중요도가 낮아 재정을 투입하거나 점령군을 유지하는 것도 부담스러운 계륵과도 같은 존재로 취급하고 있었다. 그렇다고 한반도를 통째로 소련에게 넘겨줄 생각은 없어 한국을 4개국 신탁통치에 맡기는 것이 최상이었던 것이다. 소련의 속셈은 결과적으로 스탈린의 9월 20일 북한 단정수립 지령을 구체화하기 위한 방책으로, 미국이 노래 부르는 신탁통치안은 수용하되 자국에 실익이 없는 4대국 신탁통치는 방해하자는 전략이었다.

해방정국에 신탁통치는 태풍급 충격이었다

12월 26일 마무리한 모스크바 삼상회의결과는 12월 28일 발표될 예정이었다. 그런데 AP통신과 UP통신이 모스크바 회담에 대한 관련 기사를 12월 25일 전세계에 타전했다. 기사 요지는 "번스 미 국무장관은 소련의 신탁통치안에 반대하고 한반도를 즉시 독립시키라는 훈령을 받았다고 한다. 미국의 입장은 카이로 선언에 따라 국민투표를 통해 한국의 정부형태를 결정하자는 반면, 소련은 남북 양 지역을 일괄한 1국 신탁통치를 주장하고 있다"는 추측성 보도였다.

이 기사를 합동통신과 조선통신이 12월 26일 밤 워싱턴발로 기사화했다. 이 기사가 12월 27일 《동아일보》를 비롯한 한국의 여러 신문에 보도되었다. 당시 《동아일보》는 "소련은 신탁통치 주장, 소련의 구실은 38선 분할 점령, 미국은 즉시 독립 주장이라고 보도하였다." 한국의 분단을 안타까워하는 많은 사람들은 좌익이 일방적으로 선전해 왔던 《동아일보》가 의도적으로 왜곡해서 보도했다는 내용을 오늘날까지 믿어져 오고 있는데, 그것은 앞의 내용처럼 사실이 아니고 민족진영을 매도하기 위한 선전술로 볼 수 있다.

신탁통치가 이루어진다는 내용의 기사가 한국에 알려지자 즉각 독립을 염원했던 대다수 국민들을 격분시키기에 충분하였다. 남한의 신문들은 27일에 이어 28일에도 강경한 어조로 신탁통치를 반대하는 사설을 게재하여 대중들을 움직였다. 모스크바 삼상회의의 결정문은 12월 28일 《뉴욕 타임스》에 실렸고 이후 한국에도 보도되었으나, 누가 제안했느냐라는 정확한 내용은 별 의미가 없었다.

우익 반탁운동을 전개하다

그러나 이제 신탁통치는 미국과 소련 중 누가 신탁통치안을 먼저 제안했느냐가 문제가 아니고, 한국의 정치적 운명을 결정하는 중대한 문제로 부각되었다는 사실이다. 이 사태에 즉각적인 반응을 보인 우익의 중심 한민당은 12월 27일 중앙집행위원회를 소집하여 신탁통치 배격을 결의하였다. 한민당은 이미 10월 25일 긴급 간부회의에서 신탁관리제 실시 절대반대를 결의해 논 상태였다. 그래서 한민당은 각 당파와 연대하여 신탁통치반대를 위한 국민운동 전개를 선언하였다. 한민당 대표 송진우는 "남녀노소를 막론하고 삼천만이 한 명도 빠짐없이 일대 국민운동을 전개해 피 한

방울도 남김없이 결사적으로 투쟁하자"고 주장하였다.

박헌영 등의 좌익은 미국은 즉시 독립, 소련은 신탁통치 주장이라는 신문 보도 내용에 아연실색하였다. 그들이 가장 진보적이고 민주적인 나라라고 신격적으로 추앙해온 소련이, 한반도에서 독립이 아닌 신탁통치를 해야 한다고 주장했다는 것이 믿어질 수 없었다. 어쨌든 대부분의 좌익들도 초기에는 신탁통치 결사반대를 강력히 표명하였다.

김구의 임정은 12월 28일 밤 각 정당과 사회단체 대표들과 경교장에서 회합하고 신탁통치반대국민총동원위원회를 결성하기로 하였다. 29일에는 임시정부 주석 김구와 외무부장 조소앙 명의의 신탁통치를 반대한다는 전문을 미·영·중·소 정부에 발송하였다. 이어서 신탁통치에 찬성하는 사람은 반역자, 임시정부를 지키자, 군정을 철폐하자는 내용의 9개 행동강령도 발표하였다. 김구는 행동강령 발표와 함께 전국적인 파업도 명령했다. 이 명령에 따라 미 군정청의 1,000여 명의 한국인 직원들이 사직을 각오하고 파업에 동참하였다. 하지의 미군정은 김구의 과격한 쿠데타적 조치에 크게 당황하고 분노하게 되었다. 12월 29일 밤 경교장에 좌우익을 망라한 각 정당과 사회단체 대표 200여 명이 모여들어 밤새 회의가 열렸다.

신탁통치 반대 시위

이들 대표 중에서는 흥분하여 미군정을 엎어버리고 임정이 독립을 선포 통치권을 행사해야 한다고 선동하는 사람도 있고, 상인들도 모두 가게를 철시해야 한다고 주장하는 과격 발언도 이어졌다. 이때 한민당 대표 송진우가 일어나 냉정을 촉구하는 발언을 했다. "여러분들의 생각이 애국심에서 나온 것을 나도 압니다. 하지만 나라를 이끄는 지도자가 너무 가볍게 굴면 안됩니다. 여기 우리

중에 모스크바 삼상회의에서 결정된 성명의 원본을 읽어본 사람 있나요? 내가 아는 바로는 신탁통치라는 것이 여러분이 흥분해서 생각하는 것만큼 그렇게 우려할 만한 것이 아닙니다. 반탁을 하되 미 군정을 적으로 돌려서는 안됩니다. 다시 한번 여유를 가지고 냉정히 생각해 보십시다."라고 말하자 여기저기서 집어치우라는 고함소리와 함께 세찬 반발이 일어났다.

임시정부의 반탁 지시로 반탁운동의 열기가 전국적으로 퍼져나갔다. 신탁통치 반대 궐기대회가 각 지역에서 개최되었고, 거리에는 벽보가 나붙고 시위행렬이 물결쳤다. 서울 지역의 가게들은 문을 닫았고 전차도 운행을 중단했다. 서울 시내 8군데 경찰서장들이 사퇴를 표명하고 군정청 한국인 직원들도 계속 파업하여 군정이 마비되는 사태가 벌어졌다. 김구는 전국적인 반탁시위와 철시 파업을 촉구하는 포고령을 발표토록 하였다. 12월 31일에는 서울운동장에서 30만여 명이 모여 대규모 반탁 대회가 열렸다.

김구는 반탁운동의 위세를 몰아 임정을 부정하는 미군정에 정면으로 도전하였다. 임정의 유일정부론을 천명하고 미군정의 통치권을 부인하는 일종의 쿠데타를 일으키려는 것이었다. 김구는 군정의 모든 관리와 경찰에게 임정의 지휘를 받으라고 명령했다. 김구를 경계하던 하지는 쿠데타적인 행동에 분노하여 김구를 적대시하며 중국 추방까지 고려한 강력한 경고를 표명하였다. 김구는 뒤늦게 미군정의 엄중한 경고의 심각성을 파악하고 물러섰으며 하지의 요구대로 철시와 파업을 중단시켰다. 아무런 실권도 없는 김구의 무리한 행동은 소득도 없이 정치적 손해만 보았고, 임정은 국민들로부터 민족의 대표성에 큰 손상을 입었다.

우익의 거두 송진우 암살당하다
반탁운동의 방향을 두고 임정요인들과 격론을 벌였던 송진우가 12월 30일 새벽 자택에서 암살되었다. 느닷없는 송진우의 죽음으로 한민당과 우익은 큰 타격을 입었다. 송진우의 암살 배후에 중경임정이 있다는 소문이 파다하게 퍼졌다. 그러나 송진우의 죽음으로 가장 큰 손실을 입은 것은 아이러니하게도 김구의 임시정부였다. 중경임정을 봉대하여 신국가를 건설하고자 했던 송진우의 한민당이 가장 강력한 임정 지지세력 이었던 것이다. 그의 죽음으로 임정을 봉대하자는 국민대회가 취소되고, 애국금헌성회의 활동도 중단되었다. 중경임정을 중심으로 한 국가수립 방안도 흔들렸고, 한민당과 중경임정의 사이도 급격히 벌어지기 시작했다. 송진우의 죽음으로 김구와 멀어진 한민당은 급속하게 이승만에게 기울었고 이승만과 강력한 정치적 연대를 시작하는 분기점이 되었다.

해방정국에서 국내 우익을 대표했던 지도자 송진우는 '1889년 전남 담양에서 태어나 신학문을 배우기 위해 담양 창평의 영학숙에서 평생의 동지인 김성수를 만났다. 그는 김성수와 일본 유학을 함께 했으며 귀국 후 김성수와 중앙학교 및 동아일보를 키웠다. 동아일보 사장으로 조선물산장려회, 민립대학기성회, 문맹퇴치운동 등 민족의 실력양성운동에 헌신했던 대표적 애국지사였던 인물이었다.' 송진우의 죽음으로 대한민국 건국세력의 중심체였던 한민당이 임정을 중심으로 통일한국을 세우겠다는 중심 목표를 잃고 갈지자를 걸음으로 표류하기 시작했던 것이다.

좌익진영도 신탁통치 실시가 알려진 직후 반대의사를 표명하였으나, 박헌영의 평양방문을 계기로 좌익은 찬탁으로 급변하였다. 박헌영이 참석한 북조선공산당 집행위원회에서 모스크바를 다녀온 로마넨코가 다음과 같이 언급하였다. "북한의 세력은 통합되어 있고 남한의 좌익세력을 합치면 남한 우익에 비해 절대적인 우위에 놓인다. 그런 수적인 우위를 갖고 임시정부를 구성하면 매우 유리하다. 그러니 신탁통치를 적극 찬성하라"는 지시를 받고 박헌영이 서울로 돌아왔던 것이다.

조선공산당은 모스크바 협정의 주된 내용은 조선임시민주정부 수립으로 미·소가 한반도에 통일정부를 세우는데 도움을 주기 위한 것이라는 소련의 지령을 그대로 추종하자는 것이다. 1946년 1월 3일 좌익진영 주최의 대중 집회에서 좌익은 신탁통치라는 용어 대신에 북한 당국이 발표한 후견제라는 용어를 사용 민중을 설득하려고 했다. 그러나 아무리 좌익들이 모스크바 결정이 합리적이라고 설득해도 대중들은 받아들이지 않았다. 오히려 공산당이 소련의 앞잡이가 되어 나라를 팔아먹으려 한다는 임정과 한민당의 주장이 대중들에게 설득력을 가졌다. 우익의 반탁세력은 신탁을 지지하는 좌파는 나라를 파는 매국노이고, 반탁을 주장하는 자신들은 나라를 지키려는 애국자라고 부각시켜 나갔다.

북한에서도 조만식의 조선민주당 주도로 민족진영은 광범위한 반탁운동을 전개하였다. 좌익세력도 처음에는 반탁의 뜻을 명백히 했으나 모스크바로부터 삼상회의 결정은 소련이 앞장서서 만든 것이므로, 공산당은 절대 지지하라는 지시를 받고 찬탁운동으로 적극 나서게 되었던 것이다. 그리하여 소군정에 의해 반탁운동은 금지되고 이에 반대하는 조만식은 연금되었다. 신탁통치문제를 계기로 일제의 탄압에도 견고했던 기독교계 민족진영이 숙청되어 급격히 몰락하였고, 잔여 세력들은 남한으로 대거 피신해 오게 되었다. 이 당시 신탁 찬반으로 혼란이 극에 달했던 미군정의 남한에 비해 북한의 소군정은 일사불란하게 가혹할 정도로 북한을 통제하고 있음을 보여주고 있었다.

신탁 찬반으로 좌우익 세력을 결집시키다

인구가 다수인 남한에서 우익은 반탁, 좌익은 찬탁으로 양분되어 격렬하게 대립하게 되었다. 이전까지 좌익이 월등히 우세했던 남한의 정치지형을 크게 바꾸어 놓아 좌우익 간에 생사를 건 정치투쟁으로 전개되어 갔다. 이처럼 해방정국이 신탁통치 찬반으로 격화되자 질서를 유지해야하는 미군정 하지의 입장은 곤혹스러운 처지가 되었다. 하지는 만약 한국에서 신탁통치를 강행하게 되면 한국인의 강력한 물리적인 저항에 직면하게 되므로 현실에 기초한 정책을 세워줄 것을 미 국무부에 건의하였다. 그러나 번스 국무장관은 "미국이 모스크바 협정을 이행하겠다고 약속했기 때문에 하지의 임무는 소련과 협력하는 것이지 왈가왈부해서는 안 된다"라며 하지의 건의를 묵살하고 모스크바 협정을 엄정 집행하라고 지시했다. 신탁통치 문제는 미국의 대한정책이 변경되지 않고는 바꿀 수 없는 일로 순박한 하지는 큰 곤욕을 치르는 처지가 되었다.

김구의 임정이 시도한 정권인수운동이 실패하고 반탁운동의 격랑이 잠잠해지는 1946년 1월 7일, 한민당, 국민당, 조선공산당, 조선인민당 4당이 경교장에 모여 모스크바 삼상회의에 관한 대책을 협의하고 4당 공동성명을 발표하였다. 주된 요지는 삼상회의의 조선 원조정신을 지지하며 신탁문제는 수립되는 임시정부를 통해 해결한다는 좌익의 주장에 동조하는 내용이었다. 공동성명이 어렵게 발표되었지만, 한민당은 다음날 반탁정신에 위배된다는 이유로 4당 합의를 부인하는 성명서를 발표하였다. 우익을 대표하는 한민당이 자신들의 대표로 참석한 원세훈과 김병로가 합의한 내용을 왜 번복하게 되었나?

한민당은 송진우 사후 공석이 된 당 대표 자리를 두고 내홍이 벌어지게 되었다. 한민당 내 비주류인 진보그룹이 원세훈을 임시 수석 총무로 내세우게 되었고, 그가 4당 대표회담에서 당 방침과 어긋난 합의를 하게 된 것이다. 결국 한민당은 집행위원회를 열어 실질적 당 지주인 김성수를 본인과 협의도 없이 수석 총무로 선출해 버렸다. 정치 전면에 나서는 것을 극도로 꺼리던 김성수에게 장덕수, 백관수, 서상일, 김병로 등을 보내 강권적인 수락을 받아냈다. 어쩔 수 없이 부득이하게 한민당을 이끌게 된 김성수가 가장 심혈을 기울인 것은 중경임시정부를 중심으로 하는 민족진영의 결속이었다. 그래서 혼란스러운 해방정국을 탈피하기 위해서는 이승만을 대통령으로, 김구를 부통령으로 하는 신정부를 조속히 세워야 한다고 판단하고 있었다. 그래서 한민당은 4당 합의를 파기하였고 이어서 국민당도 파기한다고 선언하였다. 신한민족당이 추가된 5당 회의가 1월 16일까지 네 차례에 걸쳐 열렸지만 신탁통치 문제로 회의는 결렬되고 말았다.

이후 한민당과 국민당 등 우익은 모든 반탁세력들이 참여하는 비상정치회의를 소집 각계의 지도자들을 선정하여 의회격인 비상국민회의를 결성하였다. 비상국민회의는 과도정부의 수립을 목적으로하는 최고정무위원회를 구성하고 그 인선을 김구와 이승만에게 위임하였다. 김구와 이승만은 2월에 비상국민회의 최고정무위원 28명의 명단을 발표하였다. 이러한 분위기에 편승하여 김구의 반탁총동원위원회와 이승만의 독촉중협이 합쳐져 대한독립촉성국민회로 통합되었다.

우익은 비상국민회의 좌익은 민주주의민족전선 결성

이 같은 우익진영의 결집에 호응한 미군정은 2월 14일 비상국민회의 최고정무위원을 굿펠로우의 주도로 군정의 자문기구인 남조선 대한국민대표 민주의원으로 위촉하였다. 민주의원의 의장으로 이승만이 선출되었고 제도적으로 미군정과 연대를 하게 되었다.

좌익은 우익의 반탁운동을 비난하면서 2월 15일 조선공산당이 주도하는 민주주의민족전선을 결성시켰다. 이 단체에는 임정을 탈퇴한 김원봉, 김성숙, 장건상, 성주식과 조선인민당, 전평, 전농 등 좌익사회단체가 참여했다. 실질적으로 인공을 계승한 민전의 공동의장으로 박헌영, 여운형, 허헌, 백남운, 김원봉이 선임되었다. 이로써 남한의 정치세력은 우익 반탁진영의 비상국민회의와 좌익 찬탁진영의 민주주의민족전선으로 양분되었다.

결과적으로 모스크바 협정은 남한에 있어서 좌우 대립의 경계가 분명하게 되었다. 신탁에 찬성한 좌익세력은 4개국 공동의 신탁이 실시되더라도, 임시정부 구성에 많은 좌익세력이 참여하게 되므로 대중적으로 우위에 있는 자신들이 주도권을 장악할 수 있다고 보았다. 반면에 우익세력은 취약한 대중적 기반으로 인해 신탁통치를 받게 되면 상당히 불리할 것으로 판단하였다. 그러나 다수의 남한 대중들은 김구의 임정과 김성수의 한민당이 주창한 민족주의 정서에 따라 반탁노선을 공감하고 지지하였다. 좌익의 찬탁운동은 소련의 지령으로 갑자기 태도를 바꾼 점도 있지만 민족주의 정서가 강한 남한 대중들을 설득하기에는 역부족이었다. 신탁과 반탁의 대립은 그때까지 좌익에 비해 열세였던 우익의 입장을 크게 강화시켜 대한민국 건국의 원동력이 되었다고 볼 수 있다.

참고문헌

강만길 외,《해방전후사의 인식2》, 한길사, 1985.

강만길,《20세기 우리 역사》, 창비, 2012.

강준만,《한국 현대사 산책 1권》, 인물과사상사, 2004.

김광운,《북한 정치사 연구1》, 선인, 2003.

김기협,《해방일기1》, 너머북스, 2011.

김덕형,《한국의 명가 근대편2》, 21세기북스, 2013.

김동춘,《대한민국은 왜?》, 사계절출판사, 2015.

김병준 등,《한국 현대사 I》, 푸른역사, 2018.

김삼웅,《백범 김구 평전》, 시대의 창, 2007.

김원,《젊은 대한민국사 건국》, 백년동안, 2015.

김육훈,《민주공화국 대한민국의 탄생》, 휴머니스트, 2012.

김육훈,《살아있는 한국 근현대사 교과서》, 휴머니스트, 2021.

김인걸 외,《한국 현대사 강의》, 돌베개, 2003.

김정호,《현대 한국 정치사상의 흐름》, 아카넷, 2019.

도진순,《한국 민족주의와 남북관계》, 서울대출판부, 1997.

박명수,《조만식과 해방 후 한국 정치》, 북코리아, 2022.

박영규,《대한민국 대통령실록》, 웅진씽크빅, 2014.

박지향 외,《해방 전후사의 재인식》, 책세상, 2006

박태균,《버치문서와 해방정국》, 역사비평사, 2021.

브루스커밍스/김동노, 이교선 등,《한국 현대사》, 창비, 2007.

서중석,《사진과 그림으로 보는 한국 현대사》, 웅진지식하우스, 2018.

성대경,《한국 현대사와 사회주의》, 역사비평사, 2001.

손세일,《이승만과 김구》, 조선뉴스프레스, 2015.

송건호 외,《해방전후사의 인식》, 한길사, 1980.

신복룡,《한국 분단사연구》, 한울, 2001.

심지연,《해방정국논쟁사.1》, 한울, 1986.

심지연,《해방정국의 정치이념과 노선》, 백산서당, 2014.

양동안,《대한민국 건국 전후사 바로알기》, 대추나무, 2020.

역사학연구소,《한국 근현대사》, 서해문집, 2020.

유지아,《쟁점 한국사 현대편》, 창비, 2017

윤덕영,《일제하~해방직후 동아일보계열의 민족운동과 국가건설운동》, 연
　　세대박사학위논문, 2010.

이승렬,《근대시민의 형성과 대한민국》, 그물, 2022.

이영훈,《대한민국 역사》, 기파랑, 2014.

이이화,《인물한국사》, 김영사, 2011.

이인호 외,《대한민국 건국의 재인식》, 기파랑, 2013.

이정식,《대한민국의 기원》, 일조각, 2006.

이주영 외,《한국 현대사 이해》, 경덕출판사, 2007.

이택선,《취약국가 대한민국의 탄생》, 미지북스, 2020.

임영태·정창현,《새로 쓴 한국 현대사》, 역사인, 2017.

장준하,《돌베개》, 돌베개, 2015.

정경모,《찢겨진 산하》, 한겨레신문사, 2003.

정근식 외,《8·15의 기억과 동아시아의 지평》, 선인, 2006.

정병준 외,《한국 현대사1》, 푸른역사, 2022.

정병준,《우남 이승만 연구》, 역사비평사, 2005.

정용욱,《해방 전후 미국의 대한정책》, 서울대출판부, 2003.

정윤재,《안재홍평전》, 민음사, 2018.

정창현,《인물로 본 북한현대사》, 선인, 2011.

조한성,《해방 후 3년》, 생각정원, 2015.

지병문 외,《현대 한국의 정치》, 박영사, 2010.

천관우,《대한민국 건국사》, 지식산업사, 2007.

최용범·이우영,《한국 근현대사》, 페이퍼로드, 2021.

페어뱅크 외/김한규 외,《동양문화사(하)》, 을유문화사, 2007.

한영우정년기념논총,《한국사 인물열전3》, 돌베개, 2003.

한철희,《시민의 한국사2》, 돌베개, 2022.

7장
미소공위 결렬과 남북한 정부수립

소련의 트집으로 미소공위가 결렬되자 북한은 김일성 중심의 공산화가 추진
되고, 남한은 미국의 갈지자 정책으로 좌우익간의 투쟁이 격렬하였다. 이승만
의 정읍발언으로 남한단정론이 부상하자 미국은 유엔을 통해 대한민국 수립
을 지원하고, 북한은 소련의 지원으로 인민공화국이 수립되었다.

1. 1차 미소공위의 결렬과 남북한 정치상황
2. 남한 정당들의 활동과 좌우합작 추진
3. 6·3정읍발언과 남한단정 추진
4. 좌익의 단정반대 투쟁과 남북연석회의

5.
남과 북에 단독정부가 수립되다
1.1차 미소공위의 결렬과 남북한 정치상황

1차 미소공동위원회의 결렬

남한에서는 모스크바 협정에 대해 좌·우익의 치열한 대결이 전개되고 북한에서는 조만식 등 민족주의 반탁세력이 몰락한 가운데 미·소 양군 예비회의가 1946년 1월 16일부터 서울에서 열렸다. 미군은 38도선과 남북한의 조속한 행정적 통합을 다루자는 것에, 소련군은 물물교환과 철도 및 도로 재개 등의 문제만을 다루자고 주장했다. 갑론을박 끝에 1개월 이내에 미소공동위원회를 개최한다는 것과 우편물의 교환 및 38도선 왕래 등의 합의로 마무리 했다.

이즈음 세계정세가 요동치고 있었는데 3월 5일 영국의 전 총리 처칠이 발트 해의 슈체친부터 아드리아 해에 이르기까지 대륙을 횡단하여 철의 장막이 처지고 있다고 소련을 맹비난하였다. 이에 대해 소련은 처칠을 비난하면서 2차 세계대전에 기여한 소련이 자신의 국경지대에 충성스런 정부를 수립하는 것은 당연한 일이라고 주장했다. 이 논리대로 북한에서도 소련에 충성스러운 정부를 수립하겠다는 속셈을 서서히 드러내고 있었다.

예비회담의 합의에 따라 3월 20일부터 1차 미소공동위원회가 서울 덕수궁에서 열렸다. 회의 첫날 소련 수석대표 스티코프는 앞으로 수립될 민주임시정부는 모스크바 삼상회의의 결정을 지지하는 정당들과 사회단체들을 망라한 대중단결의 토대 위에 창설되어야 한다고 말했다. 이어서 소련의 목적은 한국이 소련에 대한 공격기지로 되지 않는 우호적 국가가 되게 함에 있다고 선언했다. 이 말은 스탈린의 지침대로 신탁에 반대하는 우익반탁세력을 임시정부의 수립에서 배제 시키고, 소련에 우호적인 국가를 세우겠다는 천명이었다.

덕수궁 석조전

이에 미국 대표 아놀드는 표현의 자유는 절대적으로 보장되어야 하며, 소수파에 의한 한국 지배는 저지하겠다는 의지를 표명했다. 이것은 모스크바 결정에 반대하는 반탁운동세력도 협의 대상이 되어야 한다는 뜻이다. 이러한 기본적인 입장의 대립으로 미·소공동위원회는 처음부터 표류하기 시작했다. 미국은 임시정부 수립에 앞서 남북한 지역의 행정적·경제적 통합을 주장한 반면, 소련은 모스크바 삼상회의의 결정대로 임시정부 수립이 최우선 과제라고 맞섰다. 결국 회의는 소련의 의도대로 타협과 양보 없이 다음 일자도 잡지 못한 채 5월 8일 무기 휴회로 들어갔다.

북한의 일관된 공산국가 건설

미소공위 관련회의가 서울에서 열리고 있는 동안에도 북한에서는 소비에트화가 체계적이고 신속하게 진행되고 있었다. 공산당 북조선분국은 천도교 청우당과 신민당 및 조만식 연금 후 최창익에 의해 장악된 조선민주당과 연립을 이루었다. 1946년 2월 7일에서 8일 북조선의 정당, 사회단체, 행정국, 인민위원회 대표들의 협의회에서 북한 최초 중앙정부의 권력기관인 북조선임시인민위원회가 출범했다. 임시인민위원회의 위원장에 김일성, 부위원장에는 연안파 출신의 신민당 주석 김두봉이, 서기장에는 조민당의 강양욱이 선임되었다. 임시인민위원회는 토지개혁의 실시를 포함한

10개 강령을 정하고 3월 23일에는 이를 확대한 20개 정강 등 북한을 민주 기지로 건설할 것을 표방하는 기본정책을 발표하였다. 북한은 이미 미·소가 합의하여 임시정부를 세우기 어렵다고 보고, 북한만의 단독정부 수립에 필요한 물적, 조직적 기초를 확보해 가기 시작한 것이다.

국가권력으로도 쉽게 추진할 수 없었던 토지개혁을 3월 7일부터 4월 1일까지 북한 전역에서 실시하였다. 4만 4천여 명의 지주들에게서 북한 전체 토지의 55.4%에 해당하는 100만 8,178정보가 무상 몰수되었다. 몰수된 토지는 농가의 약 70%에 해당하는 72만 호에 호당 4,000평가량 분배되었다. 무상분배를 받은 농민들은 현물세법에 의해 수확물의 25%를 납부하고, 식량 문제를 해결하기 위하여 애국미 헌납운동에 동원되었다. 6월에는 선거법령 및 노동법령, 7월에는 남녀평등권에 관한 법령, 8월에는 산업·교통·은행 등의 국유화에 관한 법령이 발표 실시되었다. 북한에 민주기지 정책을 수행하기 위한 대중적 기반의 강화를 목적으로 7월 22일에는 북조선민주주의민족통일전선을 결성시켰다. 이 기반 위에서 조선공산당 북조선분국과 신민당이 합당하여 북조선노동당이 창당되었다. 북조선노동당의 창설은 공산당의 일국일당제의 서울중앙 이론이 배격되고 북한 단독의 공산당이 결성된 것을 의미한다. 북조선노동당은 스스로를 전체 한반도 근로대중의 대변자이자 옹호자로 규정하여 스스로 지위를 끌어 올렸고 사실상 북한 단독의 국가와 당 체제를 완성시킨 격이다.

국가 건설 과정에서 무력의 중요성을 인식하고 있던 북한 지도부는 이를 강화하는데 집중하였다. 일제가 남기고 간 중공업과 군수물자를 효율적으로 관리하면서 점차 체계적인 무력을 확보해 갔다. 7월에는 군 간부의 체계적인 육성을 위해 중앙보안간부학교를 설치 보병, 포병, 공병 등 각 분야 지휘관과 기술자를 키워내기 시작했다. 8월에는 정규 군부대로서 보안간부훈련소가 평양, 개천, 신의주, 정주, 나남 등 북한 중요 지역에 설치되었다. 이 훈련소는 보안대, 국방경비대, 철도경비대 등을 근간으로 편성되었으며 후에 인민군으로 변신하였다.

9월에는 김일성종합대학을 개교하여 총장에 김두봉이 임명되었다. 인민학교를 비롯한 중고등학교를 각 지역에 증설 새로운 사상을 교육시키고자 했다. 북한 지도부는 정치적 기반을 위한 전 인민의 참여를 독려하는 대중운동을 발기하였다. 11월에 제창된 건국사상총동원운동은 일제 말 국민정신총동원연맹처럼 새로운 나라에 적합한 인간형을 만들기 위해 구체화되었다. 인민대중의 사상개혁을 위해 벌이는 이 운동은 증산경쟁운동과 문맹퇴치운동을 중심으로 전개하였다. 북한의 친일파 청산은 3월 북조선임시인민위원회의 친일파, 민족 반역자에 대한 규정에 의거 처리되었다. 청산대상은 일제에 복무한 고급관리·경찰·헌병·밀정 등과 인민들의 원한의 대상자들이었다. 그러나 부칙 조항에 현재 나쁜행동을 하지 않은 자와 건국사업에 적극 협력하는 자에 한해서는 그 죄상을 감면할 수도 있다로 규정하여 건국사업에 친일관료와 전문가들을 인재로 상당수 활용하였다.

인민위원회 선거로 사실상 북한판 정부수립

북한 지도부는 정치 체제의 합법적 기반을 마련하고자 도·시·군 인민위원회 선거를 결정하고 11월 3일 인민위원회 선거를 북한 전역에서 실시하였다. 선거 결과 도위원 452명, 시위원 287명, 군위원 2,720명으로 총 3,459명이 선출되었다. 47년 2월 17일에는 도·시·군 인민위원회 대회를 열어 최고주권기관으로 '북조선인민위원회'를 탄생시켰다. 북조선인민위원회는 모든 국가적 사업을 책임지는 합법적인 최고 권력기관의 등장으로 사실상 북한판 단독정부가 수립되었던 것이다. 위원장에는 김일성, 부위원장에는 북로당 김책과 조민당의 홍기주가 선임되었다. 북조선인민위원회는 내무국, 외무국 등 14개의 국과 선전부, 총무부 등 4개부가 설치되어 정부 부처의 형태를 갖추었다. 이 조직은 실질적인 정부의 기능을 가지고 북한의 사회주의 건설을 위해 시급한 경제의 식민지적 편파성을 없애고 자립적 발전의 토대를 쌓기 위한 인민경제 발전계획을 수립하였다. 이 시기 북한의 정치·경제력 강화는 독자적인 발전 전략을 통해 스탈린이 지령한 부르주아 민주 독립국가 건설의 충실한 이행으로 볼 수 있다.

남한의 어려운 경제와 복잡한 정치

미소공동위원회가 무기 휴회되자 남한의 정치·경제 상황은 북한의 일사분란하고 체계적인 움직임에 비해 소란스럽고 복잡하게 전개되었다. 해방 이후 민중의 생활은 실업자가 급격히 늘고 생필품과 미곡의 가격이 급등하여 생활 형편이 상당히 어려워졌다. 소련에 비해 정책 준비가 미흡한 미군정은 남한의 현실을 무시하고 일본 식민통제경제가 시장의 원리에 위배된다고 하여 각종 규제를 폐지하였다. 미군정은 1945년 10월 5일 미곡 배급제를 폐지하고 각 농가가 미곡을 자유로이 판매할 수 있도록 허용했다. 미곡 자유화 조치는 쌀을 매점매석하는 모리배들의 준동으로 가격이 폭등하고 쌀을 구하기가 어렵게 되었다. 특히 도시민들의 식량 공급이 어려워지자 미군정은 1946년 1월 25일에 가서야 미곡수집령을 공포하고 식량공출에 착수했다. 뒤늦게 식량공출이 물가 폭등을 막고 사회를 안정시킬 수 있는 수단으로 판단한 미군정은 행정력뿐만 아니라 경찰력까지 동원하게 되었다. 이러한 식량공출 정책은 물리력에 의해 강제된 강압적인 성격을 띠고 있어 농민들에게 반감을 주고 반발을 불러일으켰다.

이러한 시기에 인구의 다수인 농민들의 관심사는 소작료 인하와 농지개혁에 있었다. 이를 인식한 미군정은 소작료를 최고 1/3로 제한한다는 3·1제를 공표했으나, 지주3, 농민7의 비율로 인하를 요구했던 소작농민들의 기대에는 미치지 못하였다. 농민들의 급진화를 막기 위해 실시한 3·1제에 만족하지 못한 농민들은 1945년 12월 좌익주도로 결성된 전국농민조합총연맹을 중심으로 무상몰수·무상분배의 토지개혁을 요구하였다. 다음해 3월 북한에서 토지의 무상몰수와 무상분배의 개혁을 단행했다는 소식은 남한 농민들의 농심을 더욱 동요하게 만들었다. 이에 자극을 받은 미군정은 1948년 3월 중앙토지행정처를 설치하고 귀속농지의 불하사업에 착수했다. 분배조건은 2정보 이하의 농지를 현재의 소작인에게 주고, 평년작의 3배를 15년에 걸쳐 현물로 분할 납부하도록 하는 것이다. 미군정의 귀속농지 불하사업은 8월 말에 85.9%의 귀속농지가 분배되어 농민들의 불만을 어느 정도 해소하게 되었다.

미군정은 1945년 12월 국공유와 사유재산을 포함한 모든 일본인 재산을 미군정에 귀속시켰다. 해방 직후 물러간 일본인의 회사와 토지에서는 한국인들이 재산을 접수하고 관리하는 자주관리운동이 전개되었다. 미군정은 일본인 재산을 자신들이 선정한 관리인을 임명해 자주관리운동을 무력화시키고자 했다. 이에 따라 산업체에서 일하던 관리자나 노동자 대신에 미군정이나 한민당과 가까운 상공인들이 재산관리처 자문회, 공장대책위원회 등 다양한 압력단체를 구성해 관리인으로 지정되었다. 미군정은 남한 지역에 자본주의 질서를 정착시키기 위한 기반을 마련코자 불하를 적극 추진하였다. 불하된 귀속재산은 564건에 13억여 원이고 불하된 기업체는 105건에 8억여 원이었다.

해방정국에서 일제 때 억눌렸던 노동·농민운동은 활기를 띠기 시작했다. 45년 12월 조선노동조합전국평의회는 1,757개 조합에 55만 3천여 명의 조합원을 보유하였다. 전국농민조합총연맹은 1,745개 지부에 330만여 명을 가진 국내 최대 규모의 조직이 되었다. 전평과 전농은 1차 미소공동위원회가 결렬되기 전까지는 미군정에 어느 정도 협조 관계를 유지하였다. 그러나 1946년 5월 15일의 조선정판사 위조지폐사건을 계기로 미군정이 좌익에 대한 대대적인 수사에 들어가면서 관계가 틀어지기 시작했다.

조선공산당은 조선은행의 지폐 인쇄소인 정판사가 있던 건물에서 기관지 《해방일보》를 인쇄하고 있었다. 경찰은 조선공산당이 활동 자금을 조달하기 위해 1천 2백만 원 어치의 위조지폐를 찍어 유포한 사실이 드러나 관련자들을 체포했다고 발표했다. 조선공산당은 조작된 사건이라고 강력 부인했으나 신문사 사장 권오직은 38선 이북으로 도피했고, 책임자 이관술은 무기징역의 유죄를 선고 받았다. 경찰의 수사망을 피해 지하로 잠적한 박헌영은 공든 탑을 하루아침에 무너뜨리듯이 7월 수세에서 공세로, 퇴거에서 진격으로 미군정을 치자는 신전술을 발표하였다. 해방정국에서 수많은 좌익들의 헌신으로 쌓아온 합법적 공간이 일순간에 무너지는 상황이 되었던 것이다. 미군정은 박헌영·이강국 등 조선공산당 간부에 대한 체포령을 내렸으며 선전선동에 앞장선 《조선인민보》·《중앙신문》·《현대일보》 등을 정간 처분시켰다. 박헌영은 체포령을 피해 9월 말 영구차를 타고 강원도 홍천으로 가서 비밀리에 38선을 넘어 평양으로 월북해갔고 이 길이 남한과 이별의 길이 되었다.

9월 총파업과 10월 대구항쟁

조선공산당의 전위조직으로 인적·정책적으로 연결되어 있던 전평과 전농은 방향을 전환하여 미군정의 노동·농민 정책에 적극 대항하기로 하였다. 당시 남한의 노동자들은 공장가동이 줄면서 실업자가 급증하고 임금이 크게 떨어졌다. 미곡의 자유판매정책은 식량문제를 더욱 악화시키고 물가 상승 등으로 극심한 생활고를 겪고 있어 좌익의 선전선동이 잘 먹히고 있었다.

1946년 9월 1일 경성철도국은 경영의 어려움으로 일방적으로 급료제 변경과 함께 운수부 노동자들을 감원한다고 통고하였다. 이에 경성철도국 노동자들은 태업을 시작하였고, 9월 23일 부산 철도노동자 7천여 명이 식량배급·월급제·감원반대 등을 내걸고 파업을 시작하였다. 파업이 9월 24일에는 용산 철도노동자로 옮겨 붙었고, 이어서 4만여 철도노동자가 동맹파업에 나섰다. 철도노동자들의 총파업 투쟁에 전평 산하 교통·체신·식품·전기 등 산업별 노동자 25만여 명도 동참하였다. 전평의 요구 조건도 노동개선에서 정치범 석방, 식민지교육 반대 등의 정치적 구호로 확장되었다.

미군정은 9월 30일 무장경찰 2,000명과 대한독립촉성노동총동맹, 대한민주청년동맹 등 1,000여 명을 동원하여 파업을 강제 해산시키고 1,200여 명의 노동자를 검거했다. 9월 총파업은 조선공산당의 지도를 받은 전평이 주도했지만 간부 및 조합원들이 대량 구속되어 조직이 크게 약화되었다. 전평의 공백은 파업 진압 과정에서 세력을 키운 대한노총이 대신하여 노동자들의 요구 조건을 내걸게 되고, 미군정이 이를 수용하여 일단락되는 듯 했다. 그러나 좌익세력이 강한 대구에서는 노동자의 총파업에 미군정의 식량 정책에 불만을 가진 학생들과 시민들이 가세하면서 복잡한 양상을 띠기 시작했다. 이때 미군정은 노동자들의 총파업에 상당히 당황했다고 한다. 미군은 대일전에 겨우 승리하고 명령에 따라 한국에 도착한 것이다. 일본군을 무장해제하고 한국을 해방시키기 위해서 왔는데, 미군정을 반대하는 과격한 시위가 일어났다는 것은 납득하기가 어려웠다고 한다. 빨리 임무를 수행하고 미국으로 돌아가고 싶은 미군들은 도와주고 뺨 맞는 격이 되어 당혹감속에 진압에 나서는 처지가 되었다고 한다.

10월 1일 대구역에서는 노동자 파업을 폭력으로 탄압하는 미군정에 맞서는 가두시위가 있었다. 대규모 시민들과 경찰이 대치하는 가운데 경찰의 발포로 1명의 노동자가 사망하자 시위는 경찰과 시민간의 폭력적인 충돌로 발전했다. 총파업을 계기로 미군정의 임기응변적인 정책에 민중들의 잠재된 불만이 폭발한 것이다. 당시 한국의 모스크바로 불리던 대구에서 시작된 항쟁은 주변의 군 지역으로 확산되면서 농민들이 중심이 된 민중 봉기로 발전하였다. 대구항쟁은 경북 지역으로 전파되었고 경남과 호남을 비롯 충청도와 경기도로 들불처럼 퍼져 나갔다. 항쟁 주도세력은 군단위로 조직된 농민조합과 인민위원회이고 농촌에서는 강제공출 반대, 도시에서는 식량배급이라는 구호를 외치고 있었다.

10월에 시작된 민중 항쟁은 3개월간 전개되면서 남한 전역으로 퍼져 나갔다. 전국에서 수많은 노동자와 농민이 참가한 시위와 봉기 과정에서 쌍방 간에 폭력이 개입되면서 1만여 명이 검거·투옥되었다. 결과적으로 노동자들의 총파업과 농민 봉기로 전평과 전농, 민전 등 좌익 조직이 심각한 타격을 입었다. 특히 전농 조직이 큰 타격을 입었는데 투쟁 과정에서 노출된 지방 전농 조직원들은 산속으로 피신하여 야산대 등을 조직 활동하게 되었다. 항쟁 주도자들은 검거되거나 지하나 산으로 잠복했고 혹은 월북하였다. 10월 항쟁을 계기로 미군정과 우익단체는 해방정국에서 우세했던 좌익세력에 심대한 타격을 가하였다. 대구항쟁의 혼란을 겪으면서 일반 대중에 대한 좌익세력의 영향력은 크게 감소하였고 조선공산당도 대중들로부터 점차 고립되어 갔다. 결과적으로 해방 직후 건국준비위원회와 인민공화국 출범으로 만들어진 지방의 건준과 인민위원회를 통해 주도권을 잡았던 좌익이 9월과, 10월 항쟁으로 결정적인 타격을 입고 지방의 정치 주도권이 우익으로 넘어가기 시작한 것이다.

2.
남한 정당들의 활동과 좌우합작 추진

한국민주당과 조선공산당의 경쟁

우익의 집합체인 한민당은 한국의 독립을 전제로하는 모스크바 삼상회의 결정을 용인할 수는 있지만, 신탁통치는 반대한다는 확고한 입장을 견지했다. 한반도를 좌지우지할 수 있는 힘을 갖고 있는 미소공위가 주도하는 정국에 부득이한 대응이었다. 그런데 우익과 다수 민중이 신탁통치를 결사반대하고 있음을 익히 알고 있는 미군정이 소군정과 무리하게 공동성명 5호를 합의 발표하였다. 그 내용은 모스크바 삼상회의 결정을 수락하는 선언서에 서명한 정당과 사회단체에 한해 미소공위의 협의 대상이 될 수 있다는 것이다. 한민당을 비롯한 우익 진영은 일대 혼란에 빠지게 되었다. 김성수는, 장덕수의 미소공위 참여로 실질적인 통일을 이끌어내자는 전략을 민주의원 원세훈과 김준연 등의 의견을 참고하여 한민당의 대응방안으로 결정하였다. 한민당은 5호 성명에 서명하더라도 신탁 찬반 의견을 표시할 수 있다는 하지의 성명을 믿고 서명하기로 한 것이다. 그러나 하지의 성명에 대해 소련은 삼상회의 결정에 대한 지지 서명은 신탁통치를 포함하는 것이어야 한다고 소련의 본심을 나타내었다.

미소공위가 참여 단체 문제를 타협하지 못하여 결국 무기휴회에 들어갔다. 어렵게 개최된 미소공위가 아무런 성과도 없이 휴회되자 한민당은 모든 책임이 현실을 무시한 소련과 이에 부하뇌동하는 조선공산당에 있다고 격렬하게 비난하였다. 한민당은 5월 17일 미소공위가 재개되지 않고 계속

휴회된다면 자발적으로 정부를 세워 세계열강의 승인을 요구하는 것은 당연한 일이라고 주장했다. 한민당은 창당초기부터 의회민주주의가 반영된 신국가 건설을 일관되게 주장해왔다. 때문에 소련과 북한의 방해로 통일국가 성립이 불가능하다면 남한에서 반소·반공에 입각한 자유민주주의국가를 세우겠다는 주장은 당연한 논리의 귀결이었다. 이러한 한민당의 의사표시는 송진우 암살 이후 임시정부 추대 노선을 폐기하고 새로운 방향으로 나아가겠다는 의지를 나타낸 것이다.

좌익 중심 조선공산당의 행보

덕수궁 석조전에서 미소공위회담이 열리자 박헌영의 조선공산당은 적극 환영하였다. 모스크바 삼상회의에서 소련의 수정안으로 채택된 신탁통치를 통해 공산주의에 의한 민족통일 국가수립이 가능했기에 조선공산당은 미소공위의 성공에 적극적이었다. 박헌영은 방송연설을 통해 "노동자 농민 여러분 학생 지식문화인 여러분 …… 우리의 정부는 정말로 서게 되었습니다. 인민을 위한 정부는 확실히 이 나라에 서게 되었습니다."라고 하면서 미소공위를 지지하였다. 조공은 미소공위를 통해 수립하는 임시정부는 민주주의적 원칙 위에 만들어져야 한다고 민주주의라는 용어를 남용하고 있었다. 그 뜻은 모스크바 결정을 지지하는 정당·단체와 인민을 위한 정치 형태인 인민위원회를 기반으로 하는 조직으로 궁극적으로 우익을 배제하자는 것이었다. 그들의 전술은 이승만, 김성수 등 우익 지도자들의 반동성을 폭로·공격하고 대중을 먼저 포섭하여 하층민들의 지지를 이끌어내는 통일전술이었다. 따라서 조공은 그들의 역량을 총동원하여 전국 각지에서 임시정부수립 촉진운동을 적극적으로 펼쳐 나갔다.

조공은 소련의 능력으로 임시정부는 세워질 것이라고 낙관하고 있었다. 하지만 소련 측의 무리하고 억지스러운 주장으로 미소공위는 5월 8일 무기한 휴회되었고 조공은 큰 충격을 받게 되었다. 조공은 미소공위 휴회의 책임이 우익 반동분자들의 방해책동에 있다고 격렬하게 비난하였다. 미소공위에 의한 임시정부 수립에서 거대한 우익세력을 배제한다는 것은 애초부터 불가능한 일이었으나 박헌영과 조공은 이러한 현실을 애써 부정했던 것이다. 조공은 미소공위 휴회 직후부터 회의재개를 위해 전평과 전농 등 조종이 가능한 전위단체를 총동원해 미소공위 속개 시민대회를 적극 열어갔으나 성과는 별무였다.

미군정 좌우합작을 추진하다

1차 미소공동위원회가 결렬된 이후에도 미 국무부는 연합국으로서 함께 싸운 소련과 한국 문제를 두고 협상할 여지는 남아 있다고 판단하였다. 미 국무부 관리들은 소련을 비난하고 자기주장만을 내세우는 이승만과 불편한 관계였고, 김구는 중국 국민당의 영향 하에 있다고 보아 이승만과 김구를 협상의 장애물로 간주하였다. 따라서 미 국무부는 이승만과 김구에 대해, 원로 망명객들이 목표를 돕기는커녕 방해하였다고 비난하면서 그들을 남한 정계에서 물러나게 하고 미국 정책에 협조할 정치세력을 양성하라고 미군정에 강력하게 훈령하였다. 미군정은 국무부의 강력한 지침에 따라 좌우익 사이에 중도적 입장인 김규식과 여운형을 독려하여 좌우합작을 성공시키기 위해 최선을 다하고자 하였다. 미군정의 구상에 호응하여 중도우파의 김규식, 한민당의 원세훈, 중도좌파의 여운형과 조공의 허헌 등은 세 차례의 예비회담을 거쳐 좌우합작위원회를 구성하였다. 한민당의 원세훈이 예비회담 때부터 우익 측 대표로 참여한 것은 당을 대표하는 것이 아니고 개인 자격으로 참여하였다. 하지가 6월 30일 합작 지지 성명을 발표하자 한민당도 부득이하게 좌우합작 지지 성명을 발표하게 되었다. 이어서 이승만과 한독당의 지지 담화도 발표되었다.

좌우합작위원회는 7월에 김규식을 위원장으로 하고 중도우익 계열에서 김규식·안재홍·원세훈·최동오·김약수 등이 참여했고, 중도좌익 계열에서 여운형·허헌·성주식·장건상·이강국 등이 참여했다. 미군정이 좌우합작위원회를 기반으로하는 남조선 과도입법의원 설치 추진으로 정국이 소란스러웠지만 좌우합작운동이 탄력을 받기 시작하였다. 그러나 7월 26일 개최 예정이었던 정례 회담이 극좌노선으로 전환하고 있던 조공이 좌우합작을 방해하기 위해 합작5원칙을 제시하여 유회되었다. 조공의 토지 무상몰수·무상분배와 친일파의 처리 및 인민위원회로의 정권이양 등 합작5원칙에 대해 우익 측에서는 북부조선과 마찬가지로 남부조선에도 공산주의를 실시하자는 것이라며 반대의사를 표시했다. 7월 29일 우익 측에서도 신탁통치를 제외한 모스크바 협정지지, 민주적 자유의 확립 등의 합작8원칙을 발표했다. 좌우익이 기존의 입장만을 되풀이하는 가운데 김규식과 여운형의 노력으로 10월 4일 양측안을 절충한 좌우합작7원칙이 발표되었다.

미군정은 좌우합작7원칙에 호응하여 민선의원 45명과 관선의원 45명으로 이루어지는 남조선과도입법의원 설치를 추진하였다. 1946년 10월 하순 몇 단계의 간접선거로 선출되는 민선의원 선거가 이루어졌다. 선출된 민선의원은 한민당 12명, 독촉국민회 17명 한독당 4명, 무소속 12명 등이었는데 무소속은 대부분 한민당 계열이었다. 미군정은 관선의원 45명을 좌우합작 성공을 위해 좌파와 온건우파의 인물로 지명했고, 과도입법의원 의장에 김규식이 선임되었다.

한편 우익세력의 핵심이며 중심인 한민당은 합작7원칙 중 탁치문제와 토지문제를 지적하면서 반대의사를 표명하였다. 좌익세력의 대표격인 조공은 5원칙만이 합작 원칙이 될 뿐 7원칙은 남한 단독의 입법기관 설치를 위해 만들어진 것이라고 반대 성명을 발표하였다. 미군정의 강력한 견제로 관망만 하고 있던 이승만과 김구는 모호한 태도를 보였다. 좌우익을 대표하는 공산당과 한민당의 합작7원칙에 대한 부정적 반응은 양 진영으로부터 완전한 동의를 얻지 못했음을 뜻하는 것이고, 좌우합작이라는 본래의 목표는 달성될 수 없음을 말하는 것이다.

좌우합작 추진이 좌초되다

불행하게도 좌우합작위원회가 7원칙에 합의할 즈음에 시작된 좌익들의 집단행동으로 정국이 급격히 냉각되었다. 9월 철도노동자 총파업과 10월 대구항쟁 과정에서 미군정과 우익세력 대 조공 등 좌익세력 사이에 심각한 폭력사태가 발생하여 좌우익의 협조 관계는 파국을 향하고 있었다. 남한 내 좌우익의 충돌도 문제였지만 더욱 큰 문제는 한반도의 운명을 좌우하는 미국과 소련의 관계였다. 미소공위가 무기휴회 된 뒤 미·소는 겉으로는 공위 재개를 위해 노력하는 행동을 취했지만 속셈은 다른데 있었다.

1946년 말부터 미·소의 갈등은 동유럽이나 한반도뿐만 아니라 전 세계적 차원에서 심화되어 냉전이 시작되고 있었다. 1947년 1월 미 국무장관에 대소 강경론자인 마샬이 임명되었다. 3월에는 트루먼 독트린이 발표되어 공산주의 세력을 막기 위해 반공정책을 취하는 국가와 정부에 대한 지원의지를 표명하였다. 미국의 정책변화에 따라 모스크바 협정을 고수하려던 협상파들이 물러나고 한국 문제에 관한 미 국무부의 방침도 변하기 시작하였다. 합작위원회는 7원칙 발표 후 미소공위 재개 촉구 성명을 발표하고 조속한 회의 재개를 촉구했다. 어쨌든 미·소 양국의 당국자 간에 공위 재개 교섭에 진전이 있어 공위가 이루어지게 되었다. 1947년 5월 21일 2차 미소공동위원회가 어렵게 서울에서 열렸다.

이때 한민당의 김성수와 장덕수는 2차 미소공위를 통일정부 수립의 마지막 기회로 보고 미소공위에 참여할 것을 적극 주장하였다. 한민당의 공위 참여로 총선거를 통한 통일정부 수립 호소에 170여 단체가 호응했다. 6월 10일자 한민당 성명서 요지는 "임시정부를 수립하여 이 정부가 신탁을 거절하게 하고, 자주적 임시정부가 실제 정부 역할을 하자"는 것이었다. 그러나 재개된 회담에서도 소련 대표는 1차 회담 때와 마찬가지로 참여단체 조건을 내걸었다. 미국대표는 회담성사를 위해 1차 회담에서 고집했던 반탁 세력의 언론 자유를 양보하였다. 7월 중순 미소공위는 참여단체 명부를 작성코자 했는데, 소련은 서약서를 제출했다 해도 반탁단체에 가입한 조직은 제외되어야 한다고 본색을 드러내는 어깃장을 놓았다. 미군정은 소련의 정략적인 주장을 더 이상 받아들일 수 없어 2차 공위도 교착상태에 들어갔다. 미국은 대소 강경 정책인 트루먼 독트린이 발표된 이후였기 때문에 미소공위의 활동 및 결과에 큰 기대를 접고 있었다.

2차 미소공위의 실패로 통일임시정부 수립이라는 목적을 지녔던 좌우 합작운동의 의미가 퇴색되었다. 더욱이나 7월 19일 좌우합작의 핵심 인물인 해방정국의 거두 여운형이 극우 청년에 의해 암살됨으로써 추진동력을 잃어버리게 되었다. 애석하게도 좌우합작위원회는 미국에 의해 한반도 문제가 유엔으로 이관됨에 따라 12월 6일 해산되었다. 좌우합작운동은 미 국무부의 일관된 정책의지와, 극단적인 좌우익의 대립을 극복하고자 하는 내적인 필요가 어우러져 시작된 것이다. 미소공위를 매개로 한반도에서 통일임시정부를 수립하고자 했던 것이다. 그러나 현실적으로 북한에서는 공산정권이 자리 잡아가고 있고, 남한에서는 좌우합작을 실현시킬 수 있는 세력이 없다는 것이 문제였다.

남조선 과도입법의원과 과도정부

미 국무부가 미소공위에서 임시정부 구성에 실질적인 성과를 낼 수 없음을 예견하고도 1년 7개월 동안 고집한 것은 무엇 때문이었나? 당시 미 국무부 관료들은 남한의 수준을 식민지 노예상태에서 막 해방된 나라로 과소평가 하고 있었다. 그러나 실제로는 동북아에서 가장 서구적인 의회민주주의를 추구해온 김성수, 안재홍, 조병옥, 서상일·허정과 같은 우익인사들이 단단히 자리 잡고 있었다. 한민당과 우익진영은 고학력자들로서 개인의 자유와 독립을 역사발전의 동력으로 인식하고 있었던 사람들이었다. 그들은 전근대사회에서 볼 수 없었던 진보적인 신흥 정치·사회 세력이라고 볼 수 있다. 결과적으로 한국은 일본이나 중국이나 서구 어느 나라에 뒤지지 않은 민주주의를 정착시켜 낸 것이다. 미 국무부 관리들이 상투적으로 평가했던 민중을 억압하고 착취하는 반동세력이 아니었다.

남한에서 우익이 정권을 세우면 좌익혁명이 일어날 위험성이 있다는 미 국무부 진보 관료들의 판단은 잘못된 도식에 불과했던 것이다. 한민당과 이승만의 우익은 대중의 지지를 받았으며, 공산주의와의 투쟁에서 결코 밀리지 않았다. 남한의 민중들은 결과적으로 민족적이고 민주적인 우익진영을 지지했던 것이다. 김규식과 여운형을 존경했고 좌우합작을 적극 추진했던 하지의 정치보좌관 버치 중위는 분석하기를 "남한에서 공산주의자가 다른 작고 가난한 문맹 국가들만큼 성과를 얻지 못한 주요 이유는, 한국 사람들이 대체로 그런 나라들에 비하여 살림살이가 더 좋기 때문이다. 기아가 거의 없고 있을 때도 심각하지 않았다 …… 한국 사람들은 공산주의자들의 전투적, 불평적, 부정적 방식을 잘 수용하지 않는다. 가장 가난한 주들에서 가장 폭력적인 좌익을 볼 수 있다는 점이 이를 입증해준다." 불행하게도 사상의 자유를 보장하는 미국의 다양한 정책이 한반도의 현실을 무시한 채 갈지자를 걸음으로, 해방 이후 남한에서 북한에 비해 수많은 갈등과 희생이 노정되는 가혹한 역사가 전개되었다. 안타깝게도 그것이 씨앗이 되어 오늘날까지 한국 사회에서 되풀이 되고 있는 것이다.

미군정은 초기부터 미국의 정통성을 입증할 수 있는 한국인의 대의기구 설치에 큰 관심을 가지고 있었다. 1946년 2월에 반탁운동을 위해 결성된 비상국민회의의 최고정무위원회를 모체로 한 남조선 대한국민 대표 민주의원을 개원시켜 운영하였다. 12월에는 미군정이 좌우합작과 중도파 육성을 위해 남조선과도입법의원의 개원을 적극 후원하였다. 과도입법의원은 통일임시정부가 수립될 때까지 개혁의 기초로 사용될 법령 초안을 미군정에 제출하는 일종의 입법기구였다. 민선 45명의 입법의원은 46년 10월 다단계 간접선거로 선출 했는데 한민당과 독촉 및 지방유지 등 우익계열이 대거 당선되어 미군정을 당황케 하였다. 미군정은 관선의원으로 김규식, 여운형 등 좌우합작파 위주로 임명하여 중도파를 적극 후원하였다. 입법의원은 8개 상임위원회를 설치 한국 최초의 대의정치기관으로 의욕적으로 출범하였다. 그러나 입법의원은 하지의 기대와는 달리 한민당 출신 의원들이 제출한 반탁결의안을 47년 1월 다수의 찬성으로 통과시켜 미군정을 곤혹스럽게 만들었다. 입법의원의 활동으로 하곡수집법, 미성년자 노동보호법, 공창제도 폐지령 등 사회경제 법령 11건을 제정 통과시켰다.

안재홍

미군정은 의욕적인 입법의원 구성에 이어 1947년 5월에는 남조선과도정부를 설치하여 행정 최고책임자인 민정장관에 중도파인 안재홍을 임명하였다. 미 군정청에서 분리된 대법원장에는 김용무를 임명하여 형식적으로나마 한국인이 삼권을 대표하는 남조선과도정부를 수립시켰던 것이다.

3.
6·3정읍발언과 남한단정 추진

이승만의 6·3정읍발언

미소공위를 적극 추진해온 미국은 한국에서 모스크바 협정을 실현시켜 최대한 빠르고 품위 있게 미군을 철수시키는 것이 당면과제였다. 미군정 역시 본국의 재정지원 부족과 정책의 미비로 효과적인 군정활동이 어렵기에 미소공위를 성공적으로 이끌어 내고자 했다. 그래서 미군정은 반소주의자로 격렬하게 신탁통치를 반대해온 이승만을 민주의원 의장직에서 사임케 하였다. 그리고 미소공위가 열리는 동안 서울을 떠나도록 지방 순회를 권유하여 이승만의 남선순행이 시작되었다. 이승만은 자의 반 타의 반으로 1946년 4월 16일 돈암장을 출발 충청도 천안을 시작으로 경상도와 전라도의 주요 지역 순회에 나서게 되었다.

남선순행은 이시영·신익희·이청천·배은희 등 독립운동가들이 지도부를 구성하고 있는 독립촉성국민회의 지부가 앞장서고 한민당과 경찰·행정·우익청년단체 등이 협조하여 연설회를 개최하였다. 이승만은 연설회에서 반소, 반공 및 민주주의 국가건설을 강조하였다. 각 지역의 연설회에는 미군정과 경찰이 치안유지를 담당하고 우익세력이 협조하여 대규모 청중이 참여하면서 성공적으로 개최되었다. 해방정국에서 남선순행은 이승만과 우익이 함께한 성공적인 정치 행보였다. 지방의 경찰과 우익은 공공연히 좌익세력을 억누르고 우익세력을 강화시켜 지역의 정치 판세를 뒤집어 갔다. 대중들은 미군정과 경찰 등 공권력이 누구를 지지하고 배격하는지를 분명히 알 수 있었다.

이승만 정읍발언 기사

이에 비해 1946년 초반 반탁운동으로 고조되었던 김구의 임정세력에 대한 엄청난 대중의 지지를 생각해보면 믿기 힘든 상황이 되어졌다. 김구는 결연한 자세로 반탁운동을 불러일으켜 남한 정계의 중심으로 우뚝 섰다. 그러나 대중적 지지를 자신의 정치적 힘으로 환원시키는데 성공하지 못하고 실패했던 것은 김구의 정치력의 한계였다. 미소공위가 결렬되었다는 소식을 들은 이승만은 5월 10일 광주에서 서울로 급히 귀경하였다. 서울에서 이승만은 하지와 김구를 만나 시국을 협의하였다. 5월 11일에는 민주의원 회의에 참석하여 기자회견을 갖고 소련 측의 고집행위로 미소공위가 무기 휴회된 것을 비난하였다. 현지의 지역민심은 민족적으로 통일되어 가는 것으로 보이며 하루 바삐 우리 정부가 서기를 바라고 있는 것을 확인했다고 밝혔다.

이승만은 미소공위의 무기휴회로 중단되었던 남선순행을 재개하여 6월 2일 돈암장을 출발 열차 편으로 전라도 정읍에 도착 지역유지들을 접견하였다. 6월 3일 오전 정읍동초등학교 교정의 3만여 명 군중 앞에서 이승만은 다음과 같은 돌발적인 정읍발언을 하였다. "이제 우리는 무기 휴회된 미소공동위원회가 재개될 기색도 보이지 않으며 통일정부를 고대하나 여의케 되지 않으니, 우리는 남방만이라도 임시정부 혹은 위원회 같은 것을 조직하여 삼팔이북에서 소련이 철퇴하도록 호소하여야 될 것이니, 여러분도 결심하여야 될 것이다. 이번에는 우리 민족의 대표적 통일기관을 귀경한 후 즉시 설치하게 되었으니, 각 지방에서도 중앙의 지시에 순응하여 조직적으로 활동하여 주기 바란다."

이승만은 정읍을 떠나 전주에서 가진 기자회견에서 어제 정읍에서 연설한 말 중 남조선만의 정부 운운의 내용이 있었는데, 그것은 남조선 단독정부수립을 의미하는 것인가? 라는 기자 질문에 본인의 생각으로 말한 것이라고 답하였다. 이어서 전주공설운동장 연설회에서도 정읍발언의 내용을 언급하여 언론에 대서특필되었다.

그러면 이승만은 왜 해방정국에서 금기어에 해당되는 남한 단독정부수립 방안을 서울·대구·부산·광주 등 거쳐 온 대도시가 아닌 중소도시 정읍에서 발표하였을까? 이승만은 민감한 시국에서 정읍을 남한 단독정부수립에 명분을 밝힐 수 있는 역사적인 땅이라고 본 것 같다. 일찍이 1894년 정읍에서 일어난 동학농민혁명은 봉건신분제를 타파하고 평등이 보장되는 세상을 추구했던 곳이다. 일제강점기에는 자칭 수백만의 교인을 자랑했던 증산·보천교의 '남조선운수론'이 주창되어 남조선이 독립하여 세계 문명을 주도할 나라가 된다는 믿음을 갖고 있었던 땅이었다. 그래서 이승만은 소싯적부터 익히 알고 있던 정읍의 역사적 여건을 배경삼아 남한 단정수립의 소신을 밝힌 것으로 보여진다. 그러면 왜 이 시점에서 폭탄선언을 터트리게 된 것인가? 국제정세에 해박했던 이승만은 미·소간의 냉전 추이와 소련의 끝없는 공산주의 확장정책으로, 미·소간에 타협이 불가능하고 북한이 공산국가가 되는 것은 자명한 일로 판단한 것으로 보인다. 그런 소련과 통일적 임시정부를 세운다는 것은 궁극적으로 한국이 공산화 되는데 협조하는 것으로 보았던 것이다.

이러한 엄중한 상황 속에서 북한에서는 이미 공산주의 정부수립에 박차를 가하고 있었다. 46년 1월에는 반탁을 주도한 조만식이 연금되고 북한 내 우익세력이 숙청을 피해 남한으로 내려오고 있었다. 2월에는 북조선 임시인민위원회가 조직되어 사실상의 정부 역할을 수행하였고, 3월에는 무상몰수·무상분배의 토지개혁을 단행하여 대다수 농민들의 환호를 받고 있었다. 북한만의 화폐를 발행하는 등 사실상 북한 단독정부수립에 소군정과 김일성은 일사천리로 추진하고 있었던 것이다. 이러한 상황 속에서 남한에서는 미 국무부의 지시에 따라 미군정은 모스크바 협정 이행을 앵무새처럼 복창하고 있었다. 미국의 우유부단한 정책으로 좌우익 간의 진영대립은 날로 커지고, 우익끼리는 주도권을 잡기 위해 혈투를 벌이고 있었다. 남한은 화약통과 같아서 불만 댕기면 폭발하고 말 것이라는 베닝 호프의 말대로 폭발직전의 불안정한 상태에 빠져 있었던 것이다.

따라서 소련과 북한의 치밀하고 적극적인 공세에 효과적으로 대응하기 위해 남한 우익과 민족세력의 특단의 대책이 요구되는 시점으로 본 것이다. 그래서 이승만은 자칫하면 만고의 역적이 될 수 있는 위험을 무릅쓰고 소련의 공산주의 확장정책을 막고, 남한에 자유 민주국가를 건설하기 위해 정읍발언을 터트리게 되었던 것이다. 그래서 이승만은 오늘날 보수우파들에게는 선각자로, 진보좌파들에게는 남북분단의 원흉으로 불리고 있다.

공론화된 남한단정 수립론

이승만의 정읍발언은 남한정국에 벌집을 쑤신 격이 되었다. 좌익계 신문들은 이승만의 정읍발언이 민족의 분단을 초래할 단정론으로 규정하면서 연일 격렬하게 비판하였다. 정치권에서는 한민당을 제외하고는 좌익과 중도 그리고 김구의 임정까지도 비판에 가세하였다. 미군정도 이승만의 정읍발언은 모스크바 협정을 실행코자하는 미국의 공식입장과 어긋나는 것이라고 엄중하게 비판하였다. 그러면서도 미 군정청 공보부가 6월7일부터 9일까지 서울 시민 1,049명을 대상으로 이승만의 정읍발언에 대한 표본조사를 하였다. 단독정부 수립발언이 정치적 통일에 미치는 영향이 긍정적이냐에 그렇다가 58%, 아니다가 28% 무응답이 14%로 좌파와 중도파들의 맹렬한 비난에도 서울 시민들은 다수가 긍정적으로 평가하고 있음을 보여주고 있었다.

그러나 당시 소군정과 북한 임시인민위원회의 탄압과 숙청으로 월남한 수십만의 기독교인들과 피난민들을 통해서 북한실상을 알고 있을 정치 지도자들과 언론들은 왜 꿀 먹은 벙어리가 되었는지 궁금한 일이다? 사실 이승만의 정읍발언은 단독정부 수립의 효시가 아니라 미소공위 전후 여러 곳에서 언급되었던 내용이었다. 미군정은 모스크바 삼상 결정 이전에 정무위원회 구상에서 남한 단정수립 가능성을 검토하였다. 하지의 미군정은 신탁통치를 폐기하고, 미국이 선제적으로 정부를 구성하여 여기에 공식적 대표성을 부여 대소교섭을 유리하게 관철시켜가자는 방안을 세웠다. 미군정의 이러한 건의에 미 국무부는 냉담하게 거부하고 신탁통치를 통한 한국 문제 해결 정책을 지속 추진케 하였다.

> '이 지점에서 순진하고 저돌적인 하지가 아니었더라면 한국은 미 국무부의 공식정책에 따라 공산화가 되었을 것이다. 저돌적인 하지가 미국 정부의 공식적인 신탁통치정책을 등한시하고, 한민당과 손잡고 현지 실정에 맞는 정책을 집행하여 미국이 품위 있게 한반도를 떠날 수 있는 계획이 틀어지게 된 것이다.'

남한 단독정부론은 1946년 4월 초부터 언론을 통해서 간헐적으로 제기되었다. 미소공위가 지지부진하고 있던 4월 6일 AP통신은 미군정이 이승만을 주석으로하는 남조선 단독정부 수립을 미 정부에 건의했다고 보도했다. 이 보도에 대해 이승만은 논평을 유보했고, 김구는 천만의외라며 남북통일과 좌우 협조를 강조했다. 미군정도 근거가 없는 기사라고 단호하게 부인하였다. 5월 22일에는 미군정이 38선 이북 지역 여행에 특별허가가 필요

김규식

하다는 조치를 발표하였다. 이에 민주의원들을 중심으로 5월 내 미소공위가 재개되지 않으면 단독정부가 불가피하다는 주장이 고개를 들었다.

한국 정치의 변곡점이 되는 이 시기에 하지의 미군정은 사실상 남한 정치의 운명을 가르는 중대한 판단과 결정을 내린 것으로 보인다. 주요 내용은 박헌영과 조공에 대한 집중적인 탄압, 여운형에 대한 회유와 공작, 김규식에 대한 신뢰와 좌우합작운동 지지 등을 행동으로 추진해가게 되었지만 성공하지는 못했다.

미소공위 결렬을 계기로 대한독립촉성국민회와 한민당 등 우익 진영이 5월 12일 서울운동장에서 개최한 독립전취국민대회에는 100여개 단체와 십만여 명의 대규모 군중이 참석했다. 여기에서 민주의원의장 대리 김규식은 남한단정을 수립해야 한다는 폭탄선언을 하였다. 그는 "이제 우리는 양국의 협력을 기대할 것 없다. 우리 민족이 일치단결하여 우리 손으로 정부를 만들어 열국에 자랑해야 한다. 남의 손으로 만든 것은 우리의 정부가 아니다. 38선이 급히 터지면 북측 친구들이 와서 우리를 못 견디게 할 것이므로 38선을 그대로 두고 38선 이남에서 한인만으로 정부를 만들면 그 정부는 대구에 있든지 제주도에 있든지 통일정부이다."라고 주장하였다. 발언의 파문이 언론을 통해 확산되자 확신이 부족하고 금기를 깨고 나갈 용기가 부족했던 김규식은 발언의 진의는 남북통일정부라고 변명하였다.

본격화된 남한단정 수립

고심 끝에 정읍발언을 통해 남한단정 수립 구상을 밝힌 이승만에게 가장 중요한 것은 점령 당국인 미국의 반응이었다. 1차 미소공위가 결렬된 후 미 국무부 반응은 이승만과 김구를 배제하는 더욱 강화된 대한정책을 수립 미군정에 하달하였다. 이에 따라 미군정은 6월 중순부터는 남한단정을 반대한다는 분명한 입장을 표명하고 앞에서 언급한대로 좌우합작위원회 정책을 적극 추진했던 것이다. 46년 6월 정읍에서 남한단정을 발표했다가 여론의 거센 비판을 받았던 이승만은 11월부터 본격적으로 남한 단정론을 주창하였다. 이 시기에 하지는 입법의원에 중도파를 적극 후원하였지만 한민당 등 우익들이 입법의원을 장악하는 것을 묵인하고 있었다. 이승만과 관선의원 문제로 갈등을 겪은 하지는 이승만을 서울 정치에서 격리시키기 위해 미국 방문을 권유하게 되었다.

이승만은 12월 4일 미군용기를 타고 미국으로 향하였다. 미국에 도착한 이승만은 단독정부 수립의 필요성을 미국 정책 담당자들과 자신의 후원자들 그리고 언론인들을 접촉하여 적극 홍보하였다. 이승만은 하지와 미군정 그리고 미 국무부 일부 인사들을 공산주의자들이라고 공격하면서 여론을 환기시켰다. 1947년 3월까지 전개한 이승만의 외교활동은 기대만큼 큰 성과를 내지는 못하였다. 반공언론과 소수의 친이승만계 인사를 제외하고는 미 국무부를 비롯한 미국 정계가 그의 활동을 부정적으로 평가하였기 때문이다. 미 국무부는 단정수립으로 좌우익 충돌을 해결할 수 없고, 미국 정책목표를 달성할 수 없기 때문에 이승만을 적극 견제했던 것이다. 그러나 미국 내의 성과는 미미했지만, 이승만의 방미 활동이 국내 언론을 통해 보도되면서 국내 여론에 큰 반향을 불러일으켰다. 때마침 그리스와 터키를 구하기 위해 3월 12일 발표된 트루먼의 대소봉쇄정책이 이승만의 외교활동의 성과로 미화 홍보되어 이승만의 외교신화를 만들어 냈다. 귀로에 일본에서 맥아더와, 중국에서는 장제스와 회담하고 4월 21일 귀국한 이승만의 정치적 입지는 출국 전 보다 훨씬 강고해지고 강력해졌다.

기세가 등등해진 이승만은 김구에게 임시정부 법통론을 포기할 것과, 김규식에게는 좌우합작운동을 포기하고 단정수립 노선을 걸어가자고 권고하였다. 그리고 정읍발언 이후 비판을 받아온 단독정부론에 대해서도 현실적 이유를 들어가면서 국민들을 적극적으로 설득하기 시작했다. 그는 "단독정부란 말은 애초에 누가 만들어낸 말인지 모르겠으나 …… 선거를 반대하는 사람들이 단독선거라는 언론을 내서 인심을 현혹한 것이니 이들은 총선거도 말고 정부도 수립하지 말고 가만히 앉았다가 공산화하고 말자는 것이다."라고 하며 국민을 향해 직설적으로 설파하였다.

미국의 한국 정책 전환

1947년 3월 워싱턴에 소환된 하지가 기자회견을 통해서 소련이 모스크바 협정을 위반하고 남침준비를 위해 50만의 북한군을 조직하고 있다고 밝혔다. 5월에 서울로 귀환한 하지는 미국인 기자간담회에서 자신은 다른 점령군 사령관에 비해 두가지 특수한 상황에 있다. "하나는 러시아인들과 협상을 해야 하고, 다른 하나는 아일랜드인처럼 싸우기를 좋아하는 다루기 까다로운 한국인들을 상대해야하는 것"이라고 푸념을 해댔다. 7월에 들어서면서 어렵게 재개한 2차 미소공위가 협의 대상 단체 선정 문제로 또다시 공전을 거듭하고 있었다. 특히 미군정 측은 7월 1일부터 3일까지 북한의 정당 및 사회단체와의 협의를 위해 북한을 다녀온 후 급격한 자세 전환이 있었다. 북한은 소련과 김일성을 중심으로 일사분란하게 통일되어 있음을 현지에서 파악했기 때문이다. 특히 연금되어 있던 조만식을 통해 북한실정을 엄중하게 깨닫게 되었다. 미군정은 미소공위를 통해서는 더 이상 공평한 통일임시정부를 수립할 수 없음을 판단하고 새로운 대책을 미 국무부에 강력하게 요청했다. 2월에 신임장관으로 온 조지 마셜의 국무부도 중국 내전에서 공산당의 승리가 확실해지자 새로운 한반도정책을 마련하게 되었다.

미국은 2차 미소공위가 소련의 방해로 결렬이 기정사실화되면서 유엔을 통한 해결방식으로 전환하게 되었다. 9월 8일 미국은 워싱턴에서 미·영·중·소 4개국 외상회의를 열어 한국 문제 협의를 제안했으나, 소련은 모스크바회담에 위배된다고 반대하였다. 이에 미국은 9월 16일 한반도 문제를 유엔에 이관하겠다고 소련에 통보했다. 유엔총회는 9월 23일 표결을 통해 한국 문제를 정식 의제로 채택하였다. 소련은 9월 26일 미소공위의 소련 대표를 통해 48년 초까지 한반도에서 미·소군이 철수하고 한국인 스스로가 정부를 수립하도록 하자고 전략적인 제안을 해왔다. 11월 14일 유엔총회에서 소련의 미·소양군 철수안은 부결되고 미국이 제출한 남북한 인구 비례에 의한 자유선거안이 통과되었다. 당시 유엔은 미국이 주도하고 있었기 때문에 소련의 주장은 지지받기 어려웠다.

미 국무부는 하지에게 유엔한국임시위원단과 접촉하고 총선거를 준비하라고 훈령하였다. 하지와 미군정은 남한만의 단독정부 수립을 위한 정책을 본격적으로 추진해가기 시작했다. 미국에서 파견된 웨드마이어와 드레이프 특사 등과의 협의를 통해 단정수립에 필요한 중요한 정책들을 조정해 갔다. 미군정은 주한미군 철수 문제와 남한의 극심한 경제난 등을 고려하여 군대육성과 경제원조 방안을 수립하였다.

유엔한국임시위원단의 활동

1948년 1월에 유엔한국임시위원단의 8개국 위원들이 속속 서울에 도착했다. 1월 12일부터 인도 대표 메논을 임시의장으로 선출한 뒤 본격적인 활동에 들어갔다. 1월 22일에는 한국인 면담 대상으로 이승만·김구·김규식·김성수·조만식·박헌영·김일성·허헌·김두봉 등 9명이 선정되었다. 소련의 유엔대표 그로미코가 1월 23일 서한을 통해 유엔한국임시위원단의 북한 방문을 거부한다고 밝혔다. 유엔한국임시위원단은 1월 26일부터 남한 쪽 지도자들과 면담을 시작하였다. 유엔한국임시위원단과의 면담에서 이승만과 김성수는 소련이 점령한 북한 상황이 어렵다면 우선 남한만의 총선거로 정부를 수립한 뒤 통일의 길을 찾아야 한다고 밝혔다.

김구와 김규식은 먼저 미·소 양군이 철수한 뒤 남북협상을 하고 그런 후에 총선거를 실시하여 통일정부를 수립해야 한다고, 소련과 북한의 주장과 유사한 의견을 제시하였다. 좌익인사와는 접촉도 못한 유엔한국임시위원단은 소련 측의 거부로 북한에서 활동이 어렵기 때문에 향후 활동에 유엔 방침이 필요하게 되었다. 2월 19일 열린 유엔소총회에서 메논이 한반도 상황을 보고하고 몇 가지 대안을 제시하여 결정을 요청하였다. 유엔소총회는 우여곡절 끝에 2월 26일 표결에 붙여 선거가 가능한 남한 지역에서만이라도 총선거를 치르도록 결정하였다.

민족주의 우익진영의 분열

우익과 좌익이 해방정국에서 건국 주도권을 잡기 위해 치열하게 싸워왔는데, 유엔에서 한국 문제가 상정된 즈음부터 우익진영의 분열이 시작되었다. 1947년 6월 보통선거법이 과도입법의원에서 통과 되었고 그 선거법에 따라 한국 민족대표자 2백명이 뽑혀 한국 민족대표자회의가 결성되었다. 이승만은 한국 민족대표자회의에 김구의 국민의회를 통합해서 우익의 정부수립운동기구를 만들고자 하였다. 그러나 김구의 한독당은 유엔감시하에 남북총선만을 반복적으로 주장하였다. 그리고 한발 더 나가 좌익과 중도파들이 주장하는 남북협상을 지지하고 민족대표자회의와는 단절하겠다고 발표했다. 이에 놀란 한민당 지도부가 김구를 만나 겨우 설득하여 실제 행동을 유보시켰다. 마침내 유엔총회에서 한국 문제에 관한 총선거안이 통과되자, 김구는 11월 24일 남한단독선거는 국토 양분의 비극을 가져올 것이라는 성명을 발표했다. 이번에는 이승만이 김구를 설득하자, 11월 30일 김구는 이승만의 단독정부 수립 노선을 지지한다는 성명을 발표했다. 이때까지만 해도 한민당은 김구를 자신들의 지도자라고 생각하고 있었다. 한민당 대표 김성수는 송진우가 암살당한 껄끄러운 사건에도 불구하고 임정에 대한 지지를 버리지 않았다. 김성수는 한민당 내에서도 한독당과의 통합을 적극 추진해 왔던 인물이었다.

장덕수의 암살과 우익의 분열

유엔한국임시위원단의 도착에 대비하여 우익진영의 통합이 요청되던 시기에 한민당 정치부장 장덕수가 12월 2일 저녁 자택에서 암살되었다. 암살된 장덕수는 1894년 황해도 재령에서 빈농의 아들로 태어났는데 형 덕준, 동생 덕진 3형제가 나라를 위해 목숨을 바친 열혈지사들로 유명하다. 장덕수는 일제 말 부득이 하게 친일부역에 앞장섰으나 한민당의 두뇌로써 매우 중요한 인물이었다. 뛰어난 정치적 식견과 판단력 때문에 송진우, 김성수, 미군정의 하지, 이승만, 김구도 높이 평가하고 그의 말을 경청했던 것이다.' 장덕수는 해방정국에서 한민당의 이론과 정치적 노선을 제시한 전략가였다. 그는 기본적으로는 반탁이지만, 미소공위에 참여하여 남북한 총선거를 통한 통일정부를 수립하고 그 정부가 신탁을 거부하자는 주장을 설파하였다.

장덕수

그래서 한민당은 갈지자로 걸은 것이 아니

고, 통일정부가 설수 있다는 희망을 가지고 1·2차 공위에 참여하고자 했던 것이다. 이런 측면에서 본다면 해방정국에서 통일한국 출범에 가장 근접한 노선을 가지고 현실적으로 노력했던 우익세력은 한민당이었다고 볼 수 있다. 경찰은 암살 용의자로 현직경찰 박광옥과 배희범 그리고 한독당중앙위원 김석황을 체포하고 배후로 국민의회의 김구를 지목하였다. 한민당은 김구와 한독당을 신도를 살해한 백백교에 비유하면서 살인마의 조직과 명령 계통을 근절하라고 요구했다. 김구의 환국을 돕고 임정봉대론을 주창했던 한민당은 이제 임정의 한독당과 결별을 선언한 것이다.

너무나도 늦었던 김구의 노선전환

김구는 장덕수 암살사건에 법정 증인 출석을 부담스러워하여 이승만에게 법정 출석 취소를 부탁하였다. 이승만은 김구의 부탁을 냉정하게 거절하였고 국민의회를 무시한 채 자파 인물을 중심으로 한국 민족대표단 명단을 발표하였다. 그러자 김구는 이승만에게 인간적으로 깊은 배신감을 느끼고 20여일 만에 입장을 바꾸어 "우리는 여하한 경우에든지 단독정부는 절대 반대할 것이다."라는 성명을 발표하고 노선을 바꾸었다. 한민당 등 우익의 지지와 추앙으로 민족의 지도자로 대접받아온 김구의 너무나도 늦은 노선변경이었다. 독립투쟁에 대한 경륜이 풍부했던 김구가 현실정치에서 임정법통에 대한 과도한 집착과, 그것이 불가능해진 이후 통일정부와 단정을 오가던 중에 나온 결과로 안타까운 노선 변경이었다.

1차 미소공위 결렬과 정읍발언으로 등장한 남한단정론의 대두는 민족주의 진영의 정치적 위기의식을 심화시켰다. 좌우합작운동의 리더 여운형이 암살된 후 김규식은 홍명희, 안재홍, 원세훈 등과 중도파 세력을 규합하여 12월 민족자주연맹을 결성하였다. 민족자주연맹은 4개 연합단체와 14개 정당 등으로 구성되었다. 그러나 김규식은 이미 북한에서 김일성 1인 체제를 구축해 가고 있는데도 불구하고 때늦은 민족자주와 민족통일을 주창하고 있었던 것이다.

김구가 우익진영에서 이탈하여 중도파에 서는 노선변경은 우익진영에 충격적인 일이었다. 대한민국의 건국노선은 큰 시련에 봉착하게 된 것이다. 김구는 반탁운동의 논리적 결과인 남북한 분단정권의 수립을 자초해 놓고, 세가 불리해지자 갈지자로 노선변경을 강행한 꼴이 된 것이다. 김구는 노선변경 전까지는 이승만보다 더 격렬한 반탁의 선봉이었고 좌우합작을 비판하던 극우파의 정점이었다. 공산주의자들의 생리를 잘 알고 있어 통일정부 수립이 불가능함에도 김구와 김규식은 남한만의 총선거를 반대하고 통일정부 수립을 위한 남북협상노선을 택한 것이다. 그래서 두 사람은 1948년 2월 26일 통일문제를 논의하기 위한 남북정치지도자회담을 제안하는 편지를 김일성과 김두봉에게 보냈다. 그러나 이 방안은 이미 소련이 미·소군의 조기철수를 제안한 직후인 1947년 10월 3일 김일성이, 북조선 민주주의민족전선 회의에서 남북조선 정당사회단체대표자 연석회의를 하자고 제안했던 것이다. 이에 남한의 좌경 군소정당들이 남북협상을 해야 한다고 김일성의 주창에 맞장구를 치고 있었다. 이후 남북협상을 성사시키기 위해 북한은 성시백이라는 거물 공작원을 남한에 파견하였고, 홍명희·백남운·김원봉 등을 적극 활용하였다.

이후 남한 우익진영은 공산화를 막기위해 단정수립 후 통일을 추진하자는 이승만·김성수와 남북협상을 주장하는 김구·김규식 사이에 노선을 달리하는 투쟁이 전개되었다. 사실상 좌익 편에선 중도파 정치세력들은 5당회의, 민족자주연맹 등을 통해 한국 문제의 유엔 이관을 비판하고, 소련의 미·소 양군 철수주장에 동조하면서 남북정치지도자회의 소집을 요구하였다. 급기야 3월 12일에는 김구·김규식·김창숙·조소앙·홍명희 등 7거두 성명을 발표하여 단독선거와 단독정부에 불참할 것을 선언하기에 이르렀다.

4.
좌익의 단정 반대투쟁과 남북연석회의

좌익의 단정 반대투쟁

유엔이 인구비례에 따른 남북한총선거를 실시한다는 결의안을 통과시키고 유엔한국임시위원단이 서울에 들어와 활동을 개시하였다. 이에 남로당을 비롯한 좌익세력들은 유엔결의안을 강력히 반대하였다. 좌익의 연합체인 민주주의민족전선은 1월 15일 미국을 제국주의로 규정하고 강력한 반대투쟁을 예고하는 다음과 같은 성명을 발표했다. "괴뢰적 단선·단정을 분쇄하고 외세의 앞잡이 유엔한국임시위원단을 국외로 구축하고 미·소 양군을 철병시켜 조국의 주권을 방어하고 …… 그러므로 우리 조선인민은 모든 계층과 당파와 사상의 여하를 불구하고 정의의 구국투쟁에 총궐기해 우선 무엇보다도 단정·단선을 분쇄하지 않으면 안 된다."

남로당은 2월 7일부터 단선추진을 분쇄하기 위해 2.7구국투쟁을 벌였다. 소련은 북한 해주에서 남로당을 원격 지휘하고 있던 박헌영에게 남한 지역에서 대규모 파업과 폭동, 시위, 무장테러를 전개하라고 지시하였다. 그것은 남한에서 유엔한국임시위원단의 활동을 방해하고 유엔총회의 결정에 대하여 남한 주민이 격렬하게 반대하는 모습이 필요했기 때문이다. 소련이 1947년 9월 미·소 양군을 3개월 이내에 동시 철군하자고 제의한 것은 남한에서 미군이 철수하면 조직력이 앞선 좌익이 주도권을 장악하여 통일정부를 수립할 수 있다는 판단에서였다. 구체적으로 북한의 공산정부와 남한의 좌익, 중도파, 김구·김규식 등 우익 이탈파를 합쳐 통일전선을 만들고 이승만과 김성수의 한민당을 고립 시키면 가능했기 때문이다. 남로당은 유엔한국임시위원단이 활동을 개시하자 당면 투쟁의 목표로 단독선거 분쇄, 양군철퇴와 조선민주주의인민공화국 수립, 북조선과 같은 민주개혁의 실시 등을 내걸었다. 이에 호응하여 조선노동조합전국평의회 산하 노동조합원들이 전국적인 파업에 들어갔다. 전국에서 동시 다발적으로 데모가 일어났고 일부 지역에서는 경찰관서 습격, 전신선 절단, 철도기관차 파괴 등의 소요를 일으켰다. 각급 학교에서는 좌익단체인 민주학생연맹의 선동으로 동맹휴학에 들어갔다. 남로당의 2.7구국투쟁의 파업과 폭동으로 37명이 사망하고 146명이 부상당하는 인명피해와 상당한 시설 파괴가 일어났다. 그러나 경찰이 주모자를 적극적으로 검거하고 우익단체들이 강력하게 대응하였다. 그리고 다수 국민들이 냉정하게 반응함으로 열흘 남짓만에 사그라지고 말았다.

유엔한국임시위원단은 하지 사령관과 협의해서 남한 지역의 선거를 5월 9일로 결정 3월 1일 공포했으나, 기독교계의 반대로 월요일인 5월 10일로 결정되었다. 그러자 민전과 남로당은 더욱 적극적으로 투쟁을 선동하고 나섰다. 3월 8일 민전은 미제의 노골적인 단정 분쇄에 전국의 동포와 애국자가 총동원 궐기하자라고 선동했다. 남로당은 2월 6일에 통과된 북한의 인민공화국 임시헌법 초안을 지지하는 운동을 벌이다가, 남한단정 분쇄하고 양군철퇴로 민주주의 인민공화국을 건설하자고 모순적인 주장을 벌였다.

남로당은 2·7구국투쟁 이후 기획하고 있던 계획을 구체화하였다. 1단계는 5·10총선거 전까지는 선거를 못 치르게 파괴투쟁을 벌이고, 2단계는 선거가 치러지면 선거무효화 투쟁에 들어간다는 것이다. 남로당은 4월 1일부터 선전사업과 폭력투쟁을 병행할 선전선행대라는 무장 게릴라 조직을 가동했다. 선전선행대는 선거업무를 방해하기 위해 면사무소와 경찰관서를 습격 선거자료를 불태웠고, 경찰관과 우익인사 및 유력후보자 등을 습격 살상하였다. 이어서 남로당은 남조선 단선반대투쟁전국위원회를 만들어 각도, 시, 군 지부를 조직 활동하게 하였다. 이 조직을 통해 대중들에게 선전선동과 무장폭력투쟁이 좌익세력만의 책동이 아닌 중도파 등 광범위한 정치세력의 연합투쟁으로 포장코자 하였다. 이 조직의 명의로 남로당 외곽단체에 파업과 동맹휴학, 식량요구 투쟁 등을 지시했다. 더 나아가 대중들에게는 미군정의 단독선거를 방해하기 위해 총궐기하라고 선동했다.

평양에서 남북연석회의 개최

우익의 영수에서 중도로 노선을 전환한 김구와 김규식은 2월 초순까지 유엔한국임시위원단 위원들과 남북요인회담을 협의하였다. 김구는 2월 10일 발표한 〈삼천만 동포에게 읍고함〉에서 "나의 유일한 염원은 삼천만 동포와 손을 잡고 통일조국, 독립된 조국의 건설을 위해 공동 분투하는 것뿐이다. 이 육신을 조국이 수요 한다면 당장에라도 제단에 바치겠다. 나는 통일된 조국을 건설하려다가 38선을 베고 쓰러질지언정 일신의 구차한 안일을 취해 단독정부를 세우는 데는 협력하지 아니 하겠다 ⋯⋯"라고 자신의 애국적 충정을 피력하였다. 이 시기 하지의 정치보좌관 버치가 김규식을 면담하고 요약한 김규식의 의중은 당시 상황을 이해하는데 큰 도움이 될 것 같다. "소련군이 있는 한 북한이 공격을 하지 않겠지만, 그들이 철수하면 전쟁의 위험이 있을 것이다. 전라도와 경상도는 가장 불안정한 지역이다. 지주들이 많고 민주당이 장악하고 있다. 충청도는 김구가 장악하고 있다. 이승만이 이 지역에서 효과적 장악을 하기는 어려울 것이다. 강원도는 독촉이 잡고 있고, 경기도는 민주당이다. 우익이 선거에서 이긴다고 하더라도 그들은 새로운 반대의 씨앗을 뿌릴 것이다. 심지어는 그들 안에서조차. 이미 내각이 만들어져 있다고 한다. 이승만이 대통령, 부통령에 조만식, 총리 김성수, 내무부장관 조병옥 등 …… 이승만이 정권을 잡을 것이 분명하며, 미국의 문제는 단지 시작될 뿐이다. …… 그는 미국이 한국을 군사적으로 보호할 의지가 있는가에 대해 질문했다." 사람들의 반응은 매우 모순적이다. 내 판단으로는 90% 이상의 한국인들이 미군의 철수에 대해 두려움을 느끼고 있으면서, 동시에 미군이 남아 있는 것에 반대를 표시하고 있었다.

이미 정권 수립에 만반의 준비를 해온 북한은 김구와 김규식이 2월 16일 보낸 편지에, 스티코프와 김일성이 전략적 판단을 내린 3월 25일에 가서야 남한의 정당·사회단체에 보내는 답변을 방송과 인편으로 전달했다. 내용은 남한의 단선·단정을 반대하고 통일적 자주독립을 위해 4월 평양에서 남북지도자 연석회의를 열고 이어서 전조선정당사회단체대표자 연석회의를 4월 14일 개최하자는 것이다. 북한의 제안은 김구와 김규식이 제안했던 '남북요인회담'을 전조선정당사회단체대표자 연석회의의 준비회담으로 격하시키고, 요인회담이 아닌 지도자 연석회의로 성격을 수정 제시한 것이다. 김구와 김규식은 북한의 제안을 흔쾌히 받아들이기가 어려웠다. 소군정의 의도가 작용했다고 알려진 이 제안은 자신들의 제안과 크게 다르고 수적으로 좌익 측에 유리하게 기획되어 있었다. 이대로라면 북한과 소련의 의도에 이용당할 가능성이 매우 높았기 때문이었다.

김구와 김규식은 북한의 의도를 의심하면서도 울며 겨자 먹기로 3월 31일 연석회의에 참여할 것을 밝히고 자신들의 측근 안경근과 권태양을 4월 7일 북한에 파견하였다. 이들은 김일성·김두봉 등을 만나 회의 날짜를 4월 19일로 조정하고 참가인원 확대 등에 합의했다. 측근의 보고를 받은 김구는 연석회의에 참석을 결정한 반면, 의심쩍게 생각한 김규식은 참가를 보류하고 5개항의 전제 조건을 북측에 제시하였다. 북한은 통일공세의 명분이 필요했기 때문에 김규식의 전제 조건을 모두 수용하였다. 김구와 김규식의 평양방문 결정에 이승만은 "남북회담문제는 세계에서 소련 정책을 아는 사람은 다 안다. 시간을 끌어서 한반도를 공산화하자는 계획에 불과한 거라는 걸 대부분 간파하고 있다. 그런데 한국의 지도자들이 이걸 모르고 요인회담을 홀로 계속 주장한다면 웃음거리가 될 뿐이다."라고 비난하였다. 4월 14일에는 김기림, 염상섭 등 문화계 유명인사 108명이 남북회담을 지지하는 성명을 발표했다. 일설에는 평양행을 망설이는 김구와 김규식을 밀어붙이기 위해 홍명희와 백남운 등이 적극 움직인 결과라고도 한다. 북한에서는 설마 하던 김구가 올라온다는 소식에 평양에 나부끼던 "살인강도단 두목 김구 이승만 타도하자"라는 현수막을 황급히 제거하는 소동이 벌어졌다고 한다.

1948년 4월 19일부터 평양 모란봉극장에서 열린 남북조선제정당사회단체대표자 연석회의에 남북의 56개 정당·사회단체 대표 695명이 참가했다. 이날 서울에서 김구는 만류하는 수많은 사람들의 반대를 뿌리치고 38도선을 넘었고, 김규식도 이틀 후에 그 뒤를 따랐다. 4월 21일 재개된 회의에서 김일성과 백남운의 남북정세보고가 있었고, 22일에는 정세보고에 대한 토론이 이어졌다. 평양에 도착한 김구 일행은 주석단에 선출되었고 참석한 회의에서 김구의 "조국이 없으면 민족이 없고 민족이 없으면 무슨 당, 무슨 주의, 무슨 단체는 존재할 수 있겠습니까?"라는 인사말에 사상과 계급을 앞세우는 공산주의자들이 어떤 반응을 보였는지 궁금하다. 연석회의 형식은 보고 위주로 의견 교환이나 토론은 없었고 미리 준비된 각본대로 진행되었다. 연설자들은 미국이 남한을 식민지로 만들기 위해 선거를 치르려 하며 이승만과 김성수 등 매국노들이 동조하고 있다고 비난하였다. 김구는 인사말만 하고 퇴장하였고, 김규식은 병을 핑계로 회의에 불참하였다.

4월 23일 오전 회의에서는 남한에서 정부수립을 하지 말고 북한의 인민위원회를 받아들이라는 조선정치정세에 관한 결정서를 채택하였다. 이 날 오후에는 남한 단독선거 반대투쟁에 모두가 참여하기 위한 반대투쟁전국위원회가 조직되고 전 조선동포에게 격함과 미소 양국에 보내는 요청서를 채택하였다. 남북연석회의가 끝난 4월 26일과 30일 김구·김규식·김일성·김두봉의 4인 회담이 열렸다. 동시에 남북요인 15인으로 구성된 남북지도자협의회가 운영되었다. 가장 중요한 4인 회담에서 김일성은 단선반대를 논제로 삼고자 했으며, 김구와 김규식은 남북통일을 위한 남북연합기구의 창설을 논제로 삼고자 했다. 김구는 김일성에게 남북 간 당면문제 해결을 요구했으나 김일성의 능수능란한 의례적인 답변만 돌아왔다. 특히 김구가 민족지도자 조만식을 데려가게 해달라고 요청하자, 김일성은 "나도 그렇게 하고 싶지만 소련이 허락하지 않아 어쩔 수 없다"고 답하였다. 4월 30일 남북조선 정당·사회단체지도자협의회 명의의 남북조선제정당사회단체 공동 성명서를 발표했다. 총 4개항으로 구성된 성명서 내용은 소련이 제의한 미소양군 철수, 내전방지, 남한만의 단독선거 반대 및 단독정부 불인정 등이다.

성과 없는 남북연석회의는 무엇을 남겼나

회의 종결 후 남측의 대표들은 5월 4일 특별열차를 타고 남하하였고, 북한정권과 입장을 같이하며 적극 참여한 홍명희·백남운·김원봉 등 70여 명은 북한에 잔류하였다. 남한 측에서는 김구가 김일성에게 직접 요청한 조만식 선생 한사람도 빼오지 못 하였는데, 북한에서는 선전선동에 필요한 홍명희·백남운·김원봉 등 70여 명을 획득하였다. 이들을 남기고 남하하는 김구와 김규식은 어떤 생각이었는지 궁금한 일이다. 김구·김규식 일행은 5월 5일 자동차 편으로 38선을 넘어 서울에 도착한 뒤 다음날 공동성명을 발표하였다. 성명 내용은 "민족이 일치단결한다면 충분히 자주적·민주적 통일조국을 건설할 수 있는 민족"이라는 견해를 표명했다. 첫술에 배부를 수는 없지만 지속적으로 노력하면 통일도 가능할 수 있다는 뜻이었다. 그러나 5·10 총선거를 코앞에 둔 시점에서 열린 남북협상은 북한이 의도한대로 남한 내에서 첨예하고 치열한 남남갈등만 야기되었다.

하지의 미군정은 "북한에서의 회의는 한국의 공산주의자들만이 모인 회의로서 한국인들은 결코 그 결정에 찬성하지 않고 있다. 만약 남한에서 미군이 철수한다면 소련은 조선인민군을 동원하여 남한을 지배할 것이다."라고 반박하였다. 한민당 등 민족주의 세력들은 편파적인 연석회의 결정서 내용을 거론하면서 김구와 김규식이 공산주의자들의 모략에 빠졌다고 깊은 우려를 표명하였다.

안타깝게도 남북요인회담은 분단 이전에 중요한 지도자들이 만나 통일방안을 협의했다는 명분은 얻었지만 구체적이고 실질적인 결과를 도출해 내지는 못했다. 김구와 김규식이 제안한 전조선 정치회담은 사실상 개최가 불가능 한 것으로 이것이 바로 오월동주 하고 있던 그 시대의 본질적 한계였다. 북한은 정권 수립의 정통성을 얻기 위해 다시 2차 남북연석회의를 제안했으나 김구·김규식은 응하지 않았다. 이후 남한만의 5·10총선거는 예정대로 치러졌고, 북한은 이미 추진해 온 정권수립에 박차를 가하였다.

결과적으로 남북협상에 참여한 김구와 김규식의 진심은, 소련과 김일성이 펼친 상식적인 사람이라면 다 알 수 있는 통일전선전술에 이용당한 것이다. 그들은 공산주의자들의 생리를 잘 알고 있었지만 민족의 분단을 막아보겠다는 충정에서 평양행을 결의한 것이다. 그렇지만 어렵게 결행한 남북협상으로 바뀌거나 얻어진 것은 아무것도 없었다. 남북협상은 결국 북한 공산정권에게는 이용하기 좋은 명분을 제공했지만, 민주공화국 대한민국의 역사적 정통성에는 큰 상채기를 남겼다. 오늘날까지도 남북한 정통성 경쟁에서 좌파와 진보주의자들의 부정적 평가에 이용되고 있는 실정이다.

제주 4·3사건과 여·순사건

1948년 4월 3일 제주도 각지에서 12개 경찰지서와 서북청년단·대동청년단 및 독촉국민회 등 우익 인사들의 집이 좌익무장대의 습격을 받아 많은 사람들이 피살되었다. 건국 전부터 시작된 4·3사건은 1954년 9월 한라산 금족구역이 해제될 때까지 지속되었다고 볼 수 있다. 남한 제헌국회의원을 뽑는 5·10총선거에서 전국 200개 선거구 중 선거가 무산 된 곳이 제주의 2개 선거구였다.

일제강점기 말 일제가 본토 방어 항전 지역으로 삼은 제주도에 6만여 명의 일본군을 주둔시켜 요새화함으로 제주도민의 고충은 대단하였다. 해방이 되자 제주도에는 1945년 9월 10일 건준이 만들어 지고, 9월 22일에는 인민위원회로 개편되었다. 좌익세력이 월등히 우세한 지역이지만 11월 9일 상륙한 미군정 1개 중대와 원만한 협조 관계를 유지하였다. 제주도 인민위원회는 46년 10월 조공이 주도한 농민폭동에도 불참하였고, 미군정의 입법의원 선거에도 참여하여 2명의 의원을 선출하였다. 그러다가 1946년 8월 미군정은 제주도를 전라남도에서 분리하여 행정도로 승격시켰다. 그에 따라 행정 기구와 경찰 조직이 확대되었고 국방 경비대 9연대가 창설 배치되었다. 이러한 과정에서 미군정과 좌익세력 간에 긴장과 갈등이 심화되어 가기 시작했다.

이 지점에서 미군정은 역사적으로 외부세력에 반감이 많은 제주도에서 평온하게 유지되어온 지역 상황을, 왜 무엇 때문에 느닷없이 행정도로 승격시켜가며 4·3항쟁이라는 평지풍파를 일으켜 갔는지 이해하기 어렵기도 하거니와 앞으로의 연구과제 이기도 하다.

두 세력 간의 긴장이 높아지는 가운데 1947년 3월 1일 제주읍에서 열린 3·1절 기념대회에 3만여 명의 도민이 참석하였고 모스크바 협정 즉시 실천 등의 좌익 구호가 외쳐졌다. 이날 시위행렬이 관덕정 광장을 벗어날 무렵 불행스럽게도 기마경찰의 놀란 말이 여섯 살의 아이를 치고 모른 채 지나 가자 분노한 군중들이 돌을 던지기 시작했다. 이에 놀란 육지에서 파견 나 온 경찰 등이 발포하기 시작하였고, 이 발포로 6명이 사망하고 8명이 부상 을 입는 안타깝고 불행한 사건이 벌어졌다. 이 사건을 기폭제로 하여 그 때 까지 큰 반발이 없었던 제주도 민심이 들끓기 시작하였다.

인명 사망사건에 항의하기 위해 남로당 제주도당은 3월 10일을 기해 민 관합동 총파업을 진행하였다. 총파업에는 관공서, 은행, 학교 등 156개 단 체의 4만여 명이 대거 참가하였다. 경찰은 파업을 주도했던 남로당 제주도 당의 간부진을 대거 구속하였다. 평온을 유지해왔던 제주도의 정세는 이 전과는 정반대로 바뀌어 큰 비극을 불러오게 된다. 육지로부터 경찰과 월 남한 청년들의 우익 단체회원들이 증원되어 제주도로 들어왔다. 외지 경 찰과 서북청년회 등은 좌익세력을 분쇄한다는 구실로 제주도 전역에서 탄 압을 자행하였다. 그리하여 경찰의 연행 및 고문치사 사건 발생 등 그동안 쌓인 도민들의 불만에 남로당 제주도당은 4월 3일을 기해 남한단독선거에 반대하는 무력항쟁을 전개했다. 이후 제주도 사태는 걷잡을 수없는 상황 으로 좌익과 우익의 물고 물리는 참혹한 투쟁이 전개되었던 것이다.

1947년 3·1절사건 이래 제주도에 파견된 경찰과 군 그리고 서북청년회 가 벌인 잔혹행위는 제주도민들이 공산주의자들의 무장반란에 협조하게 하는 빌미가 되었다. 이로 인해 제주도 2개 선거구에서는 총선거가 제대 로 실시되지 못하였다. 대한민국 정부가 수립된 후에는 제주도에 계엄령 이 내려지면서 상황은 더욱 악화되었다. 무장봉기를 주도한 것은 500백여 명의 공산세력이었지만, 군대와 경찰은 초토화 작전이라는 미명하에 부녀자와 어린이까지 살해하는 사태가 벌어진 것이다. 제주 4·3사건으로 희생된 주민은 2만 5,000여 명에 이르는 것으로 추산되며, 가옥과 재산 피해도 엄청나게 발생하여 신생 대한민국에 큰 상처를 남겼다.

한편, 제주도 진압을 위해 파병이 예정된 전남 여수 주둔 14연대 군인들이 10월 19일 제주도 파병반대, 친일경찰 척결 등을 외치며 출동을 거부하고 봉기했다. 순식간에 여수·순천·남원·구례 일대를 장악하여 대한민국을 거부하는 해방구를 조성하였다. 대한민국 정부는 강력한 진압작전을 전개하여 이 지역의 수많은 무고한 양민들이 학살되는 결과를 초래하였다. 반란을 일으킨 세력들은 8일 만에 진압되었지만, 그 잔여세력은 지리산과 백운산 등지에서 6·25전쟁 때까지 빨치산 투쟁을 계속하였다. 대한민국 정부는 여순사건에 깜짝 놀라 군부 내에 침투해 있는 좌익세력을 척결하는 숙군 작업을 대대적으로 전개하기에 이르렀다.

5.
남과 북에 단독정부가 수립되다

740만 주권자가 참여한 5·10총선거

　1948년 2월 26일 유엔소총회에서 한반도의 가능한 지역에 총선거를 가결함에 따라, 하지의 미군정은 과도입법의원에서 만든 보통선거법을 수정하여 3월 17일 국회의원 선거법을 발표하였다. 이 법에는 만 21세 이상의 남녀에게 선거권을 주었고, 출마 후보자는 만 25세 이상으로 규정하였다. 선거구는 3천만 명 인구를 10만씩 나누어 총 300개의 의석 중 남한에 200개, 북한에 100개의 의석을 배분하였다. 보통선거법에서 주목할 내용은 친일부역자의 선거권 및 피선거권 박탈조항이라고 볼 수 있다. 이 조항은 일본 정부로부터 작위를 받았거나 제국의회 의원이었던 사람은 선거권 자체가 없다고 규정하였다. 또 일제강점기 판임관 이상의 경찰관 및 헌병보조 또는 고등경찰이었던 사람이나 밀정 출신, 중추원 부의장과 고문 또는 참의, 부나 도의 자문 혹은 결의기관의 의원이었던 사람, 일제강점기 고등관으로서 3등급 이상의 지위에 있었거나 7등 이상의 훈장을 받은 사람은 피선거권이 없다고 규정하고 있다. 이 내용으로 볼 때 건국 전 과도입법의원에서부터 국민의 여망인 친일파의 정계 진출을 막기 위해 나름대로 노력하였던 것이다. 공산주의가 준동하는 현실 속에 자유민주국가 건설이 시급했기에 친일파들을 엄격히 걸러내지 못한 한계는 있었지만, 대한민국이 친일파들에 의해서 건국되었다는 주장은 현실을 무시한 과도한 것으로 보인다.

　선거법이 발표되고 선거일이 5월 10일로 공고됨에 따라 우익 민족진영은 분주해졌다. 한민당 등 각 정당·단체 대표자들은 5·10 총선대비 33인 민족대표단을 구성 활동에 들어갔다. 5·10총선거는 한국 역사상 최초로 치루는 보통선거로 이 땅에 민주주의의 시작을 알리는 시작점이었다. 그러나 거국적으로 추진되어야 할 최초 선거가 북한은 거부하였고, 김구·김규식과 중도파와 좌익은 총선을 반대하고 있었다. 단선 반대파들의 선전과 정치공작도 심화되었고 남로당의 폭력적인 선거방해도 극심해져 많은 국민들의 우려를 자아내고 있었다. 우익은 좌익의 선거방해를 막기 위해 지역 단위별로 향보단을 구성하여 경찰과 함께 총선 활동을 보호하도록 하였다. 총선 후보등록이 시작되자 우익진영의 후보들이 앞 다투어 입후보하므로 선거구마다 우익 후보 난립 현상이 벌어졌다. 그러자 선거를 불참하고자 했던 임정 출신 등 중도파들이 대거 입후보하여 중도가 유리한 국면을 차지하게 되었다. 이러한 상황에서 이승만은 "한국 역사상 최초로 실시되는 민주선거가 세계의 모범적 선거가 되도록 하자, 그러려면 국민들이 선거에 많이 참여해야 한다."라고 투표 독려 성명을 발표하였다.

좌익의 폭력적인 선거방해에도 불구하고 4월 16일 총선 입후보자 등록이 마감되었다. 총 948명의 입후보자 중 독촉이 235명, 한민당 91명, 대동청년단 87명 기타 우익정당·단체 출신이 118명이었다. 우익 후보가 난립한 가운데 한독당과 중도파 인사들이 대거 417명이나 무소속으로 입후보하였다. 자유민주국가 수립과 5·10총선의 성공을 위해 심혈을 기울여왔던 한민당 당수 김성수는 5월 9일 총선 필참의 애국적 선택을 호소하는 담화를 발표했는데 그 요지는 다음과 같다. "우리 3천만 동포가 숙망하여 오던 독립은 드디어 오늘을 기하여 그 첫 단계에 들어섰다. 얼마나 기다렸던가? 해방 이래 우리 민족은 일부 그릇된 지도자들이 10인 10색으로 각각 분열되어 동족상잔, 상쟁의 엄청난 비극을 보았다 …… 유권자 여러분은 오늘 빠짐없이 투표장으로 나서서 깨끗한 한 표를 행사하셔서 진정한 애국자를 선출하여 우리의 국권을 회복하고 …… 민의의 전당인 국회를 수립하는데 만전을 기하자."

역사적으로 치러진 5·10총선거

제헌국회의원을 뽑는 5월 10일 총선거는 높은 투표율을 보이면서 순조롭게 진행되었다. 투표일을 앞두고 남조선 단선단정반대투쟁위원회는 무장폭동을 선동하고 모든 좌익단체들은 총선 파탄을 위하여 적극 활동에 나서고 있었다. 이러한 엄중한 상황 속에서 총유권자 813만 명의 96%인 784만 명이 등록하였고, 등록인의 95.5%인 740만여 명이 투표하는 놀라운 참여율을 보인 것이다. UP통신은 "한국 역사상 최초의 총선을 공산주의자들은 파괴하지 못하였다. 수백만 명이 자진 투표하였으며 …… 불안한 하루를 앉아서 보냈다. 미군이 집계한 사망자는 78명, 부상자는 수십 명이고 수백 명이 구타를 당하였다고 한다. 사망자는 대부분이 공산주의자들이 습격하여 불행하게 발생한 것이다."라고 안도하는 보도를 했다.

5·10총선거는 한국인들이 처음으로 주권을 행사하는 직접선거였다. 문맹률이 높아 작대기로 기호를 대신했지만 차분하게 자신의 표를 행사했다. 이를 통해 한국인들은 자신이 충분한 자치 능력을 가지고 있음을 당당히 증명했다. 5월 13일 유엔한국임시위원단은 공식논평으로 "전체적으로 보아 선거는 매우 원활히 그리고 조직과 효율성의 면에서는 상당히 좋은 수준으로 진행되었다"고 언급하였다. 경무국은 선거 당일 51명의 경찰과 11명의 공무원이 피살되고, 166개 관공서와 301개의 파출소가 피습 당했다고 발표하였다. 5·10총선거와 관련 589명이 목숨을 잃었고, 1만여 명이 넘는 선거사범이 구속되는 어려운 선거가 치러진 것이다. 빈부나 남녀차별을 두지 않고 만 21세 이상이면 모두가 참여하는 보통선거가 식민지상태에서 막 해방된 한국에서 성공적으로 치러진 세계적으로도 값진 선거였다.

5·10총선을 통해 200개 선거구 중 제주도의 2개를 뺀 198명의 국회의원이 선출되었다. 우익의 거두 이승만은 우여곡절이 있었지만 서울 동대문 갑구에서 무투표 당선되었다. 민주당 당수 김성수는 종로 갑구의 후보 자리를, 조만식 당의 부위원장으로 월남한 이윤영 목사에게 양보하여 당선시켰다. 5·10총선거에 48개 정당이 나섰는데 결과는 독촉 55명, 한민당 29명, 이청천의 대동청년단 12명, 이범석의 민족청년단 6명 등과 무소속 85명을 포함한 198명이었다. 당시 무소속 당선자 중에는 한민당 계열이 많았는데, 좌익의 무자비한 선전선동으로 한민당에 대한 여론이 악화되자 당선을 위해 유력자들이 무소속으로 출마한 것이다. 실제로는 한민당 출신 무소속 당선자까지 합치면 한민당계가 84명, 독촉계가 61명으로 우익이 집권하는 데에는 큰 지장은 없는 상황이었다. 결과적으로 5·10총선거는 이승만과 한민당 등 단정세력이 다수를 차지한 가운데 한독당 출신 등 중도세력의 약진이 두드러진 선거로 제헌국회의원 선거는 성공적으로 마무리 되었다.

제헌국회 구성과 헌법제정

혼란스러운 국내 정세 속에서도 만난을 극복하고 드디어 제헌국회가 1948년 5월 31일 역사적으로 개원하였다. 198명이 참석한 제헌국회에서 국회의장에 이승만이 188표를 받아 당선되었고, 부의장에 신익희와 김동원이 선출되었다. 제헌국회의 첫 번째 임무는 헌법을 제정하는 것이었다. 제헌국회에 의해 6월 3일 구성된 30명의 헌법기초위원회가 헌법전문에 대한민국 임시정부의 법통을 계승한다는 구절을 넣었다. 그러자 김구는 현재 국회의 형태로는 임정의 법통을 계승할 아무런 조건이 없다고 부정하고 나섰다. 김구는 5·10총선에 참여한 조소앙 등 핵심당원들을 한독당에서 모두 제명하여 버리는 등 신생 정부와의 협력을 거부하고 비판에 앞장섰다.

제헌국회의 초기 세력구도는 이승만 세력과 한민당이 연대를 통해 의장과 부의장직을 석권하면서 국회 활동을 주도하였다. 이에 자극을 받은 조봉암 등 무소속 중도파 의원들이 6월 13일 무소속구락부를 조직하고 독자적인 행보에 나섰다. 그러나 헌법기초위원회에는 김준연, 백관수, 서상일 등 명망 높은 한민당 핵심들이 참여하였기에 주도권을 한민당이 쥐었고 위원장에 서상일이 선임되었다. 헌법기초위원회는 법률전문가 유진오, 권승렬 등 10명의 전문위원을 선정하여 헌법기초 작업에 착수하도록 하였다. 고려대 법학교수인 유진오 전문위원은 47년 말 남조선과도정부 산하 법전기초위원회의 의뢰를 받아 헌법안을 작성하였는데, 한민당의 지지를 받은바 있었다. 정부 수립일을 8월 15일로 예정하고 있어 헌법안 제정이 시간에 쫓기게 되었다. 우여곡절 끝에 유진오와 행정연구위원회의 공동안을 주축으로 하고 권승렬안을 참고하여 헌법안을 마련하기로 하였다.

대통령제냐 내각책임제냐?

헌법기초위원회는 6월 16일부터 경제 부문의 심의에 들어가 노동자 이익 균점권을 격론 끝에 제헌헌법에 포함시키기로 하였다. 헌법을 제정하면서 가장 충돌이 심했던 것은 정부형태였다. 헌법기초위원회 위원들 중 독촉 계열의 의원들은 이승만의 의사에 따라 대통령 중심제를 주장했지만, 한민당과 무소속의원들은 당초안인 내각책임제를 선호하였다. 공동안이나 권승렬안이 모두 내각책임제를 채택하고 있었고, 기초위원들도 대통령제가 독재로 흐를 가능성이 높다고 인식하고 있었다. 이승만은 헌법기초위원회의 분위기가 내각책임제로 흐르자 언론을 통해 반대를 표명했으나 위원회의 분위기는 전혀 변화가 없었다. 집요하게 대통령제를 고집하던 이승만은 6월 21일 헌법기초위원회를 방문하여 대통령제가 아니면 선거에 나서지 않겠다고 폭탄선언을 하였다.

한민당 당수 김성수에게도 내각책임제가 되면 미국으로 건너가거나, 아니면 민간인으로 남아서 국민운동이나 하겠다고 압박하였다. 김성수는 당 간부들과 헌법기초위원들을 불러 모아 놓고 다음과 같이 이승만의 요구를 들어줄 것을 간곡히 설득하였다. "이승만 박사를 중심으로 겨우 민족적 단결을 보여 주었는데 이제 정부구조를 가지고 그분과 대립해서 싸우면 어느 쪽이 옳고 그르고 간에 세계가 그리고 국민이 어떻게 보겠습니까? 그분이 양보하지 않을 것이 확실한 지금 우리가 모든 것을 참고 양보해야 하겠습니다." 당수 김성수가 간곡하게 당부하니 당 간부나 기초위원들이 받아들이지 않을 수 없었다. 그리하여 내각제 헌법초안은 하룻밤 사이에 대통령제로 바꿨다. 이때 김성수가 이승만의 요구를 들어주지 않고 내각책임제를 끝까지 밀었더라면 한국의 헌정사는 명백하게 다른 길을 걸어갔을 것이다. 아마도 그가 2대 부통령직을 이승만의 독재와 싸우기 위해 사직하는 일은 없었을 것이다. 6월 23일 헌법안이 국회 본회의에 상정되어 심도 있는 토의가 이루어 졌다. 그러나 시간의 제약 때문에 불완전한 헌법안은 10장 103조로 국회를 통과하여 7월 17일 헌법이 공포되었다.

제헌헌법 전문은 다음과 같다

"유구한 역사와 전통에 빛나는 우리들 대한민국은 기미 삼일운동으로 대한민국을 건립하여 세계에 선포한 위대한 독립정신을 계승하여 이제 민주독립 국가를 재건함에 있어서 정의인도와 동포애로써 민족의 단결을 공고히 하며 …… 우리들의 정당 또 자유로이 선거된 대표로서 구성된 국회에서 단기 4281년 7월 12일 이 헌법을 제정한다."

경이로운 대한민국의 탄생

　1948년 7월 20일에는 공포된 헌법에 의거하여 기미 삼일운동의 정통성을 이어받아 건국된 대한민국 국회에서 정부통령 선거를 실시하였다. 제헌국회의원 198명이 뽑는 간접선거에서 196명이 투표한 선거결과 대통령에는 이승만 180표, 김구 13표, 안재홍 2표, 서재필이 1표로 이승만이 압도적인 표차로 당선되었다. 부통령선거는 무소속구락부가 조직적으로 김구를 밀어 62표를 얻었지만 이승만과 한민당이 지지한 이시영이 결선투표에서 133표로 당선되었다. 대통령 선거가 끝난 후 7월 24일 중앙청 광장에서 대한민국 초대 대통령 이승만의 취임식이 열렸다.

　대통령에 취임한 이승만은 곧바로 초대 내각 구성에 들어갔다. 정계의 관심은 내각을 총괄하는 국무총리에 누가 되느냐였다. 한민당은 김성수를, 독촉국민회는 신익희를, 무소속 구락부는 조소앙을 국무총리 후보로 추천했다. 한민당은 대한민국 건국의 공동 창업자인 김성수가 국무총리가 될 것이라고 확신하고 있었다. 그러나 이승만은 창업 동반자 김성수를 우선적으로 배제하였다. 김성수가 국무총리가 되면 내각은 곧바로 한민당

대한민국 정부수립 선포식

내각이 될 수밖에 없었다. 김성수가 갖고 있는 강력한 조직력과 자금력은 대통령의 위세를 약화시키기에 충분했기 때문이었다. 그러한 이유에서 독촉국민회의 신익희도 배제되었다.

　이승만은 모두의 기대를 저버리고 월남해 온 조민당 출신 목사 이윤영을 국무총리 후보로 지명했다. 7월 27일 국회는 국무총리 이윤영 승인안을 압도적인 표차로 부결시켜

버렸다. 그러자 이승만은 임정의 광복군사령관을 역임하고 귀국 후 민족청년단을 이끌어온 이범석을 추천하였다. 한민당 출신 의원들은 이승만에게 큰 배신감을 느끼고 이범석 추천도 비토할 태세였다. 그러자 이승만과 이범석이 정계지도자들과 직접 접촉하면서 설득에 나섰다. 이범석은 7월 30일 계동의 김성수 사저를 방문하고 한민당의 협조를 부탁했다. 제헌국회 후보 자리도 이윤영에게 양보했던 김성수는 총리 인준에 협조하겠다면서 하나의 조건을 내세웠다. 그것은 대한민국 건국 과정에 헌신한 한민당 인사들에게 12부 4처 중 6석을 배정해 줄 것을 요청하였다.

대한민국 건국정부 출범

김성수는 이승만에게 배신당했다고 흥분하는 당 간부들을 달래고 한민당 출신 의원들에게 인준에 협조해 줄 것을 간곡히 설득하였다. 제헌국회는 이범석 총리 인준을 찬성110표, 반대84표(무효)3으로 어렵게 인준해 주었다. 각료에 한민당 6석 배정을 이범석이 건의했지만 이승만은 거의 배제하였다. 이승만은 각료 인선에 있어서 각 정파의 인물들을 고루 등용하여 표면적이지만 폭넓은 기반 위에 정부가 수립되었음을 보여주고자 했다. 이승만은 8월 2일부터 4일까지 3차에 걸쳐 여론의 동향을 살펴가면서 각료 명단을 발표하였다. 한민당 출신으로 재무장관 김도연만이 입각되었다. 농림부장관에는 모스크바대학 출신으로 공산당원이었고 농지개혁의 주창자인 조봉암을, 사회부장관에는 노동운동 출신의 전진한을 임명하였다. 문교부장관에는 보성전문 교수 출신 안호상을, 체신부 장관에는 한국독립당 출신으로 교회 장로인 윤석구를 임명하였다.

이외에도 미국 유학시절 이승만 비서였던 윤치영이 내무, 수도경찰청장 장택상이 외무, 미국에서 외교 독립 활동을 하며 이승만을 보좌했던 임영신이 상공, 미군정 운수부장 출신 민희식이 교통, 광복군 사령관 출신 이청천이 무임소장관으로 임명되었다. 이승만과 함께 출범한 대한민국 건국정부는 오늘날 후세 진보 사가들이 평가하는바와 같이 친일파들로만 구성된 것이 아니고, 다수의 독립운동가와 진보적 인사들도 포함된 거국정부였다. 삼부요인으로 부통령 이시영은 임정 재무총장, 국회의장 신익희는 임정 내무총장, 대법원장 김병로는 항일 변호사, 국무총리 이범석은 광복군 참모장, 국회부의장 김동원은 수양동우회 사건으로 투옥 된 인물이다. 이들이 참여한 건국정부를 친일파 정부라고 매도하는 것은 진실과는 너무나도 거리가 있다 하겠다.

의회 민주주의 대한민국 건국을 기획했고, 추진에 심혈을 기울여 왔던 한민당은 8월 6일 깊은 배신감에 앞으로 신정부에 대해 시시비비주의로 임할 것이라며 선언했다. 사실상의 야당 선언으로 한민당과 이승만의 오랜 동행은 씁쓸한 결말로 끝나고 말았다.

1948년 8월 15일 중앙청 광장에서 역사적인 대한민국 정부 수립 선포식이 거행되었다. 이 자리에는 미 대통령 특사 무초와 연합군 총사령관 맥아더가 참석했고 한민당 당수 김성수도 참석하였다. 김성수는 일제강점기 청년시절부터 꿈에 그리던 독립국가와 민주정부가 수립된 감격에 한없이 눈물을 흘렸다고 한다. 이승만은 건국 기념사에서 "8월 15일, 오늘 우리는 우리의 해방을 기념하는 동시에 우리나라가 새로 탄생한 것을 함께 축하하려 이 식을 거행합니다. 동양의 오래된 나라가 대한민국 정부가 회복되길 바라며 40여 년을 두고 꿈꾸며 투쟁해온 노력이 결실을 맺는 날입니다." 라고 오랜 감회를 피력하였다. 1948년 8월 15일 이날 자정을 기해 3년여의 미군정 통치는 종식되었다. 오랜 고난과 시련을 거쳐 어려울 것으로 보였지만 장대하고 경이로운 나라 민주공화국 대한민국이 탄생하여 공식적으로 출범한 것이다.

이승만 정부는 9월 1일 17개 자유우방국에 대통령 특사를 파견하여 대한민국 정부 승인을 요청하였다. 이어서 프랑스 파리에서 열리는 3차 유엔 총회에 장면을 수석으로하는 대한민국 대표단을 파견하였다. 그리하여 대한민국의 건국승인안이 12월 12일 유엔총회에 상정되어 찬성 48표, 반대 6(기권1)표로 가결되었다. 유엔은 대한민국 정부가 한국 국민의 대다수가 거주하는 지역에 대해 교화적인 지배와 관활권을 가진 합법정부이며, 한반도에서 유엔한국임시위원단의 관활하에 선거인의 자유의사에 의한 선거로 수립된 유일한 정부임을 만천하에 선포한 것이다. 이것이 세계가 인정하는 역사적 진실로 대한민국은 숱한 고난을 넘어 어렵게 국민이 주인이 되는 민주공화국을 경이롭게 출범시킨 것이다. 740만여 명의 대한민국 주권자들이 압도적으로 참여 지지하고, 유엔이 표결로 인정한 대한민국의 정통성을 부정하고 저주하는 행위는 그 누구라 하더라도 정당화 될 수 없다고 하겠다.

북한 조선민주주의인민공화국 수립

남한에서 대한민국이 수립되자 북한은 영리하게도 분단 책임을 회피하기 위하여 미루어 왔던 정권 수립에 적극 나서게 되었다. 역사적으로 볼 때 한국의 중심과 정통은 서울이기 때문에, 만약 북한이 먼저 단독정부를 수립 했더라면 과거 발해나 정안국과 같은 변방의 비주류로 취급을 받게 되어 있었다. 그래서 당시 북한 지도부는 정통성 확보차원에서 인내심을 발휘한 것으로 보인다. 북한은 6월 초를 전후한 시점에 남북연석회의 참석차 평양에 머물러온 홍명희와 김원봉을 내세워 6월 23일 2차 남북연석회의와 지도자협의회를 갖자고 제의 해왔다. 김구와 김규식은 이 문제를 논의하기 위해 홍명희를 남으로 보내라고 요청하였고, 북한은 홍명희를 남으로 보냈다가 잃어버릴 수 있어 거절하였다. 일제강점기 임꺽정 소설로 대중의 인기가 높은 홍명희는 북의 정권수립 정당성에 보물이 되었기 때문이다. 김일성은 남측의 5·10총선거로 남북요인회담의 공동성명은 의미가 없어졌으니, 북한의 정권수립에 호응해 달라고 김구와 김규식에게 요청하였다. 그러나 김구와 김규식은 그의 제안을 거절했다. 김구는 성명서를 내어 민족분열을 막자고 4월 평양회담을 통해 계속 통일을 모색코자 해놓고, 이제와서 북한에 단정을 세우겠다는 것은 배신적 행위로 통일을 위해 끝까지 싸우겠다고 밝혔다.

북한은 6월 29일부터 7월 5일까지 평양에서 2차 남북지도자협의회를 강행하였다. 이 자리에서 김일성은 "지체 없이 조선인민의 의사를 대표하는 전조선최고입법기관을 수립하고 조선민주주의인민공화국 헌법을 실시하자."라고 역설하였다. 김일성은 남한이 정부를 세웠으니 북한도 만반의 준비를 해온 공산정부를 세우겠다는 것이다. 북한에는 이미 집권당, 군대, 행정기관 등이 있었고 헌법도 이미 47년 12월 초안을 마련해 놓은 상태였다. 인민위원을 뽑는 총선거만 실시하면 완성되는 일이었다. 북한은 김구의 비난을 무시하고 남북총선거를 실시하여 전조선최고입법기관을 수립해 통일정부로서 인민공화국을 수립할 것을 결정하였다. 이에 따라 북한에서는 1948년 8월 25일 최고인민회의 대의원 212명을 뽑기 위한 총선거가 실시되었다. 선거 방식은 1946년에 있었던 인민위원 선거와 동일했다. 북조선 민주주의민족전선이 단일 후보를 추천하면 이에 대한 찬반을 표시하는 방식이었다. 선거 결과는 전체 유권자 중 99.97퍼센트가 참가해 98.49퍼센트가 찬성했다고 발표되었다.

북한정권의 정당성을 확보하기 위해 무리하게도 남한에서 인민대표자를 뽑기 위한 선거를 실시하였다. 남한 지역에서의 선거는 남로당이 중심이 되어 7월 15일부터 8월 10일까지 비밀리에 진행되었다. 집회가 곤란한 지역에서는 연판장에 서명을 날인하는 방식으로 처리하였다. 선출된 1,080명의 남한 대표자들은 비밀 경로를 통해 황해도 해주로 집결하였다. 남한이 얼마나 자유스럽고 허술했으면, 북한을 위한 대의원을 선출하고 참여가 가능했는지 궁금해진다. 해주에서 8월 21일부터 26일까지 남조선 인민대표자대회를 개최하여 남조선 대의원 360명을 선출했다. 남한에서 인민대표자를 뽑는 지하선거는 박헌영의 남로당이 자신들의 역량을 보여주어야 했기에 사활을 걸고 추진하였다. 미군정과 경찰이 치안을 장악하고 있는 상태에서 이남의 유권자 중 77퍼센트가 선거에 참여했다는 남로당 발표는 얼마나 믿어야하는지 의아해진다. 단지 인민공화국 수립의 대외적인 명분을 얻기 위해 강행한 선거는 구속자만 1,565명에 이를 정도의 무모한 희생을 치르는 체제 경쟁의 산물이었다.

북한은 9월 2일 평양에서 최고인민회의를 개막하였다. 이 회의에서 9월 8일 헌법을 공식 채택하고 9월 9일 조선민주주의인민공화국의 수립을 대내외에 선포하였다. 김일성과 박헌영이 형식적으로 경쟁했던 북한의 권력은 최고인민회의 상임위원회 선거에서 김일성이 내각수상에 일방적으로 선출되었다. 2인자의 자리인 부수상에는 박헌영·홍명희·김책이 선출되었다. 내각명단은 국가계획위원장 정준택, 민족보위상 최용건, 국가검열상

북한 초대 내각

김원봉, 문화선전상 허정숙, 내무상 박일우, 외무상 박헌영, 재정상 최창익, 사법상 이승엽, 교육상 백남운, 교통상 주녕하, 농림상 박문규, 산업상 김책, 상업상 장시우, 노동상 허성택, 보건상 이병남, 체신상 김정주, 도시경영상 이용, 무임소상 이극로 등으로 항일운동을 거친 공산주의자 일색이었다.

북한에서 1948년 9월 9일 조선민주주의인민공화국이 수립 선포되면서 한반도에는 체제가 다른 두 개의 정부가 들어섰다. 미국과 소련을 각자 등에 업은 두 정부는 스스로를 중앙정부라고 규정하며 상대방을 불법적인 정부라고 부정하였다. 대한민국은 한반도 전체를 주권이 미치는 영토라고 선언했다. 조선민주주의인민공화국은 수도를 평양이 아닌 서울로 규정하였다. 이로써 남북은 기나긴 체제 경쟁을 시작하게 된 것이다. 정권이 수립된 초기부터 북한은 무력에 입각한 국토완정을 주장하였고, 남한은 말 뿐인 북진통일을 주장하였다. 대다수 사람들이 염려했듯이 한반도에는 상호 불신과 동족갈등이 고조되어 가고 있었다.

이렇게 한반도에 사상이 다른 2개 국가가 세워지면서 순수와 열정만 가지고 고난의 가시밭길을 걸어왔던 사회주의자들은 남북한 양측에서 환영받지 못하는 처지가 되었다. 민주주의 국가로 반공을 기본으로 삼아야하는 남한에서는 보도연맹원이 되어 요주의 인물로 관리되었다. 북한에서는 김일성 유일체제에 이어 세습체제로 변하면서 사회주의자들은 민족해방운동에 해를 끼친 종파분자나 미제간첩으로 몰려 처형당하거나 찬밥신세가 되었던 것이다.

참고문헌

강만길 외,《해방전후사의 인식2》, 한길사, 1985.

강준만,《한국 현대사 산책 1권, 인물과사상사, 2004.

경상대사회과학연구원,《제국주의와 한국 사회》, 한울, 2004.

김광운,《북한정치사연구1》, 선인, 2003.

김성동,《현대사 아리랑》, 녹색평론사, 2010.

김원,《젊은 대한민국사 건국》, 백년동안, 2015.

김정호,《현대한국 정치사상의 흐름》, 아카넷, 2019.

박명수,《조만식과 해방 후 한국 정치》, 북코리아, 2022.

박영규,《대한민국 대통령실록》, 웅진씽크빅, 2014.

박유봉 외,《한국 인물사》, 양우당, 1983.

박지향 외,《해방전후사의 재인식》, 책세상, 2006.

박태균,《버치문서와 해방정국》, 역사비평사, 2021.

브루스커밍스/김동노, 이교선 등,《한국 현대사》, 창비, 2007.

서중석,《사진과 그림으로 보는 한국 현대사》, 웅진지식하우스, 2018.

손세일,《이승만과 김구》, 조선뉴스프레스, 2015.

송건호 외,《해방전후사의 인식》, 한길사, 1980.

신복룡,《한국 분단사연구》, 한울, 2001.

심지연,《해방정국의 정치이념과 노선》, 백산서당, 2014.

양동안,《대한민국 건국 전후사 바로알기》, 대추나무, 2020.

양정심,《제주4·3항쟁연구》, 선인, 2008.

역사학연구소,《한국 근현대사》, 서해문집, 2020.

와다하루끼/남기정,《와다하루끼의 북한현대사》, 창비, 2019.

이기하,《한국 정당 발달사》, 의회정치사, 1961.

이상우,《우리들의 대한민국》, 기파랑, 2012.

이수인 엮음,《한국 현대정치사》, 실천문화사, 1989.

이영훈,《대한민국 역사》, 기파랑, 2014.

이인호 외,《대한민국 건국의 재인식》, 기파랑, 2013.

이정식,《대한민국의 기원》, 일조각, 2006.

이주영 외,《한국 현대사 이해》, 경덕출판사, 2007.

이주영,《이승만과 그의 시대》, 기파랑, 2011.

이택선,《취약국가 대한민국의 탄생》, 미지북스, 2020.

이현희,《대한민국 부통령 인촌 김성수 연구》, 나남, 2009.

임영태·정창현,《새로 쓴 한국 현대사》, 역사인, 2017.

정경모,《찢겨진 산하》, 한겨레신문사, 2003.

정병준,《1945년 해방직후사》, 돌베개, 2024.

정병준,《쟁점 한국사 현대편》, 창비, 2017.

정창현,《인물로 본 북한현대사》, 선인, 2011.

정창현,《한국 현대사 I 》, 푸른역사, 2018.

조한성,《해방 후 3년》, 생각정원, 2015.

지병문 외,《현대 한국의 정치》, 박영사, 2010.

천관우,《대한민국 건국사》, 지식산업사, 2007.

최용범·이우영,《한국 근현대사》, 페이퍼로드, 2021.

8장
대한민국 산업화와 민주화의 새 역사를 이루다

이승만 건국정부는 한국 전쟁을 치루며 장기집권을 획책하다가 4·19혁명으로
민주당정권이 들어섰다. 박정희는 군사정변으로 산업화를 이루고 유신독재
에 이어 전두환의 군사독재가 6·10항쟁으로 직선제가 부활되었다. 김영삼을
거쳐 김대중에 의해 여야 정권교체가 이루어져 한국 민주화가 완성되었다.

1. 이승만의 1공화국과 한국 전쟁
2. 전쟁 폐허 속에 산업화의 기반을 만들다
3. 국부를 자임한 이승만과 4·19민주혁명
4. 5·16군사정변과 박정희의 산업화·유신독재
5. 전두환의 군사정변과 5·18광주민주항쟁
6. 노태우 직선 대통령과 김영삼 문민정부
7. 김대중 최초로 여야 정권교체를 이루다
8. 민주화로 여야 정권교체가 정착되다

1.
이승만의 1공화국과 한국 전쟁

이승만 정권 국가적 난제에 고전하다

사람은 평등하고 빈부귀천과 남녀노소를 떠나 모든 국민이 주인이 되는 민주공화국 대한민국의 탄생은 침탈되었던 국권을 회복하고 세계가 인정하는 주권국가로 출범했다는 역사적인 의미가 있다. 민주적인 총선거를 통해서 성립된 한반도 유일의 합법정부이지만, 북한에 또 하나의 공산정부가 수립됨으로써 통일정부 수립에는 실패하였고 남북분단이라는 현실을 마주하게 되었다. 이에 따라 어렵게 출범한 대한민국의 이승만 정부는 출발부터 수많은 문제를 안고 있었다. 우선 이승만은 미군정시대 온존되었던 친일세력을 자신의 세력기반으로 삼았기 때문에 여러 정치세력들의 폭넓은 지지를 받기가 어려웠다. 더욱이 이승만의 환국에서부터 국내 정치기반 형성에 결정적인 후원을 했던 한민당을 건국내각 구성에서 홀대하면서 우익 내부에도 큰 분열이 일어났다.

또한 남한 좌익세력의 뿌리가 깊고 넓어 5·10총선거를 반대하는 폭동이 제주도를 비롯 곳곳에서 일어났고, 여수·순천 반란사건도 터져 신생국가에 큰 위협이되었다. 남로당은 무장대를 조직하여 정부와 무력대결을 벌이고, 정부는 반공을 내세워 좌익을 공격하였다. 정부는 좌익의 준동에 기존의 형법 내란죄 대신에 국회에서 입법된 국가보안법으로 엄격하게 처벌하기 시작했다. 1949년 말에는 동계토벌로 좌익무장 유격대를 궤멸시키고 남조선노동당 서울지도부를 검거하여 좌익세력을 진압하였다. 38선에서의 남북 충돌과 남한 내 유격대 토벌로 인한 국방·치안유지비가 급증하여 나라 경제가 크게 어려웠다. 이에 따른 재정적자를 해소하기 위해 정부가 통화량을 늘리자 높은 인플레가 발생하였고, 대다수인 농민들의 토지개혁 희망을 제대로 추진하지 못해 불만이 점차 고조되고 있었다.

성과 없이 끝난 친일파 청산

제헌국회는 국민의 여망에 따라 1948년 9월에 반민족행위처벌법을 제정하여 친일파 처벌의 근거를 만들었다. 친일파는 10개 등급으로 분류하여 국권피탈 협조자, 작위를 받거나 제국의원이 된 자 등은 처벌을 받도록 하였다. 이 법률에 따라 10월에 제헌국회 내부에 반민족행위특별조사위원회가 설치되어 친일파 청산에 나섰다. 반민족행위특별재판부와 검찰부를 설치하고 서울 및 지방에 조사부 책임자를 임명 반민특위활동을 시작했다. 그러나 반민특위활동은 국민의 기대에 부응하지 못했다. 국민들의 친일파 청산 요구는 강했지만, 신생 정부의 전문 관료와 경찰 간부층에 일제강점기 경력자들이 그대로 남아 있었기 때문이다. 또한 국내에 정치적 기반이 취약했던 이승만은 수족과 같은 친일경찰이나 관료를 활용하여 막강한 좌익세력과 반대세력을 억눌러야 할 처지에 놓여 있었다. 반민특위 특경대가 친일 기업인 박흥식과 김연수 그리고 이광수와 최남선 등을 검거하고 이어서 친일경찰 노덕술과 최운하 등 경찰 간부들을 체포하였다.

반민특위활동에 적극 협조해야 함에도 미온적인 태도를 보이던 이승만은 1949년 2월 "반민특위활동이 전국적으로 치안을 유지하는데 지장을 초래하고 있으며, 신생국가의 국민통합에도 지장을 주고 있기 때문에 …… 과도한 활동을 금지시킨다"고 말하였다. 반민특위가 대통령의 압박에도 활동을 계속하자 이승만 정부는 특위위원들에 대한 협박과 중상모략, 테러와 감금 등의 방법으로 방해 활동을 전개하였다. 급기야는 5월 반민법

제정에 앞장섰지만, 남로당 지원을 받아 당선되거나 활동한 소장파 국회의원 이문원, 이구수, 최태규 등 3인을 국가 보안법 위반 혐의로 구속하였다. 이어서 국회의원 15명을 남로당 간첩으로 구속한 국회 프락치 사건이 발생하였다. 그리고 우익단체를 동원한 관제 데모를 전개하고, 6월 6일에는 경찰들이 반민특위 사무실을 습격하여 특경대원을 연행·수감하였다. 이 사건을 계기로 반민특위는 와해되었고 결국 반민특위는 제대로 친일파 청산을 하지 못한 채 10월에 해체되는 큰 아쉬움을 남기고 말았다. 반민특위 활동으로 사회가 어수선한가운데 6월 26일에는 단정 반대에 앞장섰던 민족의 지도자 김구가 육군 소위 안두희에 의해 경교장에서 암살당했다. 평생을 자주독립과 통일을 위해 헌신해온 김구의 죽음은 온 국민들에게 충격과 깊은 슬픔을 주었다. 김구의 장례식은 온 국민들이 애도하는 가운데 국민장으로 엄숙히 치러지고 효창공원에 안장되었다.

이승만 정부는 농민들의 여망인 농지개혁법을 제정하여 공포하였지만 법의 내부적 모순으로 시행할 수 없었다. 우여곡절 끝에 조봉암과 지주가 다수인 민주국민당 대표 최고위원 김성수의 적극적인 중재로 1950년 3월에야 개정된 농지개혁법이 실시될 수 있었는데 그 요지는 다음과 같다. "가구당 3정보를 초과하는 땅은 국가에서 유상으로 매입한다. 땅 값은 연간 수확량의 150%로 하되, 농지를 분배받은 농민은 이를 5년간 나누어 낸다. 정부는 지주에게 지가증권을 주어 산업에 투자할 수 있도록 유도한다 ……" 이 법에 따라 한국 전쟁이 터지기 2달 전에 농민들에게 농지 분배가 시작되었다. 농지개혁으로 농민들에게 분배된 면적은 58만 4,638정보였다. 농지개혁은 오랜 세월동안 내려온 지주 계급이 사라지는 사회적 대변혁이었다. 이로써 농촌에서 대한민국과 이승만의 지지가 유지될 수 있는 토대가 마련되었다. 지가 보상을 받은 지주들은 한국 전쟁 발발로 지가 증권의 가치 하락과 감가양도가 이루어지면서 몰락해가는 처지가 되었다.

친일파 처벌이 유야무야된 이후 이승만 정부는 확고한 반공국가를 수립하고 북진통일을 이루어 내겠다고 호언장담 하였다. 그러나 대다수 국민들은 평화와 협상을 통한 통일을 원했으며 민주적인 국가 운영을 희망하였다. 그래서 1950년 5월 30일에 실시된 2대 국회의원 선거에서 이승만을 지지한 대한국민당과 한민당의 후신인 민주국민당은 국민의 지지를 받지 못했다. 단정수립에 반대하여 제헌국회의원 선거에 불참했던 중도파가 무소속으로 출마하여 총의석수의 60%인 126명이 당선되어 민심의 변화를 표출하였다. 이제 국회에서 새로운 대통령을 선출할 수도 있고, 협상을 통한 통일과 민주주의를 위한 새로운 제도가 마련될 수 있는 여건이 만들어졌다. 그러나 불행하게도 한 달여 만에 한국 전쟁이 발발하였다. 끔찍한 전쟁은 한국의 정치상황을 바꾸어 민주주의의 진전을 가로막게 되었다.

참혹한 한국 전쟁이 터지다

단장의 미아리 고개 (반야월 작사/이재호 작곡/이해연 노래)

1. 미아리 눈물고개 님이 넘던 이별고개 화약연기 앞을 가려 눈 못 뜨고 헤매일 때 당신은 철사줄로 두 손 꽁꽁 묶인 채로 뒤돌아보고 또 돌아보고 맨발로 절며절며 끌려가신 이 고개여 한 많은 미아리 고개

2. 아빠를 그리다가 어린 것은 잠이 들고 동지섣달 기나긴 밤 북풍한설 몰아칠 때 당신은 감옥살이 그 얼마나 고생하오 십년이 가고 백년이 가도 살아만 돌아오소 울고 넘던 이 고개여 한 많은 미아리 고개

1950년 6월 25일 새벽 전쟁준비를 완수한 북한 인민군이 옹진반도에서부터 동해안에 이르는 38도선 전역에서 공격을 개시하였다. 전투가 시작된지 사흘 만에 대한민국의 수도 서울이 인민군에게 점령당한 것이다. 남북한에 따로 정부가 수립된 이후 미·소 양군이 1949년까지 한반도에서 모두 철수하였다. 소련과 북한이 양군철수를 선창하고 남한의 좌익세력과 중도세력이 합창하여 철수한지 1년도 못되어 전쟁이 터진 것이다. 한반도의 분단정부는 서로의 체제를 반국가 단체로 규정하고 무력이 약한 이승만 정권은 북진통일을, 무력이 월등한 김일성 정권은 국토완정을 주장하며 38선에서 크고 작은 전투가 수시로 벌어져 왔다.

북한은 1946년 평양학원을 세워 장교 양성을 시작하였고, 소련은 상당수의 군사고문단을 보내 조선인민군을 육성하였다. 1947년 5월 10일 중공군 한국인 지도자 회의에 참석한 최용건이 다음과 같이 강조하였다고 한다. "조선은 곧 우리 것이 된다. 현재 만주에서 국민당군을 몰아내고 있는 만주연군의 부대로서, 나의 부대가 그 속에 포함되어 있지 않은 곳은 하나도 없다. 만주작전이 끝날 때에는 이 부대는 경험이 풍부하고 노련한 부대가 될 것이다. 미국과 소련이 철수하면 우리는 즉시 조선을 해방할 수 있을 것이다." 최용건은 조선인민군 창설을 주도하여 초대사령관이 되었고, 조선인민군의 무정·박일우·방호산·홍림 등 핵심 간부진은 중국내전에 참전한 전쟁의 베테랑들이었다. 국공내전에 참전한 후 1948년부터 1950년 가을까지 9만여 명이 북한으로 흘러들어와 북한군의 주축이 된 것으로 알려지고 있다. 1949년 3월 소련은 북한과 군사협정을 맺고 탱크와 비행기 등 무기를 원조하여 정치군사적으로 긴밀한 협조 관계를 유지하였다. 중국과도 군사비밀협정을 맺어 전쟁 직전까지 4만여 명의 조선의용군을 인민군에 편입시켰다. 전쟁준비를 해오던 김일성과 박헌영이 1950년 3월 모스크바에서 스탈린을 만나 남한 침공을 협의하였다. 김일성은 3일이면 전쟁에서 승리할 수 있다고 주장하였고, 박헌영은 남한 내 20만 남로당원이 대규모 폭동을 주도하여 남한을 궁지에 몰아넣을 것이라고 호언장담하였다.

미국의 개입을 염려하여 자제를 촉구해오던 스탈린은 국내외 정세가 모두 조선의 통일에 유리하게 바뀌었다고 말하면서 마오쩌둥에게 협조 받을 것을 권고하였다. 5월에 김일성과 박헌영이 베이징을 방문하여 마오쩌둥에게 협조를 구하자, 만약 미군이 참전한다면 우리가 병력을 파견하여 돕겠다는 약속을 받아내 전쟁 준비에 박차를 가하였다. 중국이 오랜 내전 끝에 예상을 뒤엎고 1949년 10월 홍군이 국민당 군을 대만으로 몰아내어 극동정세가 급변하게 되었다. 1950년 1월에는 미 국무장관 애치슨이 미국의 태평양 지역 방위선에서 대만과 한국을 제외 한다는 애치슨라인을 발표하여 김일성의 남침 야욕을 더욱 자극시켰다. 그래서 소련과 중공의 후원 하에 김일성과 박헌영이 6월 25일 남침을 감행했던 것이다. 북한은 11만여 명의 무장병력과 280여 대의 전차를 앞세워 3일 만에 서울을 점령하였다.

미국의 즉각 참전과 전쟁 피해상황

그러나 한국 전쟁이 터지자 미국의 트루먼은 스탈린과 김일성의 예상을 뒤엎고 즉각 전쟁에 개입하라는 명령을 내렸다. 미국은 즉시 유엔 안전보장이사회를 소집하여 북한의 남침을 침략행위로 규정하고 38선 이북으로 북한군의 철수를 요구하는 한편 유엔군의 파병을 결정하였다. 이 결정에 따라 미국

한국전쟁 속에 모정

을 비롯한 16개국이 한국 전쟁에 참전하게 되었다. 7월 8일 유엔은 맥아더를 유엔군총사령관으로 임명하였고, 7월 14일 이승만은 한국군 작전권한을 유엔군총사령관에게 넘겼다. 유엔군의 참전이 시작되었지만 북한군의 총공세는 파죽지세로 8월에는 낙동강 계선까지 남진하여 남한 지역 대부분을 장악하였다. 유엔군은 낙동강 방어선인 워커라인을 힘겹게 지키며 전열을 가다듬었다. 유엔군은 해·공군력의 압도적인 우위를 바탕으로 해상과 제공권을 장악하고 전략폭격으로 북한군에 막대한 피해를 입혔다.

남한을 점령한 북한군은 기세가 등등한 해방군을 자처하며 지역 인민위원회의 복구와 토지개혁을 실시하고 의용군을 모집하였다. 점령지에서 북한군은 수많은 지주와 경찰, 군인 가족들을 색출하여 반동분자라고 처단하였다. 북한 지도부는 남조선을 일방적으로 점령하여 수개월 내에 공산화 시키는 데에는 의심의 여지가 없었다. 그러나 맥아더의 10군단 7만 5천여 병력이 9월 15일 인천상륙작전을 성공시켜 전세를 일거에 역전시켰다. 배후에 급습을 당한 인민군은 전면적 퇴각을 하게 되었고, 9월 28일 유엔군은 서울을 수복하였다. 국군과 유엔군은 38선을 넘어 북진하기 시작하였다. 국군과 유엔군은 10월 19일 평양을 점령한데 이어 압록강변까지 진격함으로써 민족의 숙원인 통일이 이루어질 것처럼 보였다.

그러나 10월 13일에 중국 공산당이 순망치한의 논리를 내세워 한국 전쟁 참여를 결정하였다. 10월 19일부터 팽덕회의 중국 인민지원군이 대거 압록강을 건너 인해 전술을 펼치자 국군과 유엔군은 큰 타격을 입고 한강 남쪽까지 밀리게 되었다. 1951년 1월 4일 또다시 서울이 북한군의 수중에 들어갔고, 37도까지 밀렸던 유엔군이 반격하여 38도선 부근에서 교착상태에 빠지게 되었다. 이와 같이 전쟁이 스탈린이나 김일성의 예상과 달리 장기전의 양상을 띠자 소련은 1951년 6월 23일 유엔을 통해 휴전을 제의하기에 이르렀다. 미국은 이를 받아들여 7월에 개성에서 휴전회담을 시작하게 되었던 것이다. 이때부터 전쟁의 양상이 고지를 빼앗고 지키려는 진지 전으로 변하여 아까운 젊은 군인들이 희생당하는 소모전이 되었다.

2년여에 걸친 지루한 협상이 전쟁광 스탈린의 사망에 따라 당시의 전선을 휴전선으로하는 휴전이 1953년 7월 27일에 성립되었다. 이때 이승만 정부는 반공포로 석방 등 초강수로 휴전에 극력 반대하였지만, 미국으로부터 한미상호방위조약의 체결과 경제원조 및 한국군의 20개 사단증강 지원을 약속받고 부득이 동의하였다. 북의 재남침을 막고있는 한미상호방위조약은 외부로부터 침공이 있을 경우 미국 헌법절차에 따라 개입하도록 되어있다. 이 말은 미국이 유럽과 맺은 조약의 자동개입이 아니고, 미국 의회가 전쟁개입을 비준해 주어야 지원할 수 있다는 뜻임을 정확하게 이해해야 한다. 이후 정전협정에 근거한 한반도문제 평화 해결을 위한 정치회담이 1954년 4월 스위스 제네바에서 한국, 북한 등 19개국이 참석 개최되었다. 한국은 유엔감시하에 북한만의 선거를 통한 통일을 주장했다. 북한은 남북한 의회 조직의 대표로 전조선위원회를 결성하고 이 기구의 주관하에 총선거를 하자고 했지만 아무런 성과 없이 결렬되었다.

한국 전쟁의 피해

한국 전쟁은 우리 역사상 동족 간에 벌인 가장 참혹하고도 치열한 전쟁이었다. 이 전쟁은 전투로 인한 전쟁피해와, 이념투쟁에 의한 정신적 피해가 중첩되었다. 그러나 더 깊이 들여다보면 오랜 문중간의 갈등, 세도가와 하층민의 갈등, 지주와 소작인의 갈등, 종교인 핍박, 부역자 처단 등 조선말 봉건사회에서부터 이어져온 갈등과 원한이 전쟁이라는 이름으로 생명을 죽이는 살육전으로 확장되어진 것이다.

맥아더가 요구했던 핵무기 사용은 자제되었지만 최신 살상무기들이 사용됨으로 인적·물적 피해가 막심하였다. 추정된 인적피해는 남측에 한국

한국전쟁으로 폐허화 된 도시

군 63만 명, 유엔군 55만 명 등 118만여 명의 사상자가 나왔다. 북측에서는 북한군 80만 명, 중공군 123만 명 등 203만여 명의 사상자가 발생했다. 민간인 사상자는 남한 80만여 명, 북한 268만여 명 등으로 추산되었다. 남한에서 강제 납북이나 월북한 사람은 30만여 명, 북한에서 월남한 사람은 65만여 명으로 가족과 이별한 이산가족이 1,000만 명으로 추정되고 있다.

경제적인 피해 규모도 천문학적이었다. 남한은 낙동강을 교두보로 한 지역을 뺀 대부분의 지역이 전쟁터가 되었고 특히 수도권의 피해가 극심하였다. 북한 지역은 미공군기의 무차별 폭격으로 도시와 공업 지역은 초토화 수준의 피해를 당하였다. 1953년 휴전당시 추산한 전쟁피해액은 한화로 총 4,123억 환에 달하는 천문학적 금액이었다. 전쟁 이전 대비 남한 공업 시설은 42%가 파괴되었고, 폭격의 피해가 컸던 북한은 공업 60%와 광업20%가 파괴된 것으로 추정되고 있다. 개인의 주택과 재산피해는 극심하였고 도로·철도·교량·항만시설은 물론 학교·관공서 등 공공시설이 파괴되어 개인 및 사회경제 체제의 기반이 황폐화되었다. 공업시설이 남북한 평균 51%가 파괴되었다. 이러한 현실은 일제 시기 건설된 근대 공업시설이 절반 이상 파괴되었기에, 한국은 전쟁의 폐허 위에서 새롭게 시작해야하는 처지가 되었다. 그러므로 오늘날 일부 경제학자나 역사가들이 주장하는 식민지 근대화론은 한국 전쟁의 과정을 거치면서 물적 토대가 멸실되어 근거가 사라져 간 것으로 보아야 할 것이다.

한국 전쟁이 불러온 영향

37개월 간 전개된 한국 전쟁은 국제전쟁의 성격으로 남북한은 물론 미·중·소 등 20여 개국이 참여 세계적으로 큰 영향을 끼쳤다. 미·소간에는 냉전이 본격화 되었고, 일본은 한국 전쟁 특수로 경제부흥의 기회를 맞으며 반공국가가 되었다. 한국의 분단과 전쟁의 원인을 배태시킨 일본은 배 터져 죽고, 한국은 지옥의 절망에 빠지게 된 꼴이 되었다. 일본은 전쟁기간 중 24억 달러라는 천문학적인 돈을 벌어드려 경제대국으로 성장하는 발판이 되었다.

남북한 간에는 적대적 대립구조가 심화되고 집권자들이 권력을 강화하는 수단으로 이용하는 결과를 가져왔다. 북한에서는 전쟁을 주도하여 수많은 인민이 희생당한 것에 김일성이 책임을 지기는커녕 권력을 강화하는 계기로 삼았다. 전쟁 직후 조선독립동맹을 이끌었던 김무정 등 연안파들이 패전의 책임 추궁을 당하였다. 이후 박헌영과 이승엽 등 남로당 출신들과 김원봉 등 거물들도 대부분 체포되어 수감되었다. 이들에게는 패전에 책임이 있다거나, 미제간첩이라거나, 정권 전복음모를 꾀한 종파 분자라는 죄목을 붙였다. 남한 좌익의 상징이며 조선공산당 당수였던 박헌영은 그악스럽게 한국 전쟁을 획책하였지만, 어이없게도 미제의 간첩노릇을 했다는 죄목으로 1956년 처형당했다. 미제고용간첩 박헌영의 공판문헌에 의하면 일제 때는 일제간첩이었고, 미제 때는 악질반동 미제간첩이었다는 것이다. 박헌영의 특별재판에 방청객으로 참여했던 전 평양시당 위원장 고봉기의 회고에 "공판놀음은 맑스주의자의 고상한 정조가 땅바닥에 굴러다녀 조선공산주의운동사에 가장 추악한 대목을 불행하게도 목격하게 되었다"라고 서술하였다. 북한은 반대파에 대한 가혹한 숙청 등을 통해 김일성 유일 지도체제를 강화시켜갔다.

남한의 이승만도 반공을 앞세워 반정부 언론과 진보성향의 국회의원 및 조봉암 등 반대세력을 제거하고 독재정권을 구축하는데 활용하였다. 전쟁을 거친 한국군은 60만 명의 대군으로 성장하여 사회 전반에 군의 영향력을 키워가게 되었다. 한국 전쟁 중 월남한 북한 주민이 65만 여명으로 해방 후 월남 인구를 합하면 135만여 명의 큰 세력이 되었다. 이들은 다수가 지주나 기독교도들로서 청교도적인 생활 태도로 남한의 자유사회를 구축하는데 일익을 담당하였다. 어려운 여건 속에서도 반공주의와 기독교 신앙으로 무장하여 정치·경제·교육·종교 분야에서 상당수가 두각을 나타내며 남한 사회 지도자로 성장하였다.

한국 사회는 전쟁 중에 피난해 온 월남인들과 농촌을 떠나온 이주민들이 서울·부산·인천·대구·광주·대전 등 대도시로 몰려들어 도시인구가 급속히 증가하였다. 도시마다 생존을 위해 뛰어든 사람들로 시장 마당에 활기를 띠기 시작하였다. 한국 사회는 과거에 지주나 지식인이건, 농민이나 노동자이건 모두 재산을 잃고 비슷한 처지로 평준화가 되었다. 전쟁 폐허의 절박한 환경 속에서 이겨야 살아남기에 한국 사람들은 무의식적으로 적극적·진취적·도전적인 생존동기를 갖게 되었다. 세계에서 가장 가난한 나라에서 무에서 유를 창조해내는 새롭고 경이로운 대한민국을 만들기 위해 고난의 행군을 본격적으로 시작하게 된 것이다.

2.
전쟁 폐허 속에 산업화의 기반을 만들다

미국의 지원으로 전후복구에 나서다

일제 36년간의 가혹한 식민통치를 거치면서 한국인들은 좌절하지 않고 실력양성운동가들의 선도에 따라 지식과 능력을 키웠다. 이 시기에 한국인들은 먹고 논 것이 아니라 '동아'와 '조선' 등 언론과 연희·보성·이화 등 각종 교육기관을 통해 근대지식을 배우면서 미래를 준비해 왔던 것이다. 어렵게 건국된 대한민국은 국가의 생존을 위해 반공을 앞세우다 보니 친일청산은 실패했고, 정치사회는 분열되어 대한민국의 여정은 힘겹게 시작되었다. 결국 북한의 김일성과 박헌영이 획책하고 스탈린과 마오쩌둥이 후원한 한국 전쟁으로 남북한이 초토화되는 불행을 겪으며 근대화의 물적 토대가 대부분 사라졌던 것이다.

전쟁의 폐허 위에 대한민국은 험난한 새로운 도전을 시작하게 되었고, 남·북 간에는 체제경쟁을 통해 새로운 나라 건설에 나서게 된 것이다. 그 결과 대한민국은 2차 세계대전 이후 식민지에서 독립한 수많은 나라들 중 산업화와 민주화를 이루어 선진국 대열에 들어선 유일한 나라가 된 것이다. 이제 전쟁의 폐허와 역경을 극복하고 피땀 흘려 세계 속에 경이로운 나라 대한민국을 만들어간 자랑스러운 한국인들의 현대사를 간략하게나마 따라가 보자.

미국의 대한정책 변화
미국은 한국 전쟁 중인 1951년 샌프란시스코에서 2차 세계대전 연합국과 일본의 전후처리 회담을 열었다. 한국 전쟁 기간 중 진행된 샌프란시스코 강화조약은 운 좋게도 일본의 전쟁책임과 배상문제가 유리하게 처리되는 여건이 되었다. 참전국이 아니라는 이유로 회담 참가가 거부된 한국은 미군정 기간에 단행된 일본인 재산의 몰수처리가 적법한 조치였음을 인정받는 정도에 머물렀다.

미국은 한국 전쟁 이후 소련을 비롯한 공산세력의 확산을 막기 위해 핵 우위에 입각한 봉쇄전략을 강력하게 추진하고자 했다. 소련과 중공의 위협에 놓여있는 동북아에는 지역 통합전략에 따라 일본이 아시아에서 미국의 가장 중요한 거점으로 떠올랐다. 미국은 장기적으로 일본의 경제부흥을 뒷받침하여 한국 지원에 따른 경제적 부담을 일본과 나눠질 수 있기를 희망하였다. 그래서 한국과 동남아 지역을 수직적 분업구조로 편입시켜 한국은 일본에 농수산품을 수출하고, 공산품은 일본에서 수입해 쓰는 구조를 만들고자 했다. 미국의 대한정책은 대소 전진기지로서 군사적인 안정을 위해 경제적 안정을 도모하는데 1차적인 목표를 두었다. 그래서 정치·군사적인 측면에서는 한미상호방위조약과 한국군의 작전통제권에, 경제적인 측면에서는 경제원조를 통해 조성된 대충자금의 운용에 개입하여 대한정책을 관리하였다.

일본을 중심으로 한 미국의 지역통합전략은 1953년 아이젠하워 대통령 등장 이후 더욱 강력하게 추진되었다. 그러나 이승만은 한국이 농업국가로 가서는 희망이 없다고 보았다. 그리고 일본과 경제로 엮이는 것은 더욱 싫어 수입대체 공업화에 적극 노력하였다. 1952년에는 동해 독도의 실효적 통제와 어업보호라는 명목으로 평화선을 선포하였다. 일명 이승만 라인으로 불리는 이 선을 넘어온 일본 어선을 적발하고 어부를 감금했기에, 미국의 의도와는 다르게 한일 갈등이 심화되어 갔다. 1950년대 후반이 되자 미국 내에서는 한국군에 대한 감군 요구와 함께 한국의 자립을 위한 경제개발에 대한 관심이 높아져 갔다. 이는 냉전적 대치 상황이 군사적 대치로부터 정치와 경제적인 대치로 전환되어가는 것을 의미하는 것이었다.

대한민국의 전후 경제전략

3년간의 한국 전쟁은 남한 경제를 초토화시켰다. 취약한 생산 기반 시설마저 무너져 생필품이 부족하고 농사난으로 식량이 모자라 생존에 어려움을 겪고 있었다. 경제상황은 일자리는 구하기 어렵고 전쟁비용을 위해 찍어낸 화폐 유통으로 물가는 엄청나게 치솟았다. 휴전이 시작되자 대한민국 정부는 본격적으로 경제복구에 나서게 되었다. 정부는 채권을 발행하고 한국 은행에서 돈을 차입 엄청난 재정 적자를 메꾸었다. 유상 분배한 농지값을 현물로 상환 받고 양곡 유통을 통제하여 가장 시급한 식량문제를 해결코자 하였다. 경제체제도 공공기업의 국유 원칙을 포기하고 귀속 재산을 민간 기업에 불하하였다. 이것은 사회민주주의적 헌법 규정에서 벗어나 기업 활동과 시장 기능을 활성화시켜 경제회복을 꾀하고자하는 조치였다.

그러나 폐허위의 전쟁 복구는 엄청난 재원이 필요하였고, 나라는 가난하였기에 복구비용의 대부분을 미국의 원조에 기댈 수밖에 없었다. 미국은 2차 세계대전 이후 인도주의 목적과 소련의 공산주의가 확산되는 것을 막기 위해 세계 여러 나라에 원조를 하였다. 한국에는 1948년 12월 한미경제 원조협정을 체결한 이후 1960년대 초반까지 약 100억 달러에 달하는 천문학적인 원조를 제공하였다. 이 규모는 미국이 아프리카 국가 전체에 원조한 금액과 맞먹는 수준이었다. 이 시기 이승만을 상대한 미 국무장관 델레스는 이승만을 동양의 홍정꾼이며 회피의 명수라 하였고, 부통령 닉슨은 도박꾼이나 공산주의자라고 폄훼하였다. 미국 정계에서는 이승만이 한국의 지정학적인 영향력을 엄청나게 뻥튀기하여 포커판에서 미국에게 최대한의 자릿세를 뽑아간 포커꾼으로 취급하고 있었다. 당시 이승만이 할 수 있는 일이라고는 아이젠하워한테 돈을 빼내는 여러 방법을 궁리하여 실현시키는 것 밖에 없었던 것이다. 이때 상공부의 신현확(전 국무총리)은 재건계획 협상에 필요한 600페이지 영문자료를 뚝딱 만들어, 미국의 원조를 최대한 끌어내므로 국민을 먹여 살리는데 크게 기여하였다.

1950년대 한국 경제는 미국의 원조에 의존하여 무너진 경제를 복구하고 무역 수지와 재정 적자를 메꾸었다. 재정·금융·산업에서 원조물자의 배분과 판매 그리고 그 판매대금인 대충자금을 근간으로 한 재정투자와 기업에 대한 금융혜택이 한국 경제를 움직였다. 당시 국가재정 수입에서 원조가 차지하는 비중이 40%를 넘었다. 국민 소득에서 원조가 차지하는 비중이 10%가 넘었고 투자금의 90%가 원조에서 나왔다. 미국의 원조는 전쟁의 폐허 속에서 가장 시급했던 식량과 생필품 부족을 해결하는데 큰 공헌을 하였다. 수많은 피난민들과 국민들은 유엔과 미국이 원조한 밀가루, 의류, 담요, 고무신, 의약품 등으로 혹독한 추위와 배고픔과 질병을 극복할 수 있었다.

미국의 일반 경제원조는 밀·보리·면화·원당 등 소비재가 중심이었다. 이 때문에 면방직·설탕·밀가루 제조업인 삼백산업이 발달하였다. 삼백산업의 원료는 값싼 잉여농산물로 충당되었는데 특히 1956년부터 들어온 'PL 480호'에 따른 미국 잉여농산물 도입으로 한국 농업은 큰 타격을 입게 되었다. 이처럼 해외 원조라는 것이 배고픔은 면해 주었지만 마냥 좋은 것만은 아니었고 국내 산업에 피해를 주기도 했다. 미국의 원조 농산물은 국내 농산물 가격을 떨어뜨리고 농가소득을 감소시켰다. 이에 따라 농민들은 농작물을 재배하려는 의욕이 떨어져 국내에서 밀이나 면화 경작이 사라지게 되었다. 따라서 식량 자급률은 떨어지고 농민들이 농업을 포기하고 도시로 떠나는 광범위한 이농현상이 일어났다.

원조경제는 원조를 배분하는 과정에 정부의 판단이 개입할 수밖에 없기 때문에 정경유착과 부정부패를 가져왔다. 공정 환율로 원조물자를 배당받은 것만으로도 엄청난 이득이 있기에 정치자금과 뇌물 헌납이 성행하였다. 귀속재산을 불하 받거나 원조경제로 자본을 축적한 소수의 자본가들이 독점 재벌로 성장하는 계기가 되었다. 전쟁의 피해로 악화된 한국 경제는 1950년대 중반을 넘어서면서 원조경제에 힘입어 회복되기 시작하였다. 천정부지로 뛰었던 생필품 가격도 원조물자의 공급에 따라 안정되어 갔다. 1955년 무렵에는 경제가 전쟁 이전 수준을 회복하였고 1950년대 후반까지 매년 4~5%정도 성장하였다. 1950년대 후반에는 시멘트, 판유리, 비료공업 등이 성장하여 산업 기반의 걸음마 단계에 진입하였다. 그러다가 미국 경제의 국제 수지가 적자로 돌아서자 미국은 무상원조 정책을 지양하고 차관을 제공하는 유상 방식으로 정책을 바꾸었다. 원조가 줄어들자 삼백산업은 위기에 빠졌고 경제 성장률도 2% 정도로 부진하였다.

1958년 미국의 원조가 줄어들자 소비재공업의 비중은 낮아지고 생산재공업 비중이 높아지기 시작했다. 이에 따라 과잉 시설로 어려움을 겪던 면방직 기업들이 해외 시장을 개척하는데 정부지원을 요구하였다. 원조경제는 고정 환율을 고수하였지만, 차관을 기반으로하는 시장경제는 수출에 의한 외화 획득이 필수적인 경제 상황이 되었다. 그래서 1950년대 후반 44만 추의 방추를 갖춘 면방직업은 시설과잉에 따른 불황에 직면하자 동남아 시장을 개척하였고, 60년대 초에는 미국·영국·서독 등 선진국 시장에 진출했다. 철강업도 국내시장이 포화 상태에 이르자 해외시장 개척에 적극 나서기 시작했다. 이승만 정부는 미국의 정책 변화에 대응하기 위해 1958년 4월 부흥부 내에 장기 경제개발계획 수립을 위한 산업개발위원회를 설치하였다. 경제 전문가들로 구성된 이 위원회는 경제개발 3개년 계획안을 우여곡절 끝에 1960년 4월에 채택하여 기본 바탕을 마련하였다.

역경 속에서 꽃핀 교육열풍

이승만은 갑오개혁으로 과거제가 폐지되자 희망을 잃고 방황하는 시절이 있었다. 그러다가 친구의 권유로 배재학당에서 신교육을 받았고, 선교사의 도움으로 미국에서 대학교육을 받아 교육의 중요성을 잘 알고 있었다. 그는 신생 대한민국이 미래로 나아가기 위해서는 국민교육이 진흥되어야 함을 잘 알기에 교육과 인재양성에 적극적이었다. 이승만은 1949년 교육법을 제정하여 모든 국민은 그의 자녀가 만 6세가 된 이후의 최초의 학년부터 초등학교에 취학시킬 의무를 부여하였다. 이승만 정부의 적극적인 교육정책은 한국인의 높은 교육열을 자극하였다. 아무리 가난해도 자녀를 학교에 보냈고 한국 전쟁 중에도 천막교실을 통해 학교교육이 구현되었다. 모든 국민은 법 앞에 평등하다는 민주국가의 이념이 확산되면서 교육이 신분상승의 수단으로 국민들에게 인식되었다. 도시와 농촌을 가리지 않고 수많은 학교가 세워졌다. 국가는 물론 많은 지역 유지들이 사재를 털어 학교를 세우는데 진심을 다하였다. 교실과 선생이 부족해서 도시 지역은 학급당 백여 명에 이르고, 한 교실에서 2부제 수업은 다반사였다. 부모들은 허리띠를 졸라 매더라도 자녀들을 상급학교에 보내는 일에는 헌신을 다하였다.

초등학교의 숫자는 1948년에 3,443 교에서 1960년 4,653 교로 늘었으며, 학생 수는 366만 명으로 거의 절반이 늘었다. 초등학교 취학률은 1960년에는 99.8%라는 완전 취학상태에 도달하였다. 다른 한편으로 교육제도를 만들고 이를 운용할 내용을 채우는 데에는 미국 교육의 영향을 많이 받았다. 교과내용에는 미국식 민주 시민교육 이념이 도입되었으며, 초·중·고 학교를 6년·3년·3년으로하는 새로운 학제를 규정하였다. 일제강점기 억제되었던 중·고·대학 등 고등교육이 크게 확대되었다. 전문학교와 대학교는 해방 직후에 19 개교에서 1960년에 63 개교로 늘었으며 학생 수도 3만 명에서 10만여 명으로 증가하였다. 대학생 숫자는 당시 영국의 대학생 수와 비슷한 규모로 이제 막 해방된 국가로서는 대단한 숫자였다. 이때 외국어대, 인하공대, 배재대학이 설립되었고, 이화여대와 중앙대학을 설립케 하여 고등교육기관 설립을 후원하였다.

미국은 교육 원조를 통해 미국에 우호적인 인맥을 형성하는데 큰 관심을 가졌다. 건국 이후 1962년까지 4차에 걸쳐 실시된 미국 교육사절단 파견은 한국의 선진 교육 형성에 큰 영향을 끼쳤다. 선진 학문을 배우기 위해 해외유학을 떠나는 학생들의 숫자도 늘어갔다. 이승만 정부 시기 5,021명의 선진국 유학생 중 대다수인 4,468명이 미국으로 유학하였다. 1960년대 이후 유학을 다녀온 이들이 선진 지식으로 학계와 관계에서 지도자적인 역할을 하였다. 각급 학교와 학생 수의 증가는 정부 재정 투자에 힘입은 바가 컸다. 전쟁 직후에는 교육예산이 세출 비중의 2%에 불과 하였으나 1959년에는 18.4%로 급증하여 국방비 다음으로 큰 지출이었다. 세계적으로 볼 때 전쟁을 치른 신생국가가 교육을 통한 인재양성에 얼마나 정성을 기울여 갔는지를 잘 보여주고 있다.

군대에서도 다양한 교육에 힘을 쏟다

한국 발전에 주체적 역할을 한 인적교육은 학교 이외에도 여러 분야에서 이루어졌다. 한국 전쟁 후 재건 과정에서 정부 각 부처에서는 제반정책을 세우고 집행할 수 있는 전문가 집단이 성장하였다. 그들은 연령적으로 자강운동과 실력양성운동으로 설립된 학교를 통해 고등교육을 받은 사람들이었다. 이들은 조합이나 은행 등의 여러 분야에서 실무경험을 쌓다가 해방을 맞이하였다. 정부 수립 이후 재정부서에 근무하다가 한국 경제를 자문하는 미국의 전문가들로부터 지도를 받아 능력 있는 관료로 성장하였다. 이들이 한국 경제의 장기계획을 수립 추진하는 중추적인 역할을 담당하였다.

한국의 군대에서도 산업역군과 전문가 집단이 성장하였다. 하지는 미군정 초기부터 미군을 대신하여 남한의 국방을 담당할 군대 설치를 추진했다. 그러나 미 국무부의 견제로 남조선 국방경비대를 어렵게 창설하였다. 사병 중심의 경비대는 정부 수립 시기에는 5만 명으로 크게 늘었다. 미군정은 사병을 지휘할 장교 양성을 위해 45년 12월부터 군사영어학교로 시작하여 이후 남조선국방경비사관학교로 확대시켰다. 사관학교 교관은 미국에서 파견된 100여 명의 군사고문단들이 맡아 미국식 선진 교육을 실시하였다. 이후 5백명 규모로 늘어난 주한미군 군사고문단은 육군 포병학교, 보병학교, 통신학교, 공병학교, 기갑학교 등을 세웠다. 미국식 군사학교를 본 떠 만든 공병학교에서는 불도저와 크레인 사용법은 물론이고 특별반에서는 전기공사·석조·목공까지 가르쳤다. 그리고 다리와 도로를 만들고 까는 것 등 토목공사에 관련된 다양한 실무를 교육시켰다. 기갑학교에서는 운전기술과 전차 수리 및 정비 분야 까지도 교육시켰다. 당시 민간 사회에서는 받을 수 없는 고급 실무교육을 받은 수많은 군 필 젊은이들이 산업현장에서 중추적인 역할을 하게 된 것이다. 대기업 공장이나 건설현장에서 어디서 그 기술을 배웠냐고 물으면 대부분 "예, 군대에서 배웠습니다"라고 답하였다고 한다.

국방경비사관학교를 시작으로 장교 양성을 위해 육군·해군·공군 사관학교와 육군대학 등이 설치되었다. 이들 학교에서는 미국식 군대교육과 인문학 교육을 통해 사회화를 추구하는 전인적인 교육에 주력하였다. 이들 장교들 중 성적 우수자는 미국에서 실시하는 특별과정의 교육에 투입되어 1960년대 초까지 9,000여 명이 군사기술과 조직 관리의 연수를 받았다. 한국 전쟁후 한국군은 징병제 정착으로 20개 사단 70만여 병력으로까지 성장했으며, 군 행정체계는 정부 조직보다 선진적이고 효율적이라는 평판을 받았다.

혹독한 식민지와 전쟁을 거친 한국 사회에서 민족주의자들이 주창했던

'배워야 산다. 아는 것이 힘이다'라는 구호와 함께 개천에서도 용 난다라는 민주교육을 통해서 계층 상승에 성공하는 사람들이 늘어갔다. 그러자 한국 사회는 중·고등학교 입시경쟁이 치열해 졌고, 치맛바람과 사교육 열풍이 사회문제로 등장하기도 하였다. 전쟁의 폐허 속에서도 배운 사람들이 평등 사회를 앞당기고 산업근대화에 앞장서 경이로운 나라를 만들어 가는 훌륭한 역군이 되었던 것이다.

한국 전쟁이 만든 사회 풍경

농업국가인 한국은 전쟁 직전 토지개혁으로 농민들은 농지를 분양 받았지만 어째든 토지 대금은 상환해야 했다. 전쟁 중에는 군량미를 확보하기 위해 현물세제를 실시해 농민들의 부담은 더욱 커졌다. 농지개혁으로 소작농의 수는 크게 줄었지만 이것만으로 자영농 육성은 한계가 있었다. 산지가 많은 한국의 여건으로 대부분의 농민들은 경지면적이 적어 영세한 자작농에 머무르게 되었다. 휴전 이후 한국 농촌은 춘궁기에 220만 호의 농가 중 절반인 110만여 호가 식량이 떨어진 절량농가였다. 이듬해 보리가 수확되기 전까지 굶주려야하는 상황을 견디지 못한 농민들이 호구지책을 위해 농지를 처분하였다. 이들은 먹고살기 위해 농촌을 떠나 도시의 변두리로 이동하는 현상이 벌어졌고 전쟁 후에는 이 현상이 더욱 심화되어 서울로 더욱 몰러들었다.

오래 동안 남녀차별에 시달려 왔던 한국 여성들은 전쟁으로 남편을 잃은 수많은 전쟁미망인들이 양산되었다. 열악한 여건 속에서 55만여 명의 미망인들 중 대다수는 자녀 부양을 위해 날품을 팔거나, 시장에서 좌판이나 행상으로 연명하였다. 가난한 집 소녀들은 농사를 짓거나, 있는 집의 식모

살이로 입을 덜었다. 제조업에 취업한 여성 노동자들은 저임금 장시간 노동에 시달렸지만 원하는 만큼 취업할 수는 없었다. 강인한 한국의 어머니들은 가정을 위해 무한 희생하며 자식들을 길러냈다. 전쟁의 가장 큰 피해자들은 상이군인들과 전쟁고아들이었다. 휴전 후 통계에 따르면 상이군인은 6만 4천여 명이고, 59년 당시 원호대상자 수는 163만 명에 달하고 있었다. 전쟁고아는 5만 9천여 명, 보호시설에 수용된 인원은 4만 9천여 명으로 추산되었다. 이들의 보호는 어려운 국가재정으로 방치되어 생활이 곤궁하였다.

일반 가장들은 어렵게 잡은 날품팔이나 막노동으로 가족의 생계를 이어갔다. 직장에 취업한 노동자들은 박봉에 하루 10시간씩이나 노동을 해야했다. 섬유나 제약업에는 청소년들이 고용되었는데 하루 12시간 교대 근무하는 실정이었다. 트럭·버스 등 운수 분야 노동자들은 하루 18시간을 근무하기도 하였다. 실업자가 넘쳐나는 세상에서 이들의 불평은 배부른 소리로 치부되었다. 노동관련 법규는 1953년이 되어서야 노동조합법, 노동쟁의조정법, 근로기준법 등이 국회를 통과하였으나 제대로 시행될 수 없었다. 1950년대 말에는 새로운 노동운동이 일어나 대한생사노동조합 등 14개 노조 대표가 결성한 전국노동조합협의회가 어용화된 대한노총에 대항하였으나 노동조건은 별반 개선되지 않았다. 피난민이나 농촌을 떠나온 이농민들은 서울이나 부산·광주 등 대도시의 산비탈 지역에 허름한 판잣집을 짓고 판자촌을 형성하였다. 이들 마을을 사람들은 달동네라고 불렀다. 이들은 서울의 남대문 시장이나 부산 국제시장, 대구 서문시장이나 광주 양동시장 등지에서 좌판을 펴거나 지게꾼으로 막노동하며 생계를 유지하였다.

극심한 사회 혼란 속에서도 눈치 빠른 사업가들은 돈을 버는데 수단과 방법을 가리지 않았다. 파괴된 철로와 탄피를 모아 용해하여 일본에 수출하고 화장품과 의류를 수입하여 떼돈을 벌었다. 홍콩이나 일본에서 사치품 등을 밀수입하여 유통시키거나, 미군수품을 빼돌려 시장에다 공급하는 불법이 난무했다. 합법적으로 미군의 군수물자를 수송하거나 병참기지를 건설하는 현대나 한진 등 군납업자들은 큰돈을 벌었다. 만성적인 인플레 경제는 배경을 이용하여 은행에서 받은 대출로 생필품을 매점매석하여 이 득을 보는 사람들도 많았다. 고아만도 못한 아이들은 구두닦이나 껌팔이 가 되어 식당이나 댄스홀 주변을 서성이며 미군이나 양공주의 동정을 구 걸하여 가족을 부양하였다. 비공식 뒷거래를 뜻하는 '사바사바'라는 말이 사회 구석구석에서 유행할 정도로 부조리가 극심했다. 당시 많은 군사물 자를 처리했던 군 장교들의 사치와 향락과 부패가 사회문제가 되었다. 고 위직 군 장성들은 미군 원조물자를 빼돌리고 사병들의 부식비를 착복하는 일이 비일비재하였다.

전후 한국 사회에 미국 문화가 급속히 흘러들어오면서 한국 사회는 문 화적으로 정체성의 혼란을 겪게 되었다. 전쟁과 복구에서 전적으로 미국 에 의지해야하는 상황이기 때문에 친미를 넘어서 미국을 숭상하고 동경하 는 풍조가 넘쳐났다. 고달픈 대중들은 영화관에서 판을 치는 미국의 서부 영화를 즐겨보았다. 1950년대 중반부터는 면세 지원으로 제작된 국산 영 화가 점차 인기를 얻어갔다. 기술과 제작여건이 열악한 가운데에도 제작 된 〈춘향전〉이나 〈시집가는 날〉 등이 대중에 인기를 얻으면서 큰 관객 이 몰려들었다. 그러나 대부분의 영화는 시대를 반영하는 반공이나 전쟁 과 연결된 홍보 작품이었다.

대중가요는 분단의 아픔과 전쟁의 이별 등을 노래하여 국민들의 마음에 파고들었다. 피난민의 애환을 노래한 〈굳세어라 금순아〉, 〈이별의 부산정 거장〉과 쓰라린 이별을 노래한 〈단장의 미아리고개〉 등이 크게 애창되었 다. 미국을 동경하는 노래들로는 〈아리조나 카우보이〉, 〈아메리카 차이나 타운〉, 〈내고향으로 마차는 간다〉 등이 불려졌다. 미 8군 캠프촌에서 노래 하는 한국인 가수들을 통해 미국 팝송이 소개되어 젊은 층에 널리 퍼졌다.

3.
국부를 자임한 이승만과 4·19민주혁명

이승만의 헌정파괴와 독재정치

대한민국 정부수립 후 1960년 5월 27일까지 12년간을 이승만 정권 혹은 1공화국이라고 부른다. 이승만이 대통령에 선출될 때까지는 당파를 초월한 국민지도자로서 한민당 등 우익의 지원을 받으면서 활동하였다. 그러나 대통령이 된 후 국부를 자임한 이승만은 의도적으로 한민당을 멀리하고 경찰·군부·청년단체 등을 물리적 기반으로 하여 반공과 반일 이데올로기를 통치에 적극 활용하였다. 당시 일제경찰의 악습을 갖고 있던 경찰은 일반 국민을 엄하게 통제할 수 있는 막강한 권력을 쥐고 있는 전국적인 조직이었다. 거대한 세력으로 커진 군부는 헌병사령부와 특무대 등 친위세력을 통해 적절히 통제되었다. 반공청년단체는 군경의 보조적인 역할을 수행하여 이승만 정권의 중요한 인적 기반이 되었다.

이승만은 1949년 12월 기존의 반공청년단체들을 통합하여 대한청년단으로 새롭게 조직하고 직접 총재에 취임했다. 날이 갈수록 이승만의 독재 양상이 여러 곳에서 나타나자 이를 저지하기 위해 한민당의 김성수는 대한국민회의 신익희, 대동청년단의 이청천 등 여러 정파를 합쳐 민주국민당으로 통합하였다. 1950년 5월에 실시된 2대 국회의원 선거 결과는 무소속 출신자가 126명이나 대거 당선되었다. 그러나 국회 내 다수 정파로 부각된 민주국민당의 신익희가 국회의장을 차지하였다.

한국 전쟁이 일어나자 이승만은 거국내각을 구성키 위해 민주국민당의 장면을 국무총리로 임명 정파 간의 짧은 평화가 있었다. 1951년 초 국회에서 국민방위군 사건이 폭로되고, 뒤이어 거창 양민학살 사건이 발생하자 대통령에 대한 비판이 점점 커져갔다. 국민방위군 사건은 68만여 명의 방위군이 남쪽으로 이동하다가 9만여 명이 행군 도중에 아사하거나 동사한 사건이다. 이승만의 신임을 받던 군 간부와 대한청년단 간부들이 부식비나 피복비 등을 착복하여 벌어진 참극이었다. 이에 부통령 이시영이 국민방위군 사건에 책임을 진다며 사퇴하였다. 1951년 5월 국회에서 실시된 부통령 보궐 선거에서 민주국민당의 상징인 김성수가 선출되었다.

이승만 대통령은 본인의 완고한 고집과 측근들의 무능과 부패로 실정을 거듭하여 국회의 간선제로는 당선될 가능성이 전혀 없게 되었다. 이에 따라 이승만은 정당 조직결성을 적극 후원하여 국회에서는 원내 자유당, 국회 밖에서는 대한국민회·대한청년단 등 5개 단체를 중심으로 원외자유당을 만들었다.

이승만 발췌 개헌안을 강압으로 통과시키다

전쟁 중인 1952년은 2대 대통령 선거가 있는 해인데, 국회의 간접선거로는 당선되기 어렵다고 판단한 이승만의 자유당은 민주국민당이 제안한 내각책임제 개헌안에 맞서 대통령직선제 개헌안을 제출하였다. 이승만과 자유당은 직접 선거로 뽑힌 지방의원들로 관제데모대를 만들고, 백골단·땃벌떼 등 폭력단을 동원하여 야당 의원들을 협박하며 공포분위기를 조성하였다. 5월 25일에는 부산을 포함한 경상남도와 전라남북도에 계엄령을 선포하였다. 다음날 야당 국회의원 50여 명에게 국제공산당의 자금을 받았다는 누명을 씌워 헌병대로 강제 연행하였다. 7월 4일 경찰과 군이 국회를 포위한 상태에서, 이미 국회에서 압도적 표차로 부결된 발췌 개헌안이라는 대통령 직선제 개헌안을 토론 없이 불법적인 기립 표결로 통과시켰다.

대한민국 건국과 이승만 대통령 만들기에 헌신했던 부통령 김성수는 이 승만의 폭거에 장탄식을 하면서 다음과 같은 사임서를 제출하였다. "6·25 전란 때 정부는 죄 없는 국민을 기만하여 적의 마수 하에 남겨둔 채 무수한 애국자를 희생시켜 천추의 한을 남겨 놓고 누구 하나 책임지려고 하지 않았다 …… 대통령 직선제가 국회에서 이미 143:19라는 압도적 표차로 부결된 바 있는데 불법으로 발췌 개헌안을 통과시킨다는 것은 결국 헌법을 마음대로 고쳐지게 되어 결국 종신 대통령이 나오게 될 것이다 …… 내가 비록 현 정부의 악정에 가담하지 않았더라도 부통령직에 있다는 것만으로도 민족 만대에 작죄하는 것이다. 나는 전제 군주적 독재정치를 타도하고 진정한 민주주의를 위해서 국민대중과 결사 분투할 것을 맹세하는 바이다."라며 부통령직을 사임하였다.

　이승만은 8월 국민이 직접 뽑는 2대 대통령 선거에서 총투표 수의 74%인 520만여 표를 얻어 당선되었다. 부통령 선거에서는 대통령과 사이가 틀어진 자유당의 이범석 대신 무소속의 함태영이 당선되었다. 선거 뒤 자유당 내 다수 세력인 이범석과 안호상 중심인 조선민족청년단 계열이 제거되고 이승만·이기붕 중심으로 개편되었다. 1954년 5월에 실시한 3대 국회의원 선거에서 자유당이 56%인 114석을 차지하는 승리를 거두었다. 자유당의 승리에는 경찰과 공무원들의 노골적인 부정선거 개입이 큰 역할을 하였다. 이때부터 관권선거라는 부정선거가 자리잡아가기 시작했다. 새로운 국회의장에는 이승만의 신임을 받는 이기붕이 선출되었다.

　1954년 9월 자유당은 김성수가 예측한 대로 초대 대통령에 한해 횟수 제한 없이 대통령에 출마할 수 있는 개헌안을 제출하였다. 이승만은 개헌 반대운동을 제압하고 개헌 반대 여론을 누르기 위해, 뉴델리에서 신익희가 납북인사 조소앙과 밀담했다는 사건을 조작하여 야당인 민주국민당을 용공으로 몰아가는 등 수단과 방법을 가리지 않았다. 11월 27일 개헌안에 대한 국회 표결 결과 재적의원 203명 가운데 찬성 135표, 반대66표, 기권 7표로 개헌 정족수인 136표에 한 표차로 부결되었다. 이틀 뒤에 열린 국회에서 자유당은 부결 선포를 뒤집어 203명의 2/3인 135,333에서 사사오입하면 135이므로 개헌안은 통과되었다고 번복 선언하였다. 이 시기 발췌개헌이나 사사오입개헌은 국부를 자임한 이승만의 권위에 힘입어 불법적으로 이루어진 것으로 상식적으로는 이해될 수 없는 일들이었다.

민주당 창당과 3대 대통령 선거

유치한 사사오입 개헌으로 민심이 자유당을 떠나게 되자 민주국민당은 원내에서 호헌동지회를 결성하고 반이승만세력을 결집하여 1955년 9월 18일 범야 보수연합체인 민주당을 출범시켰다. 국부를 자임한 이승만의 독주 앞에 지리멸렬한 야당을 하나로 묶는 데에는 부통령직을 사임했던 김성수의 헌신적인 역할이 컸다. 이승만의 대항마로 미국 정부와 한국 정치계의 주목을 받고 있었지만 본인은 대통령에 출마치 않겠으니, 신익희를 후보로 내세울 수 있도록 단결해 달라는 마지막 호소가 큰 힘이 되었다. 민주당은 김성수·신익희·조병옥의 민국당계와 장면·정일형의 흥사단계, 현석호 등의 자유당 탈당계 및 무소속 구락부가 연합하여 한국 최초의 통합 야당으로 출범하였다. 이로써 한국 정치판에서 여당인 자유당과 통합야당인 민주당이라는 보수양당이 경쟁해가는 전기가 마련되었던 것이다.

김성수

'민주당과 자유당의 보수 양당체제가 출발하는 시점에서 한국 정치의 계보를 살펴보자. 먼저 한국민주당은 1945년 9월 송진우·김성수·조병옥·서상일 등이 창당을 하여 미군정의 여당으로 좌익과 대결하면서 대한민국 건국의 역사적 과업을 수행하였다. 건국 후 이승만의 홀대로 야당의 길을 걷기 시작하였다. 이후 김성수가 신익희, 이청천 등과 민주국민당을 창당 운영해오다가 이승만의 독재에 맞서기위해 1955년 9월 김성수 사후 신익희·조병옥의 민국당계와 장면의 흥사단계, 현석호의 자유당탈당계, 무소속구락부가 합당 통합야당 민주당을 탄생시킨 것이다. 이후 신익희와 조병옥의 대선후보 시대를 거쳐 윤보선·장면의 민주당정권을 탄생시켰다. 5·16군사정변 이후 윤보선·유진오·유진산·김영삼·김대중의 신민당을 거쳐 김영삼·김대중의 민추협과 신한민주당 이후, 통일민주당의 김영삼이 노태우와 민자당을 창당하여 여당에 합류하였다. 이후 김대중은 평민당·민주당·새정치국민회의의 진보야당을 이끌어 오다가 1997년 여야정권교체의 새 역사를 쓰게되었다. 결과적으로 한국 보수 정통 야당은 송진우와 김성수의 한민당에 이어 김성수와 신익희의 민국당과 민주당에 그 뿌리가 있다고 하겠다. 한국 보수의 또 다른 정당 자유당은 1951년 이승만의 자유당 창당을 시작으로 1963년 박정희·김종필의 민주공화당, 1981년 전두환·노태우의 민주정의당, 1990년 노태우·김영삼·김종필의 민주자유당, 1995년 신한국당에 이어 1997년 이회창·박근혜·이명박 등의 한나라당으로 이어지는 보수정당으로 이어져 오고 있다.

못살겠다 갈아 보자는 야당의 돌풍

자유당과 민주당의 보수 양당과 조봉암의 진보당이 조직되어 가던 1956년 정·부통령 선거가 치러지게 되었다. 자유당은 이승만을 대통령 후보에, 이기붕을 부통령 후보로 추대하였다. 이때 이승만은 불출마를 선언하면서

"제3대 대통령에는 좀 더 박력 있는 인사가 나와 국토통일을 이룩해주기 바란다"는 뜻을 밝히면서 후보 자리를 고사하였다. 이에 자유당은 기상천외한 관제민의를 동원하여 이승만의 번복을 촉구했다. 이때 소원을 다 이룬 정치인생의 절정기에 본인의 소신대로 유능한 후배에게 양보했더라면, 이승만은 한국의 조지 워싱턴이 되었을 것이다. 그러나 18일 만에 관제민의에 양보한다 핑계대고 또다시

신익희

대통령에 나서면서 본인과 대한민국 헌정사에 큰 오점을 남기게 된다.

민주당은 신익희와 장면이, 조직중인 진보당에서는 조봉암과 박기출이 추대되어 3파전이 벌어졌다. 민주당은 '못살겠다 갈아보자' 라는 선거 구호를 내세워 도시 지역을 중심으로 돌풍을 일으켰다. 전국 각지에서 열린 민주당 선거 유세에 모인 엄청난 인파는 정권 교체에 대한 기대감을 크게 높였다. 그러나 선거를 열흘 앞두고 호남 유세를 가던 신익희가 호남선 열차 안에서 급서하는 바람에 정권 교체에 실패하였다. 선거 결과 이승만은 56%득표로 당선되었고, 진보당의 조봉암은 24%가 넘는 표를 받아 국민들의 정권교체 열망이 표출되었다. 부통령은 민주당의 장면이 자유당의 이기붕을 누르고 당선되었다. 소속 정당이 다른 정·부통령 간의 반목은 자유당과 민주당 간의 경쟁을 더욱 악화시켰다. 당시 80세 초반인 대통령 이승만의 유고시 승계권을 민주당이 가져가기 때문에 자유당에는 비상이 걸렸다. 한편 조봉암은 대통령 선거에서 얻은 지지를 기반으로 11월에 진보당을 창당하였다. 진보당은 보수진영을 비판하면서 사회민주주의와 평화통일을 내걸고 대중의 지지를 넓혀갔다. 이에 놀란 이승만과 자유당은 정치적 라이벌로 떠오른 조봉암을 간첩으로 몰아 사형시키고 진보당을 불법화하여 해산시켰다.

자유당은 야당과 언론의 비판에 대응하기 위해 언론에 강력한 통제를 가할 수 있는 수단이 필요했다. 그래서 1958년 1월에 통과된 선거법에서 허위보도를 엄벌 한다는 언론 조항을 집어넣었다. 그리고 8월에는 국가보안법 개정안을 국회에 제출하여 본 회의에서 야당의원들이 무술경관들에게 구타 감금당한 채 통과됨으로써 큰 문제가 되었다. 민주당은 국가보안법이 불법적으로 통과되었으므로 무효라고 주장하면서 강력한 반대투쟁을 전개하였다. 1959년 1월 개정된 국가보안법에 근거하여 정권에 비판적이었던 야당 언론 경향신문은 폐간되었다.

3·15 부정선거와 4·19민주혁명

이승만의 1952년 부산 정치파동과 1954년의 사사오입 개헌을 거치면서 장기 독재와 우상화로 국민들의 정권에 대한 불만은 갈수록 커져갔다. 여기에 미국의 원조가 줄어들자 경제 불황이 심화되어 서민들의 생활은 더욱 어려워졌다. 경제의 중심 산업이었던 면방직·제분업·제당업 등 삼백산업의 가동률이 떨어졌고 취업자 수도 크게 감소하여 실업자가 늘어났다. 이 같은 불경기, 실업, 물가고 속에서 수많은 농민·노동자, 도시 빈민들은 끼니마저 잇기 어려운 생활을 영위하였다. 이러한 생활고와 민심이 반영된 1958년 4대 국회의원 선거에서 자유당은 의석수가 줄어든 126명이 당선되었고, 민주당은 의석수가 크게 늘어난 79명이 당선되었다. 특히 서울은 1석을 빼고 모두 민주당 후보가 당선되어 자유당의 고심은 깊어만 갔다. 그래서 이승만 정부와 자유당은 1960년 치러질 정·부통령 선거 대비에 적극 나서게 되었다.

자유당은 정·부통령 선거를 조기에 실시하는 것이 당선에 유리하다고 보고 일정보다 앞당겨 1960년 3월 15일로 정하였다. 이는 민주당 대통령 후보 조병옥이 신병 치료차 미국에 가서 사망했기 때문에, 대통령 당선은 뻔한 일인데 부통령 후보 이기붕 당선이 과제가 되었다. 이때 이승만의 나이가 85세 고령으로 유고시 민주당 부통령 후보 장면에게 정권이 넘어갈 수 있기 때문이었다.

자유당 정부는 사전에 기획한 대로 당과 정부, 경찰과 관료, 반공청년단과 관변 단체들을 총동원하여 부정선거를 획책하였다. 일선에서는 공무원·교사·경찰·통반장·반공단체·정치깡패 등이 동원되어 금품공세와 온갖 부정이 난무하는 가운데 선거가 치러졌다. 3월 15일 선거 당일에는 유권자 40%의 사전 선거가 이루어졌고, 3인조, 5인조의 조원 투표와 투표함 바꿔치기가 곳곳에서 자행되었다. 개표가 시작되어 이기붕 후보의 득표율이 100%에 다다르자 놀란 선관위는 개표 결과의 숫자를 낮추는 촌극을 벌여야 했다. 정·부통령 선거 결과는 이승만 88.9%, 이기붕 79.2%를 얻어 당선된 것으로 발표되었다.

민주주의 불꽃이 타오른 4·19혁명

3·15 부정선거에 대한 규탄과 저항은 학생들로부터 시작되었다. 2월 28일 대구에서 민주당이 유세를 벌였는데 이날이 일요일임에도 학생 등교령을 내리자 이에 반발한 학생들이 대규모 시위를 벌였다. 이어서 3월 8일 대전, 10일 충주 등지에서도 고등학생들의 데모가 있었다. 선거 당일에는 마산, 광주, 서울 등 곳곳에서 부정선거를 규탄하는 시위가 벌어졌다. 특히 마산에서는 부정선거를 규탄하는 학생과 시민들에게 경찰이 총을 쏘아 8명이 사망하고, 80여 명이 부상당하는 불상사가 일어났다. 4월 11일에는 시위 때 실종되었던 김주열 학생 사체가 마산 앞바다에 떠오르자 분노한 시민들과 학생들은 관공서에 난입하는 격렬한 시위를 벌였다.

자유당 정부는 진실을 가리고 공산주의세력이 개입된 폭력 시위였다고 발표하였지만 반정부 시위는 부산과 서울 등지로 확대되었다. 시위 구호도 부정선거 규탄에서 독재정권 타도로 바뀌기 시작했다. 4월 18일 민주역적 몰아내자는 현수막을 들고 국회 앞으로 진출했던 고려대 학생들이 귀교하던 도중 동대문 부근에서 정치깡패들에게 습격을 당해 수십 명이 부상당했다. 이에 분노한 서울 시민들과 중·고·대학생들이 4월 19일 광화문 앞에 10만여 명이 모여 대통령이 집무하는 경무대 부근까지 진출하였다. 경찰은 시위대를 향해 무차별 총격을 가하여 100여 명이 목숨을 잃었다. 이날 하루 동안 전국에서 200여 명이 사망하고 6,000여 명이 다쳤다. 이날을 계기로 시위는 부정선거 규탄에서 이승만 퇴진운동으로 발전하였다. 이승만 정부는 계엄령을 선포하였지만, 송요찬 계엄사령관은 선제발포 중단 명령을 내리고 사태를 관망하였다.

　사태가 심각해지자 4월 23일 이기붕 부통령 당선자는 사퇴 입장을 밝혔고 4월 24일 이승만은 자유당 총재직 사퇴 성명을 발표하였다. 4월 25일에는 대학 교수들이 시국선언문을 발표하고 이승만 대통령의 사퇴를 요구하는 가두시위를 벌였다. 마침내 이승만 대통령은 4월 26일 "국민이 원한다면 물러나겠다"라는 하야 의사를 밝혔다. 이날 미국대사 매카나기는 "오늘은 한국과 해외 우방들이 길이 기념할 날이다"라며 사임을 환영했다. 4월 27일 오후에 이승만 대통령의 사임서가 국회에서 수리됨으로 12년간의 이승만 시대가 막을 내리게 되었다. 경무대에서 나온 이승만은 사저인 이화장을 거쳐 하와이로 쓸쓸하게 망명길을 떠나게 되었던 것이다.

　　'이 대목에서 좌익이 우세한 해방정국에서 난국을 헤쳐 가며 어렵게 민주공화국 대한민국을 탄생시켜, 당시 국민들은 이승만을 이박사나 국부라고 호칭하면서 존경을 표하였다. 그런데 미국에서 삼십여 년 간 민주주의를 직접 보고 체득했던 분이 무리하고 부당하게 발췌개헌을 넘어서 사사오입 개헌을 성사시켜 종신제 대통령을 욕심내었던 것이다. 결국 3·15 부정선거로 대통령직에서 쫓겨나 독재자로 불리는 몰락의 길을 걷게 된 것은 대한민국을 위해서, 이승만을 위해서 참으로 불행한 결과가 되고 말았다. 오늘날 이승만은 국부가 아닌 독재자로 불리어 지게 되고 건국세력은 친일파로 매도되는 가장 큰 원인을 제공하게 된 것이다.

어렵게 출발한 대한민국의 초대 대통령 이승만의 불명예스러운 퇴진은 무리한 발췌개헌에서부터 시작되었고 3·15 부정선거로 촉발되었다. 이외에도 국정운영에서 이승만의 독단과 편견, 장기독재, 미국의 원조 감소에 따른 서민 경제의 악화와 미국의 대한정책의 변화에도 있었다. 미국은 냉전체제가 약화되고 경제 경쟁 시대로 전환됨에 따라 한국의 경제개발에 관심을 갖게 되었다. 그러기 위해서는 일본을 중심으로 한 군사·경제적 지역 통합이 이루어져야 하는데 이승만의 반일주의가 걸림돌이 되었다. 이승만의 장기독재와 강고한 반일적인 태도에 실망한 미국은, 4월 혁명이 급진적으로 나아가려는 것을 막기 위해 4월 19일 이후 이승만의 퇴진을 촉구하는 쪽으로 방향을 틀었다. 또한 미국의 통제를 받던 군부가 대규모 시위 사태를 방관한 것도 4·19혁명이 성공하는데 일조를 하였다.

2공화국 장면 민주당 정부와 만개한 사회운동

이승만 대통령이 물러나자 헌법에 따라 수석 국무위원인 외무장관 허정이 대통령의 권한을 대행하게 되었다. 허정은 학생과 시민들의 희생으로 물러나간 과거의 전제정권을 붕괴함에 있어서 강압과 폭력으로 만들어진 모든 법률을 폐기하고, 불법적인 일체의 행위를 막는 혁명적 정치개혁

윤보선

을 민주적인 방법으로 단행하려 한다는 방침을 밝혔다. 허정 과도정부는 부정선거를 주도한 장관과 자유당 간부들을 구속하였다. 그러나 과도정부는 개혁 추진보다는 법과 질서를 확보하는 현상 유지에 급급할 수밖에 없었다. 혼란한 정국의 중심이 된 민주당은 '혁명의 과업은 완수되었으니 학생들은 학원으로 돌아가라'고 성명하며 사회 안정을 추구하였다. 민주당이 주도하는 국회는 3·15선거를 무효로 하고 재선거를 실시하기로 결정하였다.

국회는 6월 15일 정부가 제출한 내각책임제와 양원제 국회 개헌안을 통과시켰다. 새 헌법에 따라 1960년 7월 29일 하원인 민의원과 상원인 참의원을 뽑는 총선거가 과도내각에 의해 치러졌다. 선거결과 자금과 조직이 월등한 민주당은 상·하 양원에서 206석을 차지하며 압승하였다. 자유당과 진보 정당도 선거에 참여 하였지만 당선자는 소수에 불과하였다. 의회의 다수당이 된 민주당은 창당 초기부터 존재했던 신구파간에 대립이 심화되었고 집권다툼으로 확산되기에 이르렀다. 오죽하면 매카나기 주미대사가 8월 초 대사관저로 장면·김도연·오위영·주요한 의원 등 민주당 신·구파 지도자들을 초청, 정치·사회가 혼란한 상황에서 민주당이 분열되면 나라가 어려워지게 되니 단합해 달라고 요청하였다. 그러나 분당론이 가시화 되는 상황에서 치루어진 의회의 선거에서 대통령에 구파 출신 윤보선이 당선되었다. 대통령이 된 윤보선은 국무총리 후보로 자파인 김도연을 지명하였으나 신파의 저항에 부딪혔고, 결국 신파인 장면이 국무총리로 선출되었다. 내각책임제에서 실권자인 장면 국무총리는 신파 위주로 내각을 구성하였다. 이에 반발한 구파가 10월에 민주당을 이탈하여 신민당을 결성하였다. 신민당의 견제를 받아야하는 장면 정권은 몇 차례 개각을 하였지만 혼란한 정국에서 통치력을 제대로 발휘할 수 없는 처지가 되었다.

장면

장면 정권은 미국과의 군사동맹 강화와 대미 경제 의존을 표방하였으나, 부정축재자와 반민주행위자의 처벌에는 소극적인 자세를 취했다. 관료제도 개혁을 위해 공무원의 공채를 실시하였고, 경찰 중립화를 위해서 경찰에 대한 대대적인 숙정 작업을 추진하였다. 장면 총리가 가장 심혈을 기울인 것은 한강의 기적을 역설하며 내세운 경제제일주의 정책으로 경제개발을 위한 5개년 계획안을 마련하는 것이었다. 이를 위해 공업화 추진에 나섰고 댐·발전소·도로건설 등의 국토건설사업을 계획하여 국토건설본부를 설립하였다. 장면 정부는 1961년 2월 미국과 한미경제원조협정을 맺었다. 국가의 경제개발 자금은 미국 원조와 차관 그리고 군비를 줄여서 조달코자 하였다. 그러나 감군 계획은 군부의 반발로 실행되지 못하고 오히려 쿠데타의 빌미가 되었다. 장면 정권은 풀뿌리 민주주의인 지방의원과 도지사, 시·읍·면의 장을 주민이 직접 뽑는 지방자치제를 전면 시행하였다. 그리고 민주주의 근간인 언론·출판·집회·결사의 자유를 폭넓게 보장하였고 각종 정부 규제도 완화하였다.

사회운동의 분출과 통일운동

4·19혁명으로 억눌려왔던 민주화에 대한 욕구가 사회 전반에서 강하게 분출되었다. 4월 혁명의 주역인 학생들은 학도호국단을 해체하고 학생회를 조직하는 등 학원 민주화를, 교사와 교수는 교원 노조를 만들어 교육 민주화와 정치적 중립을 추구하였다. 노동계는 전국노협이 힘을 못 쓰는 대

한노총과 합쳐 한국 노동조합총연맹을 조직하여 노동운동을 전개하였다.

북한은 4월 혁명이 발생하자 남한에 대한 평화 공세를 강화했다. 8월 광복절에 김일성은 남북의 대표로 구성되는 최고민족위원회를 만들어, 과도기를 거쳐 총선거로 통일하자는 과도적 연방제를 제안했다. 나아가 경제·사회·문화 등 모든 분야에서 남북교류를 단행하자고 대남공세에 적극적이었다. 남한에서도 청년 학생단체들과 혁신세력들이 중심이 된 통일운동이 점차 활발하게 전개되었다. 이들이 주장하는 남북통일이 되어야 정치적 민주화와 자립 경제를 이룰 수 있다는 통일론이 널리 확산되었다.

당시의 통일 열기는 분단된 지 십 수 년밖에 되지 않아 통일 열망이 상당하였다. '가자 북으로, 오라 남으로와 이남 전기, 이북 쌀' 같은 구호가 등장할 정도로 뜨거웠다. 혁신계를 중심으로 중립화 통일론과 남북협상론 그리고 자주통일론이 제기되었다. 대학생들은 1961년 5월 3일 남·북학생회담을 제안하고, 혁신정당과 단체들은 5월 13일 남·북정당과 사회단체의 정치협상을 제안하였다. 이런 통일 열기에 보수세력들은 깊은 우려를 나타내었다. 집권당인 민주당은 시기상조임을 강조하였고, 야당들도 성급하고 경솔한 짓이라고 우려를 나타내었다. 각계각층에서 다양한 정치 사회적 요구가 집단행동으로 표출되어 사회가 무질서하고 혼란스럽게 되었다. 장면 정부는 반공법과 데모규제법을 제정하여 질서를 회복코자 하였으나 학생들과 혁신계의 거센 반대가 있었다.

사실 장면 정부는 4·19혁명의 주역도 아니고 신·구파의 대결로 민주당마자 장악하지 못하는 처지가 되어 정권 기반이 매우 취약하였다. 결국 장면 정부는 민주적인 개혁을 제대로 실천해 보지도 못하고 5·16군사정변에 의해 좌절되고 말았다. 4·19혁명은 한국 역사상 국민의 힘으로 권력자를 몰아낸 최초의 사건이었다. 그리고 혁명의 열기 속에 등장한 민주·자주·통일 지향은 이후 한국 사회 변혁운동의 새로운 방향점을 제시했다고 볼 수 있다.

4.
5·16 군사정변과 박정희의 산업화와 유신독제

박정희의 군사정변과 3공화국

1961년 5월 16일 새벽 박정희는 육사 5·8기생과 해병대 등 3,600여 명의 군인을 동원 중앙청과 육군본부 등 서울 시내 주요기관을 점령하는 군사정변을 일으켰다. 중앙방송국을 접수한 뒤 은인자중하던 군부가 국가의 행정·입법·사법의 3권을 장악하고 군사혁명위원회를 조직했다고 국민들에게 알렸다. 정변세력은 혁명공약으로 반공, 친미, 부패청산, 경제재건, 반공통일, 민정이양 등 6가지를 발표했다. 5월 19일 군사혁명위원회는 의장에 육군참모총장 장도영, 부의장에 박정희 소장 등 28명의 명단을 발표하였다. 이어서 중앙정부기관의 장과 주요 지방자치단체장을 군인으로 임명하고 국가재건최고회의가 국가기관의 역할을 대신한다고 선언하였다. 그러나 장도영은 쿠데타 실세들에 의해 해임되고 7월 3일 박정희가 최고회의의장이 되면서 내각 수반에는 송요찬이 임명되었다.

5·16군사정변은 휴전 이후 60만 대군으로 성장한 군 내부에서 선진교육을 받은 젊은 장교들 중 부정과 승진에 불만을 품은 김종필·길재호·오치성 등 육사 8기생들이 박정희를 중심으로 일으킨 거사였

5·16 군사정변 당시 박정희, 우 차지철

다. 군사정변이 성공할 수 있었던 것은 군 내부에서 박정희의 만주군관학교와 일본 육사의 인맥이 암암리에 큰 힘이 된 것으로 보인다. 사전에 음모를 보고 받았던 장면 총리는 군을 제대로 통제하지 못했고, 윤보선 대통령은 장면과의 정치적 갈등으로 쿠데타를 방관하고 있었다. 한국군의 군사작전권을 갖고 있던 미국은 관망만 하면서 통제하지 않아 쿠데타가 운 좋게 성공했던 것이다.

이렇게 성공한 군사정변은 이후 30여 년간 박정희, 전두환, 노태우로 이어지는 군부통치가 한국에서 계속되면서 경제는 성장했지만, 군사독재국가로 정치 후진국 취급을 받아야만 했다. 민주공화국 대한민국은 군부독재를 넘어서 민주화를 쟁취해내어야 하는 큰 숙제를 안게 되었다. 군사쿠데타의 서막을 연 박정희는 '1917년 경북 선산의 빈농에서 태어나 대구사범을 졸업하였다. 초임 문경소학교 교사를 거쳐 만주군관학교에 어렵게 입학 수석으로 졸업하였다. 1944년 일본 육사 본과를 3등으로 졸업하고 열하성에 있던 만군에 근무하다가, 패전 후 무장해제를 당한 후 광복군 3지대를 거쳐 부산항으로 귀환하였다. 고향에 돌아온 박정희는 1946년 9월 조선경비사관학교 2기생으로 입학·수료한 후 중대장이 되어 5기생들에게 전술학을 가르치면서 인연을 맺었다. 여순반란사건으로 벌어진 군 숙정 작업과정에서 남로당 군사부 가입이 문제되어 1948년 11월 구속되었다. 박정희는 군 내부의 좌익조직 명단을 밝히고, 만군 선배 백선엽의 도움으로 구사일생 살아남을 수 있었다. 한국 전쟁 이후 군 정보부서에 복귀하여 다양한 경력과 우여곡절을 거친 후, 부산 군수기지사령관으로 재직중 1961년 군사혁명을 일으킨 것이다.'

군부세력은 영리하게도 군정 수립과 동시에 김종필이 주축이 된 중앙정보부를 창설하여 고도의 정보정치를 시행하였다. 군정은 반공법을 제정하고 국가보안법을 개정하여 반공 분단체제를 강화하였다. 1962년 정치활동정화법을 제정하여 4,000여 명에 달하는 정치인들의 활동을 6년 동안 금지시켰다. 4월혁명 이후 학생운동과 통일운동 등에 앞장섰던 사람들을 용공분자라는 혐의로 수천 명을 체포하여 혁명재판을 통해 가혹하게 처벌하였다. 이어서 재건국민운동이라는 사회개혁운동을 전개하였고 언론기관 통폐합 작업을 강제로 시행하였다. 군정이 의욕만 앞세운 경제정책은 많은 혼란을 야기시켰다. 농어촌고리채정리법으로 농촌 경제에 혼란을 초래하였고, 화폐개혁은 물가앙등으로 귀결되었다. 이후 장면 정부가 세운 경제개발 계획을 바탕으로 본격적인 경제개발 추진에 나서게 되었다. 민정이양을 앞두고서 박정희의 심복인 김종필 중앙정보부장이 비밀리에 민주공화당을 창당하는데 드는 정치자금 조달에 나섰다. 4대 의혹사건으로 불리는 새나라 자동차사건·파친코사건·증권파동·워커힐사건 등을 통해 막대한 정치자금을 마련하는 과정에서 군사정권의 도덕성이 크게 훼손되었다.

군정은 비밀리에 만들어진 민주공화당을 중심으로 민정 이양을 준비했다. 이들은 대통령이 국회의 동의 없이 국무총리를 임명하고, 단원제를 내용으로하는 헌법안을 마련 1962년 12월 국민투표를 실시하여 통과시켰다. 박정희는 1963년 4월 대통령선거, 5월에 국회의원선거 등의 일정을 밝히면서 대통령 출마의사를 표명하자 군 내부에서 완강한 반대가 있었다. 우여곡절 끝에 박정희는 5월 27일 민주공화당 전당대회에서 대통령 후보로 지명을 받았다. 10월 15일에 치러진 5대 대통령 선거에서 민주공화당의 박정희와 민정당의 윤보선이 격돌하였다. 선거 결과는 민주공화당의 박정희가 15만 표가 많은 4,692,644표를 얻어 어렵게 당선되었다.

박정희 3공화국의 한일협정과 경제개발 추진

1963년 12월 출범한 박정희 군사정권은 국정지표를 조국근대화와 민족중흥으로 삼고 경제성장을 최우선으로 추진하였다. 그래서 미국의 지지와 경제개발에 필요한 자금과 기술을 끌어오는 일이 시급한 과제가 되었다.

미국은 동북아시아에서 공산권에 대항하는 반공권을 구축한다는 통합전략을 마련하고 한·미·일 삼각 안보체제를 만들고자 했다. 따라서 박정희 정권은 미국의 정책에 부응하고 경제개발을 위해서 일본 자금이 필요했기에 한일 국교정상화를 적극 추진하게 되었다. 미국의 후원 하에 1962년 11월 중정부장 김종필과 일본 외무상 오히라가 비밀리에 맺은 합의를 바탕으로 한일 국교정상화를 타결지었다. 타결 내용은 식민지지배의 법적 책임을 벗어나기 위해 일본은 배상금이 아니라, 독립축하금과 경제발전 지원금으로 무상 3억 불, 유상 2억 불, 민간차관 1억 불을 제공한다는 것이다.

과거 한일회담을 시작한 이승만 정부 때부터 줄곧 요구한 식민지배 배상금 20억 불에 비하면 아주 적은 금액이었다. 한·일 양국은 1965년 6월 도쿄에서 한일기본조약과 4개의 부속협정 등에 조인함으로써 한·일간에 국교가 정상화되었다. 그러나 박정희 정권의 한일회담 과정과 결과는 엄청난 국민적 비판에 직면하였다. 일본의 사죄와 배상이 없는 국교정상화에 반대하는 굴욕외교 반대 투쟁이 1964년 봄부터 격렬하게 벌어졌다. 6월 3일 서울에서 대학생들과 시민들은 한일회담 반대를 넘어 박정희 정권 퇴진을 강력히 요구하였다. 박정희 정권은 서울에 계엄령을 선포하고 학생·정치인·언론인 등을 구속하고 인민혁명당 사건 등 공안사건을 터트려 시위가 북한과 관련 있다고 발표 위기를 모면코자 하였다.

박정희, 베트남 전쟁에 군대를 보내다

박정희는 군사정변 직후인 1961년 11월 미국 방문 때 케네디 대통령에게 한국군의 베트남 파병을 먼저 제안하였다. 명분은 자유민주주의를 지키자는 것이었지만, 미국의 지지와 경제개발 자금을 얻고자 했던 것이다. 1964년 미국은 국내 반전운동과 군사비 부담으로 어려움에 봉착하자, 한국 등 20여 개국에 파병을 요청하였다. 미국은 참전 대가로 한국군 장비 현대화와 경제원조를 약속하였다. 야당과 지식인들이 결사반대 하였지만 정부는 파병 요청에 적극 호응하였다.

1964년 외과병원 파견을 시작으로 다음해에는 전투부대를 본격적으로 파견하였다. 파병 규모는 1973년 철수할 때까지 연인원 40만여 명을 파병하였으며, 5천여 명의 전사자와 1만 5,000여 명의 부상자가 발생했다. 미국은 브라운 각서에 따라 국군의 현대화를 추진하였고, 한국은 베트남에 군수물자를 수출하고 기업의 베트남 진출에 도움을 받았다. 한국은 이 기간에 10억 달러에 이르는 외화를 벌어들여 경제 발전에 큰 보탬이 되었다. 하지만 한국은 미국의 종속 국가라는 이미지가 형성되었으며, 한국군이 관련된 양민학살 문제, 고엽제 후유증, 라이 따이한 문제 등 많은 문제점을 남겼다.

박정희 3선 개헌으로 김대중과 맞붙다

박정희가 민정참여 이후 두 번째로 치르는 6대 대통령 선거가 1967년 5월 3일 치러졌다. 박정희는 재격돌한 신민당 윤보선 후보를 116만여 표 차이로 누르고 여유 있게 당선되었다. 경제성장의 성과 덕분에 박정희는 무난히 당선되었고, 6월 8일에 치러진 7대 국회의원 선거에서도 공화당은 73.7%인 129석을 확보하였다. 하지만 대통령, 장관 등이 선거운동을 할 수 있도록 선거법을 바꿈으로서 공무원·경찰·관변단체 등이 총동원 될 수밖에 없는 선거였다. 금품 살포가 공공연히 이루어지고 선거 당일에는 대리·공개·무더기 투표로 얼룩진 대규모 부정선거가 자행되었다. 야당 신민당은 6·8선거를 3·15선거보다 더한 부정선거라고 규탄하였고 전국에서 시민·청년·학생들의 항의 시위가 벌어졌다. 공화당은 민심에 놀라 부득이하게 선거 부정이 심한 6명의 소속 국회의원 당선자를 제명하는 일이 벌어졌다.

선거를 치른 다음해인 1968년에 들어서면서 국내외 상황이 급변하였다. 1월 21일 북한이 특파한 김신조 등 무장 게릴라들이 청와대를 기습하다가 실패하였다. 1월 23일에는 미 해군정찰함 푸에블로호가 북한에 나포되었다. 11월에는 북한군 게릴라 180여 명이 동해안 울진·삼척 지역에 침투하였다. 한국군이 파병되어 전투를 치루고 있는 베트남에서는 월맹군이 1월 30일을 기해 대대적인 구정 공세를 펼쳤다. 박정희 정권은 국내외 정세에 대응하여 향토예비군을 창설하고 주민등록제도를 강화하였다. 공화당은 국가 안보를 튼튼히 하고 지속적인 경제성장을 이루기 위해 박정희가 한 번 더 대통령을 해야 한다고 변죽을 울렸다.

1969년에 들어서서 박정희는 3선 개헌 지지를 당부하는 특별 담화를 발표하였고, 청와대 비서실과 중앙정보부가 중심이 되어 3선 개헌을 적극 추진하였다. 야당과 국민은 3선 개헌은 민주주의를 파괴하는 행위라고 격렬히 반대하였다. 김종필계의 의원들도 반대했지만, 결국 공화당은 9월 14일 국회 별관에서 야당의원들 몰래 새벽 시간에 3선 개헌안을 날치기 통과시켰다.

1971년 3선 개헌으로 대통령에 세 번째 도전하는 7대 대통령 선거에서

박정희

김대중을 상대로 자웅을 겨루게 되었다. 박정희는 국가안보와 정치안정을 이루고 경제발전을 계속하려면 자신이 집권해야 한다면서 바람을 일으키던 야당후보 김대중을 용공으로 몰아붙였다. 신민당 대통령 후보로 선출된 김대중은 40대 기수론의 선두주자 김영삼, 반탁학련위원장 출신 이철승과 당내 치열한 경선에서 승리하였다. 조직의 열세에도 막강한 김영삼을 눌러 대대적인 국민적

관심을 받게 된 것이다. 김대중은 박정희가 빈부격차를 키우고 경상도 위주의 경제개발 정책을 추진한다고 비판하였다. 그는 남북교류, 미·일·중·소 4대국 안전보장·향토예비군 폐지·대중경제 등을 공약으로 내걸어 국민적 바람을 일으켰다. 김대중은 서울 시민 100만 명이 모인 장충단 공원 유세에서 박정희가 당선되면 선거도 없는 총통 시대가 전개될 것이라고 주장하였다.

수세에 몰린 박정희는 서울 유세에서 "내가 이런 자리에 나와서 여러분에게 나를 한번만 더 뽑아 주십시오"하는 정치 연설은 마지막"이라며 지지를 호소했다. 관권과 금권이 난무하고, 이효상 국회의장의 지역 감정론으로 경상도 사람들을 뭉치게 한 대통령 선거가 4월 27일 전국에서 실시되었다. 선거결과는 박정희가 51.2%를 얻어 43.6%를 얻은 김대중을 94만여 표차로 누르고 승리하였다. 접전 끝에 박정희가 힘겹게 당선되었지만, 김대중이 선거에서 이기고 투표에서 졌다는 여론이 무성할 정도로 많은 문제가 있었다. 이어진 국회의원 선거에서 공화당은 113석으로 과반을 넘겼지만 신민당이 89석으로 선전하여 개헌을 저지할 수 있게 되었다.

대통령 선거는 끝났지만 김대중의 돌풍을 일으키게 했던 민심은 곳곳에서 터져 나왔다. 잠잠했던 서울 평화시장 노동자 전태일의 분신사건이 수면위에 떠올라 노동환경 개선과 노동운동이 본격적으로 일어나게 되었다. 전국적으로 학생들은 교련 반대 등 반정부 시위를 전개하였다. 판사들은 정부에 비판적인 판결을 한 판사 징계에 반발하여 지방판사 153명이 집단 사표를 제출했다. 경기도 광주에서는 광주대단지 도시 빈민들의 투쟁이 벌어졌고, 실미도에서는 북파 공작원들이 무장 탈출하였다. 대학교수들은 학원 민주화를 선언하

김대중

였으며, 전국적 농민 조직인 카톨릭 농민회와 기독교 농민회가 조직되어 활동하였다. 이렇듯 학생·노동자·농민·지식인 등 각계각층의 저항이 커지면서 박정희 독재정권은 큰 위기감을 느끼게 되었다.

엄혹한 유신체제에 민주화운동이 거세게 일어나다

성장 일변도로 달려오던 한국 경제는 외채 상환부담에 시달리게 되고, 석유파동으로 원유가격이 크게 올라 수출이 침체되어 경제가 어려워졌다. 1970년대에 들어서면서 미국은 베트남 전쟁에서 발을 빼기 위한 새로운 세계질서의 구축을 모색하였다. 닉슨 대통령은 아시아 국가들이 국방문제를 독자적으로 해결할 것을 선언하고, 중국과 외교 관계를 수립하는 등 데탕트라는 화해 정책을 추진하였다. 그리고 주한미군 2만 명 철수계획과 남·북 교차 승인을 제시하는 등 한반도 화해를 권유하였다. 1971년 미국이 군비 지출을 줄이기 위해 주한미군 1개 사단을 철수 시켜갔다. 국내외 상황 변화에 위기감을 느낀 박정희 정권은 1971년 10월 위수령을 발동하였고 12월에는 국제정세 변동에 대처 한다며 국가비상사태를 선언하였다.

1972년 2월 닉슨 미국 대통령이 중국을 방문하여 마오쩌둥과 회담하고 긴장완화를 통한 관계개선에 나서게 되었다. 닉슨은 저우언라이 총리와의 대화에서는 "남·북 한국인들이 감정적이고 충동적인 사람들이므로, 한반도의 안정을 위해서 서로 영향력을 발휘해 전쟁을 방지해야 한다"는 취지의 발언을 했다. 이러한 한반도 주변정세가 급변해지자 박정희 정권은 북한에 이산가족 찾기운동을 제안하여 남북적십자사 예비회담이 시작되었다. 1972년 7월 4일에는 느닷없는 남북공동성명이 발표되어 평화통일을 바라는 국민들을 들뜨게 하였다. 남한과 북한의 독재자들은 미국과 중국의 해빙무드에 충격을 받고 각자 살길을 모색해 간 것이 국민들의 통일감정을 이용해 권력을 강화하는 꼴이 되었다.

그러다가 10월 17일 갑자기 전국에 비상계엄령을 선포하였다. 국회는 해산되고 10월 27일 비상국무회의는 유신헌법을 발표하였다. 평화통일을 위해서는 강력한 정부가 필요하니 대통령의 임기 제한을 폐지하고 통일주체국민회의에서 대통령을 뽑도록 한다는 것이다. 또한 대통령이 국회의원 3분의 1 임명권과 법관 인사권을 갖고 국회 해산권과 긴급조치권을 행사할 수 있는 총통에 버금가는 강력한 일인 독재체제를 규정하였다. 유신헌법에 의해 구성된 통일주체국민회의는 12월 23일 장충체육관에서 99% 지지로 박정희를 총통급 대통령으로 선출하였다. 북한도 12월 27일 사회주의 헌법을 개정하여 당시 수상이던 김일성을 주석으로 추대하고 주체사상을 지도 이념으로 삼았다. 모든 권력을 주석에게 집중시키는 북한식 독재체제가 탄생하게 된 것이다.

반유신 민주화운동으로 박정희 불행을 맞다

민주공화국 수립 이후 건국 대통령 이승만의 장기독재라는 나쁜 선례로 혼란을 겪었던 대한민국이 또다시 유신독재라는 커다란 암초를 만나게 된 것이다. 유신을 선포하여 종신 일인 독재체제를 구축한 박정희는 1973년 2월에는 많은 언론사를 폐쇄하여 민주화세력이 크게 위축되었다. 미국과도 관계가 틀어진 상황 속에서, 8월에는 일본에서 반유신 활동을 하던 라이벌 김대중을 도쿄에서 대낮에 납치하여 살해하려다가 미국의 개입으로 풀어주는 일이 벌어졌다. 민주적 상징인 김대중 사건을 계기로 10월에 서울대 문리대와 법대를 시작으로 반유신투쟁이 전국 대학으로 번졌고 고등학생들도 참여하게 되었다. 이때 서울법대 교수 최종길이 학생시위를 편든 것을 빌미로, 중앙정보부 차장 김치열 주도의 유럽 간첩단사건 관련 심문을 받다가 중정에서 의문사를 당하였다. 당시 중정은 이후락 부장의 김대중 납치사건으로 궁지에 몰리자 국내외의 시선을 돌리기 위해 김치열이 벌인 사건으로 알려져 있다. 김대중 사건과 대학생들의 저항에 자극을 받은 언론인, 지식인, 종교계도 반박정희와 반유신운동을 본격화하였다. 12월에는 윤보선·장준하 등 민주 인사들이 개헌청원 100만인 서명운동을 전개하였다.

그러자 박정희 독재정권은 1974년 1월 유신헌법을 부정하고 반대하는 모든 행위를 금지한다는 긴급조치 1호를 발동하였다. 긴급조치 1호가 발동되자 대학생들은 더욱 조직적으로 반독재 투쟁에 나서 3월에는 전국 민주청년학생총연맹의 이름으로 노동 악법 폐지를 요구하는 선언문을 발표하였다. 시위가 더욱 거세지자 유신정권은 긴급조치 4호를 발표하여 시위 주동자를 사형에 처할 수 있고, 시위 가담 대학은 폐교시킬 수 있다고 경고하였다. 전국적으로 동시다발적인 연합 시위를 주도하던 민청학련이 불온세력의 조종을 받아 반체제운동을 했다며 1,000여 명을 구속하였다. 또한 그 배후에 인민혁명당이라는 간첩조직이 있다고 조작하여 이들에게 사형과 무기징역을 선고했다. 사형이 선고된 도예종·서도원 등 8명이 선고 18시간 만에 사형을 집행당했다. 9월에 들어서 천주교정의구현사제단이 발족되었고, 10월에는 《동아일보》 기자들의 언론자유 수호투쟁이 전개되었다. 중앙정보부의 압력으로 《동아일보》에 기업 광고가 끊어지자 시민들과 학생들의 지지광고가 이어졌다. 이때까지 민족지로서 독보적인 지위를 갖고 있던 《동아일보》가 박 정권의 집중적인 탄압으로 경영난과 기자 강제 해직으로 《조선일보》에 따라 잡히는 처지가 되었다.

1975년 베트남에서 미군이 철수하면서 공산화되자 위기감을 느낀 유신정권은 폐지되었던 학도호국단을 부활시키고 반공태세를 더욱 강하게 구축하였다. 곳곳에 중앙정보부와 경찰의 감시망이 쳐졌고 식당이나 주점, 버스나 택시에서 한 말 때문에 잡혀가는 세상이 되었다. 1976년 3·1절에는 윤보선, 김대중, 함석헌, 문익환 등 민주 인사들이 유신철폐와 박정희 정권 퇴진 등을 요구하는 민주구국선언문을 발표하였다. 1978년 박정희는 통일주체국민회의에서 9대 대통령에 99% 지지로 당선되었다. 이어서 실시된 10대 국회의원 선거에서는 신민당이 얻은 득표율이 여당인 공화당을 1,1퍼센트 앞서는 민심의 큰 변화를 보여주었다.

국제 사회에서도 박정희 독재정권의 인권 탄압을 비난하는 목소리가 높아졌고, 특히 미국 대통령 지미 카터가 비판적이어서 한미 갈등이 커져갔다. 1979년 5월에는 선명 야당을 내세운 김영삼이 김대중의 지원으로 중도의 이철승을 누르고 신민당 총재로 당선되어 반유신 투쟁의 선봉에 섰다. 8월에는 YH여공들이 신민당사에서 농성하다가 경찰의 강제해산 과정에서 1명이 사망하여 신민당은 반유신 투쟁의 강도를 높여갔다. 유신정권은 강력히 항의하는 신민당 총재 김영삼의 외신 기자회견을 문제 삼아 국회에서 제명하는 극단적인 조처를 취하였다. 그러자 김영삼의 정치적 고향인 부산과 마산에서 학생들과 시민들의 유신철폐를 요구하는 격렬한 시위가 이어졌다. 유신정권은 부산에 계엄령을 마산과 창원에 위수령을 내리고 강경 진압에 나섰다.

부마사태가 확산될 무렵인 10월 26일 중정의 궁정동 안가에서 연회 도중 강경 대응에 갈등을 겪고 있던 중정부장 김재규가 권총으로 경호실장 차지철과 대통령 박정희를 살해하였다. 18년간 최고의 절대 권력을 쥐고 있던 독재자 박정희가 심복이 쏜 총에 비극적인 최후를 맞이한 것이다. 이로써 영원할 것 같았던 유신 독재정권이 방자한 측근들의 갈등 속에 스스로 무너져 간 것이다. 김재규는 재판정에서 "나는 유신의 심장에 총을 쏘았다"고 진술하였다. 그는 박정희와 육사 동기이며 동향으로 친형제 간 같은 처지에도 불구하고 복합적인 이유로 거사한 것으로 보인다. 서울에서 부마항쟁과 같은 유혈사태를 사전에 막으려는 마음과, 독재정권의 하수인으로 오랫동안 충성하다가 차지철과의 갈등으로 돌발적인 행동을 벌인 것으로 보여진다. 결과적으로 10·26사태는 박정희의 유신독재에 끈질기게 맞서 싸운 정치권과 민중들의 민주화운동이 무언의 압력이 되어 나타난 결과라고 볼 수 있다.

박정희 경제계획 추진으로 산업화를 이루다

1961년 쿠데타로 집권한 박정희 정부는 군사정변의 명분을 반공과 경제개발에 두고 경제발전을 정권의 생존문제로 여기게 되었다. 그리고 군사정권의 경제개발 정책은 1960년대 초 냉전체제의 변동에 따른 미국의 대한정책 변화가 밀접하게 연결되어 있다. 미국은 한국이 빈곤에서 벗어나 자립해야 동북아 안보정세를 항구적으로 지킬 수 있다고 보고 있었다. 이에 따라 미국은 한국과 일본의 관계를 정상화시켜 경제적 유대 관계를 맺도록 한일회담의 재개를 종용하였다. 그리고 한국 정부에 외국차관의 도입을 통한 경제개발을 적극 권유하게 되었다.

군사정권은 1962년 1월 1차 경제개발 5개년 계획(1962~1966)을 세워 자립경제를 구축코자 하였다. 계획은 에너지원을 확보하고 기간산업과 사회간접자본을 확충하여 노동집약적 경공업을 육성하는데 목표를 두었다. 경제개발계획 실행을 위해 정부는 경제기획원을 설치했는데 이는 국가주도의 경제개발을 뜻하는 것이다. 경제기획원은 개발계획 수립, 정부예산 편성, 외자와 기술의 도입을 중점 추진하는 임무를 부여받았다.

의욕적으로 출발한 1차 경제개발 5개년 계획이 국내 자금조달에 실패하자, 미국은 외국자본에 의존하고 노동 집약적 경공업 중심의 발전전략을 세우라고 조언하였다. 이에 따라 박 정권은 1964년에 환율을 2배로 올리는 단일변동환율제를 채택하고 외자도입법 제정, GATT 가입으로 해외자본 유치에 적극 나섰다. 경제개발 자금은 미국, 서독, 일본에서 어렵게 끌어

왔다. 상업차관과 함께 서독에 파견된 광부와 간호사, 베트남 참전 군인과 중동 등 해외 파견 노동자들이 송금한 외화도 외자 확보에 큰 힘이 되었다.

정부가 경제개발을 주도하는 국가주도의 자본주의로 출발한 1차 경제개발은, 외국자본과 기술을 들여와 공장을 짓고 저임금으로 소비재 상품을 만들었다. 이 상품을 미국·일본·유럽시장 등에 파는 수출 지향적 발전전략으로 비약적인 경제성장을 이룩할 수 있었다. '수출만이 살길이다'라는 구호 속에 정부는 수출기업에 세금감면, 관세면제 등 각종 특혜를 주어 지원하였다. 1차 계획의 성과를 바탕으로 박 정권은 산업구조를 근대화하고 자립경제 확립을 목표로하는 2차 경제개발 5개년계획(1967~1971)을 수립 추진했다. 사회간접자본인 도로와 항만 등을 확충하였는데 경부고속도로를 건설하고 포항종합제철 건설에 착수하였다. 이때 일본 기업들이 전자·철강·화학산업 등 한국 기업의 기술도입에 큰 도움이 되기도 하였다. 이 기간 동안 식량자급과 수출증대 및 철강, 화학공업의 기계화에 주력하였다.

그 결과 경제성장률은 목표치를 넘어 연평균 9.6%로 높은 성장을 이루었다. 그러나 이중 곡가제를 채택한 농업 부분은 연평균 1.6%의 저조한 성장으로 농촌 경제는 더욱 어려워졌다. 1·2차 경제개발계획은 국가 주도 발전전략으로 1962년 대비 국민 1인당 GNP 239달러가 1971년 437달러로, 국민총생산은 경상가격으로 23억 달러에서 95억 달러로 4배 이상이 늘어 한강의 기적이라는 고도성장을 이룩하였다. 군사정부는 경제개발을 실효성 있게 추진하기 위해 민간재벌을 적극 참여시켰다. 혁명 직후에는 부정축재자로 처벌 대상이었던 재벌들이 경제개발의 주체로 변신하였고 고도성장의 주역이 되었다. 재벌은 정부로부터 외자지원, 세제감면, 공기업 불하 등의 특혜를 받으면서 문어발식 확장으로 몸집을 불려갔다. 70년대에는 삼성·현대·대우·럭키·한진·한국화약·선경 등이 재벌의 주역으로 떠올랐다.

그러나 박 정권의 경제정책은 공업을 살리고 농촌을 희생시키는 저곡가

정책을 기반으로하는 것이기 때문에 농업에 대한 차별 정책으로 수많은 농민들이 도시로 향하게 되었다. 이들 중 일부만이 공장 노동자로 흡수되었고 대부분은 일일 노동자로서 도시빈민층을 형성하였다. 도시인구의 증가로 인한 노동자의 과잉공급은 저임금구조와 노동조건의 악화를 가져왔다. 이러한 문제들이 복합되어 1970년 평화시장 노동자 전태일 분신사건, 1971년 서울 판자촌 철거민들의 광주대단지(현 성남시)사건, 근로자 대한항공 빌딩 난입사건 등이 분출되었던 것이다.

중화학공업으로 고도성장을 이루다

경공업 산업의 중진국에서 선진국으로 도약하려면 축적된 기술과 자본으로 중화학공업이 성공해야 가능했다. 박정희는 수출주도 공업화에 머무르지 않고 과감하게 선진국형 중화학 분야에 도전을 시도하였다. 1973년 박정희는 신년기자회견에서 제철·자동차·선박·기계가 80년대 수출 총액의 절반을 차지하도록 하고, 1,000달러 국민소득과, 100억 달러 수출을 목표로 내세웠다. 100억 달러 수출의 주력 업종으로 과감하게 중화학공업을 선정한 것이다. 고도의 기술과 자본이 필요한 중화학공업 도전에 매진하던 중 미국의 보호무역주의 강화와 1차 오일쇼크에 의해 한국 경제는 큰 타격을 받았다. 그러나 다행히 중동건설 붐을 통해 현대·삼환·대우건설 등이 대규모의 오일머니를 벌어들여와 위기를 극복할 수 있었다. 1972년부터 계속 이어진 경제개발계획 추진에서도 높은 경제성장을 이루어 1979년에는 1인당 국민소득이 1,640달러에 이르며 공업의 비중이 농업을 능가하게 되었다. 1970년대의 성장은 철강·석유화학·기계조선·전자 등이 주도하였는데 알짜배기 공업단지는 박정희의 출신지인 구미·포항·창원·울산 등 영남에 집중 배치되었다.

이처럼 고도 경제성장을 이룩하게 된 것은 국민들의 높은 교육열과 값싼 노동력이 큰 힘이 되었다. 그리고 박정희 정권의 경제발전 의지와 체계적인 정책추진이 큰 역할을 하였다. 세계가 주목하는 경제성장은 무에서 유를 만들듯이 경제인들은 해외시장을 개척하였다. 정부는 이들에게 각종 지원을 아끼지 않았고, 수출을 많이 하면 산업훈장을 주어 격려하였다. 무엇보다도 쨍하고 해 뜰 내일을 위해 허리띠를 졸라맨 국민들이 있었고, 가족을 위해 열심히 일한 노동자들이 헌신이 있었기 때문에 가능한 일이었다.

그러나 개발독재라고 부르는 고도성장의 이면에는 많은 문제점이 쌓여 있었다. 관주도의 경제활동은 정치자금의 관행과 부정부패를 성행하게 하였다. 정부는 박정희의 고향 출신 영남기업을 적극 비호하는 정경유착으로 오늘날 한국을 대표하는 재벌들로 성장시켰다. 무리한 외자 도입과 수출 위주의 경제성장 전략은 한국 경제의 대외의존도를 심화시켰다. 특히 수출산업 위주의 정책으로 노동자들은 열악한 작업환경에서 저임금과 장시간 노동에 시달렸고 노조는 제 활동을 하지 못했다. 고도성장은 계층과 지역의 소득 격차를 심화시켜 도시·농촌, 영남·호남, 남녀별로 소득차를 크게 벌렸다. 결과적으로 박정희가 추진한 경제성장 정책은 세계의 이목을 끌만한 고속 성장을 달성하였음에도, 편파적인 경제개발로 사회 전반에 구조적인 문제를 야기시켰다는 한계를 가지고 있었다.

5.
전두환의 군사정변과 5·18 광주민주항쟁

전두환 12·12사태로 주도권을 잡다

 유신독재의 심장 박정희의 갑작스런 사망이 언론을 통해 보도되자 국민
들은 큰 충격에 빠지게 되었다. 절대 권력의 공백 상황에서 정부는 제주도
를 제외한 전국에 비상계엄령을 선포하였다. 정치권의 다양한 흐름 속에
국무총리 최규하가 대통령 권한대행에 취임하였다. 그는 기존 헌법에 따
라 대선을 실시하되 조속하게 헌법을 개정하여 정치질서를 정상화 하겠다
고 밝혔다. 이에 반발한 민주화운동 세력들은 YWCA 위장 결혼식에 500
여 명이 참석하여 대통령 보궐선거 반대 및 거국내각 구성을 요구하였다.
최규하는 1979년 12월 6일 통일주최국민회의에서 10대 대통령에 선출되
어 민주화 일정이 순조롭게 추진될 것처럼 보였다.

최규하

 권력공백 상태에서 정승화 계엄사령관 등
군 수뇌부는 정치적 중립을 지키고자 하였
다. 그러나 청와대 경호실 작전차장보를 거
친 전두환 보안사령관 등 박정희가 뒷배를
보아 커진 하나회 사조직 세력은 유신체제
유지와 정권 찬탈을 꾀하고자 했다. 박대통
령 시해사건 합동수사본부장에 오르면서 두
각을 나타낸 전두환 소장은 11월 중순 군부
장악 계획을 세웠다. 12월 12일 전두환과 전

방을 지켜야할 9사단장 노태우 그리고 영관급인 장세동, 허삼수 등 신군부 세력은, 대통령의 재가도 없이 정승화 계엄사령관을 총장공관에서 체포하는 군사반란을 일으켰다. 반란을 진압하려던 수경사령관과 특전사령관 등도 반란군에 의해 체포·연행되었다. 서울 한 복판에서 야밤에 정치군인들의 12·12사태가 벌어졌는데, 민주화 세력들은 핵심을 파악하지 못한 채 민주주의 꽃이 만개할 새 봄을 기다리고 있었다.

서울의 봄은 일장춘몽이 되다.

민주화에 대한 국민의 요구가 봇물처럼 터져 나오자 최규하 정부는 12월 8일 긴급조치 9호를 해제하고 재야의 상징 김대중을 가택연금에서 해제하였다. 국회에서 제명되었던 김영삼은 신민당 총재로 복귀하였고, 공화당에서는 김종필이 총재가 되면서 언론에서는 3김 시대가 왔다고 대서특필하였다.

1980년 꽃피는 봄이 오자 정치권과 국민들은 18년 독재가 끝나고 민주주의에 대한 새 희망으로 부풀었다. 2월에는 재야인사 678명에 대한 사면복권이 단행되었고 학교에서 쫓겨났던 교수와 학생들이 학교로 돌아왔다. 3월 새 학기가 시작되자 대학가는 유신잔당 청산과 학내 민주화를 구현하기 위해 민주학생회를 만들었다. 노동자들은 임금 인상과 노동환경 개선을 강력히 요구하였다. 강원도 사북 동원탄좌에서는 1,500여 명의 탄광 노동자들이 탄광을 점거하고 근로개선을 내걸며 격렬하게 투쟁하였다. 4월에는 보안사령관 전두환이 느닷없이 중앙정보부장을 겸임하여 정치 전면에 나서면서 권력의 실세로 떠오르기 시작했다. 이렇게 서울의 봄은 민주화를 요구하는 학생 및 재야 정치세력과 이를 누르고 권력을 탈취하려는 신군부세력의 대결로 봄은 왔으나 진정한 봄이 아니었다. 신군부가 정치 전면에 나서면서 국민들이 우려하는 군사정권이 재등장할 가능성이 커지는 가운데, 정치권과 재야세력은 새로 들어설 정권을 놓고 주도권 경쟁을 벌이고 있었다. 신군부는 학생, 노동자, 재야 정치인들의 민주화 요구와 집단시위로 사회가 혼란스러워짐을 관망하면서 권력 장악의 기회를 노리고 있었다.

불투명한 안개 정국을 끝장내기 위해 학생운동 진영은 5월 13일부터 대규모 가두시위에 나섰다. 5월 15일에는 대학생들과 시민 10만여 명이 서울역 주변에 집결하여 보안사령관 전두환의 퇴진 및 계엄해제와 조기개헌을 요구하였다. 이즈음 학생운동 지도부는 신군부세력에게 군사반란의 빌미를 주지 않기 위해 각자의 대학으로 돌아가자는 서울역 회군을 결정하였다. 그러나 빌미를 찾던 신군부는 이화여대에서 열린 전국대학총학생회장단 회의에 참석한 55개 대학 대표들을 연행하고, 김대중을 비롯한 민주인사와 야당 정치인을 일방적으로 체포하였다. 5월 17일에는 자정을 기해 비상계엄을 전국으로 확대하면서 개헌논의를 중지시키고 대학에 휴교령을 내렸다. 유신독재를 벗어버리려던 서울의 봄 열망은 하나회라는 신군부 사조직의 무력 앞에 힘없이 꺾여지고 말았다.

5·18광주민주항쟁과 전두환의 5공화국 출범

민주화운동의 상징인 김대중이 내란음모죄로 신군부에 의해 체포되었다는 소식은 민심을 요동치게 하였다. 특히 김대중의 정치적 고향인 호남과 광주 시민들은 크게 반발하였다. 광주에서는 5월 18일부터 27일까지 10일 동안 대규모 집회와 시위가 벌어지며 민주투쟁의 역사를 새로 쓴 광주민주항쟁이 전개되었다.

5월 18일 전남대학교 학생들이 시위에 나서 비상계엄 해제와 민주회복을 요구하였고, 시내 곳곳에서 산발적 시위가 전개되었다. 계엄군이 쇠 곤봉으로 학생들을 무자비하게 진압하자 분노한 학생들이 시내 중심지 금남로로 집결하였다. 5월 19일에

5·18 기념 공원

는 이 소식을 들은 학생들과 일반시민들이 금남로로 모여들었다. 2만여 명의 시위대를 해산시키기 위해 계엄군은 시위대를 골목까지 추격하면서 무자비하게 구타하고 연행하였다. 이에 분개한 광주 시민들은 전두환 타도를 외치며 격렬하게 항의하였다. 5월 20일에는 공수부대가 광주에 투입되었고, 공수부대원들은 시민들에게 총검을 겨누고 전투하듯이 진압하였다. 공수부대의 무자비한 진압에 분노한 시민들이 시위대에 합류하여 20만여 명이 도청과 광주역을 제외한 지역을 장악하였다. 이날 밤 11시경에 계엄군의 발포로 시민 2명이 사망하는 불상사가 일어났다.

5월 21일에 시위대는 전남도청과 전남대학교 앞에서 계엄군과 공방전을 벌였다. 이때 시민 측 장갑차가 계엄군에게 돌진하면서 공수부대원 1명이 사망하자, 계엄군은 오후 1시쯤 도청에서 시위대를 향해 조준 사격을 시작하였다. 이 총격으로 수많은 시민들이 죽거나 다쳐 광주 시내 병원들이 수용하기 어려웠다. 시위는 나주, 화순, 목포 등 전남 일대로 확산되었고 시민들은 주변의 경찰서나 파출소에서 무기를 탈취하여 무장하였다. 5월 22일에는 시민군이 도청에서 공수부대를 몰아내고 광주 시내를 장악하였다. 광주시민들은 수습대책위원회를 만들어 자체적으로 질서 유지에 나섰다. 시민들은 앞 다투어 헌혈을 하였고, 식량과 물 등 생필품을 함께 나누며 질서에 만전을 기하였다. 수습대책위원회는 전남북계엄분소를 방

문하고 계엄군의 사과와 사후보복금지, 책임 면제 등 평화적인 해결을 요구하였으나 협상은 결렬되었다.

5월 23일 오전 10시경 도청 광장에 5만여 명이 모여 평화적인 수습책을 정부에 요구하였다. 학생수습위는 총기 회수반, 질서 회복반, 의료반을 구성하고 총기회수와 질서회복에 나섰다. 5월 24일에는 공수부대가 광주외곽을 포위하고 이동하는 차량에 총격을 가하였다. 시위대는 오후 3시에 2차 궐기대회를 갖고 수습대책위의 타협안을 투항주의로 평가하고 강경투쟁 노선을 요구하였다. 5월 25일은 지난 밤 시 외곽에서 공수부대의 총격으로 시민들이 살해당하자, 시민군은 무기회수에 반대하고 조선대 학생 김종배를 위원장으로하는 강경파 항쟁지도부를 구성하였다.

한편 신군부는 광주 재진입 준비와 함께 광주항쟁 진실이 외부로 알려지는 것을 철저히 막았다. 허약한 언론은 계엄군이 시민들을 무자비하게 진압하여 광주 시민이 죽었다는 사실을 보도할 수 없었다. 시위대를 폭도라고 부르며 고정 간첩의 침투 선동에 광주 시민들이 시위에 가담했다는 왜곡보도가 난무했다. 5월 26일 계엄군은 상무충정작전이라는 진입작전을 결정하고, 시민군에게 무장을 해제하고 18시까지 무조건 투항하라는 최후통첩을 보냈다. 이에 대해 시민군은 끝까지 전남도청을 사수하기로 결의하였다. 5월 27일 준비를 마친 계엄군은 새벽에 25,000여 명의 병력이 탱크와 헬기를 앞세워 시내로 진입하였다. 새벽 4시경에는 도청을 포위하고 일제 사격으로 마지막까지 도청을 지키던 야학교사 윤상원 등 시민군을 진압하면서 광주민주항쟁은 10일 만에 막을 내렸다.

신군부의 철저한 왜곡과 전두환 정권의 강력한 탄압으로 '광'자도 꺼낼 수 없는 광주의 진실은 오래 동안 묻혀져 왔다. 15년이라는 세월이 흐른 1995년에 가서야 김영삼 정부가 광주항쟁 피해자가 사망 193명, 부상 852명이라고 발표하였다. 다수 국민들은 정부 발표에 경악하면서 진실규명을 요구하기 시작하였다. 광주민주항쟁은 민주공화국 수립이후 독재자의 불법적인 권력 탈취에 저항한 대표적인 민주화운동이 되었다.

전두환, 광주를 밟고 권력을 쟁취하다.

1980년 5·18광주항쟁을 무자비하게 진압한 신군부는 국회를 해산하고 5월 31일 국가보위비상대책위원회를 만들었다. 5·16군사정변을 현장에서 보고 배웠던 전두환은 본격적인 정권 장악에 나섰다. 인권외교를 표방했던 미국 카터 대통령은 6월 1일 "인권을 이유로 한미동맹을 깰 수 없다"는 입장 표명으로 전두환을 공개 지지하였다. 국보위는 정치안정, 경제안정, 사회악 일소를 내세우며 야당세력 탄압과 비판적인 교수를 몰아내고 언론사를 통폐합시켰다. 폭력범과 사회문란사범을 순화한다며 6만여 명의 사람을 영장도 없이 삼청교육대로 보내 수많은 인권침해와 희생자를 낳았다.

집권 기반을 다진 전두환은 최규하를 대통령자리에서 밀어내고 8월 27일 통일주최국민회의에서 11대 대통령으로 선출되었다. 이어서 국보위를 국가보위입법회의로 개편하여 헌법에 대통령 임기를 7년 단임으로 하되 선출은 대통령 선거인단이 뽑도록 개정하였다. 민주정의당을 창당한 전두환은 1981년 2월 25일 새 헌법에 따라 임기 7년의 5공화국을 출범시켰다.

박정희의 5·16군사정변을 벤치마킹한 전두환 정권은 정의사회구현과 복지사회건설이라는 명분을 내세웠다. 그러나 전두환은 정치반대 세력을 철저히 탄압하였고, 대학에는 사복 경찰들을 곳곳에 배치하여 엄중히 감시하였다. 노동운동도 탄압하여 민주노조를 파괴하면서 노조원들의 재취업도 막았

전두환

다. 엄격한 보도통제로 언론의 자유가 없었고 TV 뉴스는 '땡전'뉴스로 시작하였다.

통치체제가 안정되어가자 전두환 정권은 국민의 지지를 얻기 위해 해방 이후 지속되어온 야간통행금지를 1982년 해제하고, 중·고교생들의 두발과 교복 자유화 조치를 폈다. 1983년에는 해직교수 타대학 복직과 제적학생 복교를 허용하였다. 다음 해에는 정치활동규제를 해제하고 대학에서 경찰병력을 철수하는 유화조치를 단행하였다. 다른 한편으로 국민의 관심을 돌리기 위해 해외여행 자유화, 컬러TV 방송실시, 야구·축구 등 프로 스포츠를 창단하여 국민생활을 다양하게 바꾸었다. 전두환 정권 시기에는 세계경제의 저유가, 저금리, 저달러의 3저 현상에 힘입어 연평균 8.3%라는 높은 경제성장을 이룩하였다. 1987년에는 건국 이래 만년 교역적자에서 47억 달러의 흑자를 기록하는 경제성과를 이루어내기도 하였다.

6월 민주항쟁으로 국민 직선제를 쟁취하다.

전두환 군부의 강권통치 아래에서 1982년부터 잇달아 터진 권력형 부정과 장영자 사건 등 대통령 친인척 비리로 민주화운동이 다시 숨쉬기 시작하였다. 학생운동 진영은 학원 자율화에 따라 총학생회를 부활시켜 공개적인 활동을 전개했다. 학생들은 민주화 요구와 함께 5·18광주민주항쟁의 진상규명과 책임자 처벌을 요구하였다. 1983년 9월에는 민주화운동을 주도했던 젊은세력들이 김근태를 의장으로 민주화운동청년연합을 결성하였다. 이어서 각 분야에서 운동단체들이 조직되기 시작했고, 1985년 말에는 여러 분야에서 운동단체들이 조직되어 민주통일민중운동연합 결성으로 이어졌다. 정치계는 1984년 5월 김영삼과 김대중계가 규제에 묶여있던 정

6월 민주 항쟁

치인들을 모아 민주화추진협의회를 만들었다. 민추협은 해금된 정치인들을 규합 1985년 1월에 선명 야당 신한민주당을 창당하였다. 2월에 실시된 12대 국회의원 선거에서 신한민주당이 돌풍을 일으키며 관제 야당 민한당을 제치고 제1야당이 되었다.

미국에서 한국 민주화운동에 매진하던 김대중은 생명의 위험을 무릅쓰고 2월 귀국하여 민추협 공동의장이 되었지만 동교동 자택에 연금 당하였다. 4월에는 대학생들이 전국학생연합체를 만들어 더욱 조직적인 민주화 투쟁을 전개하였다. 5월에는 서울 5개 대학생 73명이 서울 미문화원을 점거하고 광주항쟁을 방관한 미국 정부를 규탄하였다. 8월에는 신한민주당이 직선제 개헌을 공식적으로 제기하였고 이어서 민주화 세력과 함께 대통령 직선제 개헌을 위한 천만 명 서명을 시작하였다. 자신감을 얻은 야당, 학생, 종교계, 노동계는 광주학살 진상규명과 함께 직선제 개헌운동에 박차를 가하였다. 위기에 몰린 전두환 정권은 10월에 북한이 금강산댐을 터뜨리려 한다고 안보위기감을 조성하였다. 건국대학교에서 개최된 전국 반외세반독재 애학투련발대식을 4일간에 걸쳐 진압하고, 1,288명을 구속시켰다.

한국 정치사의 분수령이 되는 1987년 새해가 시작되는 정초에 경찰조사를 받던 박종철 사망 사건이 터졌다. 당시 치안본부장은 2명의 경찰관이 박종철을 탁치니 억하고 죽었다고 발표하여 국민의 분노를 일으켰다. 야당과 민주화 세력은 정부의 도덕성을 비난하면서 강력하게 직선제 개헌을 요구하였다. 궁지에 몰린 전두환은 국가의 대사인 서울올림픽 개최와 평화적 정권 이양을 위해 더 이상 직선제 개헌 논의를 금한다는 호헌 조치를 4월 13일 발표하였다. 4·13호헌조치는 군부가 장기 집권을 하려는 것으로 일반 국민들에게 받아들여져 야당·학원·종교·언론 등 각계각층의 저항을 불러 일으켰다. 천주교정의구현사제단은 5월 18일 박종철 고문치사 은폐 및 축소 조작사건 전모를 폭로하였고, 야당·학생·종교계 등은 힘을 합쳐 민주헌법쟁취국민운동본부를 결성하였다. 전두환 정권의 도덕성은 땅에 떨어졌고 분노한 시민들은 거리로 몰려나와 '직선제 개헌 쟁취하자, 고문 살인정권 물러가라'는 구호를 외치며 시위하였다.

국민운동본부는 6월 10일 호헌철폐 국민대회를 전국에서 동시에 개최하기로 하였다. 그런 와중에 연세대 앞 시위에 나섰던 이한열이 최루탄을 맞고 뇌사상태에 빠졌다. 6월 10일 민주정의당은 전당대회를 열고 간선제 대통령 후보로 노태우를 지명하였다. 이날 국민운동본부는 계획된 범국민대회를 전국 주요 도시에서 다발적으로 개최하여 전국에서 100만 명이 넘는 대규모 시민들이 시위에 참여하였다. 오후 6시에는 전국에서 애국가가 불리어지고, 전국의 교회와 사찰이 타종하였으며 자동차들은 경적을 울려댔다.

서울에서는 대회장인 대한성공회 대성당 연도에 수십만 명이 몰려들었고 경찰은 곤봉과 최루탄으로 진압하였다. 넥타이 부대라고 불리던 퇴근길 직장인들까지 동참한 시위대는 경찰의 진압에 명동성당으로 쫓겨 갔다. 시위대 일부는 명동성당에서 6월 15일까지 농성 시위를 전개하여 6·10 민주항쟁의 든든한 보루가 되었다. 부산에서도 30만여 명의 시민들이 도

심지에 모여 구호를 외쳐댔다. 6월 26일에는 전국 37개 도시에서 수백만 명의 시민들이 평화대행진 시위에 참가하였다. 이날 광주에서는 20만여 명의 대규모 군중이 참가하였고, 안양에서는 전투경찰이 시위대에 무장해제를 당하기도 하였다. 들불처럼 번지는 민주화 요구 시위는 더 이상 경찰력으로 막을 수 없는 지경에 이르렀다.

결국 전두환 정권은 6월 항쟁에 굴복하여 대통령 후보인 노태우를 통해 6월 29일 대통령 직선제 개헌, 김대중 사면복권, 국민 기본권 보장 등 민주화 선언을 발표하였다. 이에 따라 5년 단임의 대통령 직선제 개헌안이 10월 국민투표에 의해 통과 확정되었다. 박정희에 의해 폐지되었던 국민의 대통령 직접선거권이 부활한 것이다. 6월 항쟁은 한국 사회 각 부분에 절차적 민주주의가 뿌리를 내리는 계기가 되었다. 경실련 등 시민단체의 출범, 노동운동의 확산, 전교조 출범, 농민운동의 부활, 통일운동단체 출범 등 시민들이 주도하는 성숙된 개혁운동으로 승화되어 갔던 것이다. 6월 항쟁 이전까지는 해방 이후 민 위에 군림하는 경찰과 관이 있었다. 1961년 박정희의 군사정변 이후에는 민 위에 군과 중앙정보부원이 있었다. 전두환 등장 후 보안사와 중정이 있어 민을 철저히 통제하였는데, 보안사 준위가 언론사 대표나 각 기관의 장을 통제하던 엄중한 시절을 우리 국민들은 겪으며 살아왔던 것이다.

6.
노태우 직선 대통령과 김영삼 문민정부

노태우 6·29선언으로 직선 대통령이 되다

국민들의 열화와 같은 6월 민주항쟁으로 1987년 12월 16년 만에 국민들은 직접선거로 대통령을 뽑았다. 13대 대통령 선거에서는 민정당의 노태우와, 지역기반을 달리하는 민주세력의 분열로 김영삼과 김대중이 각각 출마하였다. 결국 어부지리를 얻은 노태우가 36.6%로, 28%의 김영삼과 27%의 김대중을 누르고 대통령에 당선되었다. 노태우 정부는 신군부 독재세력의 연장선에서 출발했지만 국민 직선을 통해 합법성을 획득했기에 6공화국임을 자임했다.

이어서 1988년 4월에 실시된 국회의원 선거에서 민정당은 125석, 김대중의 평민당은 70석, 김영삼의 통일민주당은 59석, 김종필의 신민주공화당은 35석을 얻어 여소야대의 정국이 되었는데, 김대중에 뒤진 김영삼의 실망이 가장 컸다. 여소야대의 정국에서 노태우 정부는 정국의 주도권을 장악하기 위해 남북관계를 개선하고 공산권과 교류하겠다는 7·7특별선언을 내놓았다. 소련이 붕괴되어가는 국제정세 속에 북방정책을 추진하여

노태우

1989년 헝가리와 폴란드, 1990년 소련과 수교했다. 1991년 9월에 남북한이 유엔에 동시 가입하였고, 1992년에는 중국과 베트남 등 여러 공산국가와 수교했다. 1988년 9월에 개최되었던 24회 서울올림픽에는 소련, 중국,

동유럽 등 공산권을 포함한 159개국이 참가하여 12년 만에 정상적인 올림픽이 치러져 동서화합의 장이 되었다.

치열한 냉전을 벗어나 동서진영이 모두 참여한 서울올림픽의 성공적 개최는 대한민국의 위상을 세계에 드높이고 국민들에게는 자부심과 긍지를 심어 주는 계기가 되었다. 서울올림픽이 끝난 후 11월부터 여소야대 국회의 요구로 5공화국의 비리와 5·18민주화운동 등의 진상을 밝히기 위한 국회청문회가 열렸다. 청문회는 TV로 전국에 생중계 되면서 노무현, 이인제 등 젊은 의원들의 송곳 질문으로 국민적 반향을 불러일으켰다. 청문회에서 전두환과 친인척 및 측근들의 비리가 드러나면서 여러 사람이 구속되었다. 결국 기세등등했던 전두환은 부정축재에 대한 대국민 사과를 하게 되고 강원도 백담사로 자진 은둔에 들어갔다. 1989년에는 관변단체인 한국반공연맹은 한국자유총연맹으로, 새마을운동중앙본부는 새마을중앙협의회로, 사회정화위원회는 폐지되고 바르게살기운동으로 전환되어 국민운동단체로 선진질서 확립에 앞장서게 되었다.

여소야대 정국의 노태우와 민정당은 1990년 1월 민주화와 산업화 세력의 연합이라는 명분으로 집권을 연장하기 위해, 김영삼과 김종필의 당과 합당하여 민주자유당이라는 거대 정당을 창당시켰다. 수세에 몰리다 정국의 주도권을 잡은 노태우와 민자당 정권은 방송관계법을 날치기로 통과시키고 노동·통일·민주화운동을 탄압하는 공안 통치를 강행하였다.

1991년 3월에는 시·군·구를 단위로하는 기초자치단체의원선거가 실시되어 30년 만에 지방의회가 구성되는 풀뿌리 민주주의가 시

서울 올림픽 폐회식

작되었다. 노태우 정권의 경제는 3저 현상의 지속으로 연 10%대의 높은 성장률을 기록했다. 그러나 1980년대 말부터 3저 효과의 소멸과 시장개방 압력에 경제가 어려워지게 되었다. 물가는 폭등하고 농민들은 미국 수입농산물 때문에 곤경에 처하게 되었다. 4월에는 공안 통치에 반대시위를 하던 명지대생 강경대가 경찰의 쇠파이프 구타로 사망하였다. 이에 분노한 국민들은 민주자유당 해체 및 공안 통치 종식을 위한 국민대회를 열고 저항하였다.

경색된 분위기 속에서 1992년 3월 치러진 14대 국회의원 총선에서 민주자유당은 과반수에 미달하는 참패를 당하였다. 민주자유당은 12월에 치러질 대통령선거에서 정권을 야당에게 내어줄 상황에 놓였다. 노태우는 이를 타개하기 위해 김영삼에게 당 대표직을 맡기고 그가 차기 대통령 후보로 선출되도록 지원하였다. 민주투사 김영삼은 '1929년 경남 거제에서 태어나 경남고등학교와 서울대 철학과를 졸업하였다. 일찍이 20대에 장택상의 비서로 정치에 입문한 후 이승만의 자유당 공천에 의해 경남 거제에서 전국 최연소 국회의원에 당선되었다. 이후 이승만의 사사오입 개헌이 통과되자, 독재와 싸우는 민주당 창당에 참여 야당에서 성장하였다. 3공화국 이후 박정희와 전두환의 군사독재에 맞서 싸운 대표적인 야당 지도자가 되었다. 그러한 그가 3당 합당으로 여당으로 다시 되돌아가 집권 여당의 대통령 후보가 되는 특이한 정치 궤적을 그렸다.'

김영삼 군정을 종식하고 문민시대를 열다

1992년 12월 14대 대통령 선거에서 민주자유당의 김영삼이 42.0%를 득표하여 민주당의 김대중과 현대그룹 창업자로 통일국민당 후보로 나선 정주영을 누르고 당선되었다. 군사정부의 연장이 아니고 문민정부임을 자임한 김영삼 대통령은 군사독재가 남긴 잔재를 청산하기 위해 과감하고

신속한 개혁정책을 추진하였다. 우선적으로
전두환, 노태우 정권을 배태시킨 하나회를
뿌리뽑기 위해 육군참모총장, 기무사령관 등
을 시작으로 주요 군단장, 사단장에서 장교
에 이르기까지 하나회 구성원들을 예편시키
거나 좌천시켰다. 전격적으로 이뤄진 정치
군인들의 숙군으로 잠재해 있던 군부개입의
정치 불안을 성공적으로 제거하였다. 김영
삼은 군사독재의 뿌리인 5·16도 혁명이 아닌

김영삼

쿠테타로 규정하고, 조국에 군사 쿠테타라는 죄악의 씨를 뿌린 원흉이 바
로 박정희 소장이라며 이때부터 5·16은 쿠테타로 통용되었다. 역사를 바
로 세우기 위해 서울 4·19 묘역을 성역화하고, 마산 3·15 부정선거규탄을
3·15의거로 규정 묘역을 성역화하였다. 경복궁 앞을 가로막고 있던 조선
총독부 건물을 철거하였고, 황국신민의 잔재인 국민학교라는 명칭을 초등
학교로 고쳐 불러 역사바로세우기에 앞장섰다.

　고위공직자 재산 공개를 제도화한 공직자윤리법을 제정 시행하여 3만
3,000여 명의 공직자가 재산을 공개했고 문제가 있는 공직자는 현직에서
추방당했다. 이어서 1993년 8월 대통령 긴급명령으로 모든 금융거래를 실
명으로하는 금융실명제를 전격적으로 도입하였다. 1995년 7월에는 부동
산실명제를 실시하여 투기방지와 공평과세를 실현코자 하였다. 국민들의
높은 지지 속에 개혁을 추진하던 문민정부는 2년이 경과하면서 문제가 드
러나기 시작했다. 김영삼 대통령의 독단적인 정치행보와 소통령이라고 불
리는 아들 김현철의 막강한 권력행사가 문제를 일으켰다. 공교롭게도 서
울의 성수대교와 삼풍백화점이 무너지고 대구 지하철 공사장에서 사고가
나는 등 대형사고가 줄을 이었다.

국민들이 문민정부에 실망하는 사이, 지난 대선 때 패배로 정계은퇴를 선언하고 영국 케임브리지 대학에서 연구생활을 하던 김대중이 정계에 복귀하고 국민회의를 창당했다. 김종필도 민주자유당을 탈당하고 충청을 기반으로하는 자유민주연합을 만들었다.

1995년 6월에 지방자치단체장까지 뽑는 선거에서 민주자유당은 국민회의와 자유민주연합에 밀려 참패를 당하였다. 선거 참패 후 국민의 지지도 하락 속에 정권 비판세력이 늘어나자 김영삼은 국민을 억압하는 정책을 선택했다. 과격해지는 노동운동과 학생운동을 탄압하였고, 군사정권 못지않게 노동법과 안기부법을 국회에서 날치기로 통과시켰다.

1995년 10월에 국회 대정부 질문과정에서 박계동 의원이 노태우 비자금 조성을 폭로하였다. 국민의 여론이 비등하자 검찰이 전임대통령 노태우를 구속하고 항소심에서 중형이 선고되었다. 그러자 국민들은 한걸음 더 나아가 12·12사태와 5·18광주항쟁의 진실을 밝혀내라고 격렬하게 요구하였다. 미적거리던 김영삼 정부는 민심에 따라 수사에 착수하여 12월에 군형법상의 반란수괴죄를 적용 전두환, 노태우 등 핵심 11명을 구속 기소했다. 국민의 높은 관심 속에 대법원은 사형이 구형된 전두환에게 반란죄·내란죄·수뢰죄를 적용하여 무기징역, 노태우에게는 징역 17년을 선고하였다. 민자당은 군사독재와 부패세력의 이미지에서 벗어나기 위해 신한국당으로 당명을 바꾸고 대쪽 총리로 인기가 높았던 이회창을 영입하여 집권연장을 꾀하고자 했다.

문민정부 경제정책 실패로 IMF환란을 맞다

한국 경제는 1980년대 초부터 수입자유화와 자본자유화 정책을 통해 상품시장과 금융부분에 대한 대외개방이 확대되고 있었다. 1993년 12월 다자간 무역협상(UR)이 타결되고, 1995년에 세계무역기구(WTO)가 출범하였다. 이에 따라 한국은 쌀시장을 비롯한 기초농산물시장, 지적재산권과 서비스 분야를 개방하여 농축수산물 수입이 급증했다. 1996년 12월에는 개발도상국 지위를 벗어나는 경제협력개발기구(OECD) 회원국이 되었다. 선진국들의 모임인 OECD 가입은 한국이 선진국 대열에 진입했다는 것을 의미하는 것이고, 금융과 자본시장을 개방하는 결과로 이어졌다. 사전준비가 부족한 자본시장 개방으로 무분별하게 저리의 외채가 도입되었다. 특히 투기성 초국적 자본이 들어와 자본시장에 혼란을 초래할 여건이 만들어졌다. 대기업들은 외채를 끌어와 투자를 확대하였고, 종합금융회사들은 저금리로 들어온 외채를 높은 금리로 기업에 대출하여 이윤을 남겼다.

1990년대 중반 미국이 금리를 인상하면서 후진국으로 투자되던 자본이 미국 등 선진국으로 되돌아가면서 엄청난 파장을 몰고 왔다. 1997년 7월 태국 화폐가치가 폭락하면서 시작한 금융위기는 여러 나라로 번졌고, 외화가 부족했던 한국은 큰 부담이 되기 시작했다. 연초에 터진 한보철강 부도를 시작으로 진로, 기아자동차 등과 금융회사들이 줄줄이 부도를 냈다. 외환 부족으로 터진 대기업과 금융기관의 부도는 증권시장의 붕괴로 이어졌다. 결국 김영삼 정부는 11월 21일 국제통화기금에 200억 달러의 구제금융 신청을 공식 발표했다. 한국 전쟁 이래 최대의 국난이라고 불리는 IMF 사태가 터진 것이다. 기업들의 연쇄부도 속에 대량실업과 개인파산이 늘어나면서 가정파탄이 뒤를이었다. 반대와 우려 속에서 세계화를 표방하면서 OECD에 가입하여 무분별하게 시장을 개방한 경제무능과 권력이 개입된 비리 때문에 발생한 경제파탄이었다.

연초에 터졌던 한보사태는 한보그룹이 정치권에 로비를 하여 5조 7천여억 원의 부실 대출을 받은 것이 드러나 김영삼 정부의 도덕성에 큰 상처를 남겼다. 연말에 있을 대선에서 정권 재창출의 위기감을 느낀 신한국당은 7월에 이회창을 여당 대통령후보로 선출하였다. 여당 대선후보는 큰 어려움 없이 당선되어지는 황금 좌석이었다. 50%까지 치솟던 이회창의 지지도가 두 아들 병역 비리문제로 10%까지 폭락했다. 그러자 경기지사 이인제가 대중적 인기를 바탕으로 10월에 신한국당을 탈당하고 국민신당을 창당한 후 대선에 나서게 되었다. 산전수전을 다 겪은 국민회의 김대중은 자민련의 김종필과 공동정권 창출에 합의하고 대선 후보가 되었다.

12월에 치러진 15대 대통령 선거에서 당명을 한나라당으로 바꾼 이회창, 새정치국민회의 김대중, 국민신당 이인제 등이 출마하였다. 선거 결과는 김대중 40.3%, 이회창 38.8%, 이인제 19.2%,로 김대중이 당선되었다. 4번째 대선도전이며 용공조작과 열세의 지역기반을 갖고 있는 야당후보 김대중이 헌정사상 처음으로 당선된 것이다. 당선 배경에는 영남과 보수층의 지지에서 이인제가 오백 만에 가까운 지지표를 받았고, 김종필과의 연대가 큰 힘을 발휘했기 때문이었다. 이때 이인제는 "오랫동안 소외되었던 호남이 정치의 중심축에 들어온 것을 축하한다"는 소감을 밝혔다. 수십 년간 탄압받아온 야당지도자가 대통령에 당선되므로 세계적으로 한국 민주주의가 성공했다는 평가와 찬사를 받았다. 당선자 김대중은 '1924년 전남 하의도에서 태어나 목포상고를 수석으로 입학하고, 1943년 일제의 징용을 피하기 위해 대학 진학 대신 일본인 기선회사에 취업하였다. 해방 후 목포건국준비위원회에 참여하였고, 1946년에는 신민당 목포지부 조직부장으로 활동하였다. 이 경력이 빌미가 되어 오래 동안 좌익이라는 족쇄가 되었다. 1954년 목포에서 국회의원에 출마하여 낙선한 이후 우여곡절 끝에 6대 국회의원에 당선되었다. 이후 중앙정계에서 두각을 나타내기 시작 하여 오랜 여정 끝에 대통령에 당선 된 것이다.'

7.
김대중 최초로 여야 정권교체를 이루다

김대중 야당·호남 출신으로 대통령이 되다

　호남 출신 김대중의 대통령 당선은 한국 역사상 국민선거에 의해서 최초로 여야 정권 교체가 이루어진 것이다. 김대중은 1971년 박정희와 역사적인 대선에서 자웅을 겨루며 돌풍을 일으켜 국민적 지도자가 되었다. 박정희와 경쟁을 벌였기에 김대중은 테러와 납치를 당하고, 사형선고를 받는 등 목숨에 위협을 받으며 독재와 싸워온 세계적인 민주투사였다. 김대중에게는 빨갱이, 전라도, 좌빨 이라는 주홍글씨가 붙어 다녔다. 박정희·전두환 군사독재정권과 보수언론이 반공 이데올로기 차원에서 이름을 붙여준 꼬리표였다. 이처럼 왜곡된 꼬리표를 떼기 위해 김대중은 반공과 보수로 한 축을 이뤄온 김종필과 손을 잡고 험난한 대선 고지를 어렵게 올라섰던 것이다.

　김대중 정부는 민주주의와 주권재민의 가치를 실천하기 위해 국민의 정부라고 명명하였다. 김대중은 민주주의와 시장경제를 함께 발전시키고, 남북이 화해하고 협력하는 시대를 열어 가겠다고 천명하였다. 그리고 여성과 사회적 약자에 대한 관심을 높이고 국민의 인권을 지키는데 국가가 앞장서 가겠다고 다짐하였다. 당면한 IMF사태를 극복

김대중

하기 위해 금융·재벌·노동·공공부문 개혁을 추진했다. 부실한 금융기관을 통폐합하고 회생이 가능한 금융기관은 공적자금을 투입하여 정상화 시켰으며, 일부 금융기관은 외국 자본에 매각하기도 하였다. IMF사태의 원인을 제공한 재벌 개혁은 30개 대기업 가운데 재정능력이 부족한 16개 대기업을 해체시켰다. 재벌들이 황제 경영을 못하도록 의사결정구조를 개혁하고 사외이사 제도를 만들어 기업 경영의 투명성을 높였다. 노동개혁은 정리해고에 대한 사회적 합의가 필요했기 때문에 노동계가 참여하는 노사정위원회를 만들어 시도하였으나 어려운 결정의 연속이었다. IMF사태 수습에 여러 경제주체들과 함께 환골탈태의 자세로 극복하였기에 이후 한국경제는 세계적인 경쟁력을 갖게 되었다.

김대중 정부는 4대 개혁과 함께 해외투자 유치와 내수시장을 활성화하기 위해 정보기술 산업을 육성하고 신용카드 발급 촉진정책을 추진했다. 외국 자본이 쉽게 들어올 수 있도록 채권·부동산 시장을 전면 개방하고 이어서 주식 시장도 전면 개방하였다. 이에 따라 환율이 안정되고 내수시장과 수출이 호조를 띠면서 2001년 12월 IMF 지원 자금을 모두 상환하여 예정보다 3년이나 앞당겨 외환위기를 극복했다. 경제난국 극복에는 금모으기운동 등 국가정책에 국민들의 전폭적인 동참이 있었기에 가능하였다. 그러나 샴페인을 너무 일찍 터트려 막강한 저항세력의 반발이 시작되고 개혁은 지지부진하게 되었다.

김대중 정부는 식량난에 어려움을 겪는 북한을 정부 차원에서 지원하는 햇볕정책으로 남북화해 분위기 조성에 노력했다. 1998년 에는 정주영이 소 500마리를 끌고 가는 방북을 승인하여 국내외 방송사가 생중계하므로 세계인의 이목을 집중시켰다. 정주영은 김정일 국방위원장을 만나 개성공단, 금강산 관광 개발사업 등을 추진키로 합의하였다. 김일성 사망 이후 경제적으로 어려움을 겪고 있는 북한을 중국처럼 개혁과 개방의 길로 나올 수 있도록 대북 화해 협력정책을 적극 추진한 것이다. 김대중 정부는 영남과 호남의 지역감정 해소를 위한 동서화합에도 많은 공을 들였으나 쉬운 문제가 아니었다. 2000년 1월에는 제주 4·3사건 진상규명 및 희생자 명예회복에 관한 특별법이 제정되었다. 이는 과거에 잘못된 국가 권력의 폭력에 희생된 국민들에게 정부가 공식적으로 국가의 잘못을 시인하고 화해를 시도코자하는 것이다.

과거 정부에서는 볼 수 없는 적극적인 남북화해협력을 바탕으로 김대중 정부는 2000년 4월 남북정상회담 개최에 합의하였다. 마침내 6월 13일 김대중 대통령은 평양을 방문하여 김정일 국방위원장과 역사적인 정상회담을 가졌다. 남북정상은 5개항의 남북공동선언을 발표하여 앞으로 교류협력을 강화하기로 천명하였다. 이를 시작으로 수십 차례의 회담이 열렸고, 남북 이산가족 상봉도 6차례나 열리게 되었다. 남북교역과 교류도 크게 늘어났는데 특히 개성공단 건립에 합의하여 이후 운영에 들어가기도 하였다. 그러나 북한의 변화는 쉽지 않은 과제임에도 일회성 행사로 성과도 없이 일방적으로 퍼주기만 했다는 비난도 상당하였다.

1972년 박정희 시대 남북대화가 시작된 이래, 군사적 위기가 벌어지면 남북대화가 진행되다가 다시 군사적 대결 양상으로 마무리되는 상황이 반복되어 왔다. 이와 같은 악순환은 기본적으로 1953년 정전협정 체제가 갖는 한계 때문이다. 전쟁도 평화도 아닌 애매한 상황에서 남북의 체제와 정통성 경쟁, 주변 강대국들의 한반도 현상 유지 정책과 이런 난국을 돌파할 묘책이 없다는데 기인한다고 본다. 이 어려운 난제는 국제정세의 변화와 평양의 핵심세력이 변화되어야만 풀어질 수 있는 과제로 볼 수 있다.

한국 최초 노벨평화상 수상과 문화사회 정책

2000년 10월 13일 김대중 대통령은 한국 최초의 노벨평화상 수상자로 발표되었다. 민주주의에 대한 헌신, 아시아의 만델라로서 정적에 대한 화해와 용서, 남북한 긴장완화와 평화정착의 노력을 국제적으로 인정받은 것이다. 김대중 정부는 문화와 스포츠 분야에도 큰 관심을 기울였다. 자신감을 갖고 일본 등 해외에 문화를 적극 개방하여 한류가 전 세계로 뻗어나갈 수 있는 여건을 만들었다. 1990년대 후반부터 한국 TV드라마와 K-POP이 일본과 중국에 진출하면서 중국 언론에서 한류라는 용어를 사용하기 시작했다. 젊은 댄스 그룹이 중국과 대만에서 활동하고, 2000년대에는 전문 기획사에서 키운 국내 아이돌 그룹이 아시아와 유럽에 진출하여 큰 인기를 끌었다. 이어서 유튜브에서 한국 아이돌의 뮤직비디오가 세계적인 인기를 끌면서 아시아를 넘어 유럽·미주·남미·서남아시아까지 한류가 크게 유행하였다. 가수 싸이의 뮤직비디오는 유튜브 조회수가 2억 뷰를 넘기며 빌보드차트 2위에 올라 미국에서 K-POP차트가 만들어졌다. 2003년 드라마 〈겨울연가〉가 일본 NHK의 전파를 타면서 일본에 한국 드라마 열풍을 일으켰고, 이후 〈대장금〉·〈주몽〉 같은 사극 드라마가 해외에 수출되어 한류의 기반을 확장시켰다. 시드니 올림픽 대회에서는 남북이 한반도기를 들고 함께 입장하였다. 남북통일 축구대회가 열렸고, 대구 유니버시아드대회에는 북한 선수단 및 응원단이 참가했다. 2002년 한일 월드컵경기에서는 한국이 4강에 오르는 기염을 토해 국민들의 자긍심을 높이고 세계인들에게 깊은 인상을 심어주었다.

김대중의 지도력으로 IMF 위기를 극복한 국민의 정부는 새로운 경제정책으로 정보화 벤처육성사업을 선택했다. 정보통신기술 5개년 계획을 세워 2004년까지 차세대 인터넷과 광통신, 디지털 방송 등에 4조원을 투자

하는 내용이었다. 이에 힘입어 초고속 인터넷 가입자 수가 700배가 늘고 벤처 기업의 수가 5배나 늘었다. 이때 다음, 네이버, 넥슨 등과 같은 선도적인 IT기업들이 생겨났다. 한국은 이들 사업과 기업을 기반으로 세계통신표준을 선도하는 국가가 되었다. 김대중 정부는 국민의 기본적인 인권을 보호하기 위해 국가인권위원회를 설치 운영하였다. 복지 정책에도 주력하여 여성의 지위향상을 위한 여성부를 신설하였다. 국민기초생활보장법을 제정하여 저소득층·장애인·노인복지를 증진시켰다. 의약분업으로 국민들의 의약오남용을 개선시켰고 학교급식을 전면 실시하여 국민들의 삶의 질 개선에 노력했다.

그러나 외환위기를 극복하는 과정에서 많은 기업들과 은행이 외국자본에 매각되면서 대량 정리해고 사태가 발생하였다. 구조조정으로 기업 이윤은 증가했지만 해고자 복직과 신규 직원채용에 인색하여 실업자가 넘쳐났다. 기업은 비정규직 직원 채용을 선호하였기 때문에 정규직과 비정규직 간의 임금격차가 크게 벌어졌다. 실업자가 늘어나면서 소비가 줄자 정부는 신용카드 남발을 방조하였다. 신용구매가 늘면서 내수는 살아났지만 신용불량자가 크게 늘어났다. 신용파산자가 늘어남에 따라 가정이 파괴되고 노숙자와 이혼율이 급증하면서 사회문제가 되기도 하였다.

국민의 정부는 수많은 정리해고 과정에서 폭력으로 저항하는 노동자 구속사태가 벌어져 결과적으로 김영삼 문민정부보다도 더 많은 노동자를 구속시켰다. 또 대통령의 두 아들 비리사건이 터져 구속되는 사태가 벌어지기도 했다. 정책이념이 맞지 않은 자민련과 결별한 민주당은 국회의원 재보궐선거에서 이회창의 한나라당에 패배하였다. 정권 재창출의 과제를 안고 있는 민주당은 국민적 관심을 끌어내기 위해 국민경선 제도를 도입하였다. 2002년 2월에 시작된 국민경선에서 대세를 이루어가던 이인제를 노무현이 광주 경선에서 역전시키고, 서울 경선에서 민주당의 대선 후보가 되는 파란을 일으켰다. 경선의 분기점이 된 광주 경선은 청와대 비서실의 보이지 않는 손이 작용하여 뒤집어진 것으로 알려졌다. 결과적으로 김대중이 좌편향 영남 인물을 선택하므로 이후 한국 정치가 진보와 보수의 극단적 편 가르기로 나누어지고, 호남은 대선에서 영남 인물에게 표를 몰아주는 선례가 만들어 졌다.

16대 대통령 선거에는 한나라당 이회창, 한일월드컵 개최로 인기가 높아진 대한축협의 정몽준, 집권 여당의 노무현 등 3파전이 예상되었다. 민주세력은 보수적인 한나라당의 집권을 막기 위해 노무현과 정몽준의 후보 단일화를 촉구하였다. 노무현과 정몽준은 여론조사로 후보를 결정하기로 하여 여론기관의 조사에서 앞선 노무현이 단일후보로 결정되었다. 학력과 경력에서 크게 뒤진 노무현은 광주의 지원으로 민주당후보가 되었고 정몽준과 후보 단일화로 큰 힘을 받았다. 집권여당의 후보로 본격 활용된 인터넷과 노사모와 희망돼지저금통 등의 새로운 이벤트를 통해 한나라당 이회창 후보를 57만여 표 차이로 힘겹게 누르고 대통령에 당선되었다.

8.
민주화로 여야 정권교체가 정착되다

노무현의 참여정부

노무현 정부는 권위주의를 청산하고 원칙과 상식이 통하는 세상을 만들 겠다는 뜻에서 참여정부라고 명명하였다. 노무현은 '1946년 해방 이후에 태 어나 어렵게 자랐지만 부산상고를 졸업하고 독학으로 사법고시를 합격한 수재로 서 새로운 정치를 추진해 나가고자하였다.' 참여정부는 사법개혁을 통해 대통 령도 법의 심판에 놓이게 하고 권한이 비대한 국정원의 권한을 축소시켰 다. 지역 균형 발전을 위해 충청도 세종에 행정복합도시를 건설하고 수도권 에 있던 주요 공공기관을 여러 지방으로 옮기는 균형정책을 추진하였다.

노무현은 지역주의를 타파하고 진성 당원이 운영하는 정당을 만든다는 명 분으로 2003년 11월 자신을 대통령으로 만들어준 민주당을 탈당하고 열린 우리당을 창당하였다. 노무현은 공·사석에서 공개적으로 열린우리당 지지를 표명하였고, 야 3당은 중립을 지켜야 할 대통령의 직접적 인 선거 개입이라고 비판하였다. 2004년 3월 한나라당, 민주당, 자민련의 야 3당은 선거중 립의무 위반과 무능한 경제 실정에 대한 책임 을 물어 노무현 탄핵 소추안을 발의하고 가결 시켰다. 헌정사상 최초로 대통령이 국회에서 탄핵을 당하여 대통령 직무가 정지되고 국무

노무현

총리 고건이 대통령 권한 대행으로 국정을 수행하는 사태가 벌어졌다.

대통령 직무가 정지된 가운데 치러진 4월 17대 총선에서 열린우리당이 민심의 지지를 받아 과반석이 넘는 의석을 차지하였다. 5월 헌법재판소에서 탄핵소추안이 기각되어 노무현은 대통령 직무에 복귀되었다. 탄핵 정국에서 과반수를 획득한 열린우리당은 4대개혁 입법으로 국가보안법, 사립학교법, 과거사진상규명법, 언론관계법을 추진하였으나 한나라당의 반대에 부딪혀 일부 개정에 만족해야 했다. 과거사에 관련된 입법으로는 2004년 3월에 동학농민혁명참여자 등의 명예회복에 관한 특별법, 11월에 일제강점하 강제동원피해진상규명에 관한 특별법, 12월에 일제강점하반민족행위진상규명에 관한 특별법 등이 제정되었다. 행정수도를 충청도에 건설한다는 법안이 국회를 통과하였지만, 수도권 단체장들이 반대하고 헌법재판소에 위헌 심판이 청구되어 위헌결정이 내려졌다. 노무현 정부는 행정수도를 축소하여 세종특별시에 행정중심 복합도시로 추진하였다.

2005년 6월 국회의원 재보궐 선거에서 열린우리당이 대패하고 과반수가 붕괴되자, 노무현은 중대선거구제를 조건으로 한나라당 박근혜에게 권력을 분점하는 연립정부를 제안하였다. 보수집단인 한나라당은 거부하였고, 열린우리당의 당원들과 진보세력은 노무현의 갈지자 행보에 강력히 반발하였다. 2006년 4월에는 농민, 노동자, 민주개혁 세력이 반대하는 한미자유무역협정을 추진하여 1년 만에 타결시켰다. 5월 전국동시 지방선거에서 열린우리당은 청년 실업과 중산층의 이탈로 지지율이 급락하여 한나라당에 참패하였다. 열린우리당은 국민적 비난에 직면하여 당이 해체되고 2007년 8월에 민주세력이 뭉친 대통합민주신당이 창당되었다. 노무현의 갈지자 행보로 정권 교체의 가능성이 높아진 한나라당은 지방순회 경선을 통해 8월 이명박이 박근혜를 누르고 대통령 후보로 선출되었다. 대통합민주신당은 국민경선대의원들의 투표와 일반 시민이 참여한 모바일 투표를 합산하여 10월에 당의장을 지낸 정동영을 대통령 후보로 선출했다.

　노무현은 임기가 끝나가던 2007년 10월 도보로 군사분계선을 넘어 가는 방북 길에 나섰다. 김대중 정부의 햇볕정책과 6·15선언을 계승하겠다는 의지의 표현으로 해석되었다. 노무현과 김정일 국방위원장은 남북정상회담을 갖고 남북관계 발전과 평화 번영을 위한 10·4선언을 발표하였다. 6·15선언을 재확인하고 해주와 그 주변 해역을 서해평화협력지대로 만들고 한국 전쟁 종전선언을 추진해가기로 합의했다. 12월에 치러진 17대 대통령 선거전에는 서울시장을 역임한 한나라당 이명박, 통일부장관을 거친 대통합민주신당 정동영, 창조한국당 문국현, 민주노동당 권영길, 무소속 이회창 등이 격전을 벌였다. 선거 결과는 한나라당 이명박 후보가 48.7%를 득표하여 26.1%로 2위를 차지한 정동영 후보를 큰 표 차이로 누르고 대통령에 당선되었다.

이명박의 친기업 정부

　2008년 2월에 출범한 이명박 정부는 실용주의를 내세우고 경제를 살리기 위한 신발전체제 구축이라는 국정 목표를 정하였다. 현대건설 사장 출신으로 현장경험이 많아 각종 기업 규제를 철폐하는 등 기업 친화적인 정책을 적극적으로 추진하였다. 진보정권의 잃어버린 10년의 경제침체를 회복시키겠다고 호언장담하였다. 의욕적으로 출발한 이명박 정부이지만 뜻하지 않게 집권 초기인 9월에 미국에서 시작된 리먼 브라더스 은행의 파산이 도화선이 된 세계 금융위기를 만나게 되었다. 대부분의 국가에서 주식시장이 요동치고, 미국과 주요 선진국들의 국가성장률이 마이너스로 돌아섰다. 급기야 10월에는 아이슬란드, 파키스탄, 우크라이나 등이 IMF 구제 금

이명박

융을 신청했고, 한국도 국가 부도를 맞을 가능성이 높다는 전망이 고개를 들고 있었다.

이명박 정부는 국제금융위기에 대응하여 재정확대정책을 사용하고 미·일·중 등과 통화 스와프를 맺어 외환위기에 대비하였다. 고환율과 재정확장정책으로 한국은 외환위기를 무사히 넘기고 밑으로 떨어진 경제성장률을 6%대로 올리는 성과를 이루었다. 그러나 법인세 감세, 고환율, 기업출자 총액제한제 폐지 등 대기업과 수출기업은 혜택을 받았지만, 비정규직이 늘어나고 중소기업과 자영업자는 어려워지는 양극화가 심화되었다.

집권 초기 이명박 정부는 국민적 의견이 엇갈리는 의료 민영화, 한반도 대운하, 교육 개혁정책 등을 강하게 추진하여 반대 여론이 커져가고 있었다. 이런 상황에서 한미 정상회담을 앞두고 광우병 때문에 국민적 우려가 컸던 미국산 쇠고기를 전면 수입키로 하여 국민적 반발을 사게 되었다. 미국산 쇠고기 수입을 반대하는 촛불시위가 서울에서 시작 전국적으로 번졌다. 중고등 학생들과 유모차를 끄는 젊은 엄마들까지 동참한 촛불시위가 2008년 6월 서울시청 앞에 100만여 명의 시민들이 참여하였다. 한반도 대운하 사업도 대형 건설사들을 위한 토목사업으로 경제적 효율성이 낮고 생태계를 파괴한다는 반대 여론이 높았다. 그러자 이명박 정부는 그 명칭을 4대강 살리기 사업으로 바꾸어 22조원의 막대한 예산을 들여 강행 추진하였다. 추진 과정에서 대형시공사들의 담합과 로비 의혹이 있었고, 많은 보를 만들어 강물의 흐름을 방해 하여 생태계를 파괴했다는 비판이 뒤를 이었다.

이처럼 국민적 저항이 심해지자 반대세력을 누르기 위해 총리실, 국정원, 기무사 등은 민간인들을 불법적으로 사찰하고 광우병 사태를 왜곡 보도했다고 MBC 제작진을 징계하였다. 2009년 5월에는 과거 정권의 비리를 조사하는 과정에서 전임 노무현 대통령이 검찰에 소환되어 조사를 받자, 고향 봉하 마을에서 투신 사망하는 불행한 사건이 일어났다. 그의 죽음을 애도하는 많은 사람들이 곳곳에 설치된 분향소를 찾아 슬픔을 함께하였다.

2010년에는 세계 경제를 이끄는 G20 정상회의가 서울에서 열렸다. 이명박 정부는 미국에서 시작되었던 글로벌 금융위기를 수습하는 국제 공조를 이끌어 내 한국의 위상을 드높였다. 대북정책에서는 이전 김대중 정부의 햇볕정책을 사실상 방기하였다. 어렵게 성사 시켰던 금강산 관광사업과 경의선 철도 운행이 중단되었고, 2010년에 천안함 침몰사건과 연평도 포격사건이 연이어 터져 남북관계가 악화되었다. 이명박 정권 아래에서 인권과 민주주의가 퇴보하면서 한국은 언론 자유국 지위를 잃었고 언론 자유지수도 크게 떨어졌다. BBK 주가 조작 사건을 비롯하여 측근과 친인척 비리도 터졌다. 방위산업체 비리와 수십조에 이르는 국고가 낭비되는 자원 외교 등의 문제가 노출되었다. 2012년 7월에는 상왕으로 불렸던 대통령 친형이 불법정치자금을 받은 혐의로 구속되었다.

2012년 12월에는 18대 대통령 선거가 벌어졌다. 이명박 정부의 민심이반과 야당후보 단일화에 위기를 느낀 한나라당은 분위기를 바꾸기 위해 당명을 새누리당으로 바꾸었다. 박정희의 큰딸 박근혜를 대선후보로 선출한 새누리당은 야당이 주장하는 국민 퍼주기식의 복지정책을 대거 차용 선거공약으로 내걸어 이미지 쇄신에 적극적으로 나섰다. 야당 문재인 후보는 컴퓨터 백신 개발로 국민적 인기가 높아진 안철수와 후보 단일화를 시도하였다. 유력한 야권 후보 안철수가 사퇴하면서 문재인 지지를 선언하고, 선거 막판 국가 정보원의 선거 개입이 들어나 선거전이 치열하게 벌어졌다. 선거결과는 새누리당 박근혜가 51.6%, 민주통합당 문재인이 48%로 근소한 차이로 박근혜가 당선되었다.

박근혜의 국민이 행복한 정부

박근혜는 아버지 박정희의 산업화 추억을 가진 중장년층 보수와 영남의 전폭적인 지지로 대통령에 당선되었다. 박근혜 정부는 국민행복·경제부흥·복지정책·국민화합 등을 국정목표로 내세우면서 출범하였다. 국정과제 추진을 위해 전국에 창조경제혁신센터를 설립하고 경제 활성화를 선도하도록 하였다. 또 콘텐츠 산업을 육성하고 고부가 관광 여건을 조성하여 문화와 산업을 융합시키고자 하였다. 그러나 의욕적으로 출범한 박근혜 정부는 2014년 4월 인천을 출항 제주도를 향해 가던 여객선 세월호가 전남 진도 앞바다에서 침몰하는 사건이 일어났다. 이 사고로 수학여행을 떠난 안산 단원고 학생들과 일반 승객 304명이 사망하였다. TV 방송이 골든타임을 놓치고 우왕좌왕하는 현장을 생중계하는 화면을 보면서 국민들은 박근혜 정부의 무능에 실망하고 분노하게 되었다.

2015년 10월에는 한국사 교과서가 좌편향되었다면서 역사 교과서 국정화를 발표하였다. 역사 교과서 좌편향 문제는 김영삼 정부 때 검정으로 바뀐 한국 근현대사가, 좌편향 학자들의 주도로 친북·반미 입장에서 서술되었다고 보수세력의 비판을 받아 왔다. 박근혜 정부는 국정화를 적극 추진하여 야당과 학계의 반대에도 불구하고 국정 역사교과서 최종본까지는 만들었으나 국정화는 이루어지지 못했다.

박근혜

박근혜는 외교 분야에서 적극적인 대미·대중 정상외교를 펼쳐 좋은 인상을 남겼다. 그러다가 2015년 9월 부정적 여론에도 베이징 전쟁승리 70주년 기념열병식에 참석하여, 독자적인 외교 행보로 보수들의 우려를 자아냈다. 2016년 7월에는 동북아의 미묘한 안보 현황 때문에 배치를 유보했던 고고도미사일 방어체계 '사드'를 한반도에 배치한다고 발표하여 야당과 해당 지역 주민들의 격렬한 반발을 불러왔다. 주변국 중국과 러시아는 사드가 자국의 안보를 위협한다는 이유로 크게 우려하면서 동북아에 긴장이 고조되었다. 이후 우호적으로 이끌어 오던 중국과의 관계가 악화되어 정치·경제·문화적으로 많은 피해가 발생하였다. 이처럼 동북아 정세는 중국의 부상과 미·일동맹이 필리핀·인도에까지 영향력 확장을 꾀하고 있고, 북한 핵 문제 등으로 복잡한 상황에 놓여 있다. 따라서 한국은 평화공존과 경제적 번영의 지속이라는 원칙하에 국익을 우선시하는 대외정책을 지켜가야 하는 과제를 안게 되었다.

박근혜 정부는 민생 살리기를 위한 경제 개혁을 추진했지만 집권 초기 3%를 상회하던 경제성장률이 중반에는 2%대로 하락하였다. 내수 침체가 계속되는 가운데 대외 여건도 악화되어 국제수지도 불황형 흑자로 돌아섰다. 실업자가 늘어나고 가계 부채가 급증하는 등 서민 경제가 바닥을 치고 있었다. 2016년에는 박근혜 비선 실세가 대통령 취임 전부터 국정에 깊이 관여했다는 사실이 언론에 폭로되었다. 박대통령과 가깝게 지냈던 지인의 딸 최순실이 인사와 정책에 관여하였고, 대통령을 앞세워 이권을 챙겼다는 사건이 드러나 국민여론이 악화되었다.

국민적 저항으로 시작된 박근혜·최순실 국정농단사태를 수사하는 과정에서 청와대를 정점으로 문화예술인들의 블랙리스트를 만들어 관리한 불법적 행태도 밝혀졌다. 박근혜 정부가 들어선 후 통합진보당 해체, 개성공단 폐쇄, 일본군 위안부 문제 일방적 합의 선언, 사드 배치 등 야당과 국민의 의사를 무시하고 일방적으로 정책을 추진하여 국민적 공분을 사게 된 것이다. 시민단체들은 박근혜 정권퇴진 비상국민행동을 만들어 광화문 광

문재인

장에서 주말마다 대통령 탄핵과 관계자 처벌을 요구하였다. 수개월에 걸친 촛불시위에 1,700만여 명의 대규모 국민이 참여하였다. 결국 2016년 12월 국회에서 박근혜 대통령이 재적의원 2/3가 넘는 234표로 탄핵 소추안이 가결되었다. 2017년 3월 10일에는 헌법재판소가 전원일치로 박근혜 대통령을 파면하였고 박대통령은 구속 수감되는 건국 이래 초유의 사태가 벌어진 것이다.

박근혜 대통령이 탄핵되고 구속 수감됨으로써 19대 대통령 선거는 7개월이나 앞당겨진 2017년 5월 9일 실시되었다. 선거 결과는 더불어민주당 문재인 후보가 41.08%, 자유한국당 홍준표 후보 24.0%, 국민의당 안철수 후보가 21.4% 등으로 김대중, 노무현을 이은 민주당 진보 계열의 문재인 후보가 당선되었다. 19대 대통령 선출은 전임 대통령의 재임 중 국정농단 사태로 국회 탄핵과 헌법재판소가 대통령 파면을 결정함에 따라 대통령의 궐위로 민주적 절차에 의해 치러졌다.

참고문헌

강만길,《20세기 우리 역사》, 창비, 2012.

강만길,《고쳐 쓴 한국 현대사》, 창비, 2006.

강인덕 외,《남북회담 :7·4에서 6·15까지》, 극동문제연구소, 2004.

강준식,《대통령 이야기》, 예스위캔, 2011.

경상대사회과학연구원,《제국주의와 한국 사회》, 한울, 2004.

김삼웅,《한국 현대사 다이제스트 100》, 가람기획, 2010.

김수자,《이승만의 집권초기권력기반연구》, 경인문화사, 2005.

김정호,《현대한국 정치사상의 흐름》, 아카넷, 2019.

김학준,《한국 전쟁:원인, 경과, 휴전, 영향》, 박영사, 1989.

김형기,《남북관계 변천사》, 연세대출판부, 2010.

박세길,《한국 현대사 열한가지 질문》, 원더박스, 2015.

박찬승 외,《한국 근현대사를 읽는다》, 경인문화사, 2022.

박찬승,《마을로 간 한국 전쟁》, 돌베개, 2010.

브루스커밍스/김동노, 이교선 등,《한국 현대사》, 창비, 2007.

서중석 외,《전장과 사람들》, 선인, 2010.

서중석,《사진과 그림으로 보는 한국 현대사》, 웅진지식하우스, 2018.

안병욱 외,《유신과 반유신》, 민주화기념사업회, 2005.

양영조,《한국 전쟁과 동북아국가정책》, 선인, 2007.

양우진,《다시 읽는 한국 현대사》, 생각의힘, 2016.

역사학연구소,《한국 근현대사》, 서해문집, 2020.

은수미,《IMF위기》, 책세상, 2009.

이광택교수정년논총간행위원회,《복지사회를 위한 노동사회법과 노사관
　　계》, 중앙경제, 2014.

이덕주,《한국 현대사비록》, 기파랑, 2013.

이병천 외,《개발독재와 박정희시대》, 창비, 2003.

이상우,《우리들의 대한민국》, 기파랑, 2012.

이영훈,《대한민국 역사》, 기파랑, 2014.

이인제,《통일은 경제다》, 북엔피플, 2014.

이종석,《새로 쓴 현대북한의 이해》, 역사비평사, 2000.

이주영,《한국 현대사 이해》, 경덕출판사, 2007.

전인권,《박정희 평전》, 이학사, 2011.

정경모,《찢겨진 산하》, 한겨레신문사, 2003.

정용욱,《해방 전후 미국의 대한 정책》, 서울대출판부, 2003.

조한성,《해방 후 3년》, 생각정원, 2015.

조희연,《박정희와 개발독재시대》, 역사비평사, 2007.

지병문 외,《현대 한국의 정치》, 박영사, 2010.

최용범·이우영,《한국 근현대사》, 페이퍼로드, 2021.

최장집,《민주화 이후의 민주주의》, 휴미니스트, 2005

한국 사특강편찬위원회,《한국사 특강》, 서울대출판부, 2009.

한홍구,《대한민국사》, 한겨레신문사, 2005.

한홍구,《지금 이순간의 역사》, 한겨레출판사, 2014.

홍석률 등,《한국 현대사2》, 푸른역사, 2018.

맺 는 말

독자 여러분들은 조선 후기부터 한 송이 무궁화 꽃을 피우기 위해 펼쳐진 장대한 대하소설과 같은 한국 근현대사의 여정을 인내심을 갖고 살펴보셨다. 이제 책을 매듭지으면서 조선 후기 성리학과 반상의 나라에서 수많은 역사적 사연들 중 변혁을 위해 보수와 진보, 우익과 좌익의 갈등과 지혜가 모아져 경이로운 대한민국 탄생의 밑거름이 된 중요한 사건들을 정리해보고자 한다. 먼저 백성들이 변화의 주체가 되는 광작의 유행으로 부유층에 의한 신분상승을 들 수 있다. 이어서 사람은 태어나면서부터 신분에 차별이 있는것이 아니고 누구나 평등하다는 변혁의 아아콘(Icon) 천주교의 자생과 동학의 확산에 힘입어 동학농민혁명이 일어났다. 이러한 시대적 변화를 깨달은 식자층들의 근대국가를 지향한 갑신정변과 독립협회 활동에 이은 애국자강운동을 들 수 있다. 일제강점에 의해 국권을 상실한 이후 나라의 소중함을 깨닫고 신분·지역·종교·남녀를 뛰어넘어 하나가 되어 대한민국의 출발점이 된 3·1독립만세운동과 실력양성운동이 있었다. 그리고 불의에 저항하는 동학혁명과 의병투쟁 정신을 이어받은 항일무장투쟁과 끈질긴 광복운동이 있었다. 태평양전쟁에서 미국의 승리로 해방이 되었고, 남북한에 미소군의 군정이 전개되었다. 해방정국에서 북한은 일관된 공산국가 건설이 추진된 반면, 남한에서는 좌익의 우세 속에 반탁을 통한 우익 민족주의자들에 의해 힘겹게 대한민국이 건국되었다. 어렵게 출범한 민주공화국 대한민국은 한국 전쟁의 폐허 위에서, 독재정치 속에 산업화를 이루고 민주화를 성취하여 경이로운 나라로 우뚝 서게 된 것이다.

이천년 동안 왕조체제하에서 살아온 우리민족이 전근대라는 굴곡에서 벗어나 현대의 민주공화국으로 대변혁을 이룰 수 있었던 구체적인 동력은 무엇인가. 그것은 우리 선열들이 고루한 과거를 버리고 변혁을 이루기 위해 생각을 바꾸고 교육을 통해 도전하고 행동으로 실천했기에 가능했던 것이다. 그러한 관점에서 대한민국 탄생에 밀알이 되고 변혁을 주도했던 상징적인 사람들을 꼽아보자면 자발적으로 천주를 믿기 시작한 이벽에서부터 정약용, 최제우, 박규수, 김옥균, 전봉준, 김홍집, 서재필, 윤치호, 최익현, 강증산, 안창호, 손병희, 송진우, 유관순, 김좌진, 김성수, 이승만, 김구, 윤봉길, 김원봉, 여운형, 장면, 박정희, 김영삼, 김대중 등을 꼽을 수 있다고 하겠다. 여기서 열거한 사람들 중에서 대한민국 건국의 핵심으로 다섯 손가락을 꼽으라고 한다면, 상해임정의 법통을 지키고 반탁에 앞장서면서 통일정부를 염원했던 김구와 일제강점기부터 교육·산업·언론·정치 분야에서 공선사후의 자세로 헌신한 김성수 부통령, 미국에서 외교독립운동과 해방정국에서 정읍발언을 통해 대한민국 건국방안을 제시하여 험로 속에서 대통령직을 수행한 이승만을 들 수 있다. 이어서 한국 전쟁 이후 낙후된 한국 경제를 살리기 위해 경제계획을 독단적으로 밀고나가 한강의 기적을 이룬 박정희와, 산업화에는 성공했지만 독재정권체제 정치후진국으로 취급받던 한국을 국민과 함께 여야 정권교체로 민주화를 이루어 간 김대중을 들 수 있다. 이 관점은 전적으로 저자의 생각이고 독자 여러분들은 누구를 꼽고 싶은지 한 번쯤 생각해보시는 것도 흥미로울 것 같다.

아직도 부족한 점이 많지만 오늘날 세계인들로부터 높게 평가받고 있는 대한민국을 만든 우리 국민들은 건국 이후 역경 속에 전쟁과 독재와 산업화를 거쳐 광주항쟁과 6월항쟁으로 민주정권을 수립하였다. 2017년에는 최고 권력자 대통령도 헌법과 법률을 위반하면 탄핵받고 파면당하는 엄중한 선례를 만든 것이다. 이로써 해방 이후 어렵게 탄생한 대한민국은 건국세력들이 추구했던 민주공화국과 의회 민주주의를 완성시켰다고 볼 수 있다.

보수와 진보, 좌익과 우익을 추종했던 수많은 국민들의 희생과 헌신으로 세워진 대한민국은 단군 이래 가장 활력이 넘치는 역동적인 나라가 되었다. 한류를 통해 다양한 문화가 세계로 뻗어나가고 국제적인 영화·음악·드라마상과 노벨문학상을 받은 예술분야와 첨단기술을 보유한 한국 경제는 세계인들로부터 경이로운 나라로 평가와 찬사를 받고 있는 것이다. 그러나 우리 일부 국민들은 이러한 성과를 실감하지 못하고 헬조선을 외치며 불행지수와 자살율이 세계적으로 높은 안타까운 현실에 놓여있다. 최근 OECD가 발표한 2023년 이민증가율 통계에 따르면 한류열풍과 산업화로 한국에 살기위해 들어오는 외국 사람들이 영국에 이어 두 번째를 차지하는 처지가 되었다고 한다. 만국활계 남조선이 열리는 이땅에서 우리 국민들은 편가르기를 그만두고 홍익인간의 정신으로 더욱 겸손하게 진보와 보수의 견해를 서로 이해하고, 외국인을 배려하며 민족의 숙원인 평화 통일을 이루어 인류의 행복을 선도적으로 추구해가는 품격 있는 아름다운 국민이 되기를 소망해 봅니다.

　끝으로 졸저를 끝까지 읽어주신 독자 여러분들께 감사하다는 인사와 항상 건강하시고 행복이 넘치시기를 진심으로 기원 드립니다. 고맙습니다!

찾아보기

ㄱ

간민회 205
갑신정변 67, 81, 85~86, 88, 91, 94, 110, 112, 114~115, 124~125, 127, 133~134, 180, 208,
강경대 496
강기덕 211, 213
강달영 256
강양욱 379
강위 66
강증산 185~187, 247~248,
건국동맹 316, 318, 342, 358
건국준비위원회 316~318, 320, 342, 345, 386, 500
게일 180
고건 508
고려공산당 226, 254, 340
고봉기 443
고원훈 265
고종 45, 47, 50, 53, 63, 65, 68, 72~78, 80~81, 87~89, 91~93, 103, 110, 113, 115, 118, 120~123, 125~126, 128~132, 134~137, 139, 141~142, 153, 155~158, 160~161, 170, 176, 180, 201, 203, 208, 212, 214~215, 219, 299
고관례 187
공친왕 70
과도입법의원 390, 393~394, 404, 418
곽종석 211
광복군 206, 284, 295~296, 425, 470
광복군총영 225, 269
구로다 기요가타 224
구미위원부 70
국민당 265, 293, 296, 313, 338, 355, 358, 370~371
국민대회준비회 346
국민방위군 457
국방경비사관학교 452

국채보상기성회 175
굿펠로우 332
권덕규 238, 243
권동진 170, 183, 210~211, 213, 245, 265~266
권상연 52
권승렬 422
권영길 509
권오설 256
권오직 384
권재형 126
권철신 51
권태석 318
권태양 411
근우회 264
금융실명제 497
기우만 120
길선주 179, 213
길재호 469
김가진 126
김개남 101, 103, 106
김경희 204
김광제 175
김구 59, 107, 222, 226, 272, 287, 293~296, 320, 341, 347, 351~354, 359~361, 366~368, 370~372, 389, 391, 396, 398~399, 403~408, 410~414, 419, 421~422, 424, 427~428, 436
김규식 205~206, 210, 224, 292, 295~296, 332, 343, 359, 361, 389, 390, 393~394, 400, 402~404, 406~408, 410~414, 419, 427~428
김근태 490
김기수 72
김기전 241, 338
김대중 460, 474~475, 477~479, 486, 488, 490~491, 493~494, 496, 498, 500~506, 509, 511, 514, 518

김도연 345, 347~348, 425, 466
김동원 331, 348, 421, 426
김두봉 292~294, 343, 379, 381, 403, 407, 411, 413
김립 206, 226, 254
김무정 293~294, 443
김병로 236, 267~268, 339, 345, 347, 370, 426
김보현 78
김사국 222, 257
김삼룡 281, 319, 340
김상옥 271
김석황 406
김성수 170, 210, 212, 228~229, 231, 234~238, 240, 286, 316~317, 320, 331, 345~347, 349, 352~356, 362, 368, 370~372, 387~388, 391, 393, 403~405, 407, 409, 411~412, 419, 421, 423~426, 436, 456~460, 518
김순여 141
김신조 474
김약수 255, 348, 390
김약연 205
김연수 266, 435
김영삼 460, 474, 479, 485, 488, 490, 494~499, 505, 512
김옥균 67, 83, 86~91, 180
김용무 331, 353, 394
김원벽 211, 213
김원봉 270, 292~296, 360~361, 371, 407, 413, 427, 443, 430, 433
김윤식 73, 79, 82, 86~87, 113, 196, 211
김익상 271
김일성 290~292, 332~333, 335~337, 340~341, 343, 379, 381, 398, 402~403, 406~407, 411~414, 428~430, 438~440, 443, 445, 468, 477, 502

김재규 479
김재봉 255~256
김정일 502~503, 509
김정희 67,
김조순 30, 53
김종배 488
김종필 460, 469~472, 474, 485, 494~495, 498, 500~501
김좌진 203, 269~270
김주열 463
김준엽 284
김찬 255
김창숙 211, 407
김창준 213
김책 292, 381, 429,
김철 206
김철수 254, 256
김치열 477~478
김태준 344
김학규 296
김현철 497
김홍규 212~213
김홍일 296
김활란 354

ㄴ

나용균 224, 236, 348
나용환 213
나인협 213
나철 188
난징조약 36~37
남궁억 168, 244
남북연석회의 377, 408, 410, 413~414, 427
남조선신민당 343
남종삼 47
남단정론 377, 406
노덕술 435
노무현 6, 495, 506~509, 511, 514
노천명 286
노태우 434, 460, 470, 485, 492~498
니미츠 309

니콜라이1세 39
닉슨 447, 476

ㄷ

다나카 기이치 276
다블뤼 46
다케소에 89, 91
대동교 188
대동청년단 421, 456
대서양헌장 308
대종교 179, 187~188, 190, 205, 247, 270, 301
대한광복단 203
대한국민회 218, 457
대한노총 385, 454
대한독립군 269, 271,
대한독립촉성국민회 371, 400
대한자강회 125, 169~170
대한협회 170, 184, 236
데니 93
데라우치 157~158
도고 28, 151, 203
독도 137, 156, 446
동북항일연군 289~291

ㄹ

량치차오 169
러스크 326
레닌 206, 209, 254~255, 312, 325, 340, 342
레베데프 333, 336~337
로마넨코 333, 336~337, 368
로스 179, 207
로우 37, 41, 332, 371
로저스 49
로즈 47~48
루스벨트 153~154, 296~297, 309~313, 356
류근 238
리델 47

리먼 브라더스 509

ㅁ

마건충 79, 83
마샬 391
마오쩌둥 439, 445, 476
마테오리치 50
만력제 50
매카나기 464, 466
맥아더 309, 314, 328, 330, 351, 354~355, 357, 401, 440~441
맥클레이 180
메논 403~404
메리 스크랜턴 172
메카다 다네타로 153
모리 382
모윤숙 286
묄렌도르프 80, 84, 88, 92
무솔리니 275, 310
무초 426
문국현 509,
문석봉 120
문익환 478
문일평 237, 244,
문재인 6, 511, 514,
문창범 221, 223, 226
물산장려운동 212, 241~242, 246, 255
뮈텔 182
미나미 지로 278,
미우라 118
민겸호 68, 77~78,
민승호 68, 86
민영익 86, 171, 180, 299
민영준 93, 110
민영환 122, 132, 137, 159
민원식 265
민주주의민족전선 293, 342~344, 371~372, 407~408, 428
민종묵 136
민종식 161
민주국민당 436~437, 456~460
민주당 238, 410, 421, 433, 459~463,

465~466, 468, 496, 505~507,
514,
민주자유당 460, 496, 498,
민주정의당 460, 489, 192
민청학련 478
민추협 460, 491,
민치록 68
민태호 68, 90
민희식 425

ㅂ

바시레프스키 332
박계동 498
박광옥 406
박규수 44, 48, 66, 67, 70, 86~87, 518
박근혜 460, 508, 511~514
박금철 290
박기출 461
박달 290
박문규 430
박상진 203
박성환 161
박세당 30
박애 206
박영효 82~83, 86~89, 91, 115, 118,
124, 132, 180, 183, 211, 221, 299
박용만 165, 204, 206~207, 224, 226,
273, 297
박원명 101
박일우 430, 438
박재혁 271
박정양 73, 93, 113, 118, 125, 131~132
박정희 460, 469~484, 489, 493,
496~497, 501, 503, 511~512, 518
박제가 30
박제순 136~137, 159, 182
박종철 492
박준승 213
박중빈 248
박지원 30, 65~66
박헌영 215, 224, 226, 236, 255,
281, 316, 319, 320, 336~337,

339~343, 346, 357~359, 366,
368, 371, 384, 388~389, 400,
403, 408, 429~430, 438~439,
443, 445
박홍식 266, 435
박희도 213
반민족행위특별조사위원회 435
반탁운동 363, 365, 367, 369~371, 379,
394, 396, 407
발췌 개헌안 457~458
방응모 228
방호산 438
배은희 395
배희범 406
백관수 210, 229, 236, 241, 316, 345,
347~348, 370, 422
백낙준 354
백남운 241, 244, 343, 371, 407, 412,
413, 430
백남훈 237, 345, 347~348
백선엽 470
백용성 213, 246
백홍준 179
버치 393, 410
번스 331, 350, 363~364, 370
베닝 호프 329, 350, 398
베르뇌 47
베베르 84, 92, 118, 121, 129
베이징조약 34, 38
변수 86
변영태 238
보도연맹원 430
보안회 159, 169
보천보전투 290
본스틸 326
부들러 84, 94
북로군정서 225, 247, 269~271
북풍회 254~255
브나로드운동 243
브라운 473
브란트 83
비테 129

ㅅ

4·19혁명 463, 465, 467~468
사사오입 459, 462, 465, 496
4·3사건 415, 417, 503
사이토 마코토 227, 233, 248
삼균주의 272, 295
새정치국민회의 460, 500
서광범 67, 86~87, 91, 115
서병학 62
서상돈 175
서상륜 179
서상일 203, 345~346, 348, 370, 393,
422, 460
서오순 174
서울올림픽 492, 494~495
서울청년회 354
서일 205, 247, 270
서재필 89, 91, 124~126, 128~130, 133,
167, 177, 181, 218, 224, 347, 424
서정주 286
선우혁 210~211, 226
섭지초 110
성주식 360, 371, 390
세도정치 29~31, 45, 53, 55, 100, 136
손광화 264
손기정 229
손병희 62, 105, 183~184, 208, 210,
211~213, 220~221, 245, 264
손진태 244
손화중 101, 103, 106
송계백 210
송남헌 348
송병준 154, 196, 228
송요찬 464, 469
송죽회 204
수양동우회 316, 426
순조 29~31, 53, 100, 136, 420
순종 155~157, 197, 256, 258
슈펠트 82
스탈린 290, 309~313, 324~325,
332, 335~337, 364, 379, 382,
438~441, 445
스티코프 336, 378, 411

스팀슨 311
스페예르 121, 129
시모노세키조약 111, 117
신간회 245, 264~268, 281, 316, 339
신규식 205, 355
신도 44, 53~54, 245, 248~249, 406
신민당 294, 343, 379~380, 460, 466,
    473~475, 479, 485, 500
신민회 125, 164~165, 170~172, 182,
    203~205, 207
신사상연구회 254
신석구 213
신석우 44, 228, 266
신석호 244
신숙 226
신채호 170, 177~178, 203, 205, 224,
    226, 243, 271
신한국당 460, 498, 500
신한민주당 355, 460, 491
신한촌 165, 206, 218
신헌 70, 82
신흥강습소 164, 171, 205
신흥식 213
실력양성운동 134, 167, 212, 219~220,
    233~234, 238, 242, 257, 265,
    316, 352, 368, 445, 451
심상진 159

●────────────────

아관파천 112, 117, 120~123, 125, 160,
    185
아노힌 336
아놀드 330, 354, 379
아베 노부유기 329
아이젠하워 446, 448
IMF사태 501~502
아펜젤러 171, 180
안경근 411
안경수 113, 126, 173
안공근 226
안광천 256
안두희 436
안명근 202

안무 269
안병찬 161
안재홍 220, 228, 237~238, 241,
    265~266, 281, 317~319, 339,
    354~355, 358, 390, 393~394,
    406, 424
안중근 160, 164, 194, 236
안창호 165~166, 170, 172, 206~207,
    221~222, 225~226, 240,
    272~273, 297, 316, 347, 361, 518
안철수 511, 514
안태극 170
안호상 425, 458
안확 244
안희재 225
알렉세예프 122, 129
알렌 123, 130, 180
애국단 272~273
애치슨 439
야마오 235
양계초 168
양기탁 168
양병 170, 176, 203, 272
양원모 237
양한묵 213
양헌수 48
양홍묵 132
어윤중 63, 73, 79, 86~87, 121
어재연 49
언더우드 171, 180
엄항섭 359
엔도 류사쿠 317
여운형 206, 209~210, 220, 224, 226,
    316~320, 331, 339, 341~343,
    345~346, 353, 358, 362, 371,
    389~390, 392~394, 400, 406
여자국민당 338
연정회 284
연통제 224
영조 30, 50,
영학당 141~143
5·10총선거 409, 414~415, 418~421,
    428, 434
5·16군사정변 460, 468~469, 489

5·18광주항쟁 489, 498
오경석 66~67, 87
오세창 168, 170, 183, 210~211, 213
오위영 466
오장경 79, 89
오조유 91
오천석 354
오치성 469
오쿠보 69
오화영 213
오히라 472
요시다 쇼인 69
운양호 사건 69
원세개 79~80, 91~93, 95
원세훈 222, 226, 339, 345, 346~348,
    370, 387, 389, 390, 406
윌슨 325
유관순 216, 518,
유길준 73, 85, 113, 121, 176
유동열 170, 203, 359
유득공 30
유수원 30
유억겸 241, 345, 347, 354
유엔군 439~440, 442
유엔한국임시위원단 403~405,
    408~410, 420, 427,
유인석 120
유진산 460
유진오 422, 460
유형원 30
유홍기 66~67, 86~87
6월 민주항쟁 490, 494
윤병구 165
윤보선 345, 353, 460,
윤봉길 273
윤상원 488
윤석구 425
윤세주 270, 292
윤지충 51~53
윤치소 238
윤치영 345, 347, 356, 425
윤치호 128~129, 131~133, 170~171, 181,
    203, 211, 285
윤효정 170

을사늑약 154~156, 159~160, 161, 169, 171

의열단 203, 225, 248, 270~272, 292~293

이갑성 213, 358

이강국 320, 384, 390

이강년 120

이경선 299

이경직 62

이관술 281, 384

이광수 210, 226, 229, 285~286, 435

이규갑 222, 318

이규경 66

이극로 430

이기붕 458, 460, 463~464

이노우에 가오루 42, 115

이노우에 마사루 42, 235

이동녕 170, 205, 221, 226, 272, 361

이동인 73, 86

이동휘 170, 206, 221~223, 226, 254

이든 310

이륭양행 225

이만손 76

이명박 460, 508~511

이묘묵 353

이문원 436

이범석 295~296, 361, 421, 425~426, 458

이범윤 136

이범진 118, 121, 164

이벽 51

이병도 244

이봉창 272

이상설 156, 171, 205~206

이상재 126, 131~133, 181, 239, 266

이상철 159

이석영 164

이성계 27

이세영 161

이소응 120

이수광 30

이수정 180

이승렬 238

이승만 132, 153, 181~182, 206, 221~224, 226, 240, 272~273, 297~299, 316, 320, 332, 341, 347, 350~359,
361~362, 369, 371, 388~393, 395~412, 419, 421~426, 434~438, 440~441, 443, 446~451, 456~465, 472, 477, 496

이승엽 340, 430, 443

이승욱 142

이승훈 51, 53, 170~172, 203, 211~213, 220, 266,

이시영 164, 205, 226, 359, 361, 395, 424, 426, 457

이와쿠라 사절단 64, 65

이완용 118, 121, 126, 136, 154, 156, 158~160, 171, 194, 196

이용구 154, 184

이용설 331, 354

이용익 135, 137

이용태 101

이원긍 181

이원희 103

이위종 156, 164

이윤재 242, 244

이익 30

이인 105, 339, 345~348, 354

이인영 162

이인제 495, 500, 505

이재유 281

이종일 168, 213

이주하 83, 281, 340

이준 156, 170, 256

이중하 136

이중화 238

이지용 137, 159

이창규 86

이채연 126, 137

이철승 274, 479

이청원 244

이청천 270, 287, 292, 295~296, 361, 395, 421, 456, 460

이토 히로부미 42, 72, 92, 154~155, 194, 235

이항로 46, 75

이현상 281, 340

이홍장 64, 80~84, 92~93, 110~111, 117

이회영 164, 170, 205

이회창 460, 498, 500, 505~506, 509

이효상 475

이훈구 354

이희승 243

일진회 154, 169, 184, 194

임병찬 160, 203

임시의정원 221~224, 272, 295

임영신 338, 425

임종현 141,

임화 344

ㅈ

자유당 355, 457~466, 495, 496~498

자치획득운동 240

장건상 360, 371, 390

장덕수 206, 210, 229, 237, 254, 257, 331, 345, 347, 348, 351, 353, 361, 370, 387, 391, 405, 406

장도빈 170, 244

장도영 469

장면 427, 457, 459~461, 463, 465~471, 518

장세동 485

장승원 203

장영자 490

장인환 160, 206

장제스 272, 296, 313, 401

장준하 284, 359, 478

장지연 159, 168, 170

장택상 331, 354, 425, 496

재미한족연합위원회 297, 298

저우언라이 476

전농 341, 344, 371, 383, 386, 389

전덕기 170

전두환 460, 470, 484~493, 495~498

전명운 160, 164, 206

전봉준 100, 101, 103~109, 112, 141, 518

전진한 425

전태일 475, 482

전평 341, 344, 371, 383~386, 389

정감록 29, 55
정교 131, 177
정노식 213, 237
정도전 27
정동구락부 118, 126
정동영 509
정몽준 506
정백 318, 320
정병하 121
정승화 484, 485
정약용 30, 51, 53, 178, 518
정약전 51, 53
정여창 79
정우회 266
정읍발언 395~400, 402, 406, 518
정의부 271
정익서 101
정인보 205, 244, 281, 315
정일형 331, 354
정재용 214
정조 443
정주영 496, 502
정춘수 213
제헌국회 415, 420~422, 425, 435, 437
조국광복회 290
조동호 318
조만식 237, 241, 280, 317, 319, 331,
    333, 335~337, 369, 378, 379,
    397, 402, 403, 413, 421
조병갑 100, 101
조병세 159
조병식 62, 129, 131, 137
조병옥 331, 345~348, 353~355, 393,
    411, 459, 460, 463
조봉암 425, 436, 443, 460, 461
조선공산당 254~256, 281, 288, 319,
    337, 338~343, 358, 362, 368,
    370, 371, 380, 384~388, 443,
조선과학자동맹 345
조선광문회 243
조선국권회복단 203
조선농민사 245
조선민주당 369
조선민흥회 266

조선어학회 242, 243, 278, 281
조선인민당 341, 342, 370, 371
조선혁명군 271, 287
조성환 360
조소앙 361, 366, 407, 422, 424, 458
조신희 93
조영하 86
조진태 228
조희문 183
주기철 280
주문모 53
주보중 291
주시경 177, 182, 242
주옥경 264
주요한 205, 286, 466
중광단 205, 247
중앙정보부 471, 474, 477, 478, 485, 493
지미 카터 479
진단학회 244
진보당 460, 461, 513
집강소 100, 103, 107

ㅊ ─────────

차경석 187, 247
차금봉 256
차지철 469, 479
찰스 해리스 331
참의부 271
처칠 296, 308, 310, 311, 378
천주교 26, 27, 32, 44, 46, 47, 49~54,
    56, 62, 68, 75, 76, 84, 115, 182,
    246, 286, 478, 492
철종 31, 32, 44, 45
청우당 338
최고인민회의 428, 429
최규하 484, 485, 489
최근우 210
최남선 210~213, 220, 237, 240, 243,
    285, 435
최동오 360, 390
최두선 237
최린 240, 245, 265, 285

최순실 513
최용건 292
최용달 320
최운하 435
최원순 241
최익서 142
최익현 68, 75, 120, 159, 161
최재형 165
최제우 32, 56~62, 107, 108, 518
최종길 477
최진동 269, 270
최창익 294, 340, 343, 379
최치원 56
최한기 66, 237
최현 242, 243, 292
최현배 242, 243
치스차코프 333

ㅋ ─────────

카톨릭 농민회 476
카흐타조약 34
케네디 472
코민테른 209, 255, 256, 265, 267, 268,
    281, 288, 289
코바렌코 335

ㅌ ─────────

태극 서관 170
태화관 212, 213
통일민주당 460, 494
트루먼 311~314, 326, 401, 439

ㅍ ─────────

파리위원부 224
팽덕회 440
페리 39, 40
평민당 460, 494
포츠담선언 315

포츠머스조약 154
푸이 287
푸챠딘 39~41

ㅎ

하나부사 72, 78
하나회 484, 486, 497
하세가와 217
하야시 다다스 157
하지 327, 328
학우회 207, 210, 274
한국독립당 271~272, 287, 292~293,
    295, 355, 359, 361, 425
한길수 298, 299
한나라당 460, 500, 505~509, 511
한명찬 256
한미상호방위조약 441, 446
한민당 236, 331, 338, 347~362,
    365~372, 383, 387~395,
    398~401, 405~406, 409, 414,
    419, 421~426, 434, 437, 456, 460
한병익 213
한용운 213, 220, 246
한일병합 157
한형권 226
한흥동 171, 205
함상훈 345, 348
함석헌 478
함태영 211~213, 458
해리 파크스 83
햇볕정책 502, 509, 511
행던 331
허삼수 485
허성택 430
허욱 77
허위 162
허정 345, 347~349, 356, 393, 465, 466
허정숙 264, 430
허헌 267, 343, 346, 371, 389, 390, 403
헌법재판소 508, 514
헌정연구회 169
헌종 31

헐버트 160
현덕호 129
현상윤 210~213, 220, 237, 238
현석호 459, 460
현순 221
현준호 236
호남의병 163, 203
홍경래 32
홍계관 142
홍계훈 102, 103, 119
홍기주 381
홍남표 256
홍대용 30, 65
홍만식 159
홍면희 222
홍범도 269, 270
홍영식 67, 73, 86, 89
홍재학 76
홍준표 514
홍진 272
화요회 254~256
활빈당 150
황성기독청년회 182, 355
후루가와 317
후쿠자와 유키치 88
홉킨스 296
홍사단 207
홍선 대원군 45, 48, 49, 62, 67, 68, 90,
    104, 157
홍업구락부 316, 347
히틀러 275, 308, 310

사 진 출 처

페이지	제목	출처
표지	동학농민혁명기록화	저자 촬영
표지	삼일운동 만세시위	한국 학중앙연구원
표지	대한민국 정부수립 선포식	한국 학중앙연구원
29	운현궁	저자 촬영
36	난징조약	위키백과
40	페리 제독 기록화	위키백과
43	프랑스 베트남 점령	위키백과
46	흥선 대원군	위키백과
52	전동성당	저자 촬영
58	최제우	나무 위키
64	이와쿠라 사절단	나무 위키
67	박규수	위키백과
67	송하촌숙	저자 촬영
71	운양호 그림	위키백과
80	이홍장	위키백과
84	묄렌도르프	나무 위키
86	김옥균	위키백과
92	후쿠자와 유키치	위키백과
98	원세개	위키백과
101	동학농민혁명 군상	저자 촬영
104	원평 집강소	저자 촬영
106	전봉준 압송사진	위키백과
109	전봉준 좌상	저자 촬영
111	청군 포로를 감시하는 조선군	위키백과
112	김홍집	위키백과
120	러시아 공사관	Russian legation to Korea, c.1900; p.197 The passing of Korea (book)
124	서재필	위키백과
126	독립신문	한국 학중앙연구원
127	독립문	저자 촬영
128	독립관	저자 촬영
129	윤치호	위키백과
131	대한문	저자 촬영
134	고종	위키백과
152	제국주의 열강의 세계분할	'고등학교 역사 부도' 지학사, 2013 교육부 검정, 116~117쪽.
154	이완용	위키백과
155	이토 히로부미	위키백과

페이지	제목	출처
156	돈덕전	저자 촬영
158	데라우치	위키백과
161	최익현	위키백과
162	의병모습	위키백과
171	배재학당	저자 촬영
172	이화학교 신관	저자 촬영
81	정동교회	
184	천도교 본당	저자 촬영
185	강일순 생가	저자 촬영
189	한용운	위키백과
194	안중근	위키백과
196	조선총독부	한국 학중앙연구원
211	손병희	위키백과
215	삼일운동 만세시위	한국 학중앙연구원
216	유관순 동상	저자 촬영
217	서대문 형무소	저자 촬영
222	상하이 임시의정원	위키백과
223	안창호	위키백과
227	조선일보	한국 학중앙연구원
237	김성수	나무 위키
239	조선민립대학 기성회	위키백과
244	정인보	한국 학중앙연구원
246	조계사	저자 촬영
247	보천교 중앙본소	저자 촬영
248	박중빈	한국 민족문화대백과사전
269	김좌진	위키백과
270	홍범도	위키백과
273	윤봉길	위키백과
279	조선 신궁	위키백과
280	주기철	위키백과
284	동아일보사 사옥	저자 촬영
292	김원봉	위키백과
294	김구	위키백과
298	이승만	나무 위키
309	루스벨트	위키백과
311	카이로 회담	위키백과
313	트루먼	위키백과
314	맥아더	위키백과
316	여운형	나무 위키
318	해방의 감격	위키백과
322	해방의 물결	한국 학중앙연구원

페이지	제목	출처
325	스탈린	위키백과
328	하지	위키백과
332	조만식	한국 학중앙연구원
333	치스차코프	위키백과
335	김일성	위키백과
336	스티코프·레베데프	위키백과
337	김일성 환영대회	한국 학중앙연구원
340	박헌영	나무 위키
345	송진우	나무 위키
355	조병옥	위키백과
360	임시정부 환영회	한국 학중앙연구원
366	신탁통치 반대	한국 학중앙연구원
379	덕수궁 석조전	위키백과
394	안재홍	위키백과
396	이승만 정읍발언 기사	위키백과
400	김규식	위키백과
405	장덕수	위키백과
424	대한민국 정부수립 선포식	한국 학중앙연구원
429	북한 초대 내각	나무위키
439	한국 전쟁 모정	한국 학중앙연구원
442	폐허화된 도시	한국 학중앙연구원
459	김성수	한국 학중앙연구원
461	신익희	위키백과
466	윤보선	위키백과
467	장면	위키백과
469	5·16 군사정변	위키백과
474	박정희 공보	중앙선거관리위원회 사이버선거역사관
475	김대중 공보	중앙선거관리위원회 사이버선거역사관
484	최규하	위키백과
487	5·18 기념공원	위키백과
489	전두환	한국 문화정보원
491	6월 항쟁	대한민국역사박물관
494	노태우	국가기록원
495	서울 올림픽 폐회식	위키백과
497	김영삼	국가기록원
501	김대중	국가기록원
507	노무현	국가기록원
510	이명박	위키백과
512	박근혜	위키백과
514	문재인	위키백과

경이로운 대한민국 탄생사

초판 1쇄 인쇄 2025년 04월 04일
초판 1쇄 발행 2025년 04월 11일

지 은 이   최창묵

발 행 인   한정희
발 행 처   경인문화사
편   집   양은경 김지선 한주연 김한별
마 케 팅   하재일 유인순
출판번호   제406-1973-000003호
주   소   경기도 파주시 회동길 445-1 경인빌딩 B동 4층
전   화   031-955-9300 팩스 031-955-9310
홈페이지   www.kyunginp.co.kr
이 메 일   kyungin@kyunginp.co.kr

ISBN 978-89-499-6856-8 03300
값 33,000원

저자와 출판사의 동의 없는 인용 또는 발췌를 금합니다.
파본 및 훼손된 책은 구입하신 서점에서 교환해 드립니다.